主持人语言表达技巧

（第三版）

HOST LANGUAGE SKILLS

吴郁 | 著

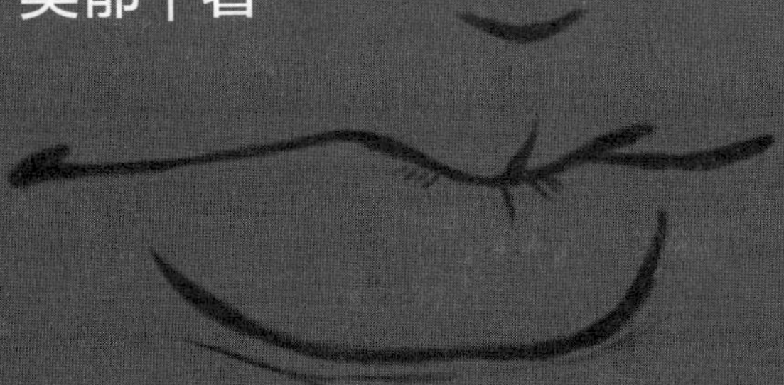

中国广播影视出版社

图书在版编目（CIP）数据

主持人语言表达技巧 / 吴郁著． --3 版． -- 北京：中国广播影视出版社，2020.9(2024.4 重印)
ISBN 978-7-5043-8482-9

Ⅰ．①主…　Ⅱ．①吴…　Ⅲ．①广播节目—主持人—语言艺术 ②电视节目—主持人—语言艺术　Ⅳ．①G222.2

中国版本图书馆CIP数据核字(2020)第 142228 号

主持人语言表达技巧（第三版）

吴郁　著

责任编辑　黄月蛟
封面设计　智达设计
责任校对　张　哲

出版发行　中国广播影视出版社
电　　话　010-86093580　010-86093583
社　　址　北京市西城区真武庙二条 9 号
邮　　编　100045
网　　址　www. crtp. com. cn
电子信箱　crtp8@sina.com

经　　销　全国各地新华书店
印　　刷　涿州市京南印刷厂

开　　本　787 毫米 ×1092 毫米　1/16
字　　数　314（千）字
印　　张　18.5
版　　次　2020 年 9 月第 3 版　2024 年 4 月第 2 次印刷

书　　号　ISBN 978-7-5043-8482-9
定　　价　58.00 元

目　录 CONTENTS

第一章

主持人节目与节目主持人

第一节　主持人节目

一、主持人节目发展的社会背景

主持人节目的出现和兴起，无论在西方还是东方，无论在20世纪50年代的美国和欧洲，还是在80年代的中国大陆，其根本原因都是社会的进步和发展，我国主持人节目的兴起和发展，主要有以下三个方面的原因：

1. 最根本、最重要的，莫过于党的改革开放政策带来的思想解放和经济腾飞

十一届三中全会以后，党的改革开放政策带来了思想解放、经济腾飞、科技发展的生机勃勃的局面。社会的进步带动了广播电视事业的发展，也引起传播观念的变化，并为主持人节目在中国大陆的兴起提供了较为成熟的社会的、经济的大背景，以及传播理念变革的理论基础。这样的大环境，既对广播电视传播改革提出了挑战，更提供了节目改革和发展的极好机遇。

2. 广播电视改革的深入发展

30多年来，我国的广播电视传播发生了可喜的变化，这些变化波及和带动了广播电视传播的各个层面，从传播观念到传播手段，从指导思想到具体的节目制作。比如传播功能的多样化，过去我们的广播电视传播功能较为单一，只是突出其宣传功能、教育功能，现在则注意适应社会主义市场经济，适应大众需求，走与人民群众密切联系的新路，同时发挥曾被冷落和忽视的舆论监督、信息服务、娱乐欣赏等多种功能；又如广播电视节目从内容到形式提倡“三贴近”，即贴近实际、贴近生活、贴近群众；传播方式上，吸引受众参与，节目形态也有了前所未有的创新和发

展，充分发挥直播、互动、“人际交往”在现代广播电视传播中即时的、双向乃至多向沟通的作用，赋予大众传播“人情味”的亲切、新颖、多元的色彩。

3. 科学技术的进步与革命，使现代传播观念有了得以转化为现实的物质和技术保证

信息传播技术的进步带来媒体形态的巨大变革，推动信息传播质的飞跃和提升。在5G时代，以5G技术为核心的新一代移动通信技术将推动媒体传播内容和方式的变革，各个领域的资源将持续深度整合，逐渐改变着的媒介环境给主持人提出了新的课题。5G时代，机遇与挑战并存。主持人面临着多平台表达、多形态跨界、多角色互动等问题，也面临着语言的规范性难以管控、被关注度逐渐降低、话语权面临冲击等问题。主持人对新技术的认知和利用程度，影响着主持人传播理念和传播实践的创新程度和力度。

正是在这样的社会科技背景下，立足于建设有中国特色社会主义广播电视事业的根本任务，放眼世界和未来，借鉴国外主持人节目的发展，我国的主持人节目与节目主持人，应运而生，并且大踏步地走到听众和观众面前，因而也成为广播电视改革的重要标志和成果。

二、主持人节目的界定

据老广播人回忆，在新中国成立前及新中国成立初期我国曾出现过主持人节目。新中国成立前国民党设在南京的所谓“中央广播电台”的儿童节目，就由专门固定的人员组织制作和播出节目，他们一般不参与其他节目的制作和播出。那时在上海还曾有以个人名字命名的广播节目叫《冯秋萍结毛线》，类似现在的生活服务节目。新中国成立后，在个别城市的广播电台也曾有过类似的以个人名字命名的节目，都可以看作是中国的主持人节目的最早的尝试和实践。当然，那时并没有“主持人节目”这样的概念，而且也都不成气候。因为正如上文所说，那时无论政治、经济和科技条件都有很多局限，根本不具备发展主持人节目的社会条件和环境。

在我国社会进步和发展的前提下，终于迎来了主持人节目大发展的春天。1980年7月12日中央电视台《观察与思考》栏目记者庞啸在报道时曾尝试着打出“主持人”字样，不过因条件尚不成熟，没有延续。时隔半年，1981年元旦，中央人民广播电台对台湾广播设立了由徐曼主持的《空中之友》节目，开创了人民广播电台主持人节目的先河。1981年7月到11月，中央电视台在每周一场的《中学生智力

竞赛》节目中，由赵忠祥担任主持人，共播出了 13 场。1983 年元旦，沈力任主持人和节目负责人的《为您服务》栏目开播，终于迎来了中国人民广播电视事业中主持人节目的大发展。

20 世纪 80 年代初期，主持人节目这种形式一出现，就得到听、观众的关注和喜爱，更为节目制作者所青睐。一时间主持人节目天南海北在广播电视中迅速铺开：从广播到电视；从中央到地方省、市台，甚至县级台、企业台；从较易于操作的服务性节目到相对复杂一些的综艺类节目。到 90 年代初，十分严谨的新闻类节目也都纷纷采用了主持人节目形式。

主持人节目在我国的发展速度可以用“迅猛”二字来形容，许多广播电视节目纷纷打出“主持人节目”的旗号，出声露面的传播者则冠以“主持人”的头衔，并告诉听、观众“我是 × × ×，这次节目由我来为您主持”。毋庸讳言，我们听到、看到的主持人节目及主持人在水准上有相当大的差异，必须承认，主持人节目的发展是不平衡的，一段时间内对主持人节目本质特征的认识是模糊的。当时，理论研究者在主持人节目的界定上存在争论，有的从节目形式角度强调“第一人称”“固定栏目”，有的从语言样态上强调“谈话体”，有的要求主持人“采、编、播、控”合一，有的强调主持人在节目中的地位和作用；而主持人节目的实践者对此也莫衷一是，但是他们不管理论的争论，按自己的认识和受众的实际需要做节目。

“实践是检验真理的唯一标准。”主持人节目经过十几年的发展，无论节目制作者，还是广大受众，抑或理论研究者通过对实践和理论的思索，能够在一些基本问题上达成共识 。从 20 世纪 80 年代初主持人节目在中国本土兴起，至 90 年代末，显然，在一定的发展阶段上为主持人节目做出界定的时机业已成熟，这对于主持人节目的健康发展、主持人队伍的成长，都有积极的、导向性的实践意义和理论意义。1999 年 9 月，中国广播电视学会组织有关专家学者和第一线的主持人代表共同研究，针对实践中主持人业务与播音员、记者业务的交叉，提出了主持人节目的四点特征：

一是传播者在节目中以主持人身份出现；

二是体现出主持人在节目中的主导作用；

三是语言表达方式以谈话体为主；

四是具有直接的话语交流情态。

从一定意义上说，当时的这一界定直接服务于主持作品的评选工作。第一点强调了该类节目必须设置主持人，不过它有某些模糊度，看似严谨实则宽泛，因为有些人仅仅是“口头上”的主持人（至今仍有这种情况存在）；第三点是从语言样态的角度概括主持人节目的表层特征；第四点实则是为了区分到底是主持人还是记者，因为这一点在主持人发展初期并不明确，现在早已有了记者型主持人，这是后话。而恰恰是第三点，它强调了主持人节目的本质特征——在节目中的主导作用。这一点的明确最有界定价值和发展价值，因为它抓住了主持人节目“牵一发而动全身”的根本所在，反映了主持人节目区别于非主持人节目的本质特征，因而它也经得起时间和实践的考验。

实际上，我国第一个电视主持人栏目《为您服务》的主持人沈力，当时她首先是栏目的负责人（相当于现在的制片人），她对自己的职业生涯有一篇《四十年探寻》的精彩回顾，她说：“我从前期策划、制订方针、探索形式，到平时和大家一起商定选题、审定稿件、参与采访、撰写串词，直到版面编排、后期合成，可以说我参与了栏目的整个过程。”① 足见这第一个固定的主持人栏目的起点是很高的，把握了主持人在节目中的主导作用这一肯綮，从理念到实际操作都符合主持人节目的根本特征。

随着主持人节目形态的多样化发展，特别是直播型、专访型、谈话型、真人秀等节目形态的广泛运用，依据既定稿件单纯“串联式”的主持已不能很好适应工作的需要，也难以在节目中真正起到主导作用。主持人要实现在节目中的主导和掌控作用，关键在于主持人能否称得起是节目的“主人”“灵魂”，这个关键点突出体现在主持人对节目的介入深度和制作播出过程中的实际作用。有的主持人与节目处在“隔膜”状态，“铁路警察各管一段”，只是在最后阶段来“出声露脸”；有的主持人只有“浅层次参与”，即主持人在策划、采、编的过程中较为被动，提不出有价值的见解或建议，比较典型的被戏称为“话筒架子”——完全依赖别人拟定的问题出镜采访或背词串联。虽然这样的人也是以主持人身份出现，虽然他也运用谈话体的口吻，但是，唯独缺少对节目真正的投入、深刻的理解和整体的把握。实际上，只有能够深层次参与的主持人在节目中才能够处于主创地位，发挥不可替代的作用，也才可能是节目具备竞争力的核心要素。据此，我们有理由说，主持人只有在节目中真正起到主导作用，这才是主持人的本质特征。因此，1999年描述为“四个特征”的这个界定，是主持人节目操作的下限，它不应成为主持人节目发展的框框。

---

① 中央电视台研究室、主持人节目研究委员会编：《中国荧屏第一人——沈力》，中国广播电视出版社，1999。

主持人在节目中有“深层次介入”这种工作状态和工作机制，应该说是我国节目主持人能够达到的理想的工作状态，因为它符合中国国情，符合广播电视主持人节目深入发展的实际需要，我们也已经有了具备主导节目进程的众多优秀主持人，有了热爱主持人工作同时有多方面能力的后备军，套句俗话，只有如此，在主持人节目方面方能“与国际接轨”。

三、主持人节目的传播特色

1. 个性化

在改革开放的新时期，人们获取信息的渠道增多，思维活跃，视野开阔，越来越厌烦人云亦云的东西。何况进入21世纪以来传媒事业大发展，平面媒体、电子媒体、新媒体，谁都不甘落后，传播内容五花八门，传播方式层出不穷，无不使出浑身解数来吸引受众的耳朵和眼球。但是我们也不必讳言，传播内容与形式的同质化仍很严重。个性化传播是必然趋势，是战胜同质化的重要战略。

从广播电视发展史角度看，节目主持人是广播电视媒体传播者队伍中的新成员，是最具亲和力的传播者，职业的分工要求主持人以淡化了官方色彩、媒体色彩，而颇具“个性化”特色的形象出现。作为媒介向大众进行传播的中介人物，主持人与受众之间有两大亮点：一是“朋友式”的传播身份；一是“平等”的传授关系。主持人从出现到现在，一直受到人们相当多的关注和喜爱，是一支十分活跃的力量。他们以个性化的视角和个性化的叙述方式进行传播，因此，给予听（观）众十分贴近的人情味和吸引力，优秀的主持人栏目及其主持人更使主持人节目传播具有品牌的魅力和效应。

不过必须强调的是，主持人的个性化传播是指主持人的创作个性，个性化是相对于一般化而言的，个性化并非传播目的，而是优化传播的手段。个性化不等于“个人化”，它首先是对栏目个性风格及传播对象的认识和遵从，并必须符合社会主流的价值取向，主持人的个性风格必须与栏目融为一体，为受众认可接受。以“怪异”“另类”为个性，“为个性而个性”，恣意妄为、孤芳自赏的“与众不同”，是不会被受众承认的，这也正是主持人的个性化与个人化的本质区别。

2. 人格化

主持人在节目中的介入深度和作用决定了主持人节目传播的人格化特色。一方面，主持人与具体的栏目都有着紧密而稳定的关系，而且大多直接参与节目的前期策划和制作，与社会生活和听、观众有密切联系，了解社情、民情，同时能够自觉地从听、观众的认识与需求出发，在节目选题、策划创意等方面提出自己的见解，因而使传播更具真实性和主动性；另一方面，主持人节目形态丰富多样，主持人起主导作用的直播节目或互动交流的节目形态越来越多，实际上赋予了主持人在传播中一定的话语权和较多的创作天地，因此，主持人往往成为栏目的品牌形象。

在人们的认知活动中，随着认知的深入，认知客体的人格特质必然成为印象形成的决定因素，受众在接受信息的同时必然会关注传播者的表现和情感。主持人节目的传播方式提供了主持人个性化传播的舞台，一些个性鲜明的主持人脱颖而出，家喻户晓，人们在接受他们传播的信息的同时也接纳了他们，喜欢上了他们。在这种情况下，假以时日，从节目的选题、立意，主持人的观点、角度以及主持人的语言、情感中不难看出该主持人的思想、道德，体察到主持人的文化品位和感情格调，加之主持人对嘉宾和听、观众的态度及行为举止，都会使受众对“这一位”主持人的价值取向、道德观念、人文素养、学识功底、思维方式、表达特点、语言习惯、兴趣爱好、审美情趣乃至脾气禀性有较多的了解，一句话，受众透过主持人节目对主持人的人格内涵（性格、气质、能力、道德品质等特征的总和）能够有较清晰的认识和评价。于是，观众会因为对某位主持人的信赖和喜爱而钟情于其所主持的节目。这样的人格化传播自然具有很强的影响力和引导作用。

3. 人际性

主持人节目传播方式方面的“人际性”主要体现在两个方面：一方面指主持人大多采用“拟态”的人际传播，即使面前没有实在的交流对象，也格外注重营造人际交流的拟态语境，运用谈话语体和富于交流感的语言样态进行传播；另一方面主持人节目把“面对面”的“人际传播”特色引入了大众传播，在主持人节目中，传受双方在一定程度上具有直接交流、即时反馈的交互传播模式的特点。非主持人节目中，受众除了接受信息外，很难进行人与人之间直接的交流，主持人节目开通“热线”、建立短信及网络平台，特别是“现场观众参与讨论”等形式，为广播电视传播中的人际交往创造了条件，提供了环境，传受双方有了真正的交流和即时的反馈，区别只在于人际传播的内容同时进入了以公开性和广泛性为特点的大众传播。然而这的确是传播模式上的一种突破，哪怕这种突破仍应纳入大众传播的轨道，但正是这种“人际性”使得大众传播的“单向传播”模式有了“交互传播”的特色，双向沟通的作用。正如美国传播学者沃纳丁·赛弗林和小詹姆斯·W 坦卡特在《传播学的起源、研究与应用》中所言："最有效的传播节目往往是大众传播与人际传播的结合。"①

在现代传播中，主持人不仅重视传播的目的，同时注重受众的需求、受众的接受能力和习惯，寓"引导"于"服务"之中，在服务中实现传播目的，从而使传播更易于被广大听、观众接受，也更为有效地缩短了传受双方的心理距离，增强了传播的亲切感和沟通性，优化了传播效果。

4. 互动性

在主持人节目中"受众参与"程度加深。过去的传播理论虽然也重视受众的参与，不过那时主要关注受众接受媒介传播时调动想象和情感的介入程度，强调的是"心理参与"和"现场参与感"，显然都徘徊在一种参与的"感觉"上。社会发展到今天，听、观众收看电视节目时，这种"心理参与"和"现场参与感"虽然还都是需要的，也都存在着，但仅仅是这些就不够了，听、观众要求"深度参与"，除了节目播出后打电话、写信、发电子邮件表达自己对节目的意愿外，更希望直接参与到节目的制作播出中来，以"传者"和"受传者"的双重身份出现在节目中。于是，传播者也积极运用"受众参与"改进和丰富节目传播方式，使受传者在传播中获得平等感并产生更多的能动性。

在互动型的主持人节目当中，受众能够与主持人或其他节目参与者进行直接的交流，他们是节目的重要"构件"，有时甚至是节目的主体（如各类真人秀）。主持人节目中的这种互动性和参与性，使受众在传播中享有一定的表达权和很大的表现空间，从而在很大程度上改变了受众只有决定是"中断"还是"继续"接收节目那种实际上的被动地位。受众在主持人节目中能动地、平等地参与，极大地焕发了他们对媒体的热情，有一种"这是我们自己的节目"的亲近感，乃至"实现自己梦想"的憧憬，于是激发了进一步的参与，因而从整体上促进了主持人节目收视率的提高。

四、主持人节目的主要节目形态

"节目形态"与"节目类型"是两个紧密相关又有所区别的概念。节目类型是从节目的内容、功能、对象角度对广播电视节目进行划分的，如新闻类、社教类、

① ［美］沃纳丁·赛弗林、小詹姆斯·W坦卡特：《传播学的起源、研究与应用》，陈韵昭译，福建人民出版社，1985。

综艺类、体育类，之下还可有进一步细化的分类，如少儿类、老年类、妇女类、财经类、法治类、军事类、农业类、生活类等。节目形态，则指节目的主要构成形式、方式及播出的状态，它涉及节目外部形状特征和表现方式，主要指向节目的参与者、节目环境、节目环节、结构方式方面的特点及播出的相对稳定的状态。节目形态是处于电视节目类型之下而略高于节目个体的，偏重节目样式方面、操作方面的概念。

在广播电视节目传播中，一方面，各具特色又有一定模式的节目形态，可以灵活地运用在各种不同类型的节目当中，如谈话或专访的节目形态，新闻类节目会用，综艺类节目、青年节目、老年节目、体育节目都可能采用。另一方面，不管属于哪种类型的主持人节目，其采用的节目形态多种多样，并不断有新的形态或交叉的形态出现。之所以要讨论节目形态，皆因为不同的节目形态，主持人的功能也有所区别。

从主持人在节目中的主持功能的角度看，当前主持人节目使用频率较高的节目形态主要有：杂志型、专访型、谈话型、热线服务型、晚会型、游戏娱乐型、竞猜益智型、“真人秀”等；同时，这些节目形态还存在受众参与型和非参与型，以及直播型和录播型的区别。

杂志型节目形态。这是在固定的栏目时间，采用杂志组合编排的方式，把若干不同内容、不同体裁、不同形式的节目单元（或称小栏目、子栏目）加以组合，由节目主持人把它们串联成一个有机的整体的节目样式。这种节目形态具有内容丰富，形式多样，安排灵活，可为听、观众提供多方面信息和多方面服务的优势，打破了传统节目那种千篇一律的固定模式。20 世纪 80 年代中期，珠江经济台曾以“大时段、多主题、勤转换”的“主持人直播大板块节目”，在其特殊的地域环境及空中电波的争夺战中赢得了新的生存空间，同时“大板块节目”形态也为全国许多电台甚至电视台效仿。应当肯定“珠江模式”在节目改革中的积极作用，不过在后来的发展中，“大板块节目”形态主要用于节假日的特别节目，因为它更适合于大多数人在休息日才会有的长时间的收听、收视行为。现在，板块结构的合理内核得到保留，发展演变为杂志型节目，由许多小栏目灵活组合，一般一次节目不超过一个小时。还有一个值得注意的现象，眼下许多杂志型节目，它们各个小栏目的内容显现出内容属性的回归，而避免节目内容“天马行空”“东奔西突”的随意性，以真正顺应受众的接受习惯，于是就形成了不同内容属性的节目与杂志型节目形态的嫁接，诸如：新闻类杂志型主持人节目、科技类杂志型主持人节目、读书类杂志型主持人节目、卫生健康类杂志型主持人节目、文艺类杂志型主持人节目，等等。这种节目内容与节目形态在深层次上的优化组合，无疑是节目改革深入发展过程中“自组织调节”的结果。

在杂志型节目里，主持人对于小栏目的衔接、导出、评介，或者说主持人的开场白、串联、结束语，要说得生动、新颖，富于交流感和创造性。

专访型节目形态。即由专题的，或专门的采访谈话过程构成的节目。专访始自记者的采访，并不是主持人节目的专利，只不过像现在这样以谈话双方的言语过程作为完整的节目播出，在过去的非主持人节目中不是很多，那时记者的采访录音录像大多只截取片段作为素材用在节目中，现在这也依然是记者的工作常态。而在主持人的专访节目，主持人与栏目是相对固定的，一方面，访问直接由主持人来做并由主持人呈现给受众，而且十分强调在内容深度、广度的开掘上有真正交流的“对谈”，而不止于“发问”；另一方面，专访作为一种节目形态成为相当多主持人节目都采用的传播方式，无论新闻类、社教类、文艺类或服务类主持人节目，也无论广播主持人节目还是电视主持人节目。比较知名的，如中央电视台的《面对面》《高端访问》《大家》、凤凰卫视的《名人面对面》、杨澜的《杨澜访谈录》等。

主持人专访之前必须有认真、充分的准备，使自己具有对话资格，同时还要摆正与采访对象的关系，善于提出具体而独到的问题，与采访对象做深入的、有较大信息量的交谈。

讨论、谈话节目形态。是指节目主持人组织打进热线或发来短信的听众或引导、激发现场观众，还有邀请到节目中的嘉宾，围绕大家共同关心的问题展开讨论的一种节目形态。在谈话节目中，“你说，我说，大家说”，充分体现了受众的平等参与权和节目的多元开放性，参与者不论来自哪个社会阶层，大家都是平等的，尽可以开诚布公、畅所欲言，各抒已见，结论是开放的，主持人驾驭整个讨论过程，以期达成社会较大范围的沟通、了解与理解。这种节目形态以其亲切平易、真实自然的特色，为人们提供了对公众问题、对社会现象表达意愿的机会，提供了向社会敞开心扉，寻求思想或情感帮助与观念更新的场合，加之节目制作经费较为低廉，因此自然而然地为各类节目所青睐，“挺进”到多种不同类型的主持人节目当中。如新闻评论类节目、社教类节目、体育节目、文化节目、青年节目，甚至少儿节目，或者专门设有谈话栏目，如中央电视台的《实话实说》《五环夜话》《对话》《朋友》《艺术人生》《新闻1+1》，在许多台热播的《夫妻剧场》《超级访问》，凤凰卫视的《时事辩论会》等，广播电台如上海台的《市民与社会》，北京台的《人生热线》《新闻天天谈》等。当然随着时间的推移，有些栏目已停播，而新的谈话栏目又纷纷涌现。

谈话节目主持人要有积极敏锐的思维反应，灵活得体的语言组织和表述能力，能够营造宽松真诚的谈话氛围，调动参与者踊跃发言的积极性，还要善于倾听，能够正确而迅速地理解判断他人发出的信息，善解人意，宽以待人。总之，谈话节目主持人要善于掌控谈话推进的节奏，能够平衡话语权。

热线服务节目形态。主要是指广播电台开通听众热线，或电视台邀请观众到节目制作或演播现场，通过同步双向交流提供服务的节目形态。节目常常邀请相关领域的专家或职能部门的官员做嘉宾，也有些信息性服务是由主持人直接提供的。如近年很受欢迎的北京卫视的健康服务类栏目《养生堂》。这种“热线”问答、“面对面”问答，使得过去那种虚拟的间接交流，成为实在的直接交流，使迟滞的反馈成为即时的反馈，它的灵动和方便能为广大群众提供多方面的服务，因此这种节目形态也成为很多主持人节目的选择。如在文化娱乐类节目里，有热线点歌、热线猜谜、热线游戏的服务；在公众服务性节目中，有医药咨询、政策咨询、法律咨询、房地产咨询、心理咨询、感情疏导、商品导购、问题投诉等多方面的服务。北京交通台的《一路畅通》《汽车天下》《1039 服务热线》分别提供上下班高峰时段行车和情绪的疏导服务、爱车故障投诉、修车问路等相关服务，沟通手段包括短信、热线投诉电话、24 小时录音投诉电话、电子邮件、信件等多种方式。近几年，很多省市电台、电视台还与政府职能部门配合，联合开办“热线办公”或具有群众监督特色的“政风行风热线”节目，为建设和谐社会做出积极努力。

主持人在这样的节目形态中不仅要求热情周到、耐心细致、善于与人沟通，还必须有相应的专业知识和积累，有对实际生活的深入了解，同时应注意坚持“寓引导于服务”的原则。

晚会型节目形态。它由音乐、舞蹈、戏曲、曲艺等多种艺术门类的节目组合而成，它是众家艺术与广播电视艺术的有机结合。综艺节目以其丰富多彩的内容、新颖别致的形式，熔思想性、时效性、艺术性、娱乐性、参与性于一炉，具有生动形象、寓教于乐、愉悦心神、陶冶情操的审美功能、娱乐功能、教育功能和认识功能，受到听、观众的欢迎和喜爱。春节联欢晚会及节日庆典或行业综艺晚会，是电视综艺节目的典型形式。随着综艺节目内容和形式日益丰富，节目的综合性、参与性及直播，使综艺节目处在一个有序而又多变的动态过程中，排练的“千锤百炼”和周密安排的“按部就班”中蕴藏着无法预料的、鲜活的“契机”和“风险”。在这样的动态播出状态下，主持人在综艺节目中的功能不断深化，仅靠满腔热情、声情并茂地背诵串联词，已不足以面对场上充满活力的观众包括与他们的交流，也难以对直播中的动态变化做出迅捷而得体的语言反应。

主持人是综艺节目主旨与风格的体现者和代表者，在综艺节目中的功能被形容为“现场的导演”、串联节目的“有机经纬”、“串起晚会这条美丽项链的那根线”……的确，要把容纳多种艺术形式、沟通现场和电视机前的时空氛围的综艺节目组合成一个整体，完成场景转换，同时要在直播现场富于创造性地完满体现编导意图、灵活应变地保障节目安全顺畅播出，应该说主持人是面向观众最好、最方便、最直接、最灵动的元素，是整台节目“形散而神不散”的关键人物。有了主持人现场的组织和串联，才产生了观众与节目、场内与场外的情感互动、情感共鸣。对综艺节目主持人语言的艺术表现力和感染力，以及控场能力、应变能力都有很高的要求。

益智、竞赛、游戏节目形态。即主持人调度和激励受众以智能或体能、技能参与的节目。在这些主持人节目中，参与者动嘴、动手、动脑、动身，主持人穿针引线，与大家打成一片，其乐融融，节目富于知识性、趣味性、娱乐性和动作性。20世纪70年代末的“中学生知识竞赛”，现在被许多面向中小学生的主持人节目改造得更加生动活泼，极具挑战性和娱乐性；而寓知识性、趣味性、欣赏性、参与性于一体的《东芝动物乐园》，让男女老幼都在欢乐中增长了关于动物的知识以及生态平衡的环保意识。这样的节目形态也被“嫁接”到许多不同内容属性的主持人节目中，近年来更有《一站到底》《中国诗词大会》《快乐大本营》《全家总动员》等栏目活跃在屏幕上，它们是经济类节目、社教类节目、综艺类节目与益智、竞赛、游戏娱乐的节目形态嫁接在一起的。

这类节目形态的主持人要善于“与民同乐”，健康向上，热情愉快，活泼奔放，语言富于感染力，收纵自如，能够带动和调节气氛。

“真人秀”节目形态。“真人秀”是国外一些发达国家电视台首创的节目形态，它吸引普通观众报名参加，在现实环境中设置一些给予参与者不同考验的环节或关卡，通过有戏剧冲突的比赛进行选秀。这些考验会涉及道德层面、生存技能层面、智慧层面、心理层面、体能层面，乃至特定职业的必要素质的考验，等等。真人秀节目有其连续性，它设置了环节但是其实施的过程和结果无法预测，因此十分真实，悬念丛生，刺激性、冲击力、可看性都很强，于是这种节目形态也被我国电视节目拿来为我所用。

真人秀节目形态在我国具体分为娱乐秀、生活秀、职场秀、人物秀，等等。如野外生存真人秀《跟着贝尔去冒险》；职场秀节目《你好！面试官》；大型生活服务纪实节目《向往的生活》；还有中央广播电视总台举办的《主持人大赛2019》；娱乐选秀的栏目就更多了，如《星光大道》《声入人心》《创造101》《相声有新人》等。

“真人秀”节目的主持人必须对节目有完整的、全局的了解，对节目意图及“真人秀”选手有真诚的人文关怀，又要求相关的知识及丰厚的生活阅历，以及在不确定性极强的节目录制过程中，灵活主动地协调各方面关系，调节和调动情绪的能力。

直播节目形态。直播，是区别于提前录制的节目制播方式，与以上列举的节目形态有所不同。现场直播的主持人节目，其魅力即在于能够最真实、最准确、最丰富、最及时地反映事件发展的自然过程，它能够打破和跨越空间的距离，满足受众在第一时间获知信息的心理需求，见证事件的发展，获得现场参与感及对真实性的审美追求。主持人在直播中是直接面对受众的信息传播者、报道组织者，也是面对受众的节目主导者、现场驾驭者，主持人一方面要按既定播出方案走，一方面要根据现场的变化在连线或访谈中即兴做出解说、评论，临时抉择介绍资料，以及协调和补台。直播被越来越多地用于各类主持人节目，只要有必要,直播会与任何节目类型、任何节目形态结合。

在直播的节目形态里，主持人对节目必须有相当深度的介入，对报道（节目）的意图、有关的背景有全局的把握，对报道内容和程序“烂熟于心”，还要有沉着冷静的心理素质，才能在主持中自如而合理地调动素材及其他传播参与者，才能机敏果断地处置意外情况的发生，使语言的传达有条不紊、准确清晰，并与现场气氛、现场节奏吻合匹配。

第二节　节目主持人

一、节目主持人的职业角色

现如今“主持人”这个头衔的运用十分广泛。我们都知道“主持”的本意是“负责掌握和处理”，于是临时性的主持人如一次会议的主持人、某产品新闻发布会主持人、楼盘开市仪式主持人、单位联欢会主持人；职业性的主持人如广播电视节目主持人、婚庆主持人；专业性主持人如报刊栏目主持人、网络社区主持人（也称“版主”）……不一而足。本书讨论的主持人专指广播电视节目主持人，当然一些新媒体的主持人，如网络电台、电视台、手机电视的节目主持人可视为广播电视节目主持人的衍生，基本规律相通。

通俗地说，出场为听众或观众主持各种节目的人，叫作节目主持人。更进一步，以专业的眼光看，主持人不是表演者也有别于通常的新闻播报者。主持人在节目中处于主导地位，其主要职责是组织串联一次节目的各个部分，同时也直接向受众传播信息、介绍知识、分享观点、提供娱乐，总是以第一人称“我”的口气，与观众或听众交谈。

主持人是广播电视媒体职业传播者（记者、编辑、播音员、主持人、评论员等）队伍中的一个“方面军”，其职业角色的特点可概括为，广播电视节目中直接面向受众的、集社会性和人际性于一身、具有亲和力的传播者。具体地说，这句话有三层含义：第一，指出该职业角色“直接面向受众”“以有声语言（含体态语）”进行传播的岗位特点；第二，从根本属性说，主持人是党的宣传工作者、党的新闻工作者，此为其“社会性”；第三，从特殊性来说，主持人以受众信赖、喜爱的朋友身份、与受众平等的关系，以“个性化”“人格化”及观众喜闻乐见的方式进行传播，是最具亲和力的传播者，此其“人际性”。

节目主持人以个人身份出现，正如资深主持人沈力所言：“用自己的眼睛去观察，用自己的头脑去思考，用自己的心灵去感受，用自己的语言去表达。”与此同时，主持人吸纳“人际传播”的优势，采用“个性化”“人格化”的传播方式，经常以“如果我是观众，我是听众”为立足点，更多地考虑听、观众的需求和接受心理、接受习惯，努力体现真诚的贴近性，因而使他们在听、观众中有更大的影响，成为受人关注的公众人物。传播学认为，在人际传播中传播者传播内容的同时，也传播出传受之间关系的信息，即传受之间不同的社会角色和相互关系的亲疏度，这种亲疏度对传播内容起一定的作用，形成“自己人”效应。当然我们知道，主持人的“个性化”不是传播的终极目的，而是实现传播目的的手段，主持人绝不同于追星族崇拜的“偶像”，更不是什么“大众情人”，清醒的主持人期望的不是激起受众对他们自身的“追崇”和“狂热”，而是让受众感受到“普通人”的亲和力，“朋友”间的信赖感，最终有利于传播效果的优化。杨澜在她的《阳光卫视》栏目宣传片中有一句话说得好：“我不喜欢让观众在节目中‘看我，看我，看我’，我愿意对观众说‘让我们看那儿……’。”

深入参与节目创作的具有“人格化”传播特色的主持人有着“名片效应”，他们的个人魅力（思想观点、语言方式、形象气质等），吸引着大批如期而至的忠实受众，具有很强的号召力、黏合力、拉动力和影响力。广大受众既把他们视为媒体代言人，同时又把他们引为知己，引为百姓的代言人。他们自己也成为在业界及社会上有巨大影响力的主持人。品牌主持人之所以能有影响，最关键的是他们在自己的岗位上传递精神的力量。

二、主持人的素质

素质，如果从心理学的角度看，是指人的神经系统和感觉器官上的先天的特点。我们这里说的素质及人们日常指称的素质，实际上通常指的是“素养”，《现代汉语词典》解释为“平日的修养”。我们不妨结合心理学和社会学的研究和实践看，一个人素养的形成，既有一定的先天禀赋作为物质和精神的基础，也有后天的学习积累和实践过程中的养成，也包括家庭、社会环境的影响，其中，既有他人的客观因素，也有自身的主观因素，综合起来形成我们常说的一个人的素质。

主持人的素质是个“老生常谈”的问题，而且在作为一个合格的主持人应具备的共性的基本的素质之外，或者说在某些共性素质的具体要求上，不同类型的节目对主持人必然有不同的要求，如新闻评论类节目的主持人、少儿节目主持人、体育节目主持人、科技节目主持人，他们的知识结构肯定有所侧重。笔者作为项目负责人曾与我们的团队共同完成了一项国家社科基金支持的“电视节目主持人的综合素质研究”，研究成果以同名书籍于2007年1月由中国广播电视出版社出版发行。这里，我们着重谈谈节目主持人所应具备的基本素质。

1. 思想素质方面

政治素质（清醒的政治头脑，扎实的思想理论水平，冷静的政策观念）；

职业精神、职业道德（社会责任感、正确的价值观、敬业、进取的精神、团结协作的团队合作精神）；

人文素养、人格素质（科学理性的精神、悲天悯人的思想感情、执着的审美追求、完美的人格魅力）。

2. 文化素养方面

教育背景（正规的高等教育）；

知识结构（社会科学、自然科学、人文科学的基本常识、栏目所要求的特定专业领域的学识）；

生活阅历（相对丰富、感悟深厚）；

学习能力（继续学习、不断积累的能力）。

3. 职业素质方面

思维素质（敏锐的发现力、快速的发散力、深刻的思辨力、不竭的创新力）；

语言素质（普通话达标、表达清楚、感染力强；话语组织能力、谈话沟通能力）；

亲和力素质（可亲近的对人态度、可信赖的对事态度、喜闻乐见的主持能力）；

职业传播素质（具有新闻敏感、具备整合信息能力、熟悉广播电视传播规律、话筒前和镜头前适应能力、现场掌控能力）。

4. 心理素质方面

身体素质（强健的体魄、充沛的精力，电视节目主持人需要有较好的体貌条件）；

心理素质（兴趣广泛、热爱主持，意志坚定、承受力强，态度真诚、为人正直，反应机敏、思维活跃，果敢镇定、临场不乱）。

在21世纪，主持人节目的发展会愈发接近其本质特征，同时节目的窄播化、受众需求的细分化，必然加快主持人职业化、专业化的进程，一方面主持人节目的发展需要大量复合型人才；另一方面从宏观角度看，随着我国经济的发展、国际地位的提高，我们还需要大量具有国际视野的主持人才。总之，国家十分重视主持人才的培养和队伍建设，期待涌现出更多的具有良好综合素质的主持人。

三、主持人的形象

主持人形象有两个层面的含义：一个是主持人职业在社会上的公众形象；另一个是指具体栏目中主持人在受众心目中的综合印象，即主持人的栏目形象。

1. 主持人的公众形象

主持人的公众形象是由广播电视事业的性质及主持人的工作特点决定的。首先，广播电视节目主持人是党的新闻事业的传播工作者，他们是媒体意志的外化，代表媒体形象，是联系党、政府和人民群众的纽带；其次，节目主持人区别于娱乐界的演艺明星，主持人本质上是新闻媒体的传播者，不是艺人（艺人：戏曲、曲艺、杂技、影视等演员）。主持人不是以艺人的身份出现在公众面前，即便有时为了活跃气氛或巧用娱乐元素，主持人有载歌载舞、绘声绘色的表演，甚至有少数“角色化”的主持，但是从本质上讲节目主持人不属于文艺表演工作者，他们以真实的身份出现，不是戏剧学、表演学范畴的角色“扮演”，而是社会学意义上职业角色的“调试”“转换”。节目主持工作是党和政府联系受众的桥梁和纽带，主持人是节目的传播者，同时也是民族形象、媒体形象的体现者，所以说，节目主持人是“媒体立场、受众视角、个人感悟”三位一体的媒介角色。

节目主持人的公众形象有两大特点：公信力和亲和力。

主持人的公信力是指受众对他们的认可、信赖和美誉。主持人的公信力，首先源自于媒体的公信力；其次，主持人的公信力还来自他们自身的道德精神和价值取向，他们应有公众人物的自律，要自觉接受社会、公众和媒体较普通人更为严格的监督，在思想道德、公民素养等方面保持节目上下、屏幕内外的一致性。

我国广播电视在人民群众中享有相当高的声誉和威望，广播电视的地位和影响，同样也体现在进行传播的主持人身上。具有品牌价值的优秀主持人，不仅仅是节目中对观众有影响，更在社会生活中、公共事务中有相当的影响力。如杨澜曾出任北京申办2008年奥运会的形象大使，在莫斯科国际奥委会会议上代表北京做申奥的文化主题陈述。白岩松在《新闻1+1》中针对社会热点发表深邃、睿智的见解，而一些很有权威性的平面媒体常会对白岩松做专访，倾听他的意见，传播他的主张。白岩松具有意见领袖和公共知识分子的味道。央视主持人姚雪松发起了一项集对贫困聋儿进行人工耳蜗手术资助、康复训练资助、聋儿家长培训，对社会大众进行爱耳宣传、听力知识宣传和普及等为一体的公益项目，名为“爱的分贝”，还集合全国播音员、主持人的力量为听力发展阶段的儿童提供“听书”内容，举办朗诵会，向社会公众募集资金用于聋儿的救助。以上数例足见节目主持人的公众形象特色——媒体公众人物的公信力。

亲和力，是主持人在节目传播过程中散发出来的不使人感到紧张和距离、令人愿意亲近、易于产生信赖感的特殊品质，它必须发自内心，而不是什么“职业微笑”或“面具脸”之类与真诚无缘的“表演”。主持人在传播中的对人态度、对事态度及主持艺术（能力）这三方面的吸引力、凝聚力、感染力的契合程度越高，其亲和力就越强。亲和力是受众对主持人的期待，更是对主持人评价的重要指标。因此，亲和力是节目主持人公众形象不可或缺的重要的、特殊的因素。

2014 年《等着我》开播以来，收视率居高不下，城市网平均收视率最高达到了 2.773%。倪萍在这档大型公益寻人节目中是作为一名访谈类节目主持人存在的。她就像一个阅历丰富、淡定从容的邻家大姐，等着人来走近她，从不刻意炫耀她的口才。在节目《等着我》中，没有同一类型节目的固定模式，倪萍待人友善、目光真诚，她营造出来的具备人情味的传播环境，使她在《等着我》节目中有了不可替代性。

央视主持人董卿，在《朗读者》节目的嘉宾访谈中，无论是面对处于社会底层的弱势群体，还是各界成名人士、蜚声中外的艺术家，她都一如既往真诚面对、平等相待，认真倾听，感受对方的喜怒哀乐。董卿这种以深刻的理解力为前提和支撑的亲和力，让我们经常能看到董卿与采访对象一见如故、推心置腹地促膝谈心，获得相当立体的信息和通透的心灵交流，这正是节目主持人亲和力的典范。

2. 主持人的栏目形象

指具体的主持人在其主持的栏目中呈现的稳定的声音形象或屏幕形象。主持人的栏目形象是一个整体的概念，一方面，这个形象是听、观众由主持人的声音、相貌、体态等外在因素得到的直观的、感性的印象；另一方面这些感性的外在形象又透射出主持人的精神道德、价值观念、学识修养、文化品位、审美情趣方面的深层的、内在的理性的印象。在节目传播过程中，这两方面的印象交织在一起形成一个主持人整体的综合形象。即便是“只闻其声，不见其人”的广播节目主持人，听众也完全能够通过一次次在节目中的“相会”，形成关于该主持人的综合印象。

主持人的栏目形象必定要融入栏目的特色，融入听、观众对主持人的“角色期待”。主持人在栏目中的形象不是简单地等同于生活中的“自我”，不是主持人自然状态的照搬和翻版，它凝聚着主持人对节目的认知、对受众的理解，以及对自身创作因素的分析和调适，加之创作群体对主持人的“包装”，这样的主持人形象才能成为栏目形象（或称栏目品牌）的标志和符号，让人们见到这个栏目就想到这位主持人，见到这位主持人也就想到这个栏目，这才是理想的主持人栏目形象。

3. 主持人栏目形象的定位

第一步，分析栏目。主持人首先要认识栏目的定位，栏目定位是指一个栏目有别于其他栏目的特质或价值，它包括栏目的内容、形式、风格、地位、质量、传播对象的类型。主持人不论是在哪个阶段进入栏目，初创期也好，磨合期也好，稳定期也好，改版期也好，发展期也好，都应深入了解栏目的特点，值得注意的是，只是“了解”还不等于“理解”，主持人必须清楚栏目的开办宗旨、内容范围、形式风格特点，尤其是将该栏目跟其他与之相近的栏目做比较，以便更清楚、更准确地知晓栏目的特色，从而更深入地认识栏目的定位。

第二步，分析目标受众。要了解栏目对象的定位，栏目是特为哪个和哪些受众群设置的，他们有怎样的受教育程度、年龄范围、职业分布。目标受众就是我们服务的主要对象，主持人要熟悉栏目的服务对象，熟悉他们的生活、工作状况，了解他们对栏目的收听、收视需求和预期，知道他们的接受心理、接受习惯和接受能力。

第三步，分析自我。根据栏目定位和对象的定位进一步分析这个栏目需要主持人具有的特质，在这个基础上，完整地认识自我，理解自我，主要考虑三点：①自己的知识结构与积累；②思维及语言特点；③性格、形象气质等心理、生理特征。考虑本人这三方面的情况与栏目定位、目标受众的契合程度如何。要理性地认识自己相对于这个栏目有什么优势，有什么不足，一般来说，主持人在选择栏目时，或栏目选择主持人时，都应实事求是，量才用人，要“扬其所长，避其所短”，而不宜“圆凿方纳”。当然，主持人固有的条件不大可能与栏目要求“可丁可卯”，完全合拍，因此，需要主持人在条件基本符合的前提下，在屏幕外下功夫“取长补短”，向理想的栏目形象靠拢，在屏幕上强化和升华自己合于栏目的优势，淡化并避免自己不合于栏目的一些特点或习惯，哪怕它是你的优点。有了这样紧密联系栏目定位和受众诉求的理性分析，就能初步认识主持人的栏目形象定位。

此外，还要认识到，主持人在栏目中的形象要经过“认位”“定位”及磨合过程才能“到位”，这个过程是动态的、发展的，在大格局的基础上总是会有一些“微调”，主持人的语言、形象气质诸方面才可能有与栏目一致的风格，有为受众认可的栏目形象。

文化类节目回暖的当下，包括《朗读者》《中国诗词大会》等一系列文化类节目相继出现，《朗读者》更是获得了现象级的成功。流行的主要原因在于精英文化的“平民化”“大众化”传播，而这其中的关键就是谈话和朗读相结合的叙事结构。

节目定位以“人”为基点，在第一期节目片头的MV宣传中，董卿进行了解读：“《朗读者》，在我看来可以分成两部分来理解，朗读是传播文字，而人则是展现生命。将值得尊重的生命和值得关注的文字完美结合，就是我们的朗读者。”阐释了节目的内容。节目由三部分构成：一是董卿的开场白，每期节目都会围绕一个主题词，而这些词，例如“陪伴”“遇见”“第一次”，包含了人类共通的生命体验。二是和嘉宾的访谈，去将文字与故事相结合，挖掘嘉宾身上的情感点，等到情绪渐渐打开就进入第三部分：朗读，这时，无论是嘉宾还是观众都达到了情感的饱和点，这个过程，情感的流露水到渠成，自然而然。虽然是文化类节目，但也不曲高和寡，内容离不开三点：中国精神、中国情感、中国文化。而随着主持人、嘉宾的引导，每个人都是主题平等的参与者而不是被主流教化宣传的学生。

董卿作为制片人和主持人，找准了节目的定位，董卿在《朗读者》节目中呈现出的主持风格与主持大型晚会、青歌赛的主持状态完全不同，她将自身主持风格与节目特质充分融合，一改以往主持通俗化、口语化的叙述风格，而是运用一种诗意的语言去叙述，如："世间一切都是遇见，就像冷遇见暖，就有了雨；春遇见冬，有了岁月；天遇见地，有了永恒；人遇见人，有了生命。"在接下来的开场白环节，运用《诗经》中的蒹葭，《红楼梦》中的贾宝玉、林黛玉，罗马假日里的遇见，钱锺书、杨绛的遇见，运用排比的句式环环相扣，使观众沉浸其中。

而她自己之于这档节目也有不可替代性，董卿热爱读书，从《环球人物》对她的采访中我们可以知道，董卿每天睡前，不论多晚，看一个小时的书，雷打不动，读书对董卿来说，三日不读书，便觉面目可憎，董卿的性格、风格、习惯等与《朗读者》相得益彰，也是《朗读者》成为现象级传播的一个必要条件。

第二章

主持人的语言活动

第一节　主持人的主持职责与功能

一、节目创作过程中的主持职责

一档广播电视节目的生产和播出，粗略地说须经过以下三个阶段：

首先，节目生产前期的策划创意阶段，主要是一档节目的播出内容及呈现形式这两个方面，包括选题的确定、内容的构成、嘉宾的选择、节目环节与流程、节目元素的运用、技术手段的发挥，等等。

其次，节目生产中期阶段，完成需要提前录制的采访、报道，及节目素材或短片的编辑、资料片的配音，等等。

最终，实施节目录制或直播现场的具体的主持工作阶段，包括非直播节目的后期制作。

在实践中，由于电视节目的制作和播出需要经过众多专业和技术部门的配合，加之主持人素质、能力或栏目工作机制的差异，电视节目主持人不一定所有的环节都参与。不过，专访、谈话、调查、综艺、娱乐、真人秀或特别节目的主持人，一般都会积极参与节目制作的主要过程乃至全过程，否则很难实实在在地对较为复杂的内容、多种节目元素以及开放的动态变化的节目进程起到主导和把控的作用。相对于电视节目而言，广播节目的制作则不那么繁杂，主持人掌握及操作也较为方便和灵活，同时鉴于“低投入高产出”的现代广播运营理念，于是，在广播主持人节目的发展进程中，“多面手”的工作实践锻炼成长起许多比较全能的广播节目主持人。大多数成熟的广播节目主持人的职能，都涵盖以上三个节目制作和播出的全过程。

北京交通台的主持人整体水平在全国堪称一流，他们富于工作激情和创新能力，在确保名牌栏目的基础上，每年都有新创意、新栏目与听众见面，坚持为听众提供高质量的服务。除此之外，他们还经常开展社会公益活动，或走到现实生活中面对群众办节目。他们新闻素质好，政策观念强，交通法规熟稔，而且策划、采访、编辑、主持、制播业务全面，他们还参与创作并演播本台的部分广告和公益歌曲，有时还自编、自导、自演广播剧等，一句话，交通台主持人的业务职能既包括对节目的驾驭和掌控，还涉及节目的创办、包装，乃至运营推广和社会公益活动。

不用说，是主持人就必然参与节目实际录制或直播的关键阶段，否则“主持”二字无从谈起。但是，实践中也不难发现有假“主持”之名的不称职的所谓“主持”，其给节目带来的伤害常常是致命的。我们之所以在这里强调节目主持人在节目生产前期、中期的介入参与，是为了让主持人对节目有全面深入的了解和把握，以便在节目录制及播出过程中能真正发挥对节目的主持掌控作用。

当然，对于主持人应介入节目生产过程的观点应当能够辩证地看待。一般来说，在一个主持人的成长时期，尤其应提倡较多、较深层地参与节目的内容生产，节目形态也应当给予主持人较多的主持空间，这样做，能让主持人得到很好的磨炼，对于其综合素质的提高有积极而明显的现实意义。不过，随着栏目及主持人都进入成熟期，成为受众心目中的品牌，影响力越来越大时，受众对栏目与主持人必然有更高的要求，此时编辑力量的配备必然提到议事日程上来。专业化程度高的主持人、策划、编辑、技术人员各自“术业有专攻”，同时又共同围绕一个确定的选题“强强组合”，通力合作，这样必能避免并突破节目的瓶颈而保有持续发展的势头，进入螺旋式上升的新高度，为受众奉献品质精良、好听耐看的优秀广播电视节目。

二、节目中的主持功能

在具体的节目主持环节的功能方面，主持人在各种各样节目形态中的主持方式丰富多彩。从传播内容看，有资讯播报、串联衔接、现场报道、采访谈话、即兴评述、互动、点评等；从传播空间看有在演播室进行的，有在新闻现场或外景地进行的；从传播依据看，有主要依据现成稿件的，有在动态中即兴组织语言的；从主持主体看，有单个主持人独立进行的，有两位或主持群合作完成的，有与嘉宾、受众共同协作的；从直播方式看，有录制的，有直播的……这些主持方式在节目中呈现出“多重组合”“灵活交叉”的复合形态。

主持人在各类节目和各种不同节目形态中，不管采用何种方式，主持功能都万变不离其宗，有其共性的规律。立足于主持人的实践，着眼于主持作用的共性，我们将主持功能大体归纳为五个方面：衔接功能、叙事功能、沟通功能、评论功能、控场功能。

1. 衔接功能

根据节目内容及节目形态的实际需要，对各种资讯、节目环节或节目版块进行串联衔接是主持人的主要职能。如新闻主播需要串联各种资讯，随着时代的变迁，受众获取信息的来源增多，而且人们对新闻有解释分析方面的需求，因此当今的传播者十分在意吸引和方便受众的接收，格外重视对信息的加工，一方面使信息内容立体化，另一方面巧妙有机地勾连衔接前后内容，才能充分发挥串联起整档节目的勾连整合作用。

文艺晚会中歌舞、戏曲、相声、小品等节目的串联衔接是综艺主持人的标志性功能。综艺娱乐类主持人串联不同环节的表演或游戏，还有其他需要多个环节构成的如选秀节目等，如果主持人没有良好的串联能力，也不可能有节目整体的流畅感、波澜起伏的节奏感以及艺术欣赏的美感。

2. 叙事功能

不管在何种节目当中，主持人都必须具备足够的叙事能力，要求主持人对信息做出适合广播电视传播、吸引受众收听、收视的讲述，有时还需要对报道对象的动态变化做出及时的反应和有效传播。其中的语言叙事主要体现为：人物事件脉络条理的清晰表述、符合有声语言线性传播与听觉接受的规律，乃至善于运用悬念引人入胜等多样化的讲述方式；语言表达形象生动富于感染力、富于交流感。当然，根据节目的不同要求以及栏目的定位与风格，需要主持人发挥叙事功能的程度或风格有所不同。如法制类节目故事化的铺陈，现场报道中来龙去脉简洁明晰的交代，体育比赛生龙活虎、瞬息万变的现场解说，旅游节目“边走边说”的体验式说明、向导式介绍，科教节目“边做边说”深入浅出的讲解，等等。

3. 沟通功能

沟通是主持人节目“人际性”传播的重要特色，是主持人更好地达到传播目的的重要途径和方式。沟通的主要形式有主持人与嘉宾的交流，与通过手机短信、互联网络、热线电话参与节目的受众，以及与现场参与者的互动交流，还有主持人之间的互动。采访、谈话、咨询、讨论过程中的提问、沟通更是无时无处不在。互动交流的内容包括观点的沟通、情感的沟通、心理的沟通，主持人应乐于并善于与不同的嘉宾、受众进行沟通，以积极的互动、真诚的交流，实现话语共通，视界融合，搭建起主持人节目语境下信息共享、认知共识、情感共鸣的平台。

4. 评论功能

对人或事或社会现象做出实事求是、合情合理的分析评论，是新闻评论类节目主持人应当具备的能力。在其他类型的节目里议论能力也同样重要，像热线电话或访谈节目中，主持人与受众、嘉宾之间的问答应和，都少不了对事理或情感方面的判断、分析，以及理念的交流等，其中议论因素是不能缺失的。尤其在资讯传播发达的今天，我们正在步入信息资源共享的时代，独家新闻很大程度上要靠机缘，因此，各国新闻界更加追求独家视角，在对新闻事件的解释、分析和引发的评论上下功夫。

5. 控场功能

在直播形态或现场互动形态的各类节目中，报道对象的动态变化，节目环节的推进，话题讨论的平衡，现场气氛与节奏的调动和控制，突发情况的应变处置等，主要通过主持人对节目起到主导、驾驭、掌控的作用，来保证节目安全播出和有效传播。控场功能是综艺娱乐益智节目主持艺术的核心，同样是主持人在新闻事件动态直播中的重要功能，也是主持人在各类真人秀节目里贯穿始终的功能。一般看主持人的控场功能主要表现在两个方面：一是准确熟练地体现节目总体意图，确保具体方案和程序的正常进行；二是灵活机智、迅速得体地处置现场发生的意外，保证节目的顺利播出。

以上五大功能是主持人主持活动最为普遍、最为鲜明的特征。在节目主持活动中，它们并非互不搭界，而是交织在一起并贯穿整个节目的进程，起着驾驭、推进、掌控的作用。通过对主持人五大主持功能的概述，我们不难看出语言在主持功能中的重要地位。一句话，语言是实现主持功能的最重要的载体。

第二节 主持人的语言功力

一、主持人在节目中的语言活动

1. 主持人的语言是节目的主干或主线

不论在什么类型的主持人节目中，也不管主持人在其中占有什么样的位置、起什么作用，只要节目中有主持人出现，主持人就得说话。在节目的传播过程中，他们或者播报编辑部门采集加工的信息；或者亲力亲为，直接采访报道新闻事件和人物；或者在演播室、录音间做访谈；或者用自己的学识和感受来串联、介绍、评说、组织节目；或者以热情巧妙的语言调动听、观众的注意力及兴趣，营造节目需要的氛围；或者平等真挚地与听、观众沟通交流，跟大家一起讨论共同感兴趣的话题；或者兴趣盎然地组织听、观众参与游戏、竞赛；或者冷静客观又妙趣横生地为听、观众解说体育比赛，有时还要为节目配解说，尤为特殊的是当节目录制或播出进程中出现意外，主持人要迅速机智、灵活得体地圆场补台，让节目绝处逢生，录制或传播顺利进行……总之，主持人是节目的重要组成部分，是节目十分活跃的因素，而主持人又主要是通过语言来传播信息，沟通受众，驾驭节目的，因此我们说，主持人的语言，或是节目的主干，或是节目的主线。

主持人语言专指主持人在节目中的语言活动、语言实践。它们有的是完整的语篇，在深度和广度上均有可以驰骋的天地；有的虽是“只言片语”，却是不可或缺的“脉络”、建构节目的“骨架”、承上启下的“肯綮”、画龙点睛的“神来之笔”；有的还需要依赖现场的实际内容，临时触发，表现立体时空的内涵。况且，主持人语言活动方式处于动态发展之中，不断有新的语言样式需要主持人掌握和驾驭。

2. 主持人语言活动分析

语言的传播在总体上分为两种形态：书面形态和口语形态。就口语而言，又有“由文字语言转化”和“即兴”之分，前者如宣读文件、朗读课文、朗诵、戏剧台词等，在广播电视节目中指有稿件的播音或主持；后者如生活中随意的聊天、工作或学习中的讨论、法庭审理中的辩论等，广播电视节目主持人的即兴口语则指离开稿件的即席发挥，与嘉宾或受众的现场互动，新闻事件现场触发的口头报道、口头述评，或直播的临场应变，以及采访或谈话节目中的非事先设计的问答，等等。

主持人在节目中的语言活动，从我们对主持人语言活动及涉及的语言层面的分析，可以概括出两大特点：

第一，主持人在节目中的语言活动可归纳为两类——有文字依据的和没有文字依据的，后者指直接由眼前的情景事物或对方发出的信息引起主持人的语言动机，由思维中的“内部言语”经由“语言编码”而外化发出的即兴口语，此外还包括虽然没有落到文字上但预先有准备胸有成竹的话语，也有人将主持人没有现成稿件的话语活动统称为“自主表达”；这两类语言活动类型在主持实践中既有区别又有交叉，如广播节目中常有的“提纲+资料”的既有文字依据又不囿于稿件的主持，又如综艺晚会的主持词有的是背诵式的“复现性”口语（即有具体的文字依据），有的是根据节目现场需要临时触发的、没有具体文字依据临场发挥的“原发性”口语，而新闻主播为了便于受众的接受，常常对现成的消息稿件重新做出补充背景、突出重点、口语化等信息方面和语言方面的处理。

第二，主持人语言活动涉及面相当广，主持人的语言活动是立体的、全方位的。它涉及语言的内涵深层（语言目的和内容）、语言的物质表层（语言的声音形式），还有语言符号构成的中介层面（语音、词汇、语法）；既有接受他人话语（含书面、口头）的理解、存储，又有驾驭自身话语的发出、控制；电视节目主持人还要有起表情达意作用的体态语、空间语言、服饰化妆等非语言符号的运用。

二、主持人的语言功力

由于主持人节目语境的千差万别，主持人语言处在一个动态系统和动态过程中，这是一个复杂多样并充满矛盾，但毕竟有规律可循的语言活动过程。比如节目类别的差异、节目内容的差异、节目形式的差异、节目对象的差异、节目风格的差异，都需要主持人认真思考，精心地去“适应题旨情境”，然而就是在复杂多变的区别中恰恰呈现出主持人语言运用的丰富来。主持人节目的传播方式、节目形态丰富多样，如受众的直接参与、热线直播、网友的介入、谈话节目形式的广泛运用，都使主持人的语言活动处在真真切切的交流当中，处在不断变化的、具有某些不可预测因素的语境当中。在这样的节目里，采用“有来有往”即时反馈的互动式的话语方式，主持人不可能放心大胆地依靠现成的文稿，主持人的即兴口语及应变语言成为主持人语言基本功的重要内容，这是过去非主持人节目未曾涉及的范畴。因此，我们说，随着主持人节目的深入发展，实践对主持人的语言功力提出了全方位的要求，除话筒前、镜头前必备的有声语言表达能力之外，主持人的写作能力、即兴口语能力的提高都迫在眉睫。虽然“即兴口语”也属于“有声语言”，但它侧重由“思维”到“口语生成”的过程与“话语组合”的速度与质量，明显有别于“有声语言”重在表达技巧、抑扬顿挫的情感传播层面。

因此，我们可以得出结论：在主持人语言功力范畴中，写作能力、有声语言表达能力、即兴口语生成能力，似鼎的三足，支撑起熔主持人思想素质、业务素质、个人魅力于语言“一炉”的一只大鼎。

写作能力、有声语言表达能力、即兴口语生成能力三者的关系。主持人语言功力范畴的这三个方面，是互相关联、互相影响、互相渗透、互相促进，又有所侧重的。

首先，有声语言的表达能力在主持人语言功力中居于首要的和显性的位置。无论在哪一类主持人节目中，无论主持人在节目制作群体中处于何种实际地位，也无论主持人在节目中的参与程度怎样，主持人语言所负载的功能都是直接经由有声语言传导出来的。听、观众对节目传播的信息是否接受了、理解了，受到感染了？节目意图是否达到了？在相当大的程度上都系于主持人的有声语言表达能力。也正因为这样，有声语言传情达意的清晰度、表现力、感染力，就在广播电视节目主持人语言功力结构中，占据了首要的位置。

其次，写作能力在主持人语言功力中居于根本的和隐性的位置。从广义上讲，写作能锻炼人的观察力、感受力、思维能力和文字表述能力。写作需要理论联系实际，需要细心观察，深入思考，久而久之能够磨炼出敏锐的洞察力和思辨的分析力。从具体写作过程看，写作中一应拟题的思考、立意的思考、选材的思考、布局的思考、文字表述和修改的思考，都使人的抽象思维、形象思维、发散思维、聚敛思维、逆向思维、创新思维，以及语言的词汇、语法、句式、修辞的驾驭能力得到全面的锻炼和发展。

写作练笔，一方面能进一步推动你对生活的深入观察和思索，推动你看书学习，使原来的想法更为准确、周密与深刻，也就是说，使思维有序化、深入化，这对于提高一个人的认识能力、思辨能力有很大的好处；另一方面锤炼了规范地、熟练地、创造性地运用语言的能力，因此我们说写作能力对于主持人的语言功力具有根本性的意义。说写作能力处于隐性位置的理由：一则，听、观众从广播电视节目里可能看不到主持人撰写的文章，即使是主持人撰稿，听、观众接触到的也是文章转化的声音形式。二则，现在主持人自己撰稿的还不多，从发展趋势看，从节目制作群体的优化组合或实际需要来说，不可能，也没有必要全部由主持人撰稿，但是，从体现主持人节目“个性化”“人格化”传播特点看，主持人自己动手写稿、改稿定会有所增加，一个有出息、有追求的主持人定会十分重视写作能力的提高。三则，写作能力与即兴口语能力、有声语言表达能力密切相关。主持人有一定的写作基本功，思维和语言组织能力能得到较好的锻炼，才不会“离了稿子不会说话”；有一定的写作基本功，在即兴口语状态下，一般不会“脑子一片空白”，不会词不达意，不会病句迭出；有一定的写作基本功，在文字语言向有声语言的转化中，往往对稿件理解感受更准确、更深刻、更精细、更独特，因而有助于有声语言的表达。《新民晚报》评价被上海报界誉为“博闻强记，妙嘴生趣”的综艺节目主持人叶惠贤，“他的会说关键在于他的会写”。叶惠贤也深有感触地表示：“嘴里要想有，脑里先要有；要想会说，必须会写”。[①] 多年来，杨澜、倪萍、敬一丹、水均益、白岩松、王雪纯等优秀主持人写书、出书，让我们不仅看到了他们很强的写作功力，更看到了他们的所思所想，他们的关注、他们的情感、他们的追求，一言以蔽之，他们都是脚踏实地、勤于思考、不懈努力、锐意进取的人。所以说，写作能力在主持人语言功力结构中居于基础的、根本的地位，并且直接影响和作用于主持人的有声语言表达、即兴口语的水平，以及主持功力和个人魅力。

最后，即兴口语能力居于特殊的、显性的位置。说它特殊，一是因为并非所有的主持人节目都处在有及时反馈的“循环模式”或语言互动当中，不过，当你面对采访对象、面对随时都可能向你提出问题的听、观众时，即兴口语便是实实在在的现实了；二是固然现场直播也不是所有的主持人节目都采用，所有的主持人都碰得到，但是，今后重大的事件、人们关注的事件的直播肯定会更多，我们并不能因其“特殊”就忽视它，或因为它的难度就回避它。即兴口语能力体现人的语言急智，亦称“语智”，它显示一个人的口语表达的能力和智慧。即兴口语，实际上又是写作能力和有声语言表达能力的综合体现，它比写作要“来得快”，说出来更需要感染力，能立即说服人，打动人，能准确明了、生动形象地“见证历史”，能轻松平易地激活参与者的谈话欲望，能自然巧妙地“力挽狂澜”“化险为夷”，因此，即兴口语应该是主持人语言功力结构中特殊的、不可或缺的重要组成部分。

当然，主持人语言功力这三个方面，具体到每一个人，其比重和发展可能是不平衡的，至于来自不同职业的主持人，由于工作中语言应用上的客观差异，也会有较明显的差异。一般地说，来自播音员队伍的主持人，有声语言表达能力有明显优势，来自编辑记者队伍的主持人，有写作能力的优势，来自演员队伍的，即兴口语方面有一定经验。我们说，不管你以前有什么样的经历和积累，来到主持人的岗位，在语言能力上，就要按主持人的职业需要来发展和完善自己的语言功力。同时，在实践中切忌以自己原有的优势傲视别人的缺欠，更不可因自己的优势漠视他人的长

---

① 郑可壮、楼世芳主编：《叶惠贤主持艺术论集》，生活·读书·新知三联书店，1994。

处。事业的需要、事业的发展是我们的目标，只要勤奋努力地学习，扎扎实实地实践和不断地摸索总结，一定能具有主持节目所需要的深厚的语言功力。

第三节　主持人的语境与话语策略

一、主持人的语境

1. 关于语境

语境，顾名思义是指语言使用的环境。狭义的语境，专指说话的前后句、落笔的上下文，其注意对象是语言符号的言辞语境（或称语流语境）；广义的语境，是指使用语言的主客观情境，它不直接表现为语言符号，但是影响和制约语言的使用及效果，一般称为言辞外语境（或情景语境）。言辞外语境又可分为主观因素和客观因素，主观因素包括谈话参与者的身份地位、心理背景、文化背景、谈话目的、谈话内容、谈话方式，以及它们之间的关系；客观因素主要包括谈话的时间、地点、场合、交际渠道（即交际时所选择的媒介）……语境的因素是无限的。综合起来说，语境是交际过程中说话人运用语言表达思想感情时所依赖的各种因素，这些因素或显现为话语中的上下文，或潜在于话语外的主客观情境中。

在广播电视节目中，主持人的采访、现场报道、即兴评述、体育赛事解说评论、热线谈话、短信点评，抑或是与嘉宾、受众之间的互动呼应，还有临场发挥和应变救急，主持人都有一定的话语空间。主持人话语空间的客观存在实际上就给了主持人一定的话语权，但这绝不是其个人在传播中的话语特权。主持人在节目中具有一定的话语权，实际上如同一柄“双刃剑”，用得好，能深化含义、升华主题，使传播锦上添花；反之，即便是与前方记者连线时一个不得体的措辞，娱乐节目中一次不当的玩笑，都可能遭到受众的反感和质疑，甚至会造成负面的影响。不言而喻，主持人必须把握好自己在节目中的话语权，能够积极慎重、灵动得体地说话，才能称职地履行好主持传播的使命。因此，首先要认清主持人的语境，了解语境对自己的引导和制约。

2. 主持人语境

对于主持人语境的认识，我们从主持人的言辞外语境入手，最终落实到主持人的言辞语境，亦即主持人语言的具体操作。因为如果不考虑主持人的言辞外语境，就语言谈语言，那只是在语言知识圈圈里，在线性结构中打转转，往往事半功倍。因为语言不仅仅是语音、词汇、语法的一套系统，而是一个复杂的、多层次的、多种系统的组合，从系统论的观点看，语言的各系统中，语境是语言运用的基础和前提，也就是语言运用的起点和先决条件，正如语言学者王建平所言："言辞语境归根结底所反映的也还是言辞外的语境因素。"① 主持人的语境存在于主持人节目当中，主持人节目语境又存在于社会语境和传媒语境当中。

首先，社会语境是主持人语言运用的"宏观语境"。宏观语境包括历史语境、时代语境、文化语境、民族语境、地域语境等，它对于节目主持人语言运用具有明显的共性要求，体现为一种基本的、社会规约的制约作用，能使主持人明确自己是在什么样的社会环境和社会背景中说话，知道"该说什么话""能说什么话"。

2020 年 2 月 20 日 18:30，主持人阿丘发布了这样的一条微博："此时，虽然'东亚病夫'的牌匾早已被踢碎一个多世纪了，但我们可不可以说话语调稍温和一些并带些歉意，不怂不豪横地把口罩戴起来，向世界鞠个躬，说声：对不起，给你们添乱了。"在全国人民抗击新冠肺炎疫情的当时，在没有任何证据的情况下，此言论一出，就是承认新冠病毒来源于中国，迅速在网络上引起轩然大波。而早在 2020 年 2 月 11 日，世界卫生组织就已经正式命名新冠肺炎为"COVID－19"，而且多次强调，不能将病毒和地域联系起来。如今，新冠肺炎疫情在全球蔓延，不止一次向世人说明，在病毒面前，没有国家、地域之分。很明显，主持人的错误在于他忽略了"宏观语境"的规约，缺乏应有的政治敏感，是广大听众绝不能接受的。事后，主持人阿丘因为严重错误，被予以停职。

其次，传媒语境和节目类型可视为主持人的"中观语境"。中观语境一方面反映广播电视媒介的性质和特点，规定了必须遵循的传播原则，其中，既包括广电媒体性质对思想内容的共性要求，也包括电子媒介传播特点对语言运用的规约。另一方面，表现为某一类型节目的共性要求，及具体节目区别于其他同类型节目的"个性"，必须明确主持人的"职业角色"，知道"我是谁"，同时需要了解传播对象的特点，从而知道"话该怎么说"。

第九届中国金鹰电视艺术节主持人盛典上，在一个模拟得奖的环节，何炅让谢娜模拟自己得奖后的感受，结果宣布时把得奖人换成了海涛，谢娜当场大叫一声："哎哟，我去！"此话令现场媒体一片哗然，之后谢娜再度登台，她急不可耐地与台下同行互动说："今天都来了啊，汇聚各路牛鬼蛇神。"惊得何炅连忙打圆

① 王建平：《语言交际中的艺术——语境的逻辑功能》，中央党校出版社，1992。

场说，她向来不是一个那么正常的主持人，而是“金鹰女神经”，网络上也是吐槽声一片。

最后，一档节目的主客观情境，是主持人的“微观语境”。微观语境更多更具体地涉及节目录制或直播过程中直接影响主持人语言活动的语境要素，比如节目宗旨、节目形态特点、现场环境；比如端正心态，处理好与嘉宾、受众的关系，尊重、理解、善待参与到节目中的人，不端架子、不炫耀、不自恋，不以个人为中心；比如谈话节目里话语权的支配和平衡；比如对节目目标听众、观众年龄、职业、心理等方面的了解和适应……总之，主持人在节目中的说话态度及说话方式，都直接体现为主持人对现实语境在“技术、技巧”方面的把握。

毋庸讳言，我们的广播电视节目曾经充斥居高临下、脱离群众的官方语言，艰涩难懂的文件语言，刻板生硬的教科书语言，与群众生动活泼的语言不搭界，这些现象都离不开当时的“宏观语境”——“文革”，有些则源于对“中观语境”——广播电视语言传播特点，认识的局限，只能做所谓“新华体”的有声版。我国改革开放后，广播电视传播面貌从语态开始发生了相当大的变化，例如，从传播的灌输型逐渐转变为信息分享和共享型。孙玉胜在他的《十年——从改变电视的语态开始》一书中说：“要尝试一种新的表达方式，拆除媒介和观众之间的界线和戒备，使新闻的传播与接受能有角色认同和情感互动的愉悦。”①

在当今时代，要实现有效传播，必须调整主持人传播的话语关系，不是令行禁止或正襟危坐式的“说教”，也不是口若悬河的“炫耀”或巧言令色的“作秀”，而是强调一种平等的传达和交流，一种顿悟和心灵的渗透。在社会语境、传媒语境和节目语境中说话的主持人，在思想文化异常活跃、传播竞争激烈的情势中说话的主持人，要想吸引受众的耳朵和眼睛，要想实现有效传播，必须率先确立主持人的话语策略，这是不能绕过的具有大前提意义的重要理念。

二、主持人的话语传播策略

主持人的职业角色是“集社会性与人际性于一身的、具有亲和力的传播者”，主持人是媒体与受众的中介人物，既要体现媒体的意志，又要反映百姓的意愿，传播中力争在认识上能够“视界融合”，在语言上做到“话语共通”，简言之，就是要打通“精英文化”与“大众文化”的通道，为此，我们倡导“略高一筹，换个说法”

① 孙玉胜：《十年——从改变电视的语态开始》，生活·读书·新知三联书店，2003。

的语言策略。

主持人的话语策略具体表现为“四结合”的特点：“传媒机构的视野”“专家的深度”“主持人独特的角度”“百姓乐于接受的方式”。“传媒机构的视野”和“专家的深度”指主持人语言内容方面应有的信息量、舆论导向和文化品位；“主持人独特的角度”和“百姓乐于接受的方式”则指主持人语言形式方面的特色和指向。

首先，在语言内容方面，主持人应借助“传媒机构的视野”和“专家的深度”，为受众提供有深度的大量信息和文化，从而保证广播电视传媒社会属性的根本要求，把握正确的舆论导向和文化品格。

其次，在话语态度和关系方面，主持人要以比一般受众仅仅“略高一筹”，只是“领先半步”的平等关系和话语饱和度，面对受众进行传播，而不取“指令教导”“全知全觉”的姿态，不取高深莫测、故弄玄虚的言辞，可谓“灵魂站在高处，姿态放得平和”（主持人张越语）。

第三，在话语方式方面，同样的内容和意图要“换个说法”，以“个性化的独特角度”和“百姓乐于接受”的话语方式加以表述。

主持人在节目中，不能图省事说官话、套话、空话，不能说装腔作势、啰啰唆唆、淡而无味的话，更不能说假话。主持人要练就这样的语言能力：换个角度，换个说法，换个色彩，换个方式，说出与时代主旋律一致、与社会主义核心价值观一致的话，风格是日常的，通俗易懂，深入浅出，同时又是个性化的，而所要达到的语言目的却是相同的。“略高一筹、换个说法”的话语策略恰恰符合主持人“既是党的新闻工作者，又是受众喜闻乐见的朋友”这种传播者的职业角色特点。

在2020年新型冠状病毒肺炎疫情阻击战中，上海市医疗救治专家组组长、复旦大学附属华山医院感染科主任张文宏医生的“硬核”发言，圈粉无数。发言中，张文宏拒绝使用官话、套话，不照本宣读，被网友称作“硬核大实话”，例如：“党员上，没有任何讨价还价，我也上！”“你在家里不是隔离，是在战斗！”“防火防盗防同事”“这个病没有神药”“不能欺负听话的人”“说说共产党的口号，你平时好像可以，你平时入党，我不管你有什么想法，对不起，现在你马上给我上去，不管你同意或者不同意，你都得上去”。

面对镜头，没有包袱，敢怒敢言，用通俗幽默的“大实话”深入浅出地科普知识点，张文宏的话句句戳中人心。无疑，张文宏医生对于语言的运用，也为主持人树立了鲜活生动的榜样。

第四节　主持人的语用特点

“语用”是语言学的概念，就是语言的使用及其规律。主持人语言以“人”为支点，以节目为核心，以受众为归宿，是主持人思想感情、文化素养、审美情趣、语言能力的具体体现，更是主持人节目传播特色的重要载体。在各类主持人节目中，无论是将文字稿件转化为有声语言，还是自主的即兴口语，都应遵循主持人节目的传播特征，对日常口语进行选择和加工。主持人的语用特点可概括为五个方面：汲取书面语长处的精粹口语、强调规范性的大众口语、讲究艺术性的传播口语、富于个性的正式口语、应对得体的急智口语。

一、汲取书面语长处的精粹口语

1. 口语和书面语

口语，来自生活原态，它自然、灵活、通俗、生动，语气词、口语词用得较多，句子短小、简单，声音抑扬顿挫，富于感情；但是口语除了这些优势之外，也还有它的另一面：由于“说话是随想所说，甚至是不假思索，脱口而出”，“因此，说话总是语汇不大，句子比较短，结构比较简单，甚至不完整，有重复，有脱节，有补充，有插说，有填空的‘呃、呃’，‘这个、这个’”①。《剑桥语言百科全书》谈到口语时也说：“日常交谈中的语言常常不清晰”，“没有一个精心制定的主题控制交谈的进行；常常出现主题的改变和层次的变化。”“日常话语中的词汇倾向于非正式性和家庭化、有限性和非清晰性，因为说者遇到记忆、注意力和知觉中的难题。”②

书面语具有严密、规范、文雅、庄重，句子结构完整、句式较复杂，修辞手段运用多，话题集中等长处，表现出明显的连贯性、逻辑性和层次性。文学语言则更为生动、形象、优美、音调和谐。书面语是诉诸视觉的静态的语言，它要求读者有对文字语言的读解能力，而且其接受过程显然更适于个体阅读，况且还可以停顿下来思索，可来回翻检，可查阅工具书，可请教他人。

---

① 吕叔湘：《语文常谈》，生活·读书·新知三联书店，1980。

② ［英］戴维·克里斯特尔：《剑桥语言百科全书》（中译本），中国社会科学出版社，1995。

语言学从言语交际媒介的角度，把言语活动方式分为“口语”和“书面语”，并进一步指出：口语包含“自发”（交谈、独白）和“非自发”（背诵、朗读）；书面语包括“给说话用，好像事先并未写下来”“给说话用”和“不一定给说话用”；又指出，书面语和口语有交叉，即书面语中的“给说话用，好像事先并未写下来”和“给说话用”两种又都属于“非自发口语”的话语方式。① 这样的划分，倒是十分适用于主持人在节目中的语言活动方式。广播电视节目主持人在节目中的语言样态多种多样，基本上就是两大类：一类是“非自发口语”，即有稿件依据的口语，是稿件（书面）的口语形式，当然稿件本身应是“书卷口语体”风格，是“给说话用”的书面语。稿件或许是主持人执笔，或许由主持人编辑，或许经主持人润色；另一类是“自发口语”，即没有文字依据的即兴口语，如谈话节目中的来言去语，采访中的提问、应答，串联中的临场发挥，突发情况下的机智“圆场”……“自发口语”看似没有文字依据，实则都应有备而来，是那种“给说话用，事先没有写下来”的书面语，或者是具有“书卷口语体”风格的，虽是临时触发，但有深厚底蕴和积累的即兴口语。

人民广播创办伊始，《新华总社语言广播部暂行工作细则》就明文规定了“用普通语的口语，句子要短，用字用词要力求念起来一听就懂，并要注意音韵优美和响亮”，“要生动，有趣味”，“电文中有文言或难懂字句，应加注必要的通俗的口语翻译”。经过几十年的实践摸索，广播工作者总结出许多行之有效的方法，如：词语选择上，书面文字词语换成口头词语，多用双音节词，不用生僻成语、典故，少用不用专门术语；句式选择上，多用口语句式，不用倒装句、欧化句、长句；语音安排上，避免同音字误听误解、平仄相间，② 等等，渐渐形成了区别于报刊文体的广播电视语体。70 年过去了，这个问题还在不断地提出，显然是针对广播电视语言传播中仍存在照搬书面语的“字话”，它不便于人们听觉的接受和理解，不利于突出有声语言的传播优势，不能扬其所长，补其所短；再者，总会不断有新人进入广播电视界，所以，倡导“口语化”是个永远的话题。

2. 精粹口语

谁都不否认，“口语”，是主持人相对于非主持人（如一般的新闻播报、纪录片

---

① 桂诗春：《应用语言学》，湖北教育出版社，1988。

② 林兴仁：《实用广播语体学》，中国广播电视出版社，1989。

配音等）语言传播的显性特征，但它又不是简单地等同于随随便便、不假思索的日常口语，而是经过加工的、符合广播电视传播规律、符合主持人传播身份、主持人传授关系的口语，简言之，主持人的口语应是汲取书面语长处的精粹口语。

主持人语言的传播主要是诉诸听觉的有声语言的线性传播，稍纵即逝，因此，用于广播电视的语言“必须特别注意听众收听时的瞬时接受量问题，因为如果听众有不理解的地方，是没有机会为他们重播的，所以广播语言一定要层次清楚，结构合理，使用的句子相对地简单易懂”①。此外，书面语纵然有那么多经得起推敲的长处，但是通过动态的声音传播时，“书面上美好的字，不一定在口语中也美好”，“既须字斟句酌，语语明确，还要铿锵悦耳，引人入胜”②。

当主持人节目出现后，对于“口语化”的提倡曾出现了一定的偏误，症结在于把“口语化”跟日常初始状态的口语画了等号。有的所谓“口语化、生活化”的追求只抓皮毛，甚至舍本求末，恰恰把口语中粗糙的东西拿来当作宝贝，比如在语流中嵌入大量“啊、吧、呢、吗、那么、那”等，让人感到主持人的思维不畅，词汇贫乏，且做作矫情。语言一旦过于“随意”，内涵必然苍白，因此绝不能在“口语化”的招牌下降低对语言的要求。口语化并不是指语言的自然状态，而应该是经过打磨、提炼和加工的。

汲取了书面语长处的精粹口语，是经过加工的口语，它摒弃了日常口语的随意性、冗余性、离散性、粗略性等缺陷，既保有口语通俗性、简洁性、明晰性、生动性、灵活性的特点，又兼有书面语规范性、集中性、有序性的长处，说来上口，听来入耳、入脑、入心。老舍先生主张用口语写作，他多次讲过：“我写文章总是改了又改，只要写出一句话不现成，不响亮，不像口头说的那样，我就换一句更明白的，务期接近人民口语中的话。”

白岩松的语言生动活泼，用众人喜闻乐见的形式表达思想，用真情实感塑造强大的感染力，将道理渗透到亲切自然的话语中，比如在2020年新冠肺炎疫情发生以来，面对一些地方和个别人对武汉人的偏见，白岩松做出如下评述：“隔离病毒，不能隔离爱。尤其是我们在武汉之外的很多人，不能在互联网上写一些东西留一些言，让武汉人觉得很伤心、难过甚至委屈的，因为做出了巨大的努力和牺牲的，恰

① 吕叔湘：《语文常谈》，生活·读书·新知三联书店，1980。

② 老舍：《老舍文集》，人民文学出版社，1995。

恰就是武汉人。我们应该动用短信、微博、朋友圈各种方式，对你武汉的朋友、亲人，表达我们这种感恩之情。我在武汉有同学也有朋友，去年军运会之前还去了武汉，今天我还在想念武汉的热干面、豆皮、莲藕排骨汤……春天马上就要到了，武汉的亲人们，春天见。这个年，我们与武汉人同在，加油亲人们！请相信，一切都会好起来。”在这段评述中，白岩松并没有直接将自己的责任感赤裸裸地表达出来，而是通过真诚的声音和感人的故事告诉广大观众，自己作为社会的一部分应该承担什么，比起“不要歧视武汉人”“ 不要有偏见”这样的口号，这样富有真情实感的表达更能产生强大的感染力，尤其是用大家熟悉的热干面、豆皮指代武汉的表达让广大观众无不动容。这段评述非常有人情味，给了被封城的湖北人民莫大的安慰，同时也对疫情期间的舆论提供了正确的导向。

原稿书面语特点明显，简练直接。修改后，开头采用富于交谈感的口语方式，做了必要的铺垫，能够引起观众的注意，并产生一定的联想体验，对于节目的推进十分有利。

央视《新闻联播》新增了“主播说联播”版块，经常就新闻节目内容做简短的评述，康辉、海霞、李梓萌等主播不同于《新闻联播》的庄重严肃，在“主播说联播”版块中语言生活化、口语化，交流色彩很浓，就像十分投入地“面对面”地在与观众交谈。比如2020年3月5日的新闻中外交部介绍说，截至3月2日，共有62个国家和7个国际组织向中国捐赠了口罩、防护服等中国急需的疫情防控物资，欧阳夏丹这么说：“今天，外交部介绍了这段时间各国政府和民间对中国的援助情况，两个细节让我印象特别深。一是中国疫情发生后，巴基斯坦第一时间送来30万只医用口罩和其他防护装备，数量看着不大，却是他们尽全力从全国所有公立医院调集来的库存。‘巴铁’，真铁！二是有一位在华读书的蒙古国10岁小姑娘拿出999块零花钱分三份捐给了湖北等三个地方，每地333块，她的愿望很简单，希望病毒快快散去。这孩子，真暖！这些支持我们都铭记在心，最近一些国家疫情形势有变化，我们也在自己力所能及的情况下反过来向他们援助了医用物资，分享防控经验。道理很简单，守望相助才能共克时艰。当然我也注意到，这两天有个别国外声音把矛头指向中国，疫情是一场全球挑战，各国都是受害者，世卫组织多次指出，污名化比病毒本身更危险。这个时候与其忙着指责攻击，不如放下偏见相向而行。春光渐好，咱们国与国之间也该隔离不隔温，通力合作，共同突围。”

“‘巴铁’，真铁!”“这孩子，真暖!”“咱们国与国之间也该隔离不隔温”，这样的日常口语听起来亲切自然，生动且信息丰富、典型，并不啰唆，语脉条理清晰，很容易引发听众共鸣。

再比如中央广播电视总台财经频道有一档新闻脱口秀节目《第一时间》，主持人是龙洋，敏锐捕捉热点、使用“俏皮”的口语化语言，她的俏皮经常体现在“口语”和“书面语”的有机融合上。在聊一期关于春季柳絮飘扬的节目中，龙洋这样表述：“春天呢就是雌株繁衍后代的好时机，那这些絮呢就借着风和昆虫传播出去了，就完成了繁衍。说白了，就是人家杨树柳树在借机疯狂地晒娃呀，一棵雌树一年之内能够产生一公斤的飞絮，虽然无毒吧，但是确实让路人很崩溃。有网友就建议说，要不咱们每人上街的时候都拿一台吸尘器，这样合力呢就能够把杨树毛子给它吸干净。”这里的“口语化”表现为一种方式，即交谈的口吻、口语词汇，比如“疯狂晒娃、路人很崩溃，上街拿着吸尘器”等，夹杂着书面语描述事实，不仅把新闻说清楚了而且引人入胜。

二、强调规范性的大众口语

1. 规范化、大众化辩证统一

我们强调“规范性的大众口语”，具体含义如下：主持人口语规范化的第一个层次，是指语音、词汇、语法符合普通话的规范。语言与社会、政治、经济、文化有着太多、太密切的联系，语言反映着社会，反映着生活，它所承载的文化内涵、思想倾向，影响着人们对社会的看法和行为。尤其广播电视这一强大的、现代化的传播工具，集传播迅速，覆盖面广，声像兼备，受众参与，容量大，功能全，接收方便，选择性强等优势于一身，加之声情并茂的有声语言传播，比印刷媒体平面的文字传播要来得更亲切平易，其直接可感的效力真是“入脑入心”。“数以百万计的人同时收听使得广播用语成为一种标准，获得一种空前的社会地位和权威。”① 毫无疑问，广播电视语言同时具有语言方面和思想文化方面的示范性和引导性，主持人的语用的规范不容动摇。

语言大众化，是主持人语言强调规范化的第二个层次。广播电视节目受众包括各个年龄段、各个阶层、各个文化层次，节目又是运用电子手段的声画传播，信息稍纵即逝，不似印刷媒体可以让读者一书在手，反复体味把玩。故此，主持人的语

① ［英］戴维·克里斯特尔：《剑桥语言百科全书》（中译本），中国社会科学出版社，1995。

言必须简明易懂，有很强的可听性、可接受性，诚如老舍先生所言："我们的语言在世界上是以简练著称的，简而明，这是我们语言的特色。""假若我们的语言不通俗不现成，它就不可能成为具有民族风格，为人们所喜爱的作品。"① 从传播效果的角度看，简单朴实的话有时更能快捷而有效地把某种思想传达给受众。"社会心理研究表明，人们更喜欢语言上向他们接近的人"，因为"降低参与者之间的差异"，"有利于交谈，并可获得听者的社会认可"。②

主持人节目既然是面向大众的传播，能为社会最大多数人理解和喜爱，应该作为主持人语言运用最根本的要求。主持人的语用一定要处理好规范化与大众化的辩证统一关系，不能一提"规范化"就板起面孔，端起架子，提高调门，说些佶屈聱牙、令人生厌、脱离实际、远离群众的话；更不可一提"大众化"就油腔滑调，信口开河，说些不着边际、浅薄无聊的话。特别是直播的口语中，不负责任地胡侃闲聊，格调低下地贫嘴滑舌，不合语法，不合逻辑，不讲效率，不讲文采，不得体的话语脱口而出，这种语言乱象必须引起足够的重视，尽快摒弃、根除。

2. 深入浅出，通俗易懂

广播电视既然是大众传播媒体，以朋友身份、平等关系出现的主持人，自应放下身段、降低视角，以深入浅出、通俗易懂的方式拓宽受众的视野。通俗易懂、深入浅出，不仅是一种沟通方式，它还是一种态度，同时也是一种能力。说它是一种态度，盖因"深入深出"，是专家学者之间的研讨状态；"浅入浅出"，面对幼儿时是必要的，面对大众就可悲了，只会招来"幼稚化、浅俗化"的批评；"浅入深出"则会令人怀疑说话人有"哗众取宠"的动机，其做法岂止是"可悲"，已经是"可恨"了。说它是一种能力，因为只有对谈论的话题有深透的了解和独到的把握，能够"钻得进去"，又能够"跳得出来"，才有真正的"深入浅出"。清代文人袁枚在其《随园诗话》中谈作诗时写道："立意要精深，下语要平淡，立意是一半的功夫，平淡是又一半的功夫。"③ 此言极是，借此来说明主持人语言"大众化"的含义及做法，可以说是言简意赅而又准确深刻的。

随着社会的进步和发展，听、观众对节目的文化含量的广度和深度有越来越高的需求。用通俗口语表达深刻的内容绝非易事，而是有相当的难度，如果遣词造句

① 老舍：《老舍文集》，人民文学出版社，1995。

② ［英］戴维·克里斯特尔：《剑桥语言百科全书》（中译本），中国社会科学出版社，1995。

③ 袁枚：《随园诗话》，人民文学出版社，1960。

过于华丽艰涩，或满口专业术语，就会让人感觉造作、炫耀，也难以听懂。其实平民化视角、趣味化手法已在人类社会的各种传播活动中成为共识。语言通俗平易，不是说内容必然浅显，“简练”并不是“简单”的同义语，简练以充实为前提，只有对要表达的事物非常熟悉，能抓住要点，并能为受众着想，才可能做到简洁明晰。

旅美学者薛涌在《直来直去地谈话》一书中介绍：在美国，“精英治国和草根民主之间必须有个结合点，其中最重要的就是精英政治家能够用最粗浅、简单的话和最‘没水平’的小民百姓对话。总统竞选演讲，全是最简单的英语，平白浅显，速度慢，吐字清晰”。“不管你的思想有多么高深，你必须能够用最生动、平白的话向哪怕是大字不识的人表达得清清楚楚。没有这个本事，最好还是干点别的。”①

通俗易懂是使受众得到满足的前提和基础，传播学者威尔伯·施拉姆说：“把一个人的语言保持在听众能够适应的抽象程度上的能力，以及在抽象范围改变抽象程度的能力，以便在具体的基础上讨论比较抽象的内容，使读者或听众能够不感困难地从简单熟悉的形象转到抽象的主题或概括上来，并在必要时能够再回到原来的形象上去”，是“有效传播的一个秘密”。② 主持人在传播理念化的抽象内容时尤其要注意这一点，其必要性有二：一是考虑听、观众接受的便利；二是主持人“个性化”“人格化”传播特色的要求。我国一些优秀的节目主持人已经悟到这个秘密，在语言上肯下功夫，他们成功的经验可以概括为：以精深而活泼的形象思维把理念和主题转换为具象生动的语言，用“讲故事”的方式吸引听、观众的思绪，用形象的“叙述”触动听、观众的情感，寓“抽象”于“简单熟悉的形象”之中。

主持人董卿与文化嘉宾康震、蒙曼，可谓《中国诗词大会》自诞生以来的“铁三角”组合。康震、蒙曼两位嘉宾在节目中担任鉴赏点评诗词的角色，他们的评语充满当代生活的烟火气息，用“人”的全新高度审视着诗词中的字句。康震凭借强大的发散性思维，往往能从一首诗的意象中提炼出多重内涵，向观众补充介绍了大量的名句恒言。蒙曼则更倾向于一个讲述者的角色，其口中的诗词似一首婉转悠扬的歌谣，也总能用故事性的语言向观众讲述作者创作诗词时的片刻心绪，在诗词背景、作者生平等方面，对题目进行全面补充，从而大大提升了节目整体的知识功能

① 转引自《南方周末》，2004 年 11 月。

② ［美］威尔伯·施拉姆：《传播学概论》（中译本），新华出版社，1984。

与教育价值。以下是康震在《中国诗词大会》第二季第三场中就白居易的《琵琶行》中“同是天涯沦落人，相逢何必曾相识”一句时作出的点评：

“同是天涯沦落人，相逢何必曾相识。”我经常在想，一个人的艺术创造力到底能维持多长时间？白居易回答了这个问题。30 岁的时候，他还只是在长安的郊县做一个小小的科级干部，跟朋友看了一趟仙游寺，想起当年天宝往事写了《长恨歌》，那写得多好，是不是？“后宫佳丽三千人，三千宠爱在一身。”是吧？“回眸一笑百媚生。”天才！这诗一出来，（他 30 岁。张爱玲说出名要趁早）。立刻轰动天下，10 年以后已经 40 岁了，我看你到了江州这小地方，你还能写出什么来？

遇见了一个商人妇，一曲琵琶曲，立刻引发了艺术天才无边的想象，仅仅是这一段音乐的描写，一会儿急、一会儿缓、一会儿疏、一会儿密、一会儿高、一会儿低，反映的是诗人极为复杂的内心世界。

他是江州司马，江州司马又是江州市的副市长，这地位不低，这个女性是什么人呢？一个歌女出身，老大嫁作商人妇，跟他的地位差别是很大的，仅仅一曲琵琶曲，他就说“同是天涯沦落人，相逢何必曾相识”。这样的一种心态和认同，白居易是非常伟大的，能够俯下身来与对方平视、交换内心，所以《琵琶行》是千古佳作，应该备受推崇、反复咏叹，方得其中真味。

两位教授不端“权威”架子，不摆“学者”谱儿，不采取直接下结论的办法，却在平易通俗而又生动形象的讲述中不经意地开阔了人们的视野，为大家提供了思考判断的空间，他以“平民化”的方式和大家平等探讨，但其所谈又是别人所不能代替的。不难得出这样的结论：深入浅出，是面对广播电视受众最为理想的传播方式，也是主持人所应熟练掌握的语言方式。

深入浅出，要从听、观众熟悉的事物或直观的形象入手，尽可能把深奥复杂的问题通俗化、形象化、具体化、简单化，使之易于理解。以中央广播电视总台《数说命运共同体》系列报道为例，在第五期节目《食物背后的故事》中就将数据转化为具体可感事例，欧阳夏丹说：

这个地方就是北京的一家泰餐馆，这样的一家店一年要用掉 1 吨的泰国朝天椒，这是一个什么样的概念呢？你看这个盆里装的是 1 斤的量，如果把这 1 斤的红辣椒倒进我前面的这样一口大锅里，这一年就得是 60 口满满的这样的一大锅，据说它可是全世界最辣的辣椒之一，你敢尝尝吗？

“北京普通的一家泰餐馆一年要用掉 1 吨的泰国朝天椒。”“1 吨的泰国朝天椒”

信息转化为主持人身旁的一口大锅的容量乘以60。这样的例子不胜枚举，还有主持人站在哈萨克斯坦的厨房，举着两张馕，用“两张馕中一张就是用中国酵母发酵制成”一句话清楚说明了中国与哈萨克斯坦之间的酵母经济往来情况。可见数据新闻节目也并不是完全依靠精确的数值来加深观众对于数据的印象，通过将数据转化为具体可感的实物、实例，更能增强数据信息的到达率。

三、讲究艺术性的传播口语

广播电视是信息进入家庭及个人的传播媒介，时至今日，人们大多以休闲的心情来接受传播，因此节目“好听、好看”是受众理所当然的收听、收视要求。传播从来不讳言“艺术”，在庆贺著名记者穆青同志从事新闻工作40年的研讨会上，人民日报社总编辑范敬宜同志就曾中肯地感慨，新闻工作者“既要有政治家的底蕴，又要有艺术家的魅力”①。对主持人的要求又何尝不是这样呢？

语言是主持人传播信息的主要途径，在规范性、通俗性的前提下，讲究语言艺术的重要性是不言而喻的。语言学家吕叔湘先生曾这样形容善于运用语言的人，说他们“叙事能让人仿佛目睹，说理能让人心悦诚服，片言只语可以久而不忘，长篇大论也可以听之不倦”②。能够具有这样的语言魅力、语言磁性，是节目主持人梦寐以求的，其核心当然离不开那句老话——形式与内容的统一，如果着眼于语言形式的生动性和技巧的艺术性，可以说主持人的语言艺术主要体现在两个方面：一是语言编码中的“文采”，一是有声语言表达的“神采”。本节专门谈语言编码中的艺术性——“文采”。

被誉为“兼容百家、学贯中西”的一代宗师季羡林，在他的散文集《赋得永久的悔》的自序中说：“写文章必须说真话，不说假话”，同时“必须有文采和深邃的思想”，在强调“真情实感”的前提下，他又进一步鲜明地指出，“谈论文艺的准则，应该把艺术性放在第一位”，因为“说真话离不开思想，但思想有深浅之别，有高下之别。思想浮浅而低下，即使是真话也不能感动人。思想必须是深而高，再济之以文采，这样才能感动人，影响人”。季羡林先生还真诚地谈到自己“舞文弄墨”的体会：“我最不赞成刻意雕琢，生造一些极为别扭，极不自然的词句，顾影

① 范敬宜在1996年《穆青同志新闻工作40年研讨会》上的讲话。

② 吕叔湘：《吕叔湘全集》，辽宁教育出版社，2002。

自怜，自以为美。我也不赞成平板呆滞的文章。”“我追求的风格是：纯朴恬淡，本色天然，外表平易，秀色内涵，形式似散，经营惨淡，有节奏性，有韵律感，似谱乐曲，往复回环，万勿率意，切忌颟顸。”①

季羡林先生的话，道出了语言内容与形式之间的辩证关系，又谈了语言编码中的追求。他关于语言运用的观点态度、风格追求，对理解主持人语言艺术的要求，以及主持人语言的风格特点，都具有直接的、亲切的指导意义，他“最不赞成的”两种倾向，正是当前主持人语言运用中存在的问题，他所“追求的风格”，恰恰十分符合主持人的身份、符合主持人考虑受众的普遍性、符合有声语言传播所应具有的特点。讲究“文采”实际上就是语言对思想的“包装”。主持人要传递什么样的思想，用什么样的语言“包装”，在“包装”中怎样符合节目宗旨，怎样适应受众接受心理和习惯，“包装”效果如何，其中的原则、方法、技巧丰富得很。

具体的做法，可以从以下几方面入手：

1. 炼字、炼句：准确、生动、得体

敬一丹在一次报道土地荒漠化的节目里，由小女孩的名字生发感慨，她说：

邻家的小姐姐名叫“翠翠”，沙窝里的孩子起出这样水灵灵、绿莹莹的名字，不是能看出乡亲们的盼头吗？

敬一丹曾说起，这里用“盼头”，还是用“企盼、希望……”，经过斟酌最后决定就用“盼头”，因为它的色彩切合对象，用在这个节目里是最贴切、最得体的。

2. 善于运用比喻、讽喻、摹状等修辞手法，化复杂为简单，化未知为已知，化抽象为具体，化深奥为浅显，化平淡为生动

比喻是一种利用交谈双方共同经验的说服手法，古人云：“夫说者固以其所知喻其所不知，而使人知之。”很多时候，主持人把自己对生活、对生命的所思所感，以语言作为生动的载体，引起人的联想与共鸣。著名主持人撒贝宁是2019年央视主持人大赛的主持人，在点评一位略显青涩的年轻选手时，他把主持人的职业成长路径比喻成西服，这样说道：

一个二十一岁的小伙子，生活的阅历，包括职业的磨砺，都还没有到一定的程度，所以就像一件西服，他看到这件西服，他从哪儿拎都觉得别扭，但是如果假以时日，有了一定的训练和职业经历之后，你看到一件衣服就知道拎住它的领子，拎

① 季羡林：《赋得永久的悔》，人民日报出版社，1996。

起来就顺畅了，这就是要领。但是这确实还是一个磨炼的过程，不要着急，慢慢来。

撒贝宁形象地描述了作为一名主持人应有的成长过程，既宽慰人心，又形象生动。

白岩松对国际问题的评论往往也给人留下较深的印象，他能巧妙地运用通俗的比喻，形象而幽默地说明一些较为复杂的问题。比如，2019 年 11 月美国签署了涉香港的所谓法案，白岩松在《新闻周刊》这样评论道：

本周的这两条新闻，表面上看关公战秦琼毫无关系，但仔细一想拥有相同的逻辑。一个是米其林美食指南公布了北京餐馆的入选名单，另一个是美国签署了涉香港的所谓法案。这两件事的相同点是什么呢？如果你重视它，它就显得有力量并因此获得利益，如果你不拿它当回事儿，它就是个乐儿。

很多的自信我们都在树立当中，但是中国人对美食的自信一定是根深蒂固的。我们的味道和我们的胃，我们自己最清楚，当初为推销轮胎创建汽车生活的公司，创造了一个指引游客的美食指南，在欧洲也许还可以好好玩玩，但到了中国还有人把它当成严肃新闻，那就显得我们太容易丢失自信了。其实对于中国人来说，米其林真靠谱的还是它的看家的本领——轮胎。针对中国的美食指南，看看、乐乐就挺好的了，不必太当真。

同样的道理，美国签署的涉港法案是典型的，用它的国内法来干涉中国国内的事儿。你拿它当事儿，它就真找着了全球领导的感觉，你拿它不当事儿，它算个什么事儿呢？法案当中有一些具体的制裁举措，它是这么说的，但你不当回事儿就都有应对的方法。美国的手伸得太长了，不当回事儿，乐着看，伸得再长也就是个假肢。

这里，“手、假肢”的比喻，是人人都能体会其内在含义的，因而十分好懂，把老百姓也许不十分明了的国际问题形象化、浅显化了，把当时的时政局势，以及导致这种局势的原因，用隐喻的方法作了提示性的分析，增加了观众的收视兴趣和理解的方便。

有些学者深谙大众传播之道，善用比喻，易中天在《百家讲坛》的语言路数给观众很深的印象，在其他情况下也不例外。杨澜专访易中天的那次《杨澜访谈录》节目里，杨澜问易中天：“当你讲解历史或者美学、文学的方式与众不同的时候，会有来自同僚之间的一些压力吧？”易中天略作沉吟，旋即回答：

湖南人无所谓了，湖南人就是霸蛮嘛。就像骡子嘛，骡子的特点是什么呢？非驴非马，既然你已然是非驴非马了，你就不要再琢磨着怎么站到驴的队伍里，或者站到马的队伍里面，跟它们相同去。

易中天的这番回答，新颖独特，平易幽默。他没有顺着杨澜“有或者没有”的预设作答，出其不意地来了个“骡子论”。他以湖南人“霸蛮”的性格特点引申出“骡子”，接下来对“骡子”的特点进行解释，来自生活，妙趣横生，十分好懂，比喻绝妙精当又充满个性，但是寓意深刻，随即他自然而然地归结到“同僚压力”的询问上，对杨澜的提问既礼貌又坦诚，在表明观点的同时让观众对易中天鲜明的个性、过人的才华有了立体的感受。

老舍先生说：“所谓语言的创作并不是自己闭门造车，硬造出只有自己能懂的一套语言，而是用普通的话，经过千锤百炼，使语言得到新的生命，新的光芒，就像人造丝那样，用的是极为平常的材料，而出来的是光泽柔美的丝。”老舍先生满怀激情地号召使用语言的人，“我们应有点石成金的愿望，叫语言一经我们的手，就变了样儿，谁都能懂，谁又都感到惊异，拍案叫绝。”①

3. 适当运用排比及仿拟、拈连等修辞方法，注意语句的整散结合，长短相配，以造成气势、格调、节奏、韵律上的变化，增强语言的感染力

主持人是以有声语言进行信息传播的，最好在简明、易懂的同时顾及受众听觉的审美需求，则主持人说得“上口”，受众听得“入耳”，形式与内容的完美结合，最终传播才能“入脑、入心”。普通话语音结构在音乐形式美方面有巨大的潜力，它的抑扬顿挫是那样和谐，那样富有节奏感、韵律感。我国大文豪郭沫若说：“语言除掉意义之外，应该要追求它的色彩、声调、感觉。同样的语言或字面有明暗、硬软、响亮与沉郁的区别，要在适当的地方用有适当感触的字。”② 老舍先生也说：“我写文章不但要考虑每一个字的意义，还要考虑每个字的声音。” “好文章让人家愿意念，也愿意听。”并特别强调指出广播“既要字斟句酌，语语明确，还要铿锵悦耳，引人入胜”。③ 有关语言这方面的要求一点儿也不过分，任何重视语言传播的人都不会忽略这一点。美国电视工作者将文稿的听觉效果作为业务技能来强调，“脚本写出后，要高声朗读几遍，要让文稿发出声来比写在纸上更能打动人”。无须多说，主持人节目要提高收视率、收听率，主持人的语言也应该在这方面

① 老舍：《老舍文集》，人民文学出版社，1995。

② 郭沫若：《郭沫若谈创作》，黑龙江人民出版社，1982。

③ 老舍：《老舍文集》，人民文学出版社，1995。

下功夫。

中央电视台主持人董卿，典雅知性，思维敏捷，她常常用排比句，也就是用聚合关系不断组合同样结构的句子，信息在一定的层次上叠加，给人以流畅感和一种扩张的气势。在《朗读者》第一季第一期的节目当中，主题词设置为“遇见”，于是，董卿一连用了七个“遇见”串联起了一篇精彩的开场白，呈现出一种不可抵挡的感染力和说服力：

今天是《朗读者》节目第一次和观众见面，所以我们第一期节目的主题词也特意选择了“遇见”。古往今来有太多太多的文字，在描写着各种各样的遇见。“蒹葭苍苍，白露为霜。所谓伊人，在水一方”，这是撩动心弦的遇见；“这位妹妹我曾经见过”，这是宝玉和黛玉之间，初见面时欢喜的遇见；“幸会，今晚你好吗？”这是《罗马假日》里，安妮公主糊里糊涂的遇见；“遇到你之前，我没有想过结婚，遇到你之后，我结婚没有想过和别的人”，这是钱锺书和杨绛之间决定一生的遇见。所以说，遇见仿佛是一种神奇的安排，它是一切的开始。也希望从今天开始，《朗读者》和大家的遇见，能够让我们彼此之间，感受到更多的美好。

董卿对语言从内容到形式都很在意，有气势，有韵律，有节奏，有回味，十分有质感，尤其妙在她对语言的驾驭似在有意无意之间，并不让人感觉造作又个性鲜明。下面是董卿在《中国诗词大会》第四季第一期节目的开场白，董卿用诗词串联起了春夏秋冬，语言在形式上充满了韵律美，同时又紧扣主题：

《中国诗词大会》是与大家一年一度的相约，今年已经是第四个年头了，我们携手走过了一个又一个春夏秋冬。一起看“人面桃花相映红”，一起听“稻花香里说丰年”，一起叹“霜叶红于二月花”，一起盼“风雨送春归，飞雪迎春到”。季节有四季，诗词也有四季，代代相传，生生不息，就让我们在《中国诗词大会》花开四季的舞台上，再一次来感受中华文明的璀璨辉煌，品诗意人生，看四季风光。

同样是在《中国诗词大会》当中，当听完一位留守儿童的感人故事，了解到平时不常见面的父女俩，这次爸爸终于请了10天假带女儿来参加节目，董卿这样安慰小女孩儿：

你知道爸爸为什么这次请那么长时间的假来陪着你吗？因为你是他的希望。因为他希望你能够做到，他自己没有能够做到的事情，他希望你未来能够过上，他现在没有办法给你过上的日子。而这一切，靠什么来实现？对你来讲，靠读书来实现。

知识可以改变我们的命运！

紧接着董卿仍以“命运”做文章：

人生是一条漫漫长路，只要你愿意，你足够勇敢，你足够坚强，你足够智慧，你足够坚定，你就一定能够，去实现你的人生的愿望。改变自己的命运，改变家庭的命运，改变社会的命运，去帮助到更多的人！

这样饱含激情，有理解、有祝愿、有激励的内容，加上排比、拈连的语言加工，听者怎么可能不为之心头一热呢?!

再看“借语”和“仿句”。2014 年 12 月 15 日，因“过审风波”而被推迟一周的《一步之遥》全球首映礼在北京举行，应邀担任主持的白岩松一登台，就借此事调侃道：“这一周，姜文导演也没闲着，他已想好了下一部新片的名字，叫《一步到位》。”

白岩松借用电影《一步之遥》的名称，加上对当时电影风波的调侃，其效果可想而知，这当中的语言魅力，不容低估。

中央电视台主持人朱广权，在 2019 年春节期间的“美味中国年”节目版块中，看完节目中的美味，朱广权这么说道：“红烧鲤鱼烤鸭，四喜丸子对虾，腊肉排骨冬瓜，都是过硬菜码。夕阳西下，吃撑的人在老家!”这段话仿拟马致远的名篇《天净沙 · 秋思》，在春节阖家团圆的喜庆氛围中，朱广权用美食的罗列引起了观众思乡团圆的共鸣，充满了浓浓的“中国味”，十分恰切地贴合了节目的主题，既风趣幽默又彰显出了朱广权浓郁的个人风格。

4. 运用反问句、设问句

运用反问句、设问句，一方面能够制造一种让受传者“参与”到谈话中来的感觉，能有效地增强传受双方的“交流”；另一方面，无疑而问、明知故问的反问句和设问句是用问句的形式表达一种肯定或否定的思想，实际上，问中有答，答在问中，这是一种间接表达方式，常用“难道”“为什么”“怎么”“哪里”等表示反问的词语，其逻辑意义相当于“并非”“并不是”，但语气更强烈。

在 2020 年央视《新闻周刊》节目中，白岩松谈到了一张照片，当天医生送 87 岁的患者去做 CT，路上夕阳余晖，医生和患者停下脚步，看着大自然的美，身后的志愿者用手机定格了这一瞬间。白岩松在结语时使用了一个反问将整篇评论推向高潮，这一席话似警钟回响，令人深省：

无数人被这一瞬间感动，患者年轻的时候是乐团里的小提琴手，刚住进医院，情绪低落，但随着医生的照料，两天前已经开始哼唱歌曲，也终于和医生默契地有了看落日的这一时刻，不管怎样困苦的时候，对美的渴望依然在，这就是人的尊严，如果不是为了爱生命，我们干吗那么恨病毒？所以，赶走病毒，但是不要赶走爱，让所有的人在防疫之战中都能感受到美和尊严。

四、富于个性的正式口语

主持人的语言个性

主持人节目的个性化传播，其载体是主持人，并主要由主持人的语言符号及非语言符号中所具有的个人魅力来显现。其中语言的个性，即个人独特的语言表达习惯，“是指个人惯用的组织方式和特有的表达手段”①。

主持人语言的个性，与其生活中的语言个性有直接的联系，但是绝不能简单地画等号。必须强调指出的是：有语言个性不一定有魅力！如果违反礼貌准则、谦逊准则，再有什么样的语言个性，都是令人反感的；倘若忽略了适宜性、得体性，“直率”可能无异于莽撞，“锐气”可能被当作“咄咄逼人”，“善于辞令”可能被误以为圆滑，“敏锐”或许被视作“卖弄”；如若“为个性而个性”，不顾社会公共价值，不考虑媒体立场，“真实”是“真实”了，却可能正暴露了自己品位格调的低下和思想的苍白。

主持人语言是进入大众传媒、影响广泛的“正式”口语，不能由着性子随心所欲，只图自己说得痛快。人们使用口语都会按照不同社会角色在不同场合使用不同的形式，这是社会化的人所具有的一般常识。对此，中国语言学家将口语风格归纳为“庄重、正式、通常、脱略四级”②，国外也有将口语分为五种的，如“礼仪的、正式的、非正式的、随便的、亲切的”③，无论按哪种分法，毋庸置疑，主持人语言都是属于“正式”这一级，也就是说，主持人应该自觉遵循语境的客观规律，对生活中的语言个性做适当的调节控制。我们主张主持人个性的多样化，但无论何种个性，言谈一定要有控制：豪放的主持人言语多激荡，但绝不可生硬；潇洒的主持人言语多风雅，但绝不可随便；谦逊的主持人含蓄蕴藉，但绝不要畏缩；博学的主持

---

① 黎运汉：《汉语风格探索》，商务印书馆，1990。

② 吕叔湘：《语言和语言研究》，《中国大百科全书·语言文字》，中国大百科全书出版社，1988。

③ ［美］尤金·奈达：《关于社会语言学》，《社会语言学译文集》，北京大学出版社，1985。

人旁征博引，但绝不要芜杂；活泼的主持人轻松热情，但绝不能恣意；幽默的主持人风趣诙谐，但绝不能油滑；深沉的主持人犀利深透，但绝不能冷傲；爱开玩笑可以，但绝不能低俗。一言以蔽之，主持人语言个性的发挥应当自觉恪守“上有境界，下有底线”的规约。

主持人马东对语言的构思情有独钟，十分善于通过长于思索的表述方式把自己的认识与感受同观众分享。如他在辩论类节目《奇葩说》中，在一次关于“痛苦的绝症病人想放弃自己的生命，该不该鼓励他撑下去？”的辩论即将结束时，以自己的认识与大家交流，那种锐度与亲和同在，坦率与平和共存的语言个性，使栏目的宗旨及风格更加明晰：

真正的自由意志是个人选择，而不仅仅是对别人选择的尊重。我父亲今年去世十周年，他是突然去世的。一天早上我接到我妈电话，她说你爸不行了，然后我就开车往家走。我开了一个小时，路上我把所有的事儿都想清楚了，该怎么解决。然后见到我父亲的时候，他已经不在了。因为是突然去世，所以放不下。大家都知道突然去世对家人的打击特别大。三年以后，大概三年的时间，我做了一个梦。我梦到我父亲，我父亲跟我说，“我今天才真正地走了，很高兴跟你做一世父子，有缘再聚。”我不信，我不信那是我父亲跟我说的。因为我觉得他在去世的当天就已经走了，他一呼一吸之间就已经不在了。我觉得是我自己跟我自己说，我自己的潜意识放掉了我自己。然后从那天开始，我也就可能真的放下了。我还是会去扫墓，但是我不会去相信他在他的墓碑上。所以，面对生死这件事儿，是我们所有汉文化里面的人缺的一课。所有有宗教的民族，关于宗教的出发点，都是从死亡开始。它因死而告诉你怎么生活，或者它试图给你解释生死。我们儒家文化里，孔子说“不知生焉知死”，“六合之外存而不论”。所以从那个时候开始我们就回避这件事儿了，不许聊也不许想。我们都没有逃过我们文化基因里面对我们的那种束缚。所以，尤其有必要去思考生死。而思考的结果，才是最不重要的。只要开始思考这件事儿，就善莫大焉了，没有结论，也不需要结论。

主持人的语言个性可以通过主持人所关注的话题、立意、观点、角度、材料组织、话语方式、表达特点等诸方面表现出来。纵观优秀节目主持人富于个性的语言，或与他们的经历有关，或与他们的性格有关，或与他们的知识背景有关，或与他们的哲学素养有关，或与他们的情感体验有关，或与他们的文学修养（包括语言修养）有关，或与他们的审美追求有关。其话语的组织方式和表达手段都具有独特的味道，所形成的语言气氛与格调也带出“这一个”主持人独有的特色。这是十分“鲜活”的语言，它在让受众便捷地理解话语本身信息的同时，又让人分明地感觉到、直接地体味到“这一个”主持人的思想、作风、品性、修养、经历、性格等方面的信息。

在《中国诗词大会》的一期节目当中，有一位癌症患者在淘汰时，对女儿吐露了一段非常感人的心声，称自己是“无畏者（没有胃器官）”，面对节目当中出现这样一个意料之外的情况，董卿作为主持人，进行了一次非常精彩的串联：

我们经常会把一些突如其来的、无法控制的一些左右我们的力量称为命运，可命运到底是什么？其实，命运可能就是上苍对我们的意志、勇气的一种考验。我记得有一位西方的哲人说过，命运无法妨碍我们去欢笑，即便它在胁迫我，我也要笑着面对它。很感谢你今天来到我们节目当中，你让我们看到了一个扼住命运咽喉的生活的强者。

董卿的话充满人文关怀的智慧，以一斑窥全豹，足见董卿平时好读书、会读书，精于思考、勤于积累的学习习惯和学习能力。

五、应对得体的急智口语

应对是主持人语言活动的重要特征

语言应对、语言急智，是主持人语言运用的重要特征之一。受众的参与和直播，是主持人节目经常采用的节目形态和制播方式，其传播过程中往往不可避免地埋伏着一些无法预知的东西，从客观因素角度看，有事态发生变化（如现场的突发情况），有演播时空里的技术因素障碍（如突然停电、话筒故障等），从主观人为原因角度说，发生出乎意料的问题，或主持人自己的失误等。同时，主持人在节目中要与嘉宾或受众互动，遇到冷场或尴尬冲突时还要调节现场气氛，这些问题的出现都给主持人对现场的控制增加了难度，对主持人的语言运用提出了切切实实的挑战。如果主持人在意想不到的情况面前，张口结舌、语无伦次，或南辕北辙、说些风马牛不相及的话，或油嘴滑舌，只会说些插科打诨、俗不可耐的话，就不但影响节目主持人形象，更会破坏节目气氛和进程，直播节目如此，即便是录播的节目，那份尴尬也同样可能给现场带来消极的影响。

在主持人节目中，“应对”是指出现意想不到的情况时主持人思维和语言的快速反应。无论客观原因还是主观原因，无论技术原因还是人为造成的，突发情况的出现难以预料，但是，主持人机智得体的应对，能够圆场补台、转危为安，能够活跃气氛、增添情趣，能够升华格调，深化主题。

在《快乐男声》的一次比赛过程中，在最终投票开始之前，李行亮突然宣布他要退出比赛，想把机会留给同台的对手。从电视直播的角度来看，这是一个完全没有预案的“突发”事件，此刻主持人必须对充满变数的直播场面有所控制。随着现场画面的移动、同期声的播放，观众看到了汪涵在演播室里根据对现场变化的理解而进行的快速反应，做了一段即兴的串联：

我以一个在《快乐男声》和《快乐女声》舞台上主持多年的主持人身份，也以一个成熟男人的身份向你（李行亮）说一段话：我个人觉得在这个舞台上你们彼此是对手，我觉得最尊重对手的方式就是站在25位评审面前接受大众评审由他们内心发出的支持。我觉得这是你最尊重对手的一种方式，而不是放弃，把这个机会让给他，我相信所有喜欢你和喜欢他的人，也不希望看到这样一个结局，大家说是吗？

所以我在这里并不是以主持人的身份命令你收回自己的决定，只是给你这样一个建议，我个人觉得，这样才是真正的支持和尊重。而且还有一点我也想特别说一下，我前几天读过一首诗，其中有一句话我特别感动，说“花不全然开放在春天”，所以快乐和音乐也不全然在《快乐男声》的舞台上，不管是谁离开或者是留下，给你们带来的快乐都永远存留在你们的梦想当中，所以，行亮，希望你能重新做决定。

汪涵在这段串联中首先准确概述了现场发生的事情，继而表达了自己的认识和评价。从语用层面，我们看到的是汪涵迅速、流畅、得体的遣词造句的语言组织能力，以及感情充沛、分寸得当、富于感染力的有声表达能力，而语言背后，决策“说什么”的，则是汪涵对事物敏锐的观察与判断，特别是能够把握全局的业务水平。有了这个铺垫，这次串联得到观众强烈的共鸣与好评，也使一次直播事故化险为夷。

主持人应对的质量标准，简而言之，应“迅速、得体、有效”。何谓迅速？就是处惊不变，沉着冷静，敏捷果断，反应迅速。何谓得体？就是语言运用得当准确、恰如其分，切合“题旨情境”，符合具体语境的场合、氛围，符合传受双方的身份和心理，符合传播目的。何谓有效？即语言的信息层次能让受众清晰明了，感情层次能让受众产生共鸣，思想层次能让受众领悟认同，同时，主持人的应对机智妙趣，耐人咀嚼，让人获得审美享受，符合传播的根本目的。

节目制作或播出现场，因种种原因有时会出现与节目初衷不甚相合的情绪，如何逆转现场氛围，实现传播目的，对主持人是实实在在的考验。这考验首先不是语言的伶牙俐齿，也不仅仅是主持的经验，这时的语言急智全凭主持人的思想认识深度，凭主持人的社会责任感，凭主持人的人格力量，以及对节目情境下种种相关因素的用心体察，触发灵感，而实现传播目的。

2019 年《王牌对王牌》邀请众多明星进行了一期校园专场特别节目的录制，其中一个环节是每位嘉宾依次站上天台，向自己的青春告白，节目现场还回放了各位嘉宾青春时期的照片，现场沉浸在一片温情脉脉的氛围当中。在每个人或幽默或真挚的呐喊之后，有一位嘉宾走上了天台，讲述了自己因为工作没能见到父亲临终前最后一面的遗憾，讲述过程中几度哽咽，潸然泪下，在场的嘉宾纷纷受到了这种难以抑制的情绪感染，有的嘉宾相拥安慰，有的嘉宾默默擦拭泪水，现场观众也沉浸在悲伤情绪中不可自拔。此时，随着话题的深入，嘉宾和观众的悲伤情绪已经影响了节目走向，主持人沈涛必须马上调整这种与节目初衷不甚相合的情绪，及时把控现场氛围，把握节目主旨。为了调整大家的情绪，沈涛推心置腹、语重心长地对大家说：

听了你们对于青春过往的呐喊之后，有快乐的，有幸福的，有遗憾的，甚至是此刻回想起来依然会有些痛心的，但我们常常说青春和遗憾似乎永远是牵手前行的，没有遗憾的青春不能称为真正的青春，因为我们再也回不去了，但希望这样的遗憾更多的是美丽的，即便它伴随着泪水，因为这就是我们的青春，一起珍惜就好，因为，青春是无悔的。

沈涛以他对现实生活的深刻认识，以深厚诚挚的人文关怀，掏心窝子地面对嘉宾和观众，将心比心，情感真挚，鼓励大家走向积极坚强、健康向上的未来之路。这样的语言朴实无华，然而厚重隽永，开启心智，给人力量，堪称主持人应对语言的“经典”。

显然，迅速、得体、有效的应对，需要主持人平时“功夫在诗外”的学习和储备，需要对具体节目有“胸有成竹”的准备，需要临场“镇定自若”的心理素质，需要当时的“应激决策”，同样需要大胆实践、认真总结，积累经验。

第三章 主持人语言表达的基本功（上）

语言作为人类的交际工具是以两种物质形态出现的：一种是语言的文字形态，诉诸人的视觉，俗称文字语言；一种是语言的声音形态，诉诸人的听觉，即有声语言。有声语言是广播电视传播不可或缺的重要载体，进入大众传播领域。通过电子媒体进行传播的有声语言必须遵循电子媒体语言传播的规范性、明晰性、审美性方面的特殊要求。且不说语言内容，仅从语言的声音形式来看，如果语音的规范化、语言的清晰度达不到一个职业的水准，就会使节目的可听性大打折扣，甚至让人不忍卒听，节目创作人员所有的劳动和心血就会在有声语言这一环功亏一篑，前功尽弃。虽然有声语言表达在某种意义上说只是工具的位置、基础的位置，但如果工具不凑手，基础不牢靠，那么再好的思想、再动人的感情也无从让广大的受众听明白，更不要说受到感染，引起共鸣了。就像一本好书，拿到手的若是盗版，字迹模糊不清，错别字连篇，一路读下去会遇到无数的障碍，哪里还有好心情去读，必然严重影响传播效果。

有声语言包括语言内容层面和声音形式层面，狭义的有声语言基本功是专门就声音形式而言，主要指：语用的规范化——普通话；话筒前用声吐字的要求与方法；语言表达富于明晰性、交流性、感染力的技巧。我们将分三章讲授这三个层面的基本功，本章是关于讲好普通话的有关要求和知识。

第一节　主持人必须说好普通话

一、语言规范化的重要性

语言是文化的载体，是社会的交际工具，语言的纯洁健康是国家民族文明程度的直接体现，从政治上说，语言的规范和统一关系到一个国家的统一和稳定，从经济建设、科技发展看也迫切要求语言的规范化、标准化。《中华人民共和国宪法》（1982）第十九条规定“国家推广全国通用的普通话”，说明推广普通话是在语言方面的基本国策。2001 年《中华人民共和国国家通用语言文字法》颁布实施，这是我国第一部关于语言文字的专门法律，用法律的形式确定普通话和规范字作为国家通用语言文字的地位。其中，第十二条规定：“广播电台、电视台以普通话为基本的播音用语。”第十九条规定：“以普通话作为工作语言的播音员、节目主持人和影视话剧演员、教师、国家机关工作人员的普通话水平应分别达到国家规定的等级标准；对尚未达到国家规定的普通话等级标准的，分别情况进行培训。”十年以来，普通话的法律地位得到进一步巩固，已成为公务活动、教育教学、新闻出版和广播影视以及公共服务行业的主导用语，成为我国不同民族和地区间主要的交际工具。

广播电视作为当代影响力最大的传播媒介，理所当然应在语言的规范化方面发挥积极作用，毫无疑问，直接与受众见面的播音员和节目主持人义不容辞地担负着依法使用普通话的任务，并起到引导、示范作用。但是，主持人节目刚刚兴起之时，曾有一种说法模糊了人们的视听，什么“主持人的语言越不像播音越好，越生活化越好”，“有点地方口音更亲切”，结果一些饥不择食匆匆上马的主持人把生活中随意状态下的初始口语照搬到大众传播中来，一时间南腔北调、村言俚语、街头巷尾的市井语言，争先恐后地挤进广播电视大众传播之堂。当然从某种角度看，多少有些杂音在开放的初期也不可避免。但是一直以来，总有某些良莠不分的主持人甚至业务领导把“港台腔”或所谓“南味普通话”当成时髦。

港台腔，本指香港、台湾人士说普通话不够纯正的现象。香港通行的方言是粤语，台湾通行的方言是闽南语，这两种方言，从语音、词汇到语法都与普通话有较大的差异。对于当地人来说，从小操方言，一旦学说普通话难以很快摆脱方言的影响，平翘舌不分、前后鼻音不分、四声不准、没有轻重格式等，都在语音上留有明显的痕迹，这种情况很正常，无可非议。而且，他们努力学说普通话，以便能与更多的人沟通，香港回归后就把普通话作为通用语言，在政府公务员、司法机构及社会上大力推广普通话，掀起学习普通话的热潮。这本身是个很大的进步，应当得到肯定和鼓励。

问题是一些北方语系的人，他们的方言原本与普通话就很接近，学说普通话要便利得多，但是有些人，尤其是普通话水平测试达到“一级甲等”的主持人，却故意咬着舌头模仿港台腔，嗲声嗲气、矫揉造作，可谓“东施效颦”“邯郸学步”，愚蠢而又可笑。与此同时，除了语音方面效仿，一些明显不符合普通话词汇和语法规范的现象也屡屡出现，什么“好好玩”“好好听”的“好好 + 动词”的“娇娇女”组词模式；什么“数量词 + 的 + 名词”做定语的生造，如“两万五千辆的本田车要召回”；什么“有 + 动词”的滥用，如“你有看到过吗”；此外英语词汇的随意嵌入，还有“嗯哼、嗯哼”装腔作势、洋腔洋调的“美式”应答，纷纷扰扰，好像这样一来就说明自己与国际接轨了、有现代眼光和开放意识了。殊不知，主持人不坚持普通话的标准，使社会上有些年轻人包括未成年人，不明就里，也以模仿“港台腔”为时尚……

实际上，言语行为是一种社会行为，特别是主持人面向大众的语言传播，更不是随心所欲的纯个人行为，它不仅受语言体系规范化、标准化的制约，还受到社会政治、经济、文化等因素的制约，受到我国广播电视事业性质和任务的制约，主持人的语言还要符合社会的核心价值观、道德准则和先进文化的要求，包括对外语的借用同样要符合我们民族的文化和道德规范。语言是要发展的，但变化发展的趋势是简单明了，绝不是复杂烦琐、叠床架屋。显然，故意模仿港台腔的问题，是语言失范、审美失误的问题。

世界上各个国家都十分珍惜语言的健康纯洁，而且特别重视有着最广大的受众、影响巨大而深远的媒体——广播电视传播——的语言示范和引导作用。1995 年在报上看到这样一则消息：我们的英国同行 BBC 为了清除掉那些粗话、土话、美国腔以及其他有悖于优雅和违反语法的语言，采取措施净化广播语言，BBC 出版了其68 年历史中最为详尽的一本《广播体例手册》，为的是提高广播质量，也是为促使公众就语言的使用进行讨论。英国公众普遍认为 BBC 是“纯正的英语”的同义词，BBC 负责新闻报道的总经理托尼·霍尔在这本手册的导言中说：“我并不希望充当监督全国人民如何说话的卫道士，但是，我们的观众和听众中有许多人是这样要求我们的。如果我们用错了词语，人们还会相信我们提供的事实吗?”《伦敦时报》说，这本《广播体例手册》是“一件期待已久的净化广播语言的东西，也许今后英国人语言中的土话、粗话、美国腔，不准确和不雅的用词会因此减少”。

俄罗斯在 20 世纪 90 年代初政局动荡时，由于政治、经济、文化等因素的影响，社会的语言状态曾让他们的语言学家戈尔巴涅夫斯基哀叹：“我们已忘记如何正确运用俄语。从小学生到国会议员，人人的言谈都像野蛮人一样。这简直是一场灾难。”1995年12月叶利钦总统发布政令，拨款100亿卢布（约合200万美元），成立俄语工作委员会，其中的一项工作就是设立热线电话，咨询各种语言问题，监督政坛人物和电视节目主持人的语言错误。①

二、主持人语言规范化的有关规定

我国对语言的规范化及广播电视正确使用语言格外重视，1994年，国家语委、国家教委、广播电影电视部联合颁布了《关于开展普通话水平测试工作的决定》，文件规定播音员、主持人应达到一级水平（省以上电台、电视台播音员、主持人达到一级甲等标准；县以上电台、电视台播音员、主持人达到一级乙等标准）。文件发布后的这些年，各地、各台积极开展培训和测试工作，逐步实现通过考核持证上岗。

进入21世纪，随着民生新闻的出现，一些地方台的方言节目活跃起来。其实中央人民广播电台很早就有粤语、闽南话、客家话等方言广播，省级台如广东台也一直有粤语广播，是对专门人群的广播，这同样体现了国家的语言政策。后来一些台出现的“单个的”方言节目，则更多的是基于广播电视节目激烈竞争的背景，是千方百计、挖空心思找差异化的产物，其地域特色确实引起操方言的老百姓的热捧，也带动了部分收视率、收听率的提高。但是从长远看，后起的方言节目（不同于“方言广播”）毕竟只是阶段性的权宜之计，方言有特色，但是在传播、沟通上有障碍，有局限。我国改革开放几十年，人口流动性极大，大众传播的共享性对普通话是十分直接和实际的要求。各地对方言节目比较宽容，但同时也意识到方言节目迎合了本地百姓，却抛弃了为当地经济建设做出贡献、融入当地生活的、大量来自祖国五湖四海的外来人口。即使是方言节目的制作人也意识到，一些很好的报道却因言语的阻隔传播空间大受局限，深深叹息浪费了信息和节目资源。2011年1月13日上午，在《中华人民共和国国家通用语言文字法》颁布十周年之际，山东省普通话推广先进集体和个人表彰大会在济南召开。副省长黄胜表示：“类似的方言节目，今后在时间和时段上都要调整，时间要逐步减少，并逐步退出黄金时段。”这样的认识显然是符合语言国策的。②

广播电视是现代化的强势传播媒介，它集传播迅速，覆盖面广，声像兼备，受

① 姜亚军：《俄语的前途》，《语文建设》1996年第10期。

② http://www.sina.com.cn 2011年1月14日04:14 山东新闻网－山东商报。

众参与，容量大，功能全，接收方便，选择性强等优势于一身，加之声情并茂的有声语言传播，比印刷媒体平面的文字传播，更要来得亲切平易，其直接可感的效力真是“入脑入心”。当下主持人节目日益昌盛，不管你是否意识到，事实上节目主持人的语言行为对受众、对社会有直接的、巨大的影响。从语言角度讲，主持人与播音员一样对我国民众语言的规范化意义重大，语言规范化关系到国家民族的统一，关系到社会经济的发展，关系到科学技术的进步，关系到民众语言素质的水准。因为语言素质的提高，又会带动思维的发展，促进文化的繁荣……实际上，语言“不仅仅是语言本身的事”，语言规范化、纯净化，也不只是对语音、词汇、语法层面的要求，语言与社会、政治、经济、文化等有着太多、太密切的联系，语言反映着社会，也在一定程度上影响着人们对社会的看法和行为。总之，广播电视的影响除了语言所承载的内容，还有对于语言本身的学习和运用，因此从这个角度看，广播电视不啻一所无形的空中语言学校，而且其语言方面的示范、引导、熏陶，在人们不知不觉当中“润物细无声”地起着潜移默化的作用。

三、学习普通话语音的方法

1. 什么是普通话

语言是人类所特有的用来表达思想、交流思想的工具，任何一种语言都由语音、词汇和语法构成一定的系统。普通话是现代汉语的标准语。语音学将普通话定义为：以北京语音为标准音，以北方话为基础方言，以典范的现代白话文著作为语法规范的现代汉民族共同语。

本书主要讲解普通话语音方面的知识。

2. 学习方法

对于成年人来说，纠正不规范的发音，改变一二十年的发音习惯，实在比少年儿童学一种新的语言要困难得多。孩子们不管是学普通话，学一种方言，还是学外语，可以根本不去理会什么语音的理论知识，他们在与异地小伙伴的接触、玩耍中，耳濡目染、潜移默化，不经意地就能纯正流利地说起来。不过，成年人的语言学习如果借助理论的指导，能够掌握其中的规律，用理性认知带动感性的判断和练习，理论与实践的结合必能收到事半功倍的成效。我们在学习规范的普通话语音的过程中要注意这样一些方法：

第一，重视语音理论的学习，用理论指导自己的练习。

第二，建立正确的动觉表象和听觉表象。所谓动觉表象，就是指正确的发音要领在头脑中的印象，发音时能以动觉表象带动发音动作。如欲克服将前鼻音韵母发成类似后鼻音韵母的毛病，关键是记住归音时舌尖一定要抵住上牙龈，如若舌尖点不到这个位置，无论如何也发不出正确的前鼻音韵母；所谓听觉表象，是指听觉对正确发音的准确记忆，以便在练习时参照准确的听觉表象的记忆做出判断，因为如果根本听不出正确发音与错误发音的区别，那是无从练习的。动觉表象与听觉表象的建立以及二者的互动是成年人学习语音的优势，也是理论与实践相结合的具体落实。否则只靠听觉辨别对错，而不知道应当掌握正确的理论用以指挥自己构字器官的动作并检验发音的正误，结果只能是事倍功半或收效甚微，那种“执着”然而不动脑子的“傻练”是做“无用功”，它只能动摇自己说好普通话的信心。

第三，多听、多分析、多模仿、多练习。“纸上得来终觉浅。”语言是口耳之学，只有坚持不懈地开口练，正确的发音才能“长”到自己嘴里，并且只要肯练习，说一口纯正流利的普通话绝非“天大的难事”。

第四，明确薄弱环节，找到“主攻”方向。如今，社会上完全不会说普通话的人很少，尤其是学生及与社会各界打交道的新闻工作者。一般我们说某人普通话说得不标准，通常只是他（她）在某些音节的“声母、韵母、调值”方面仍存有方言的痕迹，或对普通话里轻声、儿化、轻重格式、语流音变掌握得不好。为了提高学习普通话的效率，应重点了解自己所操方言与普通话发音的对应差异，找到差异在发音动作和方法上的区别，明白其中的原因和规律，然后缩小“包围圈”，明确主攻方向，在薄弱环节上狠下功夫，稳扎稳打，避免胡子眉毛一把抓。

第五，由简到繁，循序渐进。对自己错误的发音，如平翘舌（z、c、s—zh、ch、shi）的区别，首先要弄清混淆的原因，找到正确的发音部位和方法；练习中先在单音节上分别突破，举一反三，以一带十；而后再加大练习难度，把容易混淆的平舌音和翘舌音音节或前或后地组合在一起做练习，直至能够准确、熟练和灵活地发出。有一个问题要特别提出，有些普通话的发音在某些方言中是没有区分的，如果仅从理论上清楚了有关音节的发音要领，并不知道哪些字应该读平舌，哪些应该读翘舌，那么，对于有类似语音问题的人来说，似乎在某些音节上要有一个重新“认字”的过程，需要在日常注意辨别、记忆和积累。做个学习普通话的“有心人”，讲一口标准的普通话就不会只是北京人的“专利”。

第二节 普通话语音知识之一——声母

声母

普通话音节里打头的辅音叫声母。声母发音的准确和清晰，是普通话语音规范的重要构成部分，同时还是吐字清晰的基础。普通话绝大部分音节都是有声母的，个别音节像“an、en、ou、yan、yun、wen……”等叫作零声母音节。普通话的声母共21个。这21个声母可以按发音部位及发音方法给予分类，请看声母发音部位、发音方法简表：

声母发音部位、发音方法简表

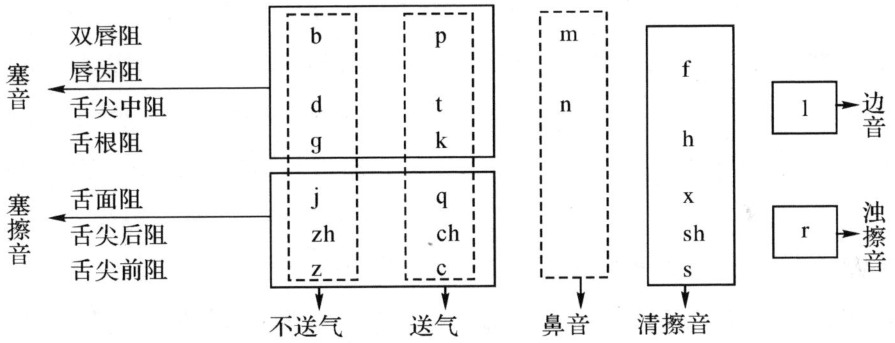

（图中左侧七组横排汉字标明的是声母的发音部位，左右两侧竖排汉字及下边一排共八组汉字标明的是声母的发音方法。）

我们按七个发音部位的顺序，从成阻部位及发音方法两个角度依次介绍它们的发音：

双唇阻——b　p　m　呼读音为：bo　po　mo。它们的发音动作为上下唇接触对气流构成阻碍，而后双唇突然松开解除阻碍爆破成音。b和p发音方法的共同点，即成阻蓄气后除阻时快速、有力而轻巧地爆发成音，这种发音方法称之为“塞音”；二者的不同在于发音时呼出的气流b弱于p，因此，b的发音方法称之为“不送气”（d　g　j　zh　z都是不送气音），p的发音方法称之为“送气”（t　k　q　ch　c都是送气音）。m与b　p的区别也在于发音方法，m是“鼻音”（还有n），除阻时双唇并不松开，软腭下垂堵住口腔通道，声带振动，气流由鼻腔透出，上下唇才松开。

发这组双唇音时，构成阻碍的力量应集中在上下唇中央，不应双唇全部抿起做“裹唇”状很笨拙地发音，也不可双唇无力地轻轻一碰含混地发音。面对话筒讲话时，要注意所有的送气音如果不加控制很容易冲击话筒，发出“噗噗”的噪音，俗称“扑话筒”，因此发送气音时要收紧唇部，以免呼出的气流过强产生“扑话筒”的弊病。

b　包办　北部　版本　辨别　病变　必备　奔波　败笔

p　偏颇　批评　乒乓　批判　评品　匹配　爬坡　评聘

m　盲目　美貌　埋没　买卖　秘密　牧民　茂密　弥漫

唇齿阻——f　呼读音为 fo。成阻动作是下唇内缘与上齿靠拢构成阻碍，发音方法为气流从窄逢中间摩擦成音，称之为“清擦音”（此外 h　x　sh　s 也都是清擦音）。注意，应是下唇内缘主动向上齿靠拢，而不是上齿来“咬”下唇，更不可咬下唇的外缘，那样不仅发音笨拙而且口型不雅。

f　方法　反复　风范　肺腑　仿佛　翻飞　非法　防范

舌尖中阻——d　t　n　l　呼读音为：de　te　ne　le。它们的成阻动作是舌尖与上齿龈接触，除阻时舌尖做有力的弹动。d　t　n　l 的发音部位相同，发音方法略有区别：d　t 都属于“塞音”，即接触部位突然松开爆发成音，但它们又分别为“不送气”（d）和“送气”（t）；n 是“鼻音”；l 的发音方法叫“边音”，即除阻时声带振动，气流从舌头跟两颊内侧形成的空隙透出成音。

在南方一些地区的方言中 n　l 不分，因此发好这两个音就成了学习普通话的难点。其实我们除了从理论上知道二者的发音区别是发音方法的不同之外，在实际发音时，还可以在舌尖与上牙龈接触的部位及除阻时用力的感觉上有所调节：发 n 时，舌尖用力抵住上齿龈，似“粘”在那里才能堵住口腔通道发出鼻音，除阻时舌尖迅速放松落下；发 l 时，舌尖接触的部位可以比 n 的位置稍稍向上、向后一点点，而且是舌尖“点”在那里，口腔的开度也感觉比 n 略微大一点点，除阻时舌尖做从上向下用力弹动的动作。总之，发 n 时舌尖上抵的力量要强，而发 l 时舌尖下弹的动作幅度和力度显得大一些。

t 本不是什么难发的音，但是有些人在实际发音中，特别是发 ti　tian　tiao　tie　ting 这些以 i 做韵母或介音的音节时，舌尖接触的部位明显后移了，不是与上牙龈接触，而是几乎后移到了硬腭中部（比上牙龈向后、向上），有的还呈“卷舌”状，这样发出的 t 是不正确的，一定要让舌尖抵在上齿龈处，发音才是符合普通话语音规范的。

d 带动 达到 单独 调度 导弹 颠倒 堆叠 丢掉

t 探讨 条件 团体 淘汰 体统 逃脱 吞吐 铁塔

n 男女 南宁 奶牛 泥泞 农奴 恼怒 难耐 扭捏

l 力量 两肋 浏览 理论 嘹亮 联络 领略 利率

舌根阻——g k h 它们的呼读音为 ge ke he 。发音动作是舌根抬起向软腭和硬腭的交界处接触或接近，而后除阻成音，它们的发音方法 g k 属于“塞音”，且分别是“不送气”（g）、“送气”（k）；h 的发音方法属“清擦”，注意舌根与软硬腭交界处是“靠近”，中间应留有缝隙。

有人在发这组舌根音时夹杂着一种“呵呵”的杂音，即“小舌颤音”，这种杂音进入话筒会放大为很难听的噪音，尤以 k h 为甚。出现“小舌颤音”是因为舌根抬起过高，且位置靠后，或发 k 这个“送气音”时气流不加节制，这样就会阻碍气流的顺畅通过而使气流冲击小舌，产生“小舌颤音”。要避免这个毛病，必须让舌根抬起靠近软腭的部位向前，移到软腭的最前部，即软腭和硬腭的交界处，同时，舌根抬起动作要轻巧，如果舌根抬起不够，且较为靠后，都无法使气流“清擦”而过。

g 巩固 梗概 古怪 公告 尴尬 规格 改观 高贵

k 开阔 慷慨 可靠 刻苦 空旷 克扣 坎坷 亏空

h 好坏 混合 呼唤 辉煌 缓和 豪华 恍惚 护航

舌面阻——j q x 呼读音为 ji qi xi。它们的成阻动作是舌面前部上抬，与硬腭前部接触或接近构成阻碍。它们的发音方法，j q 都是“塞擦音”（zh ch z c 同属于塞擦音），即以“塞音”开始，以“擦音”结束，两者结合很紧密。所谓“塞擦音”通俗地讲，就是构成阻碍之初成阻部位接触有力，但除阻时又让开一个缝隙，使气流透出成音；此外，j 和 q 分属于“不送气”和“送气”，x 则是“清擦音”，舌面与硬腭自始至终都不接触。

发舌面音容易出现两个问题，最主要的问题是“尖音”，发成类似“zi ci si”的音，而这组音在现代汉语普通话里是不存在的，并且在听感上显得矫揉造作，因此被戏称为“贱音”。过去，这个问题主要出现在某些女孩子嘴里，现在却大有“泛滥”的趋势，连一些男性也有严重的“尖音”问题，同时这也是“港台腔”的一个表现方面。除去心理及社会的原因外，单纯从发音动作角度分析，之所以产生“尖音”，是因为舌尖碰了齿背，不论碰了上齿背、下齿背，还是上下齿之间，都会形成“尖音”。舌面音的用力部位是舌面而非舌尖，这里根本没有舌尖的任务，发音时的注意力应集中在舌面前部，用力向上挺起，而舌尖放松自然下垂，就能够克服“尖音”的问题，练习时，一方面听辨自己的发音是否正确，一方面检查自己的舌尖处于什么状态，从“听觉”和“动觉”两个角度指挥和判断自己的发音。有的语音书上讲舌面音强调舌面动作时，又强调“舌尖轻抵下齿背”，有的人可能有这样的发音习惯，能够很好地控制“轻抵”的动作，因而并不出现“尖音”，但是大多数人舌尖的力量和灵活性都要强于舌面，因此一旦提到舌尖的动作，就不由自主地用力，反而牵制和分散了舌面的力量，结果反而出现“尖音”。

发舌面音的另一个问题是舌面无力，缺乏向上“挺起”的力量，同时接触部位不是硬腭前部而在靠后一些的地方，同时舌体后缩是“团着”的，此种状态舌面当然用不上劲，发音不清晰就在所难免了。知道了发音错误的原因，按正确要领练习定能解决问题。

j　京剧　解决　较劲　讲究　交际　简洁　聚焦　积极

q　轻巧　恰切　情趣　确切　请求　前期　侵权　窃取

x　纤细　形象　学习　相信　悉心　想象　新鲜　选项

舌尖后阻——zh　ch　sh　r　呼读音为 zhi　chi　shi　ri。它们的发音动作是舌尖上举，与硬腭的前端接触或接近，而后除阻成音。zh　ch 的发音方法同属于“塞擦音”,区别仅为前者“不送气”，后者“送气”；sh 的发音方法是“清擦”；r 的发音方法比较特殊，是普通话声母中唯一的“浊擦”，擦音，即成阻的部位接近留有缝隙，气流从缝隙中摩擦通过成音，而“浊擦”就是在除阻的同时声带振动。

在辽宁方言区没有 r 这个声母，遇有这个声母全以韵母 y 来替代，于是有了“日头热，晒人肉”这样难为发不好 r 这个声母的人的绕口令。明白了 r 的发音部位和发音方法，坚持练习，很快就会掌握。

人们还把舌尖后阻叫作“翘舌音”，这个说法很准确，也很形象，舌尖向上翘起接触或接近硬腭前端，但是有些人误称为“卷舌音”，一个“卷”字，往往使舌尖向上、向后卷，接触部位就成了硬腭中部，这样发音听起来像“舌头短了一截”，十分吃力。有的舌尖上翘无力，舌松，因而发音含混。有的人发 ch　sh 的音，通过话筒就会出现明显的“哨音”，这是由于成阻时间过长，送出的气流过冲引起的噪音。只要注意控制气流，将“吐字”意识融进一些“吞字”的意识，发音轻巧，就能够克服“哨音”问题。

另一个问题是咬字部位偏前，尤以 shi 更为严重。发音机理上的原因是舌尖上翘动作小，而且还分出部分力量去接触下齿背，加之嘴角向两边咧，于是发音“哆声哆气”，显得很小气。从社会原因看，过去这种问题多发生在南方方言区的人群中，由于自己的方言里没有舌尖后阻音，只有舌尖前阻，舌尖平着向前伸成为习惯，因此发舌尖后音时舌尖上翘的力量较弱，形成咬字偏前的毛病，但是近年来有的人对“港台腔”及“南味儿普通话”趋之若鹜，连原本发舌尖后音不成问题的北方方言区的一些年轻人也“咬字偏前”了。如果男生走进这个发音误区就会给人“男声女气”的不良印象。因此必须厘清发翘舌音的概念，纠正错误的发音习惯，才能发得正确又好听。

zh　主张　中止　装置　抓住　指正　郑重　茁壮　专职

ch　传出　充斥　长城　穿插　除尘　查处　车船　超常

sh　双手　声势　事实　设施　收视　失实　硕士　税收

r　柔软　如若　仍然　容忍　荣任　荣辱　柔韧　荏苒

舌尖前阻——z　c　s　呼读音为 zi　ci　si。发音动作是舌尖平伸接触或接近上齿背成阻，而后除阻成音。它们的发音部位：z　c 都是“塞擦音”，区别只是前者“不送气”，后者“送气”；s 属“清擦音”。

这组音别名叫“平舌音”，形象地点明了“舌尖向前平伸”的动作特点，与舌尖后阻的“翘舌”动作形成鲜明对比。在实际发音中我们发现，舌尖平伸与“下齿背”成阻也一样能发出准确、清晰的舌尖前阻音来，而且动作更为轻巧省力。

现在有些人不能清楚地发出这组音，似“大舌头”，问题出在舌尖动作上，一是舌尖接触或接近齿背的面积过大，舌体前拥，成阻部位不是一个“点”而是“一个面”；二是舌尖力量不足，不是有力地向前“一点”，除阻后立即放松收回，而是“拥堵”在齿背，这样的动作发音当然含混。纠正的办法，发音开始前舌尖稍向后缩，然后舌尖前伸，这样的舌尖动作会比较有力，同时注意，舌尖去“点”的部位集中在“下门齿背”，有了这样的意识，有助于克服舌体前拥的毛病，从而发出准确清晰的舌尖前音来。

z　造作　藏族　总则　自尊　遭灾　罪责　祖宗　栽赃

c　层次　粗糙　残存　仓促　措辞　猜测　摧残　参差

s　思索　诉讼　搜索　僧俗　松散　随俗　瑟缩　撕碎

声母难点提示：方言区的朋友学习普通话声母的难点主要有：“不送气音”与

“送气音”的区别、“唇齿阻”f与“舌根阻”h的区别、“鼻音”n与“边音”l的区别、“舌尖前阻”z　c　s与“舌尖后阻”zh　ch　sh的区别、“舌面音”j　q　x与“舌尖前阻”z　c　s的区别。要攻克这些难点，我们在本章第一节里谈到过由简到繁，由易到难循序渐进的学习方法，这里再重申一下：首先，从理论上弄清发音要领，认识两个容易混淆的音在发音部位和发音方法方面的实际区别，并能从听觉上正确而敏锐地加以区分；其次，力求单发正确，即能正确发出难点音节，不论是在单音节中，还是双音节或多音节中，都能正确而自然地发出，这个阶段应能做到发容易混淆的对比音节时，无论从听感上还是发音部位的动作中都能分清；再次，要加大难度，把容易混淆的两个音节或前或后地交织在一起反复练习，还可以有针对性地选择一些绕口令做练习，以求在单发正确的基础上达到熟练、灵巧的目的。下面列举几组“常见”“多发”难点音的混编练习，希望在此基础上，有志攻克声母发音难点的朋友再不断积累，把日常遇到的交织在一起的难点音，两字词、三字词、四字词乃至短语都收集起来，多多益善，通过刻苦地、持之以恒地练习，必定能够攻克难关。

f与h

对比：开花—开发　弧度—幅度　湖水—浮水　工会—公费　传呼—船夫

混编：发挥　耗费　废话　洪福　腐化　毫发　何妨　发狠　防护　话锋

绕口令：粉红墙上画凤凰，凤凰画在粉红墙。

红凤凰，粉凤凰，红粉凤凰，黄凤凰。

n与l

对比：水牛—水流　今年—金莲　男人—拦人　小吕—小女　老农—老龙

混编：落难　留念　拿捏　年轮　能量　冷暖　内乱　连年　脑力　努力

绕口令：老龙恼怒闹老农，老农恼怒闹老龙。

农怒龙闹农更怒，龙闹农怒龙怕农。

zh　ch　sh与z　c　s

对比：上诉—上树　师长—司长　鱼翅—鱼刺　重来—从来　僧俗—生熟

混编：赈灾　增长　载重　追踪　财产　差错　粗茶　储藏　诉说　疏散

私塾　誓死　仓储　春蚕　自制　沼泽　辞呈　疏松　琐事　车次

赞助　种族　蚕虫　桑树　冲刺　财物　自述　肃杀　陈醋　素食

绕口令：三山撑四水，四水绕三山。

四水三山春常在，三山四水总是春。

第三节　普通话语音知识之二——韵母

韵母，指汉语音节中声母及声调以外的部分，普通话的每一个音节全都有韵母。韵母又可分为韵头（介音）、韵腹（主要元音）、韵尾三部分，每个韵母一定有韵腹，可以没有韵头或韵尾。普通话韵母共 39 个，其中单元音韵母 10 个、复合元音韵母（简称复韵母）13 个、复合鼻尾音韵母（简称鼻韵母）16 个。

一、单元音韵母

单元音韵母的发音条件有三个：

（1）舌位的前后（舌位即发音时舌面隆起的最高点）。

（2）舌位的高低和口腔的开合（舌位高，口腔的开度自然就小些；舌位低，口腔的开度就相对大一些）。

（3）唇形的圆展。

几个主要单元音的发音可以用普通话元音舌位图来表示：

元音舌位图

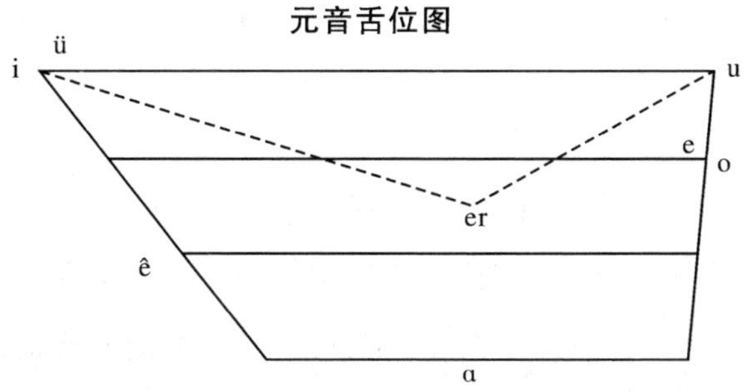

舌面央低不圆唇元音 ɑ：舌面中部微微隆起，舌位低，口腔开度较大，发音时声带振动，软腭上升，关闭鼻腔通道。在普通话里，ɑ 无论作为独立的音节，还是以它为主要元音组成复韵母或鼻韵母的音节很多，因此发好这个 ɑ 音十分重要。发纯粹的单元音韵母 ɑ（即央 ɑ），要避免舌位偏前或靠后，舌位偏前显得“嗲”，靠后则容易造成“音包字”，使字音含混。当 ɑ 成为复韵母或复合鼻韵母中的一个音素时，由于其具体位置的不同，就会有“前 ɑ”“央 ɑ”“后 ɑ”的区别，如在 ai　an 等音节中，舌位隆起部位要稍稍偏前，是“前 ɑ”；在 ao　ang 等音节中，舌位隆起部位稍稍靠后，是“后 ɑ”；而在 ɑ　uɑ 这些音节中的 ɑ 是舌面中部隆起的

"央 a"。练习时可以有个比较，从而清楚地体会这几个"a"舌位到底有什么不同。下面一组双音节词中的韵母全是单元音韵母 a，即"央 a"。

发达　拉萨　爬塔　沙发　大妈　打岔　马达　大法　哈达　打靶

舌面后半高圆唇元音 o：舌体后缩，舌面后部隆起与软腭相对，舌位处于半高的位置，口腔半闭，上下唇自然收圆，发音时声带振动，软腭上升，关闭鼻腔通道。有的北方人发不好单纯的 o，发成近似 uo 的复合元音，其实只要将"多 duo"这个音节延长，最后的韵尾就是个准确的 o。此外，还有一个比较普遍的问题是一部分东北方言区和内蒙古方言区的人将 o 发成了 e，如婆婆（popo）发成"pepe"。"o"与"e"的区别主要表现为唇形的不同，o 是圆唇，e 是不圆唇，纠正的办法其实挺简单，在发 e 的延长音的过程中，收拢双唇，就可以发出正确的 o 了。

模型　伯伯　陡坡　破坏　菠菜　摩托　剥离　磨墨　婆婆　薄弱

舌面后半高不圆唇元音 e：舌体后缩，舌面后部隆起与软腭相对，嘴角向两边微展，发音时声带振动，软腭上升，关闭鼻腔通道。也可以在发 o 的延长音的过程中展开嘴角，发出正确的 e。发 e 时，南方人要注意口腔保持适当的开度，否则舌位过高或偏前，发出的音就不准确了。

品德　奇特　娱乐　歌德　苛刻　平和　合格　大车　特色　折射

舌面前高不圆唇元音 i：舌面前部隆起与硬腭前部相对，口微开，上下唇呈扁平状，发音时声带振动，软腭上升，关闭鼻腔通道。注意发音时舌面不要过于紧张，特别是不要使气流发生摩擦。

皮衣　意义　披靡　笔记　戏迷　谜底　第一　记忆　激励　洗涤

舌面后高圆唇元音 u：舌体后缩，舌面后部高高隆起接近软腭，口腔开度小，唇收拢成最小的圆形，发音时声带振动，软腭上升，关闭鼻腔通道。注意唇收拢时不要向前噘，那样发音声音显得浑浊，要得到比较圆润的 u，在收圆嘴唇的同时两颊肌肉微微向外绷起，发音效果就会好得多。

服务　路途　辅助　突出　姑苏　瀑布　露珠　酷暑　目录　鼓舞

舌面前高圆唇元音 ü：舌面前部隆起与硬腭前部相对，口微开，上下唇拢圆，嘴角撮住，发音时声带振动，软腭上升，关闭鼻腔通道。也可以在发 i 的延长音的过程中，收圆双唇，同样能得到这个音，因为 ü 与 i 的区别仅仅在于唇形的圆展。有些南方人发不好这个"撮口"音，可以从加强唇部收缩力入手攻克这个难点。

曲剧　选举　女婿　玉宇　语句　屈居　趋于　聚居　序曲　语序

舌面前半低不圆唇元音 ê：舌面前部稍隆起与硬腭“遥遥”相对，口半开，上下唇展开，发音时声带振动，软腭上升，关闭鼻腔通道。这个音一般不单独存在，而是在复合韵母 ie　ue 里用这个舌面元音。

离别　钢铁　书写　越野　准确　田野　爷爷　血液　枫叶　关切

卷舌元音 er：舌尖前部略抬起，舌尖向后卷与硬腭中部相对，口腔半开半闭，发音时声带振动，软腭上升，关闭鼻腔通道。有的方言里没有这个音，于是有人将它发成类似“ɑ”的音，有的口腔开度过大，卷舌动作笨拙，舌尖不能灵巧地卷起。学习卷舌动作，可以先把舌头伸出口外，照着镜子做卷舌动作，舌卷起时应能看到舌尖的底部，然后再在正常状态下发音。此外，发“二”这个音节时，实际上是在 ɑ 后面加上卷舌动作，而非单纯的 er，请注意区别。

儿子　耳朵　儿化　儿女　而且　二话　二胡　鱼饵　外耳　甚而

舌尖前不圆唇元音 -i（前）：这个韵母只在舌尖前阻的声母 z　c　s 后面出现。发音时，舌尖与下齿背（或上齿背）相对，口略开，嘴角略向两旁展开，声带振动，软腭上升，关闭鼻腔通道。

姿色　自私　资材　自诉　四散　子孙　四座　刺字　恣肆　词素

舌尖后不圆唇元音 -i（后）：这个韵母只在舌尖后阻的声母 zh　ch　sh　r 后面出现。发音时，舌尖前端抬起与硬腭前端相对，口略开，嘴角略向两旁展开，声带振动，软腭上升，关闭鼻腔通道。

志士　支出　置身　执着　至诚　失职　吃斋　迟滞　斥资　事实

二、复韵母

复韵母是由两个或三个单元音复合组成的韵母，它们的发音特点是：

第一，单元音发音时舌位、唇形基本不变，复韵母发音过程中舌位的前后高低、口腔的开度和唇形都有连续的移动变化，这个移动变化的过程叫“动程”。

第二，复合韵母并不是元音因素的简单相加，其中开口度相对较大的元音要清晰响亮些，占的时间也长些，因此二合元音中开头响亮清晰的叫“前响复韵母”，收尾响亮清晰的叫“后响复韵母”，三合元音是中间的元音最响亮，因此叫“中响复韵母”。

前响复韵母 ɑi　ei　ɑo　ou：发音时，舌位都是由低向高移动，口腔开度渐小，开头的元音响亮清晰，结尾的元音相对轻短，尤其韵尾是 i 的，舌位朝 i 的方向升高，还未完全到达 i 的位置声音就收住，不能把韵尾 i 发得过重或过长。

ai 爱戴 白菜 买卖 开采 灾害 拆台 彩排 采访 拍卖 晒台

ei 肥美 配备 内容 北美 贝类 飞扬 黑煤 魅力 蓓蕾 培训

ao 保持 报道 号召 牢靠 骚扰 高烧 草帽 招考 糟糕 祷告

ou 筹谋 丑陋 兜售 佝偻 漏斗 收购 偷漏 叩头 收受 豆蔻

后响复韵母 ia ie ua uo ue：发音时舌位都是由高向低滑动，口腔开度由小到大，开头的元音短促，迅速过渡到后面的元音上，后面的元音响亮清晰，时间也较长。

ia 驾驭 假牙 下嫁 加价 嘉奖 接洽 压价 恰恰 下压 优雅

ie 结业 姐姐 借鉴 趔趄 歇业 谢谢 爷爷 贴切 离别 铁鞋

ua 规划 画花 娃娃 耍滑 挂花 花褂 华美 画眉 卜卦 神话

uo 错落 哆嗦 国货 活捉 火锅 落座 说破 硕果 琢磨 阔绰

ue 雀跃 约略 确切 崛立 学院 越野 虐待 节约 毁约 月夜

中响复韵母 iao iou uai uei：它们都是由二合元音前面加上一个韵头（亦称介音）i 或 u 或 ü 组成 。发音时，舌位都是由高向低，再从低向高滑动，相对而言，开头的元音不太响亮而且短促，中间的元音响亮清晰而长，收尾的元音短而弱。注意韵头一定要短促，否则“飘”就成了“皮袄”了。

iao 吊桥 脚镣 教条 疗效 秒表 飘渺 巧妙 窈窕 笑料 逍遥

iou 久留 求救 绣球 优秀 悠久 牛油 有救 久久 油篓 不朽

uai 外快 怀揣 外踝 怀念 摔坏 乖顺 徘徊 外部 衰退 乖乖

uei 翠微 归队 回味 汇兑 水位 推诿 退回 尾随 坠毁 荟萃

三、鼻韵母

鼻韵母是元音后面附带一个鼻辅音“n ”或“ng”做尾音的复合韵母。普通话中的鼻韵母分为两类：前鼻音韵母和后鼻音韵母，它们之间有一对一的对比关系，共八对，16 个鼻韵母。

前鼻音韵母 an en in ün ian uan uen üan：它们共同的发音特点表现在鼻韵尾上，发音收尾时要从它前一个元音的舌位向前移动到硬腭前部与上齿龈交界处，软腭下降，打开鼻腔通道，一有鼻音出现便结束发音。由于前鼻音韵母收尾时舌尖迅速贴到这个近似“舌尖中鼻音声母 n”的位置，于是前鼻音韵母有个别称叫“舌尖鼻韵母”，它形象地突出了前鼻音韵母的发音要点。判断前鼻音韵母是否发得正确，从听感上认定的同时，还要检验声音收住时自己的舌尖是否贴在了硬腭前端与上齿龈的交界处？如果舌尖没有移动到位，这个音一定是模糊的，一定不是地道的、标准的前鼻音。

an 安然 斑斓 参赞 单产 帆板 感叹 寒战 勘探 烂漫 坦然

en 本分 沉闷 分身 愤恨 门诊 人参 认真 深圳 审慎 振奋

in 濒临 金银 心音 信心 音频 临近 民心 近邻 引进 殷勤

ün 军训 均匀 俊俏 群众 巡展 允许 韵律 骏马 驯服 眩晕

ian 便宴 电键 联翩 艰险 片岩 前沿 天年 鲜艳 沿线 棉田

uan 传唤 贯穿 软缎 团团 窜扰 酸软 婉转 专断 专款 万贯

üan 源泉 全权 轩辕 圆圈 选择 元气 渊源 悬棺 宣传 眷眷

uen 混沌 昆仑 温存 谆谆 滚动 论文 春节 损失 文化 困顿

后鼻音韵母 ang eng ing ong iang uang ueng iong：它们的共同发音特点也在韵尾上，与前鼻音韵母不同的是，发音收尾时舌面后部抬高贴向软腭，然后软腭下降，打开鼻腔通道，一有鼻音出现便结束发音。由于后鼻音韵母关键是舌根的动作，所以它又有个别名叫“舌根鼻韵母”。

ang 帮忙 仓房 厂房 当场 放荡 刚刚 盲肠 商场 上当 烫伤

eng 成风 承蒙 登程 丰登 更正 冷风 征程 升腾 整风 萌生

ing 冰凌 并行 叮咛 警醒 零星 倾听 命令 平静 倾听 精明

ong 动容 工种 共同 轰动 洪钟 空洞 隆重 童工 通融 浓重

iang 江阳 亮相 两样 洋姜 洋枪 想象 响亮 向阳 粮饷 像样

uang 狂妄 双黄 网状 创伤 荒地 惶惑 矿藏 双方 爽快 装扮

ueng 蕹菜 渔翁 水瓮 瓮城 蓊郁 翁婿 瓮声瓮气 瓮中捉鳖

iong 窘迫 炯炯 穷困 兄弟 凶险 拥抱 涌现 永远 汹涌 用功

韵母难点提示：前后鼻音韵母是广大南方地区和西北地区的人学习普通话的一个难点，而前后鼻音不分又会在传播和交流中产生许多歧义、误会和障碍，如“乘船”就变成了“沉船”，“长征”变成“长针”，“刮风”变成“瓜分”，真是“猴吃麻花——满拧”，因此，必须下决心分辨清楚，并能准确熟练地运用。

有些人在学习中矫枉过正，原来的方言中没有后鼻音韵母，为了发出这个后鼻音，舌根特别紧张，抬起的部位过于靠后，且鼻音发出时间也过长，因此显得“拙”，显得“侉”，不好听。有些人发前鼻音总不到位，含含糊糊，介乎于前后鼻音之间，或者说更像后鼻音。要解决这个问题，首先，必须分清它们的发音区别，发前鼻音韵母时，应把舌体动作的注意力放在舌前部和口腔前部，而发后鼻音韵母时，要把舌体动作的注意力放在舌后部和口腔后部；其次，练习中可延长鼻韵尾，同时体会舌体的动作部位和方向是否对头，以正确的动作带出正确的发音；再次，以易带难，一般经过练习都能正确发出 an en，但往往最后还剩下一个难点——in，究其原因是因为 in 的舌位动程小因而难以把握。正确的发音要领是：舌位由舌前部与硬腭前端相对的 i 的位置，向前、向下贴到舌尖中阻 n 的上齿龈处，关键是指挥自己的舌头“向前、向下”及舌尖“贴住上齿龈”这个动程的方向和最后的落点。所谓“以易带难”，就是先正确发 an 或 en，延长鼻尾韵，仔细体会舌位最后的落点，并记住这个动作，然后再以同样的意识发 in ，让舌尖归到同样的位置上，这样就能带出正确的 in 来。

前后鼻音韵母单发正确之后，再练习对比发音，进一步区分它们的不同动作部位和方向，最后做大量的混编练习，以求达到熟练的程度。

in 等：濒 林 金 银 新 亲 进 拼 民 您 津 聘 寝 凛
紧邻 尽心 引进 心音 信心 濒临 云烟 眼神 宣传 源泉

ing 等：英 迎 秉 评 明 鼎 婷 宁 灵 京 情 星 冰 影
行政 钟情 精灵 平定 章程 整风 争雄 更正 生成 封冻

对比：亲生—轻生 信服—幸福 金银—晶莹 心境—行经 金陵—精灵
险象—想象 简历—奖励 机关—激光 专车—装车 存钱—从前
轮子—聋子 余温—渔翁 炖肉—冻肉 运费—用费 因循—英雄
陈旧—成就 申明—声明 绅士—声势 赞歌—葬歌 反问—访问

混编：心情 灵敏 民警 聘请 平民 听信 禁令 进行 轻信 挺进
影印 真诚 神圣 能人 深层 春风 分封 政审 金陵 新兴

绕口令：真冷，真冷，真正冷，
冷冰冰，冰冰冷，
猛的一阵风更冷。

同姓不一定通信，
通信不一定同姓。

第四节 普通话语音知识之三——声调

一、声调的概念

声调是依附在音节上能区别意义的高低长短的语音现象。如 mɑ，在普通话中有四声，分别对应汉字的意义是“妈、麻、马、骂”，或“抹、吗、码、蚂”及“声韵调”相同而意义不同的其他字。

世界上许多语言音节中的高低长短变化并不具有区别意义的作用，而汉藏语系是有声调的语言，且声调有区别意义的重要作用，如“买东西”和“卖东西”意义相反，“买烟”和“买盐”是两回事。声调是汉字字音结构中的重要组成部分，在辨义上起着举足轻重的作用。汉字字音由三部分构成：字音的起始部分是声母，声母后面的部分是韵母，而贯穿整个字音的是声调。声调又叫“字调”。从一定意义上看，韵母和声调是构成一个汉字音节必不可少的元素。

声调的特征主要表现为声音高低升降的变化，不过声调的高低是“相对音高”，与歌曲简谱里标的“1 = G”的“绝对音高”的要求不同，这一方面是因为每个人由于自然音域不同，说话音调的高低常有明显的差异；另一方面，同一个人由于感情或场合的变化，用声高低也会有区别，人们并未因此听不懂别人讲话，或觉得他“跑调”了。如普通话“蓝天鸽哨”这一短语中“鸽哨”一词，“鸽”是第一声，调值为［55］，“哨”是第四声，调值为［51］，这两个字按同样的音高读是正确的，如果把“哨”的起点读高一些，也就是说两个字的［5］不是同一音高，在听感上也同样是正确的，而且后者能够更形象地表达短语中的韵味，语言的音乐性也更突出。从表达的角度看，声调这一汉语音节结构的组成部分不仅有区别语义的重要作用，还是普通话具有音乐性的关键因素。

二、普通话的声调

声调的分类叫调类，是声调的“名”。普通话有四个调类：阴平、阳平、上声、去声，俗称“第一声、第二声、第三声、第四声”。

声调的实际发音叫调值，是声调的“实”。调值通常用“五度制标记法”来表示。一条竖线表示“音高”，从上到下共有 5 个点，分别标为“1、2、3、4、5”，代表音调的“高、半高、中、半低、低”。调值也叫“调形”，用五度制标记法表示出来恰恰与声调标号相同。

普通话调值示意图

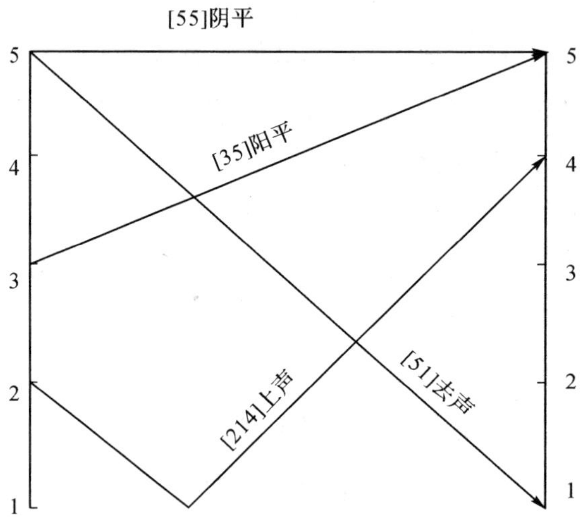

练习时可以假设把这条有 5 个刻度的竖线移到自己的前胸，最高点［5］在锁骨窝处，最低点［1］在腰带上方相当于“横隔”处，由气息压力点在前胸这条虚拟竖线 5 个刻度的上下滑动，体会声调高低升降的变化。

阴平—调值［55］ 发音时，气息压力相对较大，声调最高，保持不变，如 bā，音高从［5］延长到［5］，因此又叫“高平调”。

八 坡 摸 方 眯 通 妞 撩 姑 科 酣 居 青 香 之 撑 身

通知 语音 参加 娇妻 发生 丰收 香山 摔跤 班车 冲击 灰飞

两个阴平连在一起时，可以把第一个阴平稍稍降低一点儿，第二个阴平一定要保证［55］的高度，否则连续读时声带越勒越紧，不仅发音吃力，而且很难听。所以允许做这样的调节，是因为普通话的声调是“相对音高”，况且两字词的“轻重格式”大都为“中重”，后面的音节在听感上准确性要求更高，所以，在允许的范围内（音调及调形没有明显变化），有轻微而适当的调节，就会使发音轻松，听感也舒服。但是，绝不能第一个音节够高度而第二个音节调值不到位，那恰恰是东北方言阴平不够高的典型表现，是学习普通话声调时应加以矫正的重点。

阳平—调值［35］ 发音时，气息从较弱起，压力逐渐增强，音高随之从

“中”到“高”，即从［3］升到［5］，如 bá，因此又叫“高升调”。

拔 婆 麻 福 德 提 牛 阁 葵 湖 吉 渠 席 直 柴 凿 随

直达 人权 临时 昂扬 言辞 离别 然而 棉田 连年 全勤 怀来

上声—调值［214］ 发音时，气息弱起，压力渐小，声带放松，音高从“半低”的［2］起，减低到［1］，稍稍延长，然后气息压力迅速加强，音高上升到“中高”的［4］，整个调形呈曲折状，如 bǎ，又叫“曲折调”或“降升调”。上声的音长在普通话四个声调中是最长的，而且前面低的部分较长，后面高的部分只轻轻一扬即可，整个“先降后升”的过程是“前长后短”的，因此可以说上声最明显的声音特征是低音段给人留下的印象。有人发上声低不下去，是因为喉部卡紧致使声音噎住，只有放松喉部，气息下沉，上声下滑的低音才能自然地发出；有的人在从“低”升到“半高”时多发了一个韵母音节，把单音节变成了双音节，如“好”变成了“好凹”；还有的人在完成上声后部的升起之后又加上一个下降的小尾巴，也读成了双音节，如“好”变成了“好奥”，这都是不对的，一定要把后面多出的部分去掉，音高刚刚扬起就自然地收住。

把 跑 买 法 底 挑 好 恼 偶 捆 海 远 巧 许 纸 璀

由于上声与上声相连会发生语流音变，为了准确体会上声的音高变化，这里列出一组“去声 + 上声”的组合词组，根据普通话调值上相对音高的道理，在“去声 + 上声”的组合中，后面这个上声的起点实际比前面去声的落点还要低一些，如此读起来反而轻松、自然。请仔细体会上声以低音为重要特征的实际调值。

报纸 遇雨 大脑 地理 聘请 绕嘴 汽艇 字典 入伍 制止 探险

去声—调值［51］ 发音时，起始气息压力大，音调高度［5］，然后迅速减小气息压力，音高也降到最低的［1］，音长在四个声调中是最短的，如 bà，从最高降到最低，又叫“全降调”。

罢 怕 迈 费 带 透 虐 路 共 愧 画 架 惬 笑 皱 寸 哨

因为去声与去声相连也会发生语流音变，我们列出一组“阳平 + 去声”的组合词组，供大家从比较中体会去声全降的音高变化。

白菜 杂志 存在 年代 学院 劳动 情趣 服务 混沌 习惯 的确

声调难点提示：

东北方言中的阴平往往高度不够，特别当第二个音节为阴平时最为明显，读成近似［44］或［33］的调子，因此即使声母、韵母没有大问题，仍然在语流里表现出浓重的方言语调。克服阴平不够高的毛病，建议先集中做“阳平＋阴平”的组合词组练习，这样可以借助阳平［35］末尾达到的高度［5］，引导出阴平［55］应有的高度，也就是说，发第二个音节时保持前一个音节的高度就能顺利地发出阴平应有的调值。

联欢　皮衣　农村　图书　齐心　行星　重新　围巾　群居　黄昏　房间

夺标　同乡　国歌　航空　福音　来宾　决心　实施　时差　泥沙　时光

要想牢固地掌握普通话的四声，还要多做四声组合练习，注意声调的准确、衔接的自然，体会普通话声调“高扬转降”“起伏错落”的音乐性。除了上面的词例外再补充一些两字词和四字词的声调组合练习。

两字词组合：

阴阳组合：新闻　单元　加强　心得　观摩　发言　经营　车床　资源

阴上组合：英勇　批准　发展　摸底　灯塔　歌舞　推理　黑板　家属

阴去组合：公共　庄重　播种　搬运　私自　抛弃　观众　冬至　丰富

阳阴组合：爬山　国歌　联欢　葵花　航空　旗杆　前方　时光　长江

阳上组合：博览　华北　停止　描写　联想　牛奶　除草　魁伟　结尾

上阴组合：指挥　演出　广播　统一　纺织　老兵　小街　百花　女生

上阳组合：指南　普及　远洋　礼服　反常　软席　倒霉　谴责　领衔

上去组合：访问　吵闹　体重　晚会　考试　典范　礼炮　土地　辅助

去阴组合：配音　下乡　地方　故乡　卫星　步枪　治安　降低　气温

去阳组合：自足　化学　措辞　电台　会谈　绿墙　判决　特别　政权

去去组合：毕业　日月　陆地　顾问　互助　致意　示范　自制　大概

四字词组合：

阴阳上去　非常好记　高扬转降　区别起落　山河美丽　资源满地

风调雨顺　千锤百炼　百炼成钢　波澜壮阔　妙手回春　普天同庆

万古流芳　满园春色　绿草如茵　翻江倒海　斗志昂扬　谈笑风生

逆水行舟　龙飞凤舞　盖世无双　克敌制胜　和风细雨　晴天霹雳

锦绣河山　咫尺天涯　超群绝伦　生龙活虎　日新月异　责无旁贷

绕口令：李丽买了一斤梨，黎礼买了一斤栗，李丽要用梨换栗，黎礼要用栗换梨。不知是李丽的梨换了黎礼的栗，还是黎礼的栗换了李丽的梨。

第五节 普通话语音知识之四——语流音变

在我们的语言交际中，表达思想感情的一个个的音节总是连续发出并形成语声的线性流动，习惯上将之称为“语流”，在语流中有些音节受到前面或后面音节的影响产生了语音的变化，这些变化多是有规律的，还有一些是约定俗成的，统称为语流音变。普通话的语流音变主要包括：变调、轻声、词的轻重格式、儿化，及语气词“啊”的变化。

一、变调

变调是指在词语或句子中某些音节与音节相连，声调发生变化的语音现象。普通话的变调主要有：上声的变调、“一”“不”的变调、去声的变调。

1. 上声的变调

上声在单念或处于词尾、句尾时，一般读原调，其他的时候常常需要变调。下面分别说明上声在两字词和三字词中的变调规律：

▲ 两字词——根据该词组前后音节声调的组合情况，分为：

(1) 上声与非上声相连，即“上声 + 非上（即阴平、阳平、去声、轻声）”时，上声一律读“前半上”，就是把［214］的调值读成［211］，即只读前半段降低部分，甩掉后边上扬的尾巴。

百般 保温 海关 首先 北方 小说 简称 老师 奖杯 雨衣 火车

祖国 导游 改革 讲台 简洁 抢夺 语言 朗读 打球 取材 漂白

处置 广大 讨论 骨干 统治 小麦 讲话 稿件 美术 努力 诡辩

我们 你们 好的 饺子 椅子 斧头 姐姐 尾巴 耳朵 马虎 口袋

(2) 两个上声相连，第一个上声读成“直上”，即把［214］的调值读成阳平［35］的调值，没有降低阶段，直接上扬，而后接后面的上声。

厂长 处理 党委 检举 解体 使馆 手指 小姐 古典 友好 水井

懒散 母语 简短 土法 远景 首长 北海 减少 保险 旅馆 海鸟

▲ 三字词——区别词组内意义结构的不同组合，分为：

(1) “单双格”，亦称“1 + 2”结构，通俗地说，就是一个三字词中后两个音节的意义关系更加紧密，这时第一个上声变为“前半上”，即读成［211］，第二个上声变为“直上”，读成［35］的阳平调，第三个上声读原调。如：

李小姐　党小组　旅党委　好小伙　纸老虎　老保姆　冷处理　小两口

（2）“双单格”，亦称“2 + 1”结构，是指在这一词组里前两个音节的意义关系紧密，此时前两个上声都变为“直上”，即［35］的调值，第三个上声读原调。如：

跑马场　管理组　展览馆　水彩笔　虎骨酒　古典舞　蒙古语　选举法

2. “一”“不”的变调

“一”的单字调是阴平，调值［55］，“不”的单字调是去声，调值［51］，它们在单念或处于词尾、句尾时读原调，如“一”“第一”“十一”“统一”“一九九九”，如“不”“我不”，而在下列情况下要变调：

（1）在去声音节前面的“一”和“不”都要变调，读成“阳平”的［35］调值。如：

一趟　一定　一路　一面　一样　一向　一类　一道　一阵　一味　一贯

不错　不去　不跳　不测　不妙　不干　不赖　不怕　不累　不看　不是

（2）在非去声（阴平、阳平、上声）前面的“一”变调，读成去声的［51］调值。如：

一张　一身　一般　一天　一心　一生　一批　一家　一瞥　一发　一惊

一回　一瓶　一连　一时　一同　一齐　一直　一行　一群　一如　一年

一手　一口　一举　一准　一体　一起　一早　一览　一首　一缕　一曲

（3）“一”夹在动词中间，“不”夹在动词或形容词中间，或夹在动词补语中间时，读轻声。如：

看一看　听一听　想一想　读一读　练一练　试一试　闻一闻　尝一尝

买不买　会不会　好不好　行不行　起不来　拿不了　去不去　跳不跳

3. 去声的变调

两个去声相连，前面的去声变调为“半去”，即不降到底，读成［53］的调值，而且有时影响到后面的去声的起点会比第一个去声略低。当三个去声相连时，则前面两个去声都变调为［53］，最后的去声音节读原调。

大会　电话　介绍　照相　借鉴　教室　算术　电扇　立刻　迈进　号召

看电视　亚运会　要设备　扩大会　炮舰队　大陆架　录像带　静物画

特别需要提请注意的是，有的北京人常把两个相连的去声中的第一个去声读成［35］的调值，遇到三个去声就把中间一个变成［35］，这都是不对的，不符合普通话语音规范，应当纠正。

二、轻声

轻声是普通话特有的一种语音现象，轻声音节读得又轻又短，失去原有的调值。轻声的读法，一般在阴平、阳平、去声后面读的调子比前一个音节要低，上声后面的轻声比前面音节要高一些。读作轻声的主要有两类情况：

1. 大多有词汇及语法意义

如语气词（啊、吧、呢、吗），名词、代词的后缀（子、儿、头、的、们等），方位词（上、下、里、头、边、面等），动词后面表示趋向的词（来、去等），助词（的、地、得、着、了、过等），如：

说啊　车呢　谁啊　来吗　去吧　唱吧　好吗　你呢　哪儿呢　怎么能呢

我们　朋友　馒头　先生　你的　饺子　点子　斧头　爷爷　女儿　耳朵

桌上　屋里　前头　头里　底下　地下　那边　树上　炕上　里边　左面

出来　进去　上来　下来　起来　拿起来　跳过去　划过来　推上去

你的　跳舞的　激动地　跑得快　跳得高　坐着　站着　吃了　瞧过

2. 少部分用于分辨词义、词性

如：“兄弟”的词义是“哥儿俩”，若“弟”读轻声，则词义为“弟弟”；“买卖”词性属动词，“卖”读轻声，则属于名词。

三、词的轻重格式

普通话语音音节在词组结构中并非读得一样重，大致分为四级：重、中、次轻、轻。如果不能正确掌握普通话的轻重格式，听起来还会带有明显的方言语调。要克服轻重格式方面的缺憾，首先必须多听、多辨别，才能形成词的轻重格式的正确语感，在此基础上多积累、多练习，才能熟练掌握普通话词语的轻重格式。

1. 双音节的轻重格式

（1）绝大多数是“中—重”格式，如：

北京　蓝天　白云　田野　流水　花草　美妙　清澈　远足　决胜　专家

（2）有部分是“重—次轻”格式（也称作“重　中”格式），如：

工人　艺术　手巾　部分　合同　困难　书记　消息　知识　设备　意义

现象　愤懑　气氛　参谋　农民　意识　编辑　意志　官司　战士　正月

（3）另有部分是上文提到的“重—轻”格式，这里补充列举常用的轻声词汇：

东西　事情　母亲　太阳　休息　意思　喜欢　队伍　活泼　义气　玻璃

棉花　情形　老实　舒服　苤蓝　应酬　钥匙　扫帚　萝卜　蘑菇　丈夫

2. 三字词的轻重格式

（1）绝大多数为“中—次轻—重”格式，如：

医学院　共产党　解放军　火车头　电信局　泛光灯　马兰花　空调机

（2）少数为“中—重—轻”格式，如：

老婆子　老头子　大姑娘　小媳妇　胡萝卜　打牙祭　老伙计

（3）还有少数为“重—轻—次轻”格式，如：

朋友们　先生们　姑娘家　娃娃们　弟兄们　伙计们

3. 四字词的轻重格式

（1）绝大多数为“中—次轻—中—重”格式，如：

百炼成钢　万马奔腾　山明水秀　一览无余　趾高气扬　逆水行舟　驷马难追

北京医院　高等学校　流行音乐　斯图尔特　时装表演　网络文学　高楼大厦

（2）少部分为“中—轻—中—重”格式，如：

稀里哗啦　慌里慌张　嘻嘻哈哈　迷迷糊糊　糊里糊涂

（3）极少口语词为“中—次轻—重—轻”格式，如：

如意算盘　拜把兄弟　闺女女婿　半大小子

四、儿化

普通话卷舌韵母“er”有两个作用，一是独立表示某个字音，如：而、二、耳、儿、饵、尔、铒，等等；二是不自成音节，附着于其他韵母，使之成为带有卷舌色彩的儿化韵，所谓“儿化”就是这种情况。儿化现象也是普通话语音特点之一，读的时候处于词尾的“儿”，只保留卷舌动作，与前一个音节融合成一个音节。

1. 儿化主要用于以下几种情况

（1）区别词义，如：眼（眼睛），眼儿（小洞、小窟窿）；天（天空），天儿（天气、一天里的某段时间）；头（脑袋），头儿（头目）。

（2）区别词性，如：盖（动词），盖儿（名词）；画（动词），画儿（名词）；尖（形容词），尖儿（名词）。

（3）表示喜爱、亲切的感情色彩，如：小孩儿、脸蛋儿、好玩儿、电影儿。

（4）表示少、小、轻的状态和性质，如：蛋黄儿、米粒儿、干活儿、门缝儿。

2. 儿化在语言运用实践中存在的误区

（1）有些方言区的人不注意儿化的用法，随意套用，结果常在词义上闹出笑话来，如：我等你半天儿了！实际上，儿化在正式的语言环境中趋向于尽量少用，当儿化起着区别词义、词性的作用时，必须儿化，如“走后门”“抠门”；当表示“少、小、轻的性状”儿化与否两可时，常常不做儿化处理，如：小鸡、小猪、小熊、小鱼、小风、没事、墨汁、山歌、腊八等一般不儿化。

（2）儿化在读音上不是自成音节的，但有的人该儿化时，没有与前面的音节融合在一起转化为儿化韵，“儿”仍旧自成音节，如“树叶儿”“板凳儿”这是不对的，不过，在某些诗歌散文中，为了押韵，词尾的“儿”是自成音节的，如：“树上的鸟儿成双对”“风儿吹动着我们”“闭了眼，树上仿佛已经满是桃儿、杏儿、梨儿”，其中的“儿”必须读成独立的音节，若以儿化处理就失去了诗或文章的韵味，风格不对了。

五、语气助词“啊”的音变

“啊”单独使用时，有四种声调：在句首短促发音，表示发现的惊异或赞叹，用阴平 ā，如“啊，彩虹！”；表示追问用阳平 á，如“啊？你说什么？”；表示疑问用上声 ǎ，如“你真的不想去？啊？”；表示应诺或赞叹、惊异用去声 à，如“啊，太美了！”。

“啊”的音变是指“啊”作为语助词出现在句末表示赞叹、肯定、辩解、催促、嘱咐、疑问，或出现在句中稍作停顿时，常受到前一字韵母或韵尾的影响会发生不同的音变；当“啊”发其他音时，在文字上既可仍写作“啊”，也可写成音变之后实际读音的字，如“呀、哇、哪”。

1. 当前一字末尾音素是 a、o、e、ê、i、ü 时，“啊”读作“呀（ia）”：

好高的塔啊（a）－呀！

是航模啊（o）－呀！

什么啊（e）－呀！

多静的夜啊（ê）－呀！

第一啊（i）－呀！

去钓鱼啊（ü）－呀？

2. 当前一字末尾音素是 u、ao、ou 时，“啊”读作“哇（ua）”：

大树啊（u）－哇！

好高啊（ao）－哇！

快瞧啊（iao）－哇！

狮子大开口啊（ou）－哇！

3. 当前一字的韵尾是前鼻韵尾－n 时，“啊”读作“哪（na）”：

什么人啊（n）－哪？

快看啊（n）－哪！

使劲喊啊（n）－哪！

4. 当前一字的韵尾是后鼻音韵尾时，“啊”音变为“nga”：

不行啊！－nga

别上房啊！－nga

5. 当前一字的韵母是舌尖后元音－i、卷舌元音 er 或儿化韵时，“啊”音变为“ra”：

杂志啊！－ra

有事啊？－ra

你吃啊！－ra

使劲儿啊！－ra

6. 当前一字的韵母是舌尖前元音－i 时“啊”发生音变，在舌尖前元音－i 后面紧接一个 a：

写字啊！

你去过几次啊？

这是人造丝啊！

第四章

主持人语言表达的基本功（中）

日常生活中，一个人是否善于运用声音似乎并不是特别重要的事，只要用声吐字对交往没有太大的妨碍，人们并不苛求，甚至相当的宽容。有的人以为主持人的语言跟日常谈话没有什么区别，因而推断主持人不需要讲究用气发声以及吐字归音的基本功，这实在是一种误解。谁都清楚，电台、电视台话筒前的用声吐字，关系到传播的效果，“在广播中语言主宰一切，……再没有比广播中的讲话声音得到更专心注意的人类声音了。……广播语言是从嘴到耳朵的人与人之间的交流，不是面对面的交流，也不可能有直接的反馈。……数以百万计的人同时收听使得广播用语成为一种标准（如英国广播公司的英语），获得一种空前的社会地位和权威。”① 这里所说的“广播语言”当然也包括电视中的语言，语言在广播电视传播中具有重要地位及权威性。广播电视话筒前的用声吐字不完全等同于日常生活的随意交谈，当自己的声音“不听使唤”，影响了表达效果，或者因吐字不清造成听、观众接收困难或障碍甚至歧义而遭到批评时，就会认识到用声吐字是主持人必备的职业素质之一，是主持人语言表达基本功的重要内容。这一章我们集中介绍气息控制、口腔控制、吐字归音和声音运用的基本功。

第一节　气息控制

一、认识人的发音器官

如果要问，人的声音是从哪里发出来的？大概您会不假思索地说，嗓子！是的，

① ［英］戴维·克里斯特尔：《剑桥语言百科全书》，中国社会科学出版社，1995。

人的声音与嗓子有直接的关系，但是这个答案并不完整。人们的语言活动是一个复杂的心理、生理活动过程，它包含三个层面：心理层面、生理层面和物理层面。第一，人的发音是在大脑支配下进行的，离不开思维和情感的心理过程；第二，一系列参与发音的器官在大脑的指挥下协调配合发出“语声”，这是一个生理活动的过程；第三，发出的话语以音波的物质形态存在，可以测量出音高、音量、音色、音长各方面的数值，这是语言的物理层面。下面我们仅从生理活动这一层面对人的发音进行分析，就可以了解到发音不是哪一个单独的器官能够独自完成的。认识这个问题，对于我们掌握和运用自己的声音是大有帮助的。

人体参与发音的器官可以大致分为四个系统：动力系统、振动系统、吐字系统、共鸣系统。

1. 动力系统

是由与呼吸有关的器官组成的，它提供能使声带发生振动的动力——气息。这个发音的动力系统主要包括肺、气管、横膈、胸廓，以及参与呼吸的肌肉群（肋间内肌、肋间外肌、腹直肌、腹斜肌等）。经过锻炼，我们可以控制气息的深浅、多少、快慢及长短，如果能够做到气息的“深、匀、通、活”，就为有声语言的传播提供了有力的动力保证。

2. 振动系统

包括喉和声带。喉头内的声带是人发音的振动体，是声源，声带受到振动发出“喉原音”，即供吐字器官和共鸣器官加工的声音。声带是两条可以开合、有松紧变化的肌肉组织，它的开合及松紧状态主要由气息的力量以及喉部肌肉的动作来控制。声带开合的不同状态带来虚实声的变化，基本分三种情况：一是声带分开，气流通过，发出的声音称为“虚声”（类似耳语的声音）；二是声带紧闭，较强的气流通过时冲开并振动声带，发出的声音称为“实声”，但是这种声音虽听起来好像挺“亮”，但同时给人“偏紧”“生硬”的听感；三是声带轻松靠拢，气流通过同时轻巧地振动声带，发出的是柔和的虚实结合的声音，称“虚实声”也有称“小实声”的。我们一般提倡用“虚实声”（生活中也一样），因为在这种状态下，声带能自如地振动，发声效果好，也不会由于声带的紧张碰撞而导致声带病变（如声带小结、声带息肉）的发生。

3. 吐字系统

由能够形成具有意义的语音的口腔和鼻腔共同构成，其中特别重要的是口腔中的唇、舌、齿、硬腭、软腭等。它们的不同活动状态及不同接触方式，就形成了各种各样的元音和辅音，也才有世界上几百种语言。吐字器官动作的准确、有力和灵活，是我们应该努力做到的。

4. 共鸣系统

由与发音有关的一些腔体组成，主要有口腔、咽腔、鼻腔。起辅助作用的还有低音共鸣腔——胸腔，以及高音共鸣腔——头腔等。共鸣器官的作用，一是扩大，二是美化。要知道，声带振动发出的喉原音，音量很小，而且只有简单的几个不很清晰的元音，根本无法结构成语音的最小单位——音素，同时经由吐字器官活动构成的语音，也需要加工传出。人类的身体结构真是奇妙而精准，有共鸣器官来承担扩大和美化吐字系统形成的语音的任务，最后传出体外，被旁人所接收。在有声语言活动范围里，主要应运用好口腔这个共鸣器官，使声音比较圆润集中，比较响亮清晰而省力。

综上所述，人的发音，是由动力系统提供气息，气息振动声带发出喉原音，再经过吐字器官的加工，微弱的、单一而少变化的喉原音就形成了丰富多变、具有语义的串串语音，与此同时，共鸣系统扩大和美化了这些语音，最后传出体外，进入有声语言的交际过程。这就是人们发音的生理过程。了解这些基本知识，在运用和改善我们的声音时，就不会单单跟嗓子（即喉部）“较劲”，而是从几个方面努力，来个“综合治理”，科学地使用自己的声音，达到既省力持久又音质良好的效果。

二、学会胸腹联合呼吸方法

气息是我们发音的动力，声音轻重缓急、抑扬顿挫的变化都与气息有关，此外，说话时气息“浅”导致声音细弱会给人幼稚胆怯或病态的印象，直接影响新闻工作者成熟干练的气质形象，因此我们先从气息控制的有关知识入手。

1. 胸腹联合呼吸的长处

人的呼吸主要有三种方式：腹式呼吸、胸式呼吸、胸腹联合呼吸。

腹式呼吸——是人的本能，它通过横膈肌的上下移动，带动肺部的扩大或收缩进行呼吸，在卧位时，可以直观地看到呼吸过程中腹壁的凸起与平复，这是人在平静状态下主要的呼吸方式。

胸式呼吸——一般不是正常状态下的呼吸，或因为紧张，或因为惊恐，或因为病体沉重，横膈收缩发生障碍，只能靠两肩耸起来扩大胸腔上部，所以也叫“锁骨式呼吸”。这种呼吸方式的气息十分短浅、无力，因而累及声音也纤细、微弱。不过，这种本是病态的呼气眼下竟成为一些女孩生活常态中的气息习惯，以至说起话来像“蚊子哼哼”，这可能也是源于她们把“弱不禁风”视为“娇美”的心理取向，这种呼吸方式自然会影响到她们的声音质量和效果。

胸腹联合呼气——是横膈升降与胸廓张缩相结合的一种呼气方式。生活中，在体力劳动或体育运动需要较大的呼吸量时，如抬重物、举重，人会本能地深吸一大口气。从生理机制角度看，此时吸气肌肉群积极工作使胸廓扩大，横膈明显下降，因此能吸入较多、较深的气息，这就是通常所说的“深呼吸”，这也就是生活中的胸腹联合呼吸的吸气状态。至于呼气，因需要而有所不同，有的由胸腹联合呼吸的大量吸气后的屏息获得爆发力，如举重；有的由呼气的控制使气息均匀而持久，如推独轮车。这种均匀持久的呼气方式还用于声乐艺术、说唱艺术，同时也是播音的基本呼气方式。推延开去，如果教师在课堂上的讲课能够使用胸腹联合呼吸法，那么对于他们使用声音的能力、效果，以及声音的生命力肯定会大有裨益。

用胸腹联合呼吸的气息支持发音，无论用于歌唱还是语言都是十分适宜的。其一，胸腹联合呼吸不仅吸气量大，而且进气无声，速度又快，能够适应话筒前电声传播的要求，也同样符合艺术发声的基本要求（有的人由于在话筒前紧张，每每张嘴“喝气”，结果经电声放大，频频传出令人尴尬的“吸气声”）；其二，胸腹联合呼吸能对呼气进行控制，能给予较稳劲的语言或歌唱态势以有力的气息保障，不会发生因为气息控制不好而“读破句”“唱破句”的情况；其三，这种呼吸方法由于建立了胸廓下部（两肋）和小腹之间的既相互配合又相互制约的协调关系，因而能够对气息的深浅、多少与快慢进行控制，有利于丰富的情感表达的不同需要；其四，胸腹联合呼吸符合科学用声的气息要求，对于传播者嗓音的运用和保护是非常有利的。

2. 胸腹联合呼吸的吸气

呼吸时采取站姿或坐姿。站姿：两脚同肩宽或取两脚稍有前后的小“丁字步”，重心在两脚之间，自然站立，两眼平视，下颌微收，两肩放松；坐姿：坐于硬凳椅的前三分之一，腰部挺直，胸部微含，两眼平视，下颌微收，两肩放松。

吸气要领：两肩放松，两肋打开，横膈下降，小腹站定，吸气到位。所谓“小腹站定”，即口鼻进气的同时小腹保持“微收”的状态；所谓“吸气到位”，即气息下沉吸到肺底。

胸腹联合呼吸的吸气有慢吸和快吸两种基本状态，先来看“慢吸”，建议用“沁人心脾”的闻花感觉来练习：做“闻花”的想象，任意想一种自己喜欢的花卉，把“花香”慢慢吸入肺底，这时会感觉到躯干下部渐渐向四周扩张，腰带渐紧，这就是以慢吸状态进气到位（到肺底）的胸腔状态和感觉。

“快吸”在语言传播和交流中用得比较多，这里提供一个快吸状态进气到位的练习，具体的做法是，做快吸练习时，可以请别人在身后将双手手掌放在你的两肋处（即胯骨上方腰带处），并稍加压力，此时自己不必刻意想着吸气，而是以两肋用力将别人的手掌推开，体会“打开两肋”的动作感觉。有一个口诀很形象：“兴奋从容两肋开，不觉吸气气自来。”意思是说，吸气时，精神兴奋从容，口鼻微微张开，两肋有意识地用力向外扩张，不用想着吸气就可以获得较深的气息。这里边有一个物理学上的道理，当口鼻吸气通道畅通，同时两肋打开（即向外扩张）的动作使得胸廓容积一下变大，此时胸腔内的气息变为负压，根据物理学中大气会从压力高的地方向压力低处流动的道理，大气自然要通过口鼻补充进来，于是“不觉吸气气自来”。这个过程，正是按口诀的要求完成了一次胸腹联合呼吸的吸气动作。也可以自己练习，将左手手掌放在右侧下肋部，或将右手手掌放在左侧下肋部（不可双手叉腰，因为两肩抬起会导致肩、胸均处于紧张状态，不利于气息的下沉），手上稍用力，还是以两肋张开的动作把手推开，一次较深部位的吸气就顺利完成了。吸气到位后（即气吸入肺底），要屏息片刻，不吸也不呼，这时可以体会到小腹与两肋之间一种对抗的感觉，这个感觉非常重要，它是胸腹联合呼吸方式中控制呼气的基本感觉。但是，切忌屏息时间过长，因为气息不出不进，会有憋气的不适感，而且你的胸腔会发生微微的颤抖，因此只要体会到屏息时的“对抗感”就可以了。实际这种“对抗感”是吸气肌肉群对于呼气肌肉群的对抗。换句话说，生活常态中吸气动作完成后就放松了，呼气肌肉群开始工作。

胸腹联合呼气可以做到“吸气无声”。吸气无声对于广播电视语言传播者极为重要，因为日常说话周围环境一般较为嘈杂，吸气的声音人们一般注意不到，然而在广播电视中通过电声的放大，听、观众就会听到明显的吸气声，而那种并非感情需要的“上气不接下气”往往给人内心紧张的印象。还有一个在生活中无须计较而电子传播中必须注意的问题，即有的人开始说话时经常发出“搭嘴声”，这是由于闭嘴时舌尖总是抵在上牙龈处，逢张嘴吸气，舌尖离开上齿龈造成轻微的近似“它”的声音，即“搭嘴声”，经过灵敏的话筒就被强化了。若要克服吸气出现“搭嘴声”的毛病，第一要养成两肋打开进气的习惯；第二要改变闭嘴时舌尖上抬的习惯，实际上这是一种内心有些紧张的应激状态的下意识动作，说话停止时舌体应当自然平放在口腔里，舌尖在下齿龈处，如果注意了这两点，那么做到“吸气无声”并不难。

3. 胸腹联合呼吸的呼气

呼气要领：开始呼气时，两肋不能立即放松，要与小腹收缩的动作形成对抗，这实际上是吸气肌肉群与呼气肌肉群的拮抗动作，这个力量可以“拉住”在小腹收缩动作中回弹上升的横膈，减慢横膈回弹的速度，做到“两肋有控制地回缩，横膈有控制地上升”，从而控制呼出的气息均匀、稳劲而持久。呼气要领中非常关键的是，胸腹联合呼吸的呼气与生活中或体操中做深呼吸时的呼气不一样，不能一下放松两肋把气很快呼出，而应该做到能够控制气息呼出的速度和时长。有控制的呼气用于语言发音，能够保证声音的平稳和语意的完整，说话不至于“前重后轻”“头高尾低”，可以有效地解决“句尾几个字总是让人听不清”，以及“气息浮浅上提”的问题。胸腹联合呼吸不仅适合于有声语言工作（播音、主持、讲课、演讲）使用，也是声乐和表演艺术采用的最基本的呼吸方式，只不过使用幅度有所不同而已。

呼气控制的练习可以先从“数数”开始，方法是：按胸腹联合呼吸的吸气要求进气，不要吸到“十成”满，有个“七八成”就可以，而后两肋先保持张开的状态不动，也就是吸气肌肉群仍保持工作状态并不立刻放松，这时呼气肌肉群在有吸气肌肉群牵制的情况下开始工作，小腹渐渐收缩，同时稳稳地数数：“1、2、3……”随着呼气力量的加强，两肋开始有控制地一点儿、一点儿地放松（切忌一下子放松），两肋是一种“且战且退”的状态，这就是胸腹联合呼吸方式中呼气时的控制力量所在。练习时，一开始在两肋不动的情况下，也许只能数到“3”，慢慢地，控制能力强了，可以数到“7、8”，再慢慢放松两肋。练到这个程度，就证明你已经掌握了胸腹联合呼吸的呼气控制了。不过，两肋并不是一直不放松，那样气息就僵了，一般在拮抗状态下数到“5、6”就可以了，因为它避免了在一开口时随着两肋的迅速放松及小腹的收缩而使气息大量冲出，正确的呼气控制能够使气息平稳而较为持久地使用。这个“数数”练习，男子一口气能数到“35”左右，女子一口气能数到“25”左右，就很不错了。一定要注意的是，这种在胸腹联合呼吸控制下一口气数二十几个数的练习，不要自欺欺人数一个数就中途偷气，因为那样是无法体会和锻炼对呼气的控制的。

4. 气息控制的总体要求

“深、通、匀、活”是我们对于气息控制的总体要求，不仅仅是进行广播电视语言传播的人需要，其实凡是在意自己谈话质量的人如果能够有自如的呼吸支撑，就有了科学用声的基础。我们知道，在实际工作和生活中，语流中的句子总是有长有短，感情状态也处在不同的变动中，因此用声的呼气不可能始终是一成不变的最标准的胸腹联合呼吸的状态，当感情需要时会有腹式呼吸甚至锁骨式呼吸的加入。一般情况下，我们以胸腹联合呼吸为主要用气方式，只是气息的深浅、多少、快慢，应视实际需要灵活运用。

气息“深”，指气息下沉，不提、不浅，关键是熟练掌握“两肋打开”的吸气方法和进气到位的感觉，使之成为说话时进气、补气的习惯，此外，气息“深”还使声音的变化总能得到小腹与两肋拮抗力的控制。如若气浅，说话声音必然发“飘”、发“虚”。我们可以做这样的练习：用胸腹联合呼吸法发单元音“ɑ、o、e、i、u、ü”，吸气到位（七八成即可），控制着两肋与小腹形成拮抗力“拉住”横膈，获得均匀而持久的气息，缓缓地发出单元音的延长音。

有的女生气浅，不妨取仰卧位，把一本厚书（如词典）放在小腹上练习腹式呼吸，吸气时把书顶起来，体会吸气到肺底的感觉，呼气时，膨胀起来的两肋不要立即放松，让书本慢慢恢复原位，这个感觉明显了，再取立姿或站姿练习胸腹联合呼吸，只是要注意，与卧位时进气的区别是小腹要微收站定，不要随着吸气鼓起来。

还可以做一个“叹气发音”的练习来体会气息的下沉：像平时叹一大口气那样，但是要带着声音叹息——“唉……”在声音落到“底部”，即提起的那口气放下来时就在这个气息位置和音高位置发延长的“ɑ”音（注意不是压喉发出来的低音），由此体会用较深的气息支持发音的感觉。有的人做这个练习时声音“叹”不下去，中途就被喉部卡住了，有的虽然能“叹”下去，但是转成“ɑ”音时没有保持在这个气息较深的位置上，而是由“唉”转成“ɑ”的一刹那，气又习惯性地上提了，声音也跟着高了，那样是找不到气息下沉的感觉的。所以，做气息的练习要格外细心地体会吸气或呼气动作的要领，并准确判断其正确与否，同时记住气息下沉的正确感觉，才能渐渐达到气息“深”的要求。

气息“通”，指气息在胸腔里运动时没有任何障碍，喉不紧，胸不紧，声音不在喉部“卡住”，也不在胸部憋住。可以用“夸张四声”来检验：用胸腹联合呼吸法发音，依次发“bā—bá—bǎ—bà”的延长音，每个音节的音程尽可能地加大。四声不同的音高主要靠气息的运动来调节，一个是小腹的松紧变化，另一个是“胸部支点”的变化。声音的高低起伏反映在气息上会在前胸有不同的“着力点”“紧张点”，这叫作“胸部支点”，这是由于音高不同所需要的气息压力不同，就像给自行车打气，活塞下压的力量大，输出的气就足，活塞下压的力量小，输出的气就弱。如果用控制打气筒输出气量大小的道理来比喻说话时气息在胸部的活动及气息量的变化，可以设想把打气筒倒置在胸部，打气筒的“压把儿”在小腹，发音时，小腹收得紧形成的“气柱”密度大、力足，方能把音波送到上部共鸣腔，支持较高的声音，相反，小腹较松“气柱”密度小、力弱，即使气息量大，音高也相对较低。

基于音高与气息的这种关系，练习“夸张四声”，步骤是这样的：设想在前胸有一个声调的五度标杆，［5］在锁骨窝处，也就是胸骨的上端，这是胸部支点的上限，［1］在胸骨的下端，也可理解为隔开胸腔和腹腔的横膈的位置，这是胸部支点的下限，在［1］［5］之间假设［2、3、4］的相应位置，发音时要着意体会相应调值在这个五度标杆上的上下滑动。

发阴平即一声，调值是［55］，小腹从开始就收得较紧，胸部支点较高且保持在同一处，差不多在锁骨窝处，注意不可突破这个上限。

发阳平即二声，调值［35］，开始时小腹较松，逐渐收紧，胸部支点由胸骨中间向上移动到锁骨窝处。

发上声即三声，调值［214］，开始时小腹放松，胸部支点向下滑动到胸骨下端，而后立即收紧小腹，胸部支点也迅速向上移动到大约第二个纽扣处，即相当于假设放在前胸的声调五度标杆为［4］，发夸张上声时宜“前长后短”，即声音向下走的时间长一些，向上走时快而短。气息浅或不通的，要多做第三声的练习，即上声音节的练习，检查和体会声音“下得去上得来”的、能走通的感觉，如这样一些音节：好、了、海、演、讲、井、板、水、嘴、把、枕、举、整、吕、比、捧、摆、补……

发去声即四声，调值［51］，开始时小腹收得很紧，胸部支点在锁骨窝处，接着稳稳地向下移动到胸骨的下端，做去声练习时音程应长一些，起点高一些，尽量让气“向下走”要超过一个八度到一个半八度，同时注意气始终要托住，练习时对气息的支撑、控制和活动都可以明显地体会到。

做这个夸张四声的练习，目的是用声调的高低升降变化，体会气息上下走

“通”的感觉，一方面从胸部支点的上下移动体会气息的运动，另一方面从发出的声音来检验气息是“通”的，还是憋在胸部，僵持在某一点上？或是卡在了喉部？必须防止由喉部肌肉的“卡”和“松”控制气息发出的卡紧的、发“扁”的所谓“四声”。

气息“匀”，指发音时气息的均匀和持久。气息“匀”强调的是控制呼气的力量，而非前强后弱，或忽大忽小，或虽然气“足”但气“短”。练习数数、单元音的延长音、用中等语速说绕口令、用记录速度读新闻，都可以体会气息“匀”的感觉，增强对气息的控制能力。

气息“活”，指根据感情的需要，气息位置深浅、气息量大小、气息运动速度快慢能够有变化，而且变化灵活。气息要达到“活”的程度必须有气息的“深”“通”“匀”做基础，而且要通过大量情感色彩丰富、状态多样的句段、古诗词、现代诗、散文等材料的练习才能做到。不过，这个“活”的要求有不同的层次，不同的水平，不必望而生畏。这里介绍一个简单的练习可以帮助我们体会气息多少、长短的不同控制。

一，一个一。

一二，二一，一，一个一。

一二三，三二一，二一，一，一个一。

一二三四，四三二一，三二一，二一，一，一个一。

一二三四五，五四三二一，四三二一，三二一，二一，一，一个一。

一二三四五六，六五四三二一，五四三二一，四三二一，三二一，二一，一，一个一。

一二三四五六七，数了半天一棵树，一棵树上七个枝，七个枝上七样果，苹果、葡萄、石榴、柿子、李子、栗子、梨。

这是一个“数数”练习，要求每个句号里的内容用一口气说完，句子短，用气少，吸气就少一些，状态比较放松，控制意识也弱；句子长，尤其说最后一句“一二三四五六七……苹果、葡萄、石榴、柿子、李子、栗子、梨”时，必须进气深、进气多、进气快，而控制意识强，用气均匀，才可能一口气说完。

气息“深、通、匀、活”的综合练习最好通过古诗词的朗诵来做，可选择不同感情色彩而又朗朗上口的诗词做练习。从对诗词准确的理解和具体的感受入手，让内心的情感动起来，让气息状态随感情的变化而变化，声音的高低强弱、节奏的快慢、包括吐字的轻重都因情感体验的不同而有所区别。“气为音之帅”，只有“气随情动”，才能“以情带声”达到“以声传情”的表达目的，也才能真正发挥有声语言直接可感的传播作用。

气息控制的练习，难度较大，呼吸动作看不见，摸不着，但是，明白了其中道理，在练习中动脑琢磨，通过自己细心体会，坚持练习，成效自现。

第二节　口腔控制

说话是否清晰，在人们的日常交往中就很重要，在广播电视这种不可“停格”，不能“倒放”，被称为“时间艺术”的大众传播当中，就更不可等闲视之。一个字听不清，或者造成误解，或者在分辨时漏听下一句，都会使传播信道出现梗阻。因此，所有通过话筒传播信息的新闻工作者都必须格外重视口腔控制和吐字归音的基本功。普通话以北京音为标准音，可我们知道有些土生土长的北京人说话很不清晰，唇舌松懒，吐字含混，老百姓戏称：“嘴里含着块热豆腐”。可见只是语音正确并不等于吐字清晰。

口腔，在吐字中处于十分重要的位置，主要且重要的咬字器官——唇、齿、舌、腭等——都在口腔里，口腔是语音的制造场；同时，口腔又是有声语言的“中音区”共鸣腔，故此对口腔的控制十分重要。

掌握口腔控制的要领和技巧，其核心是要求做到“腔圆壁坚”，所谓“腔圆”即“口腔空间——圆而不扁”，所谓“壁坚”即“口腔内壁肌肉——坚挺不塌”。形象地讲，口腔在发音过程中总体上应呈现一个“后开前有力”的状态，所谓“后开”指“口腔打开”，所谓“前有力”指咬字的主要器官——“唇舌有力”。总而言之，这样的要领和口腔状态，对增强字音的清晰度、圆润度和明亮度起着关键性的作用。

一、口腔控制的要领

打开口腔，并非“张大嘴说话”，而是指发音时口腔内壁肌肉绷起，呈“腔圆壁坚”的状态，亦即口腔里边的空间也就是俗称的“膛”要大，如此才能使得各咬字器官运动自如，同时也能让音波在口腔内得到较充分的良好的共鸣，使发出的声音圆润响亮。要知道，口腔这个共鸣腔是人体发音共鸣腔中最容易控制的，而且

“说话”的音域，基本和主要的就是要动用口腔这个中音共鸣区。打开口腔可以从以下四方面入手：

1. 挺软腭

软腭，指上颚后部柔软的地方，也就是舌头舔不到的那部分上腭，它与舌根相对，后面紧连着小舌（学名“悬雍垂”）。软腭挺起，即软腭部分向上用力，这个动作可以使口腔后部空间加大，并减少灌入鼻腔的气流，避免过多的鼻音色彩。

挺软腭可以用“半打哈欠”或“举杯痛饮”的动作来体会。所谓“半打哈欠”，就是模拟打哈欠的动作，但是嘴不要张那么大，尤其下巴不可下拉，是隐蔽性地打哈欠，旁人可能看不出来，但还是做了一个深吸气的动作，此时口腔直对着的后咽壁有“吸凉气”的感觉。所谓“举杯痛饮”，则指模拟喝一大口水时口腔后部的打开及用力深吸气的动作，同样也会在后咽壁有“凉”的感觉，这个模拟“举杯痛饮”的动作似乎更容易体会挺软腭的动作要求。做这些动作练习时，一方面想着我们提示的动作要领，另一方面要体会后咽壁是否发凉，同时非常关键的，是要体会并记住软腭上抬的肌肉运动方向和力度。尽管挺软腭的动作力度十分细微，但是这就是对口腔的控制，体悟到了就掌握了打开后声腔的正确动作。

通过做这些练习，软腭是否能够挺起了？有一个检验的办法：你可以拿一面镜子对着口腔检查一下，先张开嘴，软腭放松，自己可以清楚地看到小舌头，然后，做挺软腭的动作，如果看不到小舌头，说明软腭挺起来了，此时要体会并记住软腭挺起这个动作的实际感觉。能够挺起软腭，声音会比较洪亮，比较集中。会做这个动作了，就要把这种感觉带到发音中去，可以先发 ā ō ē ī ū ǖ 这些单元音，再练两字词、四字词；我们还可以通过像“蓝蓝的天上白云飘”这类韵母开口度大的民歌或诗词来练习，带着想象和感情朗读，悉心体会声束打在挺起的软腭并挂在上腭，口腔内部开大能充分发挥口腔共鸣作用的感觉；此外，朗诵“江阳辙”的诗词，能较明显地体会到挺软腭的声音效果，如李白的《早发白帝城》。在练习中一方面注意揣摩“挺软腭”的动作要领，另一方面注意听辨自己的发音是否比较明亮、圆润，只要坚持练习，就会形成良好的打开后声腔的发音习惯。

2. 打开牙关

有人讲话习惯不好，牙关很紧，两颊肌肉松懒下挂（俗称“拉着个脸”不高兴的样子），这个状态口腔必然不开，音色发闷、发扁，会影响吐字的清晰度，在电视屏幕上面部表情必然显得消极、不愉快。

打开牙关的动作要领是：说话时，上腭（俗称“上口盖”）主动抬起，上下臼齿之间似有一指厚的海绵垫，同时两颊肌肉用力撑开向外绷起。牙关打开，舌头活动范围大，有利于字音的清晰，也给声音增加了明亮、刚劲的色彩，这样做，口腔内壁肌肉有一定的紧张度，正符合“腔圆壁坚”的要求，它使口腔中部得以打开。如果两颊松塌无力，音波就不能得到很好的共鸣。这个动作，除了依“单元音、两字词、四字词”的顺序练习体会“打开牙关”的感觉之外，还可以用带 u 的音节来练，韵母 u 的开口度最小，声音易闷，我们就针锋相对地练，打开牙关，两颊肌肉外展，可得到较明亮的声音。练习时可以对比一下，先是牙关不开，两颊肌肉松塌着发带“u”的音节，然后再按照打开牙关的正确要领，有一点儿笑容愉快地发带“u”的音节，音高不变，但后者的音色上一定会有明显的改善，要积极好听得多，不再是闷暗的音色。

还可以练这样一个绕口令：

你会炖炖冻豆腐，你来炖我的炖冻豆腐，你不会炖炖冻豆腐，就别胡炖乱炖、炖坏了我的炖冻豆腐。

练习时，不要噘着嘴说，而是像跟朋友开玩笑似的，很俏皮、很有兴致地说，不要求速度，要注重感觉，以轻松愉快的心情说，声音就比较明亮。你不妨对比一下，噘嘴拉脸地说，声音浑浊闷暗，兴奋地有情趣地打开牙关说，声音效果一定好。如果连续说两三遍，两颊肌肉感到发酸，说明两颊肌肉绷起了，口腔中部打开的状态就做到了。经常练习，形成打开牙关的习惯，两颊肌肉也就不会发酸了。

3. 提颧肌

从上唇到颧骨的肌肉叫颧肌，发音时，颧肌提起，似兴奋地要唱的感觉，又似笑的感觉，但这个笑，不是咧嘴笑（咧嘴笑的口腔状态使嘴角紧，口腔扁，声音发嗲，显得小气），此时口腔前上部有展宽感，鼻孔亦随之有些张大，唇齿相依，呈微笑状。这样的动作就有效地打开了口腔的前部。它与打开牙关的动作是紧密关联的，从表情上看，都是积极兴奋的状态，友好、和善，绝不是“拉着脸”的。

提颧肌的练习，一般用舌面音 j　q　x 与撮口呼相拼的音节做练习，如选举、戏曲、序曲等；还可以用舌尖前音 z　c　s 与 ong 相拼的音节练习，如宗、葱、松等。

4. 松下巴

在吐字发音过程中，下巴即下颌应注意向内微收，处于放松、从动的状态，不能着意，更不能着力。如果打开口腔的意识及着力点放在了下巴上，那就不仅会导致喉部紧张，发音费力，口型不雅观，更重要的是由于口腔这个共鸣腔形状不稳定，基本处于“大撒口”的状态，因而使得声音很难听，显得“傻气”。因此，无论从形象上看，还是从声音效果讲，下巴的大幅度活动是绝对应该避免的。

综上所述，打开口腔是通过有关部位协同动作“综合治理”得到的。“挺软腭”，扩大了口腔后部，“打开牙关”使口腔中部展开，“提颧肌”这个动作使口腔的前部适当打开，加之下颌的内收放松，这几个动作配合起来，就使得口腔上部全面地打开，从而为说话发音提供了一个良好的语音制造场和良好的共鸣环境。如果形象和夸张的形容咬字的口腔状态，正所谓“张口如打哈欠，闭口如啃苹果”，它有利于咬字器官的灵活动作，其“腔圆壁坚”的口腔环境保证了声音的圆润和集中。

打开口腔的动作要领和练习，与“走正步”的训练相同，要先做好分解动作，心领神会，动作到位，形成习惯，最终到达轻松自然“打开口腔”的综合效果。

二、唇舌灵活　力量集中

唇和舌是重要的咬字器官，它们活动的灵活性及力度，与吐字清晰与否有极大的关系，此外对音量的大小、音色的刚柔还有直接的影响。

1. *唇舌灵活*

首先是指唇的撮、展动作变化灵巧，比如遇到撮口呼（含 ü 的韵母音节）与齐齿呼（含 i 的韵母音节）结合的词组：地区医院、第七医院、北京剧院、天气预报、经济、京剧、男演员、女演员、学语言、用语言……如果唇的撮展变化不灵活，就会出现错误，要闹笑话；其次是指舌的灵活度，它影响到舌尖前音（z　c　s）和舌尖后音（zh　ch　sh），前鼻音韵母音节（in　ian 等）和后鼻音韵母音节（ing　iang 等）的发音。平翘不分、前后鼻音不分是许多方言区的人说普通话的难点，往往理论上弄清了这些难点音的发音区别，单发也正确了，可是一旦碰到难点音的混编词组就绕不过来，其原因就是因为自己原来所操的方言中舌的动作没有舌尖前音（z　c　s）与舌尖后音（zh　ch　sh）或前鼻音韵母（n）与后鼻音韵母（ng）的对应区别，所以变化不够灵活。只有多做“齐撮”混编练习、平翘混编练习、前后鼻音混编练习，熟能生巧，唇舌动作才会准确而灵活。

2. *唇舌力量集中*

是指在发音过程中，唇舌力量尽量集中于“成阻点”，接触面小而有力。具体说，舌的力量应集中在舌面的中纵线上，发音时，舌体取“收势”，即舌体向中纵线收拢，不可呈瘫软状，才能保证舌体与硬腭或齿背的接触成阻有力，发音部位的接触尽量呈“点”而非模糊的“面”，从而有利于舌的动作在咬字过程中弹动有力而灵活，这样做还能有效地克服舌根紧张而舌前中部无力的毛病。

可以专门做集中舌体力量的练习：发 za　ca　sa（舌尖前部用力），da　ta　na　la（舌尖中部用力），zha　cha　sha　ra（舌尖后部用力），jia　qia　xia（舌面用力），ga　ka　ha（舌根用力），练习中体会舌体不同的用力部位，做到接触部位准确且轻巧有力，并由前到后地全面锻炼舌头的力量。

唇的力量，要集中在唇中央三分之一处，不必满唇用力，这样才有利于发音的清晰有力和灵活轻巧。为了加强唇舌力量还可做不加呼读韵母的声母的喷弹练习，如：用力蓄气连续爆发 b　p　d　t　l 等音，体会并加强唇的“喷弹力”、舌的“顶挤力”和“弹动力”。

3. 字音的冲击点

口腔的打开是为了提供良好的语音制造场和获得良好的共鸣环境，因此必须与声音走向及字音冲击点结合起来，才能达到口腔控制的最终目的。有的人着意追求一种厚实的所谓“有共鸣”的声音，注意力放在听自己的声音上，不用心控制声音的走向，结果声音到喉口就失去控制沿着舌面就送出口外，声音显得“散”和“侉”；有的造成舌根紧张，成了声音浑浊，吐字含糊的“音包字”状况。

正确的做法应当是，保持清晰的口腔控制的意识，引导自己的声音经喉口贴着后咽壁打到挺起的软腭上，并“挂”在上腭上，沿打开的“上口盖”在口腔里像“抛物线”似的一直冲击到双唇中央的“人中”处，字音透出口外。简而言之，声音走向是：喉口——后咽壁——软腭——硬腭——人中。这样的控制意识和相关动作要领的配合，能够有效地改善声音质量，使声音圆润饱满、响亮动听。

4. 有关练习

使唇舌灵活、力量集中的综合练习，有如下两个方面：

第一，经常做“口部操”，让咬字器官做“热身”活动：

（1）双唇练习——双唇闭拢，向前、向后、向左、向右、向上、向下，及向左、向右绕圈。

（2）舌的练习——伸舌：舌尖伸出口外，向前、向左右、向上下伸；刮舌：舌尖顶下齿，上齿边刮舌面，边做舌面顶起把口腔撑开的动作；顶绕：舌尖在口内顶左右口腔壁，在门牙上下转圈。

（3）牙关开合练习——做夸张的“啃苹果”动作，及上下颌用力咬合的“咀嚼”动作。

第二，选择一些发音容易出现错误的混编两字词及绕口令做练习，练习时不要图速度快，而是要求发音正确、清楚、灵活。如齐齿呼与撮口呼的混合练习、合口呼的连续发音练习：

经济纪律　天气预报　利欲熏心　囤积居奇　里约热内卢　连续剧

人大常委会　人大常务委员会副委员长　刚果共和国　体育运动委员会

两字词的练习，根据声母的不同发音部位可以分别锻炼双唇或舌的各个着力点（舌尖前、舌尖后、舌尖中部、舌面、舌根）的力量，第三章里已有词例，这里不再重复，只提供几个简单易学的绕口令，可以做加强练习：

八百标兵奔北坡，炮兵并排北边跑，炮兵怕把标兵碰，标兵怕碰炮兵炮。

巴老爷有八十八棵芭蕉树，来了八十八个把式要在巴老爷的八十八棵芭蕉树下住。巴老爷拔了八十八棵芭蕉树，不让八十八个把式在八十八棵芭蕉树下住。八十八个把式烧了巴老爷的八十八棵芭蕉树，巴老爷在八十八棵芭蕉树下哭。（锻炼唇力）

门口吊刀，刀倒吊着。……（反复说，锻炼舌的顶力）

门口有四辆四轮大马车，你爱拉哪两辆就拉哪两辆，拉两辆，留两辆。……（反复说后两句，锻炼舌的弹力和灵活性）

哥挎瓜筐过宽沟，赶快过沟看怪狗，观看怪狗瓜筐扣，瓜滚筐空哥怪狗。（锻炼舌根的力量和灵活性）

长虫围着砖堆转，转完了砖堆钻砖堆。……（反复说，锻炼舌尖的灵活性）

石狮寺前有四十四个石狮子，寺前的树上结了四十四个涩柿子。四十四个石狮子不吃四十四个涩柿子，四十四个涩柿子倒吃四十四个石狮子。（区分声母 s 和 sh，锻炼舌尖的灵活性）

山前有个严圆眼，山后有个阎演员，二人山前来比眼，不知是严圆眼的眼圆，还是阎演员的眼圆。（锻炼唇的展撮灵活性）

老齐欲想去卖鱼，巧遇老吕去牵驴，老齐想用老吕的驴去驮鱼，老吕说老齐要用我的驴去驮鱼，就得给我姨一些鱼，要不给我姨一些鱼，就别用我老吕的驴去驮鱼，二人争来又争去，都误了去赶集。（锻炼唇的撮展变化）

粉红墙上画凤凰，凤凰画在粉红墙；红凤凰，粉凤凰，粉红凤凰，花凤凰。（区分声母 f 与 h 的练习，同时锻炼口腔的开合变化灵活性）

第三节 吐字归音

一、出字、立字和归音

吐字归音是我国传统戏曲声乐艺术对吐字法的概括，它根据汉语音节的结构特点，提出在吐字过程中各个环节的发音要领。大多数汉字音节都可以分解为字头、字腹、字尾三个部分，如：bei，其中声母部分“b”即“字头”，韵母中的主要元音“e”即“字腹”，韵尾“i”就是“字尾”。遇韵母有介音“i 、u、ü”的，如：tian，一般把介音与声母一起视作“字头”。吐字归音的技巧把这三部分的发音过程分成“出字”“立字”“归音”三个阶段。字头的出字关系到字音的清晰程度，字腹的立字关系到字音的响亮与否，字尾的归音关系到字音的完整，并在一定程度上影响着语言的风格。平时我们说有些人“口齿不清”“吐字含混”，或“吃字”“吐噜字”，都是因为没有吐字归音的基本功，作为主持人，口齿不清显然是一“大忌”。

1. 字头出字

字头的出字关系到音节的准确清晰，要求发音部位准确，叼住弹出。就是说，声母的发音要求成阻准确，除阻轻巧有力，既不能含糊不清“叼”不住字头，也不能为了清楚把字咬得过“死”。老艺人形容清晰灵巧的出字有如“大老虎叼着小老虎过山涧，既不能让小老虎中途掉下山涧，又不能把小老虎叼过去了却发现小老虎被咬死了”。字头的发音，关系到字音是否清晰，耳背的人听人说话经常“打岔”，问题就出在对字头辨别不清，顺着韵母跑了，这也从另一个角度说明字头发音准确清晰的重要性。出字的功夫需要通过以声母顺序排列的两字词进行练习获得（可参考第三章讲解声母时列举的词表）。

普通话当中有部分“零声母音节”，它们的音节没有声母打头而直接由韵母开始，像“阿、喔、俄、爱、诶、傲、欧、安、恩、昂、衣、呀、夜、摇、由、烟、音、央、鹰、用、屋、哇、窝、外、为、弯、稳、望、翁、鱼、月、圆、韵”等，遇到这样的音节要格外注意，不能把两个音节变成一个音节，如“公安局”说成“关局”，“天安门”说成“天门”，“中央台”说成“专台”，“会议”说成“会”，

“谢雅芳”说成“夏芳”……对于没有字头的零声母音节，为了发音的清晰，为了防止“吃字”，打头的元音一定要有意识地发成带有一些摩擦的“半元音”，如通过“喉塞音”（声带先有意识地收紧再突然松开成声）发ɑ o e或以ɑ o e等打头的零声母音节，遇到i、ü或以它们打头的零声母音节时，可使i、ü的舌高点收紧，气流通过时发出轻微的摩擦能够有效地防止“吃字”现象的发生。请用这些方法试试本段开始列出的零声母单音节的字，以及下列零声母音节词组的发音：

延安 银耳 扼要 偶尔 额外 问安 一样 药物 委员 汪洋 运营

2. 字腹立字

普通话字音的响度和长度都集中体现在字腹上，在整个音节的发音过程中字腹占的时间最长，要求韵母发音拉开立起，圆润饱满。也就是说，字腹部分的发音是一个字音是否响亮的关键，同时还关系到字音是否正确、饱满，如吴语方言区复合韵母的主要元音发音短暂，结果有些韵母发得似是而非，模棱两可，影响到字音的准确清晰，字音还显得“扁”“紧”“小气”。如“源泉”宣传”中的韵母yuɑn，它们的韵腹ɑ一定要“拉开立起”，即音程拉开、口腔打开充分，否则就不可能发音到位。因此，在发音过程中，口腔要打开，韵腹即主要元音一定要“拉开立起”发得到位、充分、饱满、响亮，复合韵母舌位的移动和唇形的变化滑动要快速而自然。这样才能保证字音的清晰、圆润和响亮。立字的功夫主要通过复合韵母音节的练习得到（参见第三章相关小节）。

3. 字尾归音

音节的字尾关系到字音的完整，要求干净利落，到位弱收（或趋向鲜明）。此外，字尾的归音不仅保证字音的完整，还表现出说话人“或雅或俗，或文或野”的风格。北京有些人说话“大撇口”，不注意归音到位，人们讥之为“胡同串子”味儿、“京油子”味儿，显得大大咧咧，懈怠疏懒，满不在乎，如“朋友”的第二个音节虽是轻声，字尾u也必须将舌后部抬高，唇形收圆，若没有这些动作，发音就显得“痞气”。眼下北京一些女孩子说“对”字时“大撇口”，几乎成了duɑi，露出一种“矫情、发嗲”的劲头；但归音过死，又会显得矫揉造作或笨拙。

归音主要有如下一些规律：

（1）鼻尾音n、ng：字音结束时，尾音要归到应有的位置，否则会出现前后鼻音的混淆。具体说，n，舌尖要收到上齿龈，阻住口腔通道，鼻音一出即收；ng，舌根要收到软腭处，阻住口腔通道，鼻音一出即收。除此之外，后鼻韵母的归音实际上随着舌根的升起口腔有个收小的过程，忽略了这个细节，又不及时收住就会给人“大撒口”的感觉，发音显得“侉”。值得注意的是，有些南方人为了强化自己的后鼻音，模仿某些北方人不注意归音的发音习惯，结果矫枉过正，后鼻音的音节也成了“大撒口”，那就不对了。

（2）u 做字尾时，唇形要收圆，并有一定的舌位高度。

（3）o 做字尾时，归音的位置实际在 u 上，像“鸟（niao）”“小（xiao）”的归音要归到 u 的位置才好。

（4）i 做字尾时，则不能完全归到 i 的位置，而是在舌前部向 i 的位置抬起的过程中弱收，这种弱收叫作“趋向鲜明”的弱收，而不强调字尾 i 的“到位”。遇到 ai　ei　uei 等韵尾是 i 的音节，归音时在舌前部向 i 的方向运动过程当中把声音收住，如“台（tai）”“菜（cai）”的字尾，最后就不能归“死”，即不应该有咬死的 i 的尾音，不然，就会显得小气、生硬，不够洒脱大方。

（5）秃尾音节，即只有韵腹没有韵尾的音节，如韵母为 a　e　i　u　ü 和舌尖前特殊元音（-i）、舌尖后特殊元音（-i）的音节，这些音节虽然没有韵尾同样也需要归音，即字音结束要有“口腔收小”及“气息减弱”的意识和实际动作，没有这样的归音习惯，会影响到整个语流的风格，显得“油俗”“土气”。

二、吐字归音的“枣核形”

“枣核形”是民间说唱艺术对一个音节完整的发音过程的描述和比喻，以达到字音“颗粒清楚”，如“大珠小珠落玉盘”“珠圆玉润”的效果。

所谓“枣核形”，对字头、字腹、字尾三个阶段的整体要求是：字头和字尾占的时间短些，恰似一个枣核的两端，字腹占的时间长、力量相对也强些，好比枣核中间的“鼓肚儿”，如此，一个音节的发音过程岂不就像一个枣核的形状嘛？如 iao　iou的发音过程，就是比较典型的“两头小，中间大”的枣核形，口腔开度由小到大、由闭到开，再由大到小、由开到闭。在练习吐字归音的要领时，可以先练习 iao　iou 这些音节组成的词组，就能较为真切地体会到吐字归音的阶段要求（指字头、字腹、字尾的要求）和整体要求（指“枣核形”的要求）。经过练习，我们要把这样的意识和吐字习惯带到实际的语言交际当中，不管一个字的音节结构是否“头腹尾”俱全，口腔都要有一个“由闭到开”，又“由开到闭”的出字、立字和归音的、如枣核形的控制过程。

吐字归音要求“枣核形”是一个整体的感觉，在实际运用中它允许也必然应当有多种样态的存在，正如自然界的枣核，大小、圆扁、长短各异，但它终究是两头小中间大的枣核形状，而非杏核、梨核，更不是杧果核。同理，语流的声音形式千姿百态，一方面不应强求每个音节的吐字过程都是同一标准的“枣核形”，有的“枣核”长些，有的“枣核”就短些；有的“枣核”大，有的“枣核”小，等等。另一方面，不论是着意突出强调还是快速轻巧带过，每个字又都必须是清晰的，因为语速快而“吃字”“秃噜字”都是要影响信息传播的，也是听观众所反感的。

第四节　声音的运用技巧和嗓音保护

一、遵循正确的用声原则

1. 科学用声是第一原则

形象地说叫作“抓两头，解放中间”，所谓“两头”，“下头”指两肋与小腹拮抗对气息的控制；“上头”指口腔的共鸣控制和吐字归音的技巧。“抓两头”指发音的注意力应当集中于对气息的控制，及对吐字与口腔共鸣的控制；“中间”即喉头与声带，“解放中间”，指放松喉部，使声带处于能够自如振动的状态。其中的道理，正是源于发音的综合生理过程，同时语言发音状态下音域不是太高，喉部放松正是“话声区”音域的最好状态，因而特别强调重在控制好发音的动力——气息，以及吐字的准确清晰和中音共鸣的运用。

2. 因情、因境灵活自然地用声

一方面要依据具体的话语内容及思想感情表达的需要，变化声音的高低强弱、刚柔明暗，驾驭语速的快慢张弛、松紧疏密，形成抑扬顿挫，起伏跌宕，入耳、入脑、入心的语言流；另一方面，声音的运用还必须考虑语境因素而选择不同的方法和尺度，这里主要指传播的客观语境，如录音间、演播室的大小，室内、室外，环境嘈杂还是安静，有无扩音设备，以至是广播播音还是电视片配音……此外，用声还要注意到节目语境，即传播的主观语境，考虑节目的内容定位、对象定位、风格特色等因素，以达到整体的和谐统一。

在我们的实际工作中，许多人由于不了解这些用声原则以及不掌握控制声音的技巧，他们虽然很重视话筒前的语言活动，也意识到大众传播不同于私人随意谈话，有时为了表现一定的郑重性、责任感和正义感，就一味地加重语气，提高音调，加强音量，而且往往都是和嗓子“较劲”，猛一听，好像声势挺大，但是“好钢没有用在刀刃上”，十分吃力。有的人工作时间稍长，声音便力不从心，甚至落下发声器官的疾患。有的在一般状态下尚可，一旦改换了语境或需要较大幅度的声音变化，难免捉襟见肘，无法适应工作的多种需要……如果我们能够遵循正确的用声原则，科学、巧妙地运用声音，一定会有好的传播效果。

二、声音的运用技巧

我们的有声语言，从物理声学的角度，并对应人耳分辨的效应，有这样四个物理特性：音高、音量、音色、音长。从主持人语言表达的角度看，正因为有声语言中声音物理特性的种种变化和组合才能负载形形色色、丰富无比的感情态度。我们的声音在音高、音量、音色和音长四个方面都有明显的分辨特征，而且都是可以有变化的，可以控制的。如果我们对自己的声音能从这四个方面有所体会和控制，肯定会提高或改善我们的发音能力和语言的表现能力以及对环境的适应能力。主持人在节目中的语境有许多不同，有的在几十平方米甚至几平方米的演播室或其他采访空间里做“一对一”的访谈，有的在几百平方米的大演播室或露天大广场，面对上千人充满激情地主持情绪昂扬的演出，或者在娱乐节目中带动大家又叫又跳，总之，要求主持人的声音在高低强弱等方面有一定幅度，且运用自如。一句话，主持人应有一个富于弹性的好嗓子。我们把依据不同的语言心理和语言环境的主客观条件而能够自如地变化使用的声音叫作有弹性的声音。了解声音变化的生理机制，经过科学的锻炼，每个人都能提高和扩大自己的发音能力，具有并能够自如地运用一定的声音弹性。

1. 音高的运用和控制

音高，就是声音音调的高低，它取决于音波的频率。人的声音的高低，这个人和那个人不一样，而且每一个人的声音也还有高低的变化。这个人与那个人声音高低的区别，主要是与个体声带的长短、厚薄有关，一般来说，女子和儿童的声带比男子的声带相对短些、薄些，振动次数也就相对多，频率就高，因此女子、儿童的声音比较高，男子的声带相对长些、厚些，因此，振动次数相对少些，频率相对低些，声音当然就比较低。男孩子变声以前与女孩的音高几乎没有区别，因此叫“童音”。随着青春期的到来，男孩的喉结突出，声带也跟着长长了，变厚了，振动频率也就没有孩提时代高，所以声音明显地低沉了。这是生理条件决定的，也是人们的音域有所不同的原因。而同一个人声音的高低变化，则是对发音器官的使用带来的，这与控制气息的强弱，声带的松紧、振动的频率，以及共鸣的调节使用有关。

良好的用声习惯表现在音高方面，就是能够根据自己的音高特点，取中用声，一般情况下不要故意提高或压低声音。所谓“取中用声”，也就是以自己的中音区为基点，在需要有高低变化时，能够自如地上下运动。如何判断自己的中音区呢？当然科学的方法是做音高频率的测定，但不大现实，对于语言交际似乎也没有这个必要，最实际、最简单的办法就是凭自己的发音感觉，以及听觉印象来个模糊判断，说话发音不觉得吃力，用声舒服，而且自己和别人听起来都感觉省力而舒服的音高区域，就是你的中音区。中音区的发声效能高，运用起来比较自如，别人听着也感觉舒服。在中音区这个基点上，根据内容的变化，需要音调高一些的声音，或低一些的声音，控制起来会比较容易做到，声音有活动的余地，不至于太吃力。相反，如果以较高的声音为基点，就比以中音区为主的用声要吃力，需要的气息要足，还要会调节高音区的共鸣，但是当你还不掌握提高声音的科学方法时，就会不由自主地去捏紧喉部，于是声音很快就会疲劳，旁人听起来还很不舒服，而且如果根据说话的内容或感情需要想再提高声音时，就会捉襟见肘，难免声嘶力竭，民间戏称“踩鸡脖子”，影响传播的效果。同理，如果以自己的低音区为用声基点，常会带出干涩、生硬的喉音，而且当需要声音再低一些时，就很困难了，往往会出现声音噎住的情况，那样的用声感觉及效果是可想而知的。所以，用声取中，是音高运用的一个基本原则。

对自己声音的高低变化应怎样控制呢？在说话音域中，声音的提高，要有气息的保证和共鸣腔的配合。具体方法是：发高音时一方面要增加小腹的收缩压力，下面给的气足一些，把气顶上去，另一方面口腔里边开大一些，挂在上腭的声束“向上向后走”，而不是走向“人中”处，声音就能取得高音共鸣，从而发出较高的声音。可以用如下的方法来体会：随便找一句话，确定其中的一个音节用高音，以中音的放松状态开始，在发既定的高音音节时，小腹一收，声音就会比较轻松地上去了。如这样一句话：“我们的目的一定能够达到。”我们确定“一定”用高音来说，其实只把“一”这个音节提高即可，也就是在发“一”时，小腹往里一收，声音就会高上去了，千万不要捏紧喉部。这里有一点必须提请大家特别注意，即高音后边那些音节仍用中音。我们把这种音高变化的方法和感觉用到语流中，坚持取中用声，只在需要提高声音的地方，用增强小腹收缩力的方法获得高音，其他地方还是用中音。与此同时还要注意发音时身体姿势的配合，要领是：腰板要直，胸稍内含，下颌微收，脖颈要直，这样的体姿，“小腹收”获得的较强气息才能有力地送达口腔、鼻腔，取得一定的高音共鸣。

声音的降低，相对来说要简单一些，因为发低音时，所需气息虽多，但气息压力并不大，小腹状态比较松弛，让气息沉下来，注意不要压喉头，就可以得到比较低的声音。你可以这样体会：用发低音的状态说“寒风阵阵”，再用发高音的方法说“春色满园”，高音放在“春”上，其他用中音，多试几次，就能体会到声音高低变化的方法了。从当前受众接受心理看，大家似乎更偏爱中低音区的声音。有些气息浅的女声，或部分习惯唱高音的男声，他们说话时往往低音下不来，声音不通，比如说“上声”（第三声）字时，声音应低下来却在喉部噎住，听起来很不舒服。针对有些人低音在喉部噎住的问题，首先是要坚持“解放喉部”的意识和控制，即“抓两头，解放中间”的用声原则；其次，多做“上声”的夸张练习，“214”的调值，其中从“2”向“1”走的阶段尽量延长，喉部、小腹放松，自如轻松地从中低音过渡到低音，而后再快速而轻巧地收腹完成“4”的音高。记住：发“上声”音节要求“前长后短”，即向下走的时间长，尾音短促自然，不要有特意高挑的小拐弯。

除了掌握声音高低变化的方法外，还有必要通过练习扩展音域。这里提供两个方法，①任意选择一些两字词（如“北京”）、四字词（如“百炼成钢”），每个词都由低到高，像上台阶一样一声比一声高，但音量不变，这样反复练习，体会音高与气息、与共鸣的调节关系，使声音高低变化控制自如。②练习单元音 i 和 ɑ 的绕音，由低向高，螺旋式上升。做这个练习难度较大，练习时，一边发音，一边体会向高音过渡时小腹收缩力的逐渐增加，以及口腔后部的逐渐开大，声束的冲击点沿上腭逐渐由前向后走，像个指针随声音的提高向后移动。高音的获得是由于气息力量的增强提高了声带振动频率，同时气息送达高音共鸣腔，引起了适当的高音共鸣的结果。“绕音”，顾名思义，即不采用音高“直上”的方式，“绕”是为了悉心寻找和体会气息与共鸣的配合。做音域扩展练习时，后咽壁要保持“直立”状态，以利于声束直达高音共鸣区，应避免下颌下意识地随着声音的升高而渐渐抬起，切不可在喉部增加压力靠“挤挤”的办法出高音。请记住：高音不是“喊”上去的，而是通过气息和共鸣的控制得到的。这个练习较有难度，尤其是 i 的绕音，控制不好就会舌根用力，导致声音发紧，此时就必须停下来，不要再强求向高音绕了，而应即时调整状态，找到气息与共鸣的配合，能够较轻松地变化声音的高低。

2. 音量的运用和控制

音量，就是声音的强弱、大小。音量取决于音波的振幅。有声语言的音量，同呼出的气流强弱及咬字器官的用力程度有关。

人们日常状态下说话的音量大小不大一样，有人生来说话大嗓门，有人总是小声小气，好像不会大声说话似的。这一方面与个人的身体状况有关，身体好，中气十足，一般说话音量较大，相反，身体弱，气力不足，说话声音相对就小；另一方面还与用声习惯有关，有人并非身体原因，而是不习惯大声或小声说话，非不能也，是不为也。说话音量大小，本没有好坏之分，关键是要能够依据语言环境的具体变化以及自己的发音能力、用声习惯，自如地控制音量的大小。

一般地说，在演播室的用声，如果素来讲话音量大，就需要控制气息量用稍小的声音说话，可把握在与一两个人近距离交谈时的音量；如果平时讲话声音细小，则应运用胸腹联合呼吸通过加大气息量及加强唇舌力度来增强自己的音量，使声音显得成熟自信。

梁实秋的散文《谈话的艺术》中谈起人们谈话的音量，颇为风趣：“谈话的腔调与嗓音因人而异，有的如破锣，有的如公鸡，有的行腔使气有板有眼，有的回肠荡气如怨如诉……这一切都无关宏旨，要紧的是说话的声音之大小需要一点控制。一开口便血脉偾张，声震屋瓦，不久就要声嘶力竭，气急败坏，似可不必。”日常随意的谈话尚且如此，主持人的声音要经由电声转换后传播，清晰度高，排除了无意义的环境噪音，况且受众讨厌说教式、灌输式的高声喊叫，因此，无论从电子传播特点看，还是从受众对主持人的接受心理看，当今广播电视主持人这种——走入家庭、朋友式的、直达个人的——大众传播的语言活动就更需要加以控制，以求达到良好的效果。

从声音弹性的角度看，我们还是要了解和掌握加强音量的途径：一个是加大气息量，一个是加强吐字器官，特别是唇舌的力度。要取得比较大的气息量，首先吸气要深一些，给的气息量大一些，再就是吐字力度加强一些，就能有效地加大音量。千万不能在喉部用力，不能扯着嗓子喊。练习时，任选两个字或四个字，由较小的声音开始，控制着气息和唇舌力度，渐渐加强音量，如说“祖国伟大”四个字，从小声到大声，开始像是对身边的人耳语，然后声音逐渐放开，让距离自己远一点的人能听到——让坐在远处的人能听到——让在门外的人能听到，在控制声音强弱的过程中细心体会气息控制和唇舌力度的变化。注意，练习时只是音量加大，音调不要升高，这种刻意将音量与音高分开的练习才能真正获得音量变化的能力，否则就如生活中喊人一样，音量加大一般下意识地音高也会同步提高。话筒前用声、讲究艺术性或表现力的用声，需要音高与音量的不同配比、不同组合，才能传达出细致的、丰富的情感色彩、分量与变化。同理，做这样的练习并不意味着声音越大越好，而是通过这个练习增强自己的发音能力，以求音量大小控制自如。

降低音量的练习与上述练习类似，只是由中等音量开始，逐渐向声音“轻、小”走，声音大小强弱的变化要自如。音量适当减弱时，切记不要失去气息的支撑，吐字要轻巧而非全然没有控制，松塌含混。音量大小的实际运用要根据当时的环境、条件（场合大小、人员多少、室内室外、现场气氛、有无电声设备等）来决定基本的音量，同时，还要进一步依据内容的主次及具体情境的特征、交流状态和情感的运动，而做出相应的音量强弱的变化。

3. 音色的控制和运用

音色也叫音质，它是一个声音区别于其他声音的基本特征。每个人由于发声体、共鸣腔形状、质地先天的差异，音色是不同的，有的清亮，有的淳厚，有的柔和，有的生硬，有的纤细，有的粗哑，有的甜美，有的怪异，这是一个人声音高低、强弱以及声音中基音和陪音的各种差异等综合因素的反映，每个人基于发声生理条件的差异造成的本质音色，是不以人的意志为转移的。不过，音色与使用也有很大关系，同一个人的音色，可以有一定范围内的宽窄、明暗、刚柔、虚实方面的变化。这些变化是通过气息控制、口腔控制得到的，以音色刚柔的变化为例，气息足一些，口腔开度大一些，唇舌力度强一些，声音就有“刚”的色彩；相反，气息少一些，气流速度和缓一些，口腔开度小一些，唇舌力度弱一些，声音就相对“柔”一些。明亮的声音，口腔开度要大；口腔开度小，舌位靠后，音色就显得闷暗。有的人用声习惯不好，不科学，原本不错的音色由于“压喉”或“捏挤”，变得难听。

音色运用，一定要遵循自然的原则，因为它不是表演，不是在塑造一个剧本中的角色，应当真诚面对受众，语言运用要质朴、真实，不允许声音的刻意化装。因此，不要模仿别人的声音，任何违背自己的生理条件硬去模仿别人音色的做法都是愚蠢的，是会造成发声器官病变的。用声“捏、挤、压、抻”，或者喉音重、鼻音重，大多是因为盲目追求某种音色造成的，那样声音是很容易疲劳的，而且会恶性循环，声音彻底嘶哑。如果是表达情感的需要，音色的变化是通过气息位置的深浅、气息量的大小、口腔开度的不同、唇舌力度的强弱、咬字位置的前后等多方面的控制变化得来的，而且是受到具体情感影响的。如果想在这方面有所提高，可以通过有情感含义的四字词来练习，可以先从体验成语的内容——联想场景画面——激发具体的情感——形之于声入手，把表达出相应的感情放在首位，而后再琢磨气息、口腔及吐字几方面的控制调整，就能逐步获得表现多方面音色的能力及方法。比如：

柔和音色的：风和日丽　冬日暖阳　小心翼翼　姿态优雅　袅袅婷婷

刚劲音色的：百炼成钢　惊涛拍岸　快马加鞭　掷地有声　当头棒喝

明亮音色的：阳光灿烂　万象更新　勇往直前　玉树临风　前途无量

低沉音色的：无奈之举　功败垂成　寒风阵阵　迟疑不决　画地为牢

此外，选择不同感情色彩的古诗词的朗诵来练习，也能够很好地悉心体会音色变化的内心依据以及对音色的调节控制。

4. 音长的运用与控制

音长取决于音波持续时间的长短。从发音的生理层面看，一个音节出字、立字和归音的音程长，音波占有的时间就长，反之，发音过程短，音波持续时间也短。音长在语流中直观地体现在说话速度的快慢上。从声音的物理层面分析，语速的快慢是由每个音节的音长、音节之间的长短、语流中停顿的多少与停顿时间的长短共同决定的。语速快慢还有心理层面的原因，有的人说话拖腔拉调，慢条斯理，两个字一拖，三个字一顿，俗称“打官腔”；有的人说话过快，像打机关枪，让人来不及思索。这些特点一方面是说话习惯造成的，另一方面跟当时的心理状态有关：心理太紧张，即兴讲话会张口结舌、语无伦次；心理不积极，有稿主持可能无精打采、四平八稳，或装腔作势、漫不经心；心理过于松懈，把话筒前的工作当成流水线上熟练工的简单重复动作，主持时就会满足于说套话，语速飞快像不经大脑顺嘴流，给人缺乏诚意之感。

广播电视节目中的语速，从宏观角度看，主要受时代的制约，与当时的政治、经济、文化有密切关系，综观六十多年的广播电视播音史，语速是越来越快了，现在比历史上任何时期都快，这是因为当今生活节奏快、信息丰富且更新快、人们文化程度普遍提高、理解能力当然随之增强。从微观角度说，语速一要考虑具体节目的视听受众群的年龄、文化、接受习惯、理解能力，二要考虑节目内容的特性与色彩，及其在人心理上的反应；此外，由于准确表达思想感情的需要，语速不可能总是一成不变，比如受众不大熟悉的内容、需要强调的内容要说慢一些，有助于人们抓住重点，留下深刻印象或引发联想及共鸣。而大家比较好理解的、次要的内容，可以适当加快速度，这样语流不显刻板，更接近于生活，富于交流感。总之，依据思想感情的变化而松紧疏密、快慢有致的语流总是更能抓住人的注意力，更易于人的理解感受，给人的印象会更深一些。

综上所述，主持人应练就一副富于弹性的嗓音，即在说话音域范围内，声音的高低、强弱、刚柔、明暗、虚实、快慢……都能变化自然，运用自如，这样才能满足丰富多彩的情感表达需要，才能适应不同环境、不同节目类型、不同节目形态、不同条件下传播的用声要求。声音弹性是一项综合要求，一方面要通过声音的音高、音量、音色、音长多方面的练习扩展音域、提高发音能力、丰富声音色彩、掌握声音的多种样态，另一方面需要思想感情的心理状态对声音的驱动作用，即“以情带声”，“因情用声”。我们可以通过不同色彩和强度的文学作品的朗读或朗诵，获得声音的表现能力、适应能力和综合能力。优秀的古诗词思想深刻、感情凝练、语言精到、朗朗上口，朗读起来要求气息贯通且有深浅、多少、急徐等多方面的变化，声音的高低强弱、虚实明暗、刚柔断连都要有很强的适应能力，否则不足以表现其深邃而丰富的含义。可以说古诗词是练习声音弹性的重要而方便的材料。试举气息、声音变化较大的唐诗数例：

日照香炉生紫烟，遥看瀑布挂前川。飞流直下三千尺，疑是银河落九天。

——李白《望庐山瀑布》

朝辞白帝彩云间，千里江陵一日还。两岸猿声啼不住，轻舟已过万重山。

——李白《早发白帝城》

两个黄鹂鸣翠柳，一行白鹭上青天。窗含西岭千秋雪，门泊东吴万里船。

——杜甫《绝句》

烟笼寒水月笼沙，夜泊秦淮近酒家。商女不知亡国恨，隔江犹唱后庭花。

——杜牧《泊秦淮》

大江东去，浪淘尽，千古风流人物。故垒西边，人道是，三国周郎赤壁。乱石穿空，惊涛拍岸，卷起千堆雪。江山如画，一时多少豪杰！

遥想公瑾当年，小乔初嫁了，雄姿英发。羽扇纶巾，谈笑间，樯橹灰飞烟灭。故国神游，多情应笑我，早生华发。人生如梦，一樽还酹江月。

——苏轼《念奴娇·赤壁怀古》

寻寻觅觅，冷冷清清，凄凄惨惨戚戚。乍暖还寒时候，最难将息。三杯两盏淡酒，怎敌他晚来风急？雁过也，正伤心，却是旧时相识。

满地黄花堆积，憔悴损，如今有谁堪摘？守着窗儿，独自怎生得黑！梧桐更兼细雨，到黄昏，点点滴滴，这次第，怎一个愁字了得！

——李清照《声声慢》

总之，用声基本功是语言富于表现力和感染力的物质基础，在内心丰富、情感激荡、感受准确的前提下，有弹性的声音与表达技巧的配合，才能有让听、观众感到可亲、可信、喜闻乐“听”的声音。

三、克服不良的用声习惯

一般人的用声都没有经过专门的学习或训练，人们的用声习惯，一方面受到先天的发声器官和条件的制约，另一方面或者说更多的是在后天成长环境中，无意识中接受了自己所亲近的人、佩服的人的声音状态的影响，这是一种耳濡目染、潜移默化的影响，是一种下意识的学习和内模仿。当然其中也不排除有的人对自己所欣赏的声音，有过刻意的模仿。不管是哪种情况，人们的用声状况大体上可以分为“自然”与“不自然”两种。自然的用声，是指说话人喉部比较放松，气息比较通畅，旁人听起来音色自然、舒服、不别扭。不自然的用声，旁人听起来直觉是音色让人感觉别扭、不自然，究其原因，往往是喉部加了额外的负担——捏、挤、压、抻，或者鼻音色彩过重。有的人追求亮音，下意识地捏挤嗓子，也就是喉部肌肉纵向使力，发出尖细、生硬的声音；有的人可能是为了使自己发出的声音宽厚、响亮、深沉、有力，于是喉部肌肉特别用力，舌根下压，造成浓重、浑浊的喉音；有的人说话时总是抬下颌，颈部与下颌夹角过大，造成音色发挤、发扁；有的人为了省力，以及对明亮音色的错误判断，喜欢用鼻音……问题还不只是这样发出的声音不自然，不利于语言的传达，也谈不到声音的变化，更重要的是，这些捏挤、压紧喉部的用声习惯，使声带的自如运动受到影响，久而久之便会引起嗓音疾患。因此，如果有上述不良用声习惯，必须学习科学的用声方法，自觉遵循正确的用声原则，改掉错误的用声毛病。

纠正不良用声习惯要从心理和生理两方面进行控制，首先在心理上要确立“用声自然”的信念，不要盲目模仿别人的声音；其次要建立起正确的声音判断标准，改变“鼻音明亮”“喉音浑厚”等审美判断的偏差；再次，掌握科学用声方法，并通过一些对比性、针对性的练习，在发音方法上找到正确与错误的差别，从而改变错误的用声习惯。

1. 纠正鼻音

关键在于挺起软腭、开大后声腔，挡住气流灌入鼻腔的通道，从而达到减少鼻腔共鸣的目的。对比发音的方法是：先故意发一个鼻音的i，一边延长发音一边体会软腭下塌的感觉，然后挺起软腭发一个纯正的口元音i，从挺软腭的动作及语音音色上比较出二者的区别；以同样的方法依次对比着发带鼻音的ɑ u，及正确的不带鼻音的ɑ u，在这样的对比中自己就能具体地领悟到“挺软腭打开后声腔”克服鼻音的方法。在普通话语音中，凡是带有i ɑ u的音节，不论是单韵母、复合韵母还是鼻韵母，都容易发生“鼻化”现象，因此，练好了这三个单元音音节，还要把正确的发音状态带到语流当中，才能有效地克服鼻音。

2. 克服声散

声散不集中，是几方面原因造成的，气息缺控制——声门开度大、说话气息“冲”且“直”；口腔缺控制——声音没有挂到上腭，口腔整体松懒、两颊肌肉下拉、唇舌无力；吐字归音缺控制——吐字不清晰、特别是不注意“归音”，“大撒口”。针对以上造成声散的原因，就需要从气息控制、口腔控制、吐字归音三个方面“多管”齐下综合治理了。①发音时控制气流均匀舒缓地送出，口腔呈“后开前有力”状态，在此基础上适当收小口腔开度，尤其在音节归音时口腔一定要有“由开到闭”的动程。②克服声散，可以从开口度最大的带ɑ的音节练起，注意开尾韵（即无韵尾的音节）同样要有归音的意识，字尾气渐弱、声渐收。练习时，一方面从发音意识和要领上加以控制，另一方面要从听觉上检验发音效果，直到把正确的发音状态带到平时说话当中去，成为习惯。③练开口呼的绕口令，气息柔和一些，着意体会带ɑ音节的发音效果，不散不“傻”。如：

白石塔，白石搭，白石搭白塔，白塔白石搭，搭好白石塔，白塔白又大。

3. 克服声音尖紧

尖紧的声音常常出自以为这种声音“亮”、有女孩特点的心理，在发音时气浅、用声偏高，捏紧、卡挤喉部肌肉，结果发出的声音单窄、细弱。长此以往，由于迫使声带过度收缩靠拢，致使假声带代偿性疲劳、肿大，进而遮挡声带，声音渐渐变得尖细虚暗，只有勒紧声带才能出亮音，而低音放松声带时声音就会沙哑，而无法承担日常的语言工作，需要专门的嗓音治疗。克服的办法：①用“叹息法”体会气息的下松和声音的下落，发出松弛、通畅的低音，继而能自如轻松地发出中低音。②养成“取中”用声的习惯。③做胸腔共鸣练习，放松喉部，用小腹猛然收缩的力量弹发 hì　hà　hò，同时两臂做向下甩的动作，帮助加强气息的通畅和压力。④可以选择一些感情深沉的诗词练习，体会“因情用气”“因情用声”的正确感觉。

4. 克服声扁发嗲

造成声扁发嗲显得小气造作的原因，除了审美判断上的偏差，以为“娇柔婉转”而刻意为之外，发音方法上主要是口腔没打开，唇向两边咧、嘴角紧，咬字时舌位整体偏前所造成的。克服的办法就是做针锋相对的练习，加强打开口腔的控制意识，咬字部位的整体感觉在口腔中部。①多做“开口呼”和“合口呼”的音节练习。②还可用 zhī 的音节对比咬字偏前和正确发音的不同声音效果，如：

事实　同志　逝世　失事　失实　战争　支柱　斩首　招灾　争执　执着

5. 克服声闷靠后

“声闷”往往是发音时唇向前伸，造成口腔过长呈 u 状，致使音色闷暗。声闷的人要特别注意口腔中部和前部的打开，即“打牙关”和“提颧肌”的要求，从 u 的发音开始矫正，发音时唇形收圆稍向后拉，同时两颊肌肉向上向外展开，有一个唇收圆之力与两颊肌肉外展力的拮抗以控制唇不要过于前送，对比一下，可以明显地听出，按正确方法发出的 u 圆润、响亮，唇前伸的 u 沉闷、浑浊。如：

服务　图书　衣服　油库　白薯　记录　路途　说书　糊涂　轱辘　过度

“声靠后”是因为心理上追求声音的宽厚，或纠正“咬字偏前”却矫枉过正而造成舌位整体偏后，并下意识地压喉的缘故。矫正的办法：①提醒“挂上腭”的声音走向及字音的冲击点。②改掉听自己耳边声音的习惯，因为它过多地追求胸腔共鸣的色彩，而易下意识地做扩喉、压喉的动作，应变听耳边声音的意识为听口前一尺远声音的意识。③用“齐齿呼”音节（如 ia　iao　iou　ian 等）把靠后的咬字位置向前引，放松喉部，充分体会口腔共鸣的重要作用，找到以口腔共鸣为主的语音音色。

四、注意嗓音保护

嗓音保护总的原则是：科学、积极。嗓音保护不应该是消极的，减少用声量是不现实的。要使我们的声音在工作中“召之即来、来之能战”，第一，必须学会科学用声方法，这样声音才能得到根本的保护。错误的用声方法，会危及我们的发声器官，不仅声音效果不好，还会出现声带的毛病，轻者声带发红、水肿、声带闭合不好，继而声带边缘不整齐，重者直至罹患声带小节，需要手术治疗。第二，通过练习增强发声能力，使我们的声音高低、强弱有一定的幅度，而且能够变化自如，经得住“摔打”，延长声音使用寿命。第三，要增强体质，防止或减少感冒，减少上呼吸道的感染机会，保证咽部和鼻腔的清洁健康。第四，保证足够的睡眠。睡眠不足，咽部和声带容易充血，声音就会嘶哑。第五，提倡戒烟。吸烟对身体的危害已是人人皆知，至于对声音的影响，是因为吸烟刺激咽喉，导致慢性咽炎，说话时容易上痰，人们常把嘶哑的声音称作“烟酒嗓子”。

如果在工作繁重的情况下，由于过度疲劳而不是由感冒引起的声音嘶哑，有几个简单易行的应急办法供参考，在选用下面三个小验方的同时应噤声，起码也要减少用声量，少说和小声说话，并保证充足的睡眠。

●取干黄花菜（又名金针菜）一把，洗净，放入小锅内，加两小饭碗水烧开，待黄花菜熟后，晾温，加入适量的蜂蜜，早晚饮之，并将黄花菜吃下，数次即可见效。

●一勺蜂蜜、一勺香油放入碗中，用力抽打，至蜜与油充分融合，再以热水冲开呈乳化状（如若油水分离，有油花漂在水面，则说明抽打不充分，效果不明显），早晚饮之。

●慢性咽炎患者，日常可以浓绿茶加蜂蜜饮之。蜂蜜必须在水不烫时再加入。

第五章

主持人语言表达的基本功（下）

主持人语言所负载的各种功能都是直接经由有声语言传播的。语言的声音形式应该有生命力，脱离了思维和感情的语言流只是声音的空壳。听众、观众对主持人传播的信息是否接受了，理解了，受到感染了？节目意图是否达到了？在相当大的程度上都系于主持人的语言传播。正因为这样，有声语言传情达意的清晰性、表现力、感染力，理所当然是主持人语言基本功题中应有之意。

选拔主持人时，语言素质理应受到重视，不管他以前从事什么工作，有没有经过专门的学习，踏入这个领域乃至报考主持人专业，很关键的一个条件——说话或读文章，都应当具有表达清楚、生动形象、交流感强的基础。对于进入主持人行业的人来说，仅有“本色”的基础是不够的，还需要了解并适应话筒前、镜头前，独白式、对话式，无反馈、有反馈等特殊语境的具体特点和要求，更不用说节目以及听、观众对于主持人语言表现力的期望了。现实中，一些满怀激情与自信上岗的主持人坦言：“开通热线或现场采访时，语言是自如的，有生命力的，但是读自己写的稿子，语言却变得‘呆头呆脑’的，写稿时的激情荡然无存。”我们也看到，有些主持人的采访提问只是在背词，根本没有交流欲望，主持人的紧张、机械，弄得对方也更加僵持，或者失去了谈话的兴趣；有的主持人拿腔作调，以“嗲声嗲气”权充“亲切”，以“快语速”和无根据而单一的“小起伏”作“谈话状”；有的主持人语言过于“平实直白”，缺少感染人的力量……这种种声音形式与语言内容分离的情况，在有文字依据的复现性口语时会发生，在没有文字依据的即兴口语中也会发生。原因是多方面的，如有声语言的表达能力、心理状态、性格因素、语境的影响等，而有声语言的表达能力则是其中最基本和最稳定的因素。有声语言表达技巧是有客观规律存在的，本章将从保障语言清晰性、交流性、艺术性的角度介绍“停连、重音、语气、节奏”的实际运用。主持人了解其中的规律，进行有意识地锻炼，并结合主持人节目特点运用到实践中去，对语言表现力的提高有绝对重要的作用。

第一节 停 连

一、停连的定义和作用

1. 停连的定义及存在依据

有声语言语流中声音的停顿和连接，统称停连。

有声语言的停连既是生理的需要也是心理的需要，既是传播者的需要，也是受传者的需要。首先，从发话人的角度分析，一方面，语流中的停连是生理需要，因为我们说话是靠气息支撑的，除了很短的语句、很简单的意思，不可能没有停歇而一口气冲到底，必须有不断补充、调整气息和调节声音的生理过程；另一方面，停连还是语言交际中的心理需要，语言是思维的反映，是情感外射的重要载体，说话人通过话语与人交流必然要有交流诉求、思维过程，要有选择词语、组织语言的心理过程。其次，再从受话人的角度看，受话人一方面有听觉活动的生理过程，同时也需要对话语信息进行接收、判断、消化、理解的心理过程。所以说，有声语言的停连既是生理的需要也是心理的需要，既是传播者的需要，也是受传者的需要。其实，就是生活中的语言交际，口才好的人、善于表达的人，也都是懂得运用停连技巧的人。他们会适当地停顿，借以观察对方的反应，并根据捕捉到的反馈，即时调整自己讲话的内容、语速或方式，从而让谈话有效地进行下去。同时我们注意到，人们生活中的谈话，气息的运用基本处于“自动化”状态，一般不需要特意加以注意，大脑对于语言生理和心理的配合是高度协调的，不然为什么说“言为心声”呢？

我们进一步从专业角度分析，在广播电视的有声语言传播中，尤其是有稿件的语言传播，却会出现气息与心理、声音与情感脱节分离的情形，说出的话听、观众可能觉得“言不由衷”，甚至表意不清，“读破了句”。原因何在？从停连角度考量，皆因读稿时，生理（即气息）需要成了第一位，心理（即内容情感）的意蕴退居其次，甚至几乎顾不上了。所以我们必须强调指出，在广播电视的有声语言传播当中，心理需要是停连的主要制约因素，补换气息的生理需要一定要服从表达思想感情的心理需要，否则就会因“气”害意，出现“读破句”而产生歧义的情况。如“美国总统国家安全助理”这个并不长的专门职务称谓，在《新闻联播》里有时偶尔也会被读成“美国总统国家/安全助理”这样有失专业水准的状况。究其原因，盖因注意力放在该职务后面的拗口人名上，而忽略了“国家安全助理”这一职务称谓的完整性。其实，在这个固定词组之后有个停顿才是正确的，是来得及反应和读清其名的，哪怕在“美国总统”之后稍有顿挫，把“国家安全助理”与人名流畅读出，听感上也是清楚和舒服的。

进入广播电视传播的有声语言，相对于印刷媒体的书面语言有鲜明的“口语化”特色，但是，较之生活中随意交谈的口语，还不能简单地画等号，它是经过加工的口语；此外，广播电视的本质特征是大众传播，尽管主持人节目吸纳了人际传播的形式，还是与面对面的、辅以丰富的表情和手势等非语言符号信息、有即时反馈的人际交流有差异，因而语流中的停顿和连接对于受众快速、准确地理解主持人所说的话有直接的影响。总之，主持人说得明白，受众听得清楚，才能实现有效的传播。

2. 停连的作用

（1）使表达语义清楚、准确。有人把停连称作“有声语言的标点符号”，标点符号是用来表示停顿、语气以及词语性质和作用的书写符号，有声语言的停连与书面的标点符号有密切的联系，播出的文字稿件中的标点符号是停连的重要依据，但是，听觉和视觉接受语言是有差别的，二者要经过大脑不同的语言分析器消化加工，因此停连技巧有其作用于有声语言的特殊性和独立性。例如将书面语言转化为有声语言时，如果完全刻板地按标点符号进行，有些逻辑关系紧密但用逗号或顿号隔开的语词，听起来会变得关系松散、疏落，反而妨碍受众的理解，若用连接的办法就能避免词语间关系的松脱；反之，有些书面上没有标点的地方却需要用适当的停顿来区分语意、突出重点。当然，停连的处理，理解是前提，举个简单的例子，“八连∧长年累月战斗在风雪高原上”如果理解错了，停顿也错了，就会闹出“八连长/年累月/战斗在风雪高原上”这样让人啼笑皆非的笑话。

（2）使语流富于生命的活力。有的人在主持节目时，明明是自己动手写的稿子，转换为有声语言时却没有了思维的痕迹，也失去了具体真切的感情态度，只是刻板地念或背。要克服语言声音形式与思维及感情活动的脱节，就应善于运用停连技巧。停顿不是思想感情的中断与空白，停顿是语言声音外壳暂时的休止，届时心理活动并未中断，思维正在梳理将要发出的语言信息，而形象的闪现、情感的凝聚或转换、交流的愿望、反馈的体验……也都在停顿时延续或启始，继而形之于声，由己达人，使广播电视中的有声语言富于生命的活力，从而调动受众内心情感和思维的活动，引起共鸣。

（3）赋予语言交流的意味。生活中的语言交际，说话人与听话人大多是互动的，二者“说”与“听”的位置也是轮换的，这中间会有许多停顿，那都是双方接受、理解相互意图的心理过程，这是十分必要的，这样才能形成正常、有趣的交谈，语言交流才能进行下去。如若一个人只是自顾自地不停地说，完全不顾及对方的反应，也许谈话就进行不下去。即便是对人倾诉，也要让对方听清原委，给对方分辨、判断、思索的时间，否则就不啻于自言自语。广播电视的语言传播，在很多节目中是没有实在的交流对象在面前的，面对的只是摄像机镜头和话筒，这时能够合理自然地运用停连，就会增强语言的交流感，吸引受众的关注和思考，能够有效地避免“目中无人”导致的“念书味”，及一板一眼的“固定腔调”。

二、停连的实际运用

1. 按文意正确安排停连，确保语义明晰，防止歧义

在日常的广播电视节目里，一些莫名其妙、令人费解、令人捧腹的语句常常在不经意中钻进我们的耳朵：（以/号表示错误的停顿）

×××将于下周前/往俄罗斯访问。——“下周”变成了“下周前”，出现时间差错。

八连长/年累月/战斗在风雪高原上。——“长年累月”一分为二，生生造出一个官职、一个姓名，想象力可谓丰富至极。

我们欢迎更多的美国/参众两院议员来华访问。——看来说“参众两院议员”前有语音上“平翘区分”的短暂的犹豫，结果犯了意想不到的常识性错误。

80%的居民希望住宅周围有孩子、老人/活动的场所。——生理需要的“大喘气”让听者丈二和尚摸不着头脑。

（广告语）雷达表，永不磨损/型手表。——听者闻罢，首先要解开什么是“型手表”这个闻所未闻、莫名其妙的疑团。

究其“读破句”的原因，有对语句的判断理解问题，有气息基本功问题，也不

排除工作不认真，说话不走脑子的缘故。

因此，我们首先强调通过正确的停连清晰地体现句子的语法关系、结构关系。要知道，人们在说话或照稿播读时，句子成分的语法关系、结构关系并不需要逐个分析，全凭积淀在潜意识中的由语法知识和语句的理解经验构成的“语感”做直觉的把握。因此，我们完全没有必要句句做“主谓宾”等语法分析，再做有声语言发出与接收处理，重点是把握好特殊语句、复杂语句的内部关系，以及长句子的停连处理，介绍以下几种易在停连方面出现偏误的情况：

（1）“兼语式”宾语的停顿

例：美联社报道，75000 名反对堕胎者 23 日举行示威游行，抗议克林顿总统决定取消政府对堕胎的限制。

该句语义能否传达清楚，有一个关键性的停顿，即只能在“抗议”一词之后安排一个停顿。理由有二：一是从语意上理解，示威游行者抗议的是克林顿“决定取消政府对堕胎的限制”这样一个总统行为；二是从语法角度看，此句的语法关系比较复杂，容易造成歧义的是最后一个分句中“抗议”和“克林顿总统决定取消政府对堕胎的限制”之间是“述宾结构”，而“克林顿总统”与“决定取消政府对堕胎的限制”之间又是“主谓结构”，也就是说在这个分句中“克林顿总统”兼有“宾语”和宾语中的“主语”（施事主体）的性质。如果在“克林顿总统”之后安排停顿，就会造成理解上的歧义，把兼语式宾语变成了“连动式”宾语：游行者抗议“克林顿总统”，同时游行者又“决定取消政府对堕胎的限制”，结果扭曲了事实真相，错误的停顿当然就会造成事实性差错。准确的停顿处理如下：

美联社报道，75000 名反对堕胎者 23 日举行示威游行，抗议∧克林顿总统决定取消政府对堕胎的限制。

（2）区分长句的结构关系

长句的句子成分和结构关系比较复杂，要让受众“一听了然”，就必须准确运用停连，来帮助受众理解。

例：10 月 2 日联合国安理会通过决定，没收伊拉克在海外的价值约十亿美元的与石油有关的资产，用以赔偿伊拉克入侵科威特时受害者的损失和支付联合国派往伊拉克的武器检查小组的费用。

联合国安理会的决定有两层意思：“没收……资产”“赔偿……损失”和“支付……费用”。第一层里，“资产”前边有许多定语，有两种停顿处理供参考：一是在“没收”后短暂停顿，适于语速快的播报；一是在“十亿美元的”之后稍做停顿，可突出没收资产的数额及没收资产的所属。第二层是一个较为复杂的“和”字并列结构句，不能一口气冲下来，又不能随这口气够说到哪儿算哪儿，应当在“和”的前后各安排一个停顿，“赔偿……损失”和“支付……费用”这两件并列的内容就交代清楚了。正确安排的停顿如下：

10 月 2 日联合国安理会通过决定，没收∧伊拉克在海外的价值约十亿美元的∧与石油有关的资产，用以赔偿∧伊拉克入侵科威特时受害者的损失∧和∧支付联合国派往伊拉克的武器检查小组的费用。

（3）顿号的分组与连接

书面上的顿号到了有声语言中必须有适度的处理，才能清楚明了地揭示语句的深层信息。根据具体情况一般可以有三种不同的处理方法：

一是按顿号平均停顿，严谨地表达其中的并列关系，一般用于郑重、严肃的语言内容，多为人员名单，如公布主席团名单、治丧委员会名单，等等。

例：获得男子甲组二至八名的是广东许银川、广东吕欣、哈尔滨聂轶文、深圳卜凤波、河北张江、沈阳苗永鹏、吉林陶汉明。女子组二至八名依次是云南赵冠芳、江苏张国凤、河北尤颖钦、四川梨德玲、河北胡明、火车头刚秋英、广东文静。

二是在一些以列举人物或地点起叙述说明作用的语句中，顿号之间的人名、地名可用逐渐加快的方法处理，也就是前一两个顿号做短暂停顿，后面的顿号不再停顿，连起来说，能够表达出列举叠加的意思，语言显得流畅，还有一定的气势。

例：通过对北京、上海、广州、武汉、郑州、成都和西安 7 个城市 2100 个居民的问卷调查，结果发现人们对信贷消费概念的认知总体上并不太理想。

三是按顿号隔开的词语之间的内在逻辑关系或紧密程度来个分组，使语流舒展、流畅，并有一定变化，显得有生机。

例：节日期间，水果供应品种有红、黄香蕉苹果、鸭梨、酥梨、瓢梨、京白梨、子母梨、雪花梨、胎黄梨；还有哈密瓜、伽师瓜、白兰瓜、黄金瓜、西瓜、鲜桃、葡萄、海棠、红果、石榴、沙果、香果、猕猴桃、菠萝、柠檬、洋桃、柚子、椰子、龙眼等 50 多个品种。

对这么多的瓜果品种，不妨按其类别或相近点分分组，组内的顿号不做停顿处理，而是连接起来说，小组之间做停顿，停顿后偷气或补气。有机地看待书面的标点符号，以便以受众听觉的接受理解为出发点，重新组织语句的停连，这样的长句听来就会错落有致，饶有兴趣。我们用∧号表示分组后的停顿，没有∧号的都做连接处理：

节日期间，水果供应品种有∧红、黄香蕉苹果、∧鸭梨、酥梨、瓢梨、京白梨、子母梨、雪花梨、胎黄梨；∧还有∧哈密瓜、伽师瓜、白兰瓜、黄金瓜、西瓜、∧鲜桃、葡萄、海棠、红果、石榴、沙果、香果、∧猕猴桃、菠萝、柠檬、洋桃、柚子、椰子、龙眼∧等50多个品种。

2. 顺文势灵活运用停连，适应听觉需要，句群抱团，防止散乱

在很多情况下，主持人的有声语言大多有稿件的依托，节目录制时并没有实际的交流对象，此时的思维活动稍有松懈，就会出现有声语言的声音形式与思维、情感脱节的现象。正源于此，平日里电台、电视台中传出的那些断句碎、恨不能见词组就停顿的“保险调”，不过心不过脑貌似很“职业”的“固定腔调”，句子缺乏松紧疏密变化心不在焉的“唱调”，抑或是似乎没有思维过程的所谓“伶牙俐齿”，屡见不鲜。这样的语流，即使句子单位里的停连没有不当，但是那缺乏交流感的十足的“念味儿”，很难把受众的无意注意转化为有意注意。所以，把句群的表达组织好，让几个关系紧密的句子构成一个整体，鲜明地表达一个较为复杂的意思，就显得十分重要。

（1）句群内部的抱团

句群，是指“在语义上有逻辑联系，在语法上有结构关系，在语流中衔接连贯的一群句子的组合，是介于句子和段落之间的，或者说大于句子、小于段落的语言表达单位”①。主持人的语言一般富有“谈话感”，常常需要以句群作为语言表达的基本单位，对于句群的表达主要应从语义着眼，首先，对自己要说的话心中有数，重点在哪里？分句之间、句子之间的内在联系怎样？都要清清楚楚，概括起来说，就是弄清楚语言内容的主次与层次。其次，能够通过停顿和连接表现出语句关系的紧密或疏松，同时以恰切的语气表达出其中或并列、或递进、或转折、或总分的逻辑关系，而不要刻板地、平均地按书面的标点符号只从停顿时间长短上机械处理。

例：①新疆之大，是最必须说的话题，160多万平方公里，六分之一的中国陆地在这里，往里数，相当于16个江苏、44个台湾，往外数，2个法国、3个日本。②地方大，容量就大。世界第二大的沙漠（塔克拉玛干大沙漠），世界第二高的山

① 吴为章、田小琳：《汉语句群》，商务印书馆，2000。

峰（乔戈里峰），世界第二低的低地（艾丁湖），122 种矿藏，800 多种瓜果，13 个世居民族……高高低低、五光十色、甜甜蜜蜜、无数风情、无限风光，就这么错落、杂糅、交汇、融合在一起，一方厚土啊。

这是由两个句子组成的句群，①句说新疆之大，“新疆之大，是最必须说的话题”是整个句群的中心句，有领起的作用，停顿可稍长，要有“领起”的逻辑感受；接下来的“160 多万平方公里，六分之一的中国陆地在这里”承接上句，先以数字具体地言其“大”，而后又从“往里数”和“往外数”两个角度，用类比的方式形象地言其“大”，两个类比的句子之间是并列关系，停顿稍长，而“相当于 16 个江苏、44 个台湾”和“ 2 个法国、3 个日本”当中的顿号做连接处理，这样运用停顿和连接听起来舒服、清楚。②句谈新疆之丰饶，“地方大，容量就大”用来承上启下，后面历数其奇特，三个“世界第二”以并列的逻辑感受给予同样的停顿处理，而“122 种矿藏，800 多种瓜果，13 个世居民族”要连起来说，之后要有较长的停顿，再以总括的逻辑感受一气呵成而又意味深长地说出“高高低低、五光十色、甜甜蜜蜜、无数风情、无限风光”，此处短暂停顿迅速进气，继而以较轻的声音较快的语速说“就这么错落、杂糅、交汇、融合在一起”，其间的顿号不停，而后有一个较大的停顿，以无限感慨的语气说出“一方厚土啊”来总括整个句群。

（2）句群、段落、层次之间的区分和衔接

无论从主持人还是受众的角度，都最怕把较大的语言单位“播”得支离破碎，散乱一片，让听者不知所云，使信息传播出现障碍。掌握句群以上语言单位的停连，同样是针对着听觉接受语言信息的特殊需要而考虑的。因此，为了听、观众收听理解的便利，就不能完全按书面的标点处理停顿时间的长短，像什么“句号 > 分号 > 逗号 > 顿号”的说法就未免显得机械和死板，正确的做法，是在对文字语言内容和语言脉络清楚准确理解的基础上，根据句群的逻辑关系重新安排停连的气口及时间的长短，换句话说，即从语义着眼，从停连（包括语气）的处理入手，把“文脉”转化为“语脉”。

例：1. ①国际上对于文盲的最新定义是：不会自我寻找知识或不会把学得的知识用于实际的人。②当一个人的知识储备仅仅停留在学校所得的水平上便自满自足、裹足不前时，就很难再称之为知识分子。③知识并非陈年老窖越留越香，它会很快陈旧过时，甚至无用的。2.④社会进步和经济发展对人的文化素质提出了越来越高的要求，需要越来越多有全面文化修养的复合型人才，“终生教育”的观念已突破了传统教育模式，然而这一点在中国知识界并非人人能理解，若要广为社会接受和认可，必然是要以知识分子阶层的率先觉悟为前提的。

这段话由两个句群组成，1.包括①、②、③，是个解证关系的句群；2.则由一个复杂的多重复句构成。1.与2.两个句群之间是连贯关系。句群1.内部本身要抱团，①句是这个段落的中心句，语速适当慢一些，这个句号停顿稍长，②和③都是说明和解释这个中心议题的，中间的句号停顿时间短，语气上也紧密衔接，一直到"甚至无用的"，语气收束，并有较长的停顿。④是个有多重复杂关系的复句，其间五个逗号停顿的长短绝不一样，第一个逗号处迅速偷口气，两个"越来越"的分句语气一贯而下，衔接紧密；第二个逗号做一般停顿，第三个逗号的停顿可稍短于第二个逗号的停顿，却在下一个分句的"然而这一点"几个字之后有个较长的停顿，停顿时间甚至可以超过前面逗号的停顿，从而引起听者的注意，关注接下来所谈的结论，后面第五个逗号的停顿略小于第四个逗号的停顿。这样处理，句子之间的关系清晰了，更重要的是论证的思路能够表达得清晰明了，先提出中心论题，再具体说理，最后导出结论，听者的思维就很容易参与进来，跟着说话人的语脉，接受并思索听到的相对完整的信息。

3. 合情状大胆运用停连，增强语言感染力，防止刻板

有声语言的表达不仅应当清晰明白，还应当生动感人。在描述性的、特别是抒情性的语流中，出其不意而又在情理之中的停连，传递到受众的耳畔就有如"心有灵犀一点通"的神力，能起到沟通心灵、引起共鸣的作用。这样的停连，往往用在文字上没有标点的地方，此处若不做停顿并不影响内容传达的清晰和准确，但是，如果用好停顿，恰能产生"此时无声胜有声"的传情效果，因此谓之"大胆"运用停连。

散文《茶花赋》中有这样一句话：

今年二月，我从海外回来，一脚踏进昆明，心都醉了。

为了真切地表达"我"内心的激情，可以在"心"之后安排一个较长的停顿，再轻轻地深吸一口气，好似在闻着花香，体味着无以言尽的对祖国的热爱，正是"声断情不断"，而后随着气的"下松"说出"都醉了"，这样能够比较细腻传神地表达出作者的感情。

又如魏巍的散文《谁是最可爱的人》中的一段话：

谁是我们最可爱的人？我们的部队，我们的战士，他们是我们最可爱的人。

这是作者满怀激情地讲述了志愿军战士在书堂山战役中勇猛顽强，与敌人殊死搏斗的壮烈场面之后，又一次的设问，然后自问自答。领起句的设问，停顿较长，以引起人们的思考，此时，文章中讲述的志愿军可歌可泣的英雄事迹一幕幕涌上心头，赞美崇敬之情在积蓄，以较快的语速、肯定的语气一气说出："我们的部队，我们的战士，他们"之后做一个大的停顿，凝聚的深情有一个转入内心深处的迸发，深情然而轻声地说出"是我们最可爱的人"这个答案。这个大胆运用的停连在"他们"之后会产生一种"此时无声胜有声"的震撼和共鸣。

三、停连的时间与方法

1. 长短相间，疏密有致

关于停顿时间长短的问题，我们在上文已有涉及。停连的时间不应有固定的模式，"长短相间，疏密有致"是有声语言中的停顿与连接的总原则，"长短相间"指语流中停顿的时间有长有短，短的只是稍做顿挫，长的表现为声音的休止；"疏密有致"指语流的语速有疾有缓，语句之间的衔接有松有紧。然而，停连时间长短的区别，全以语言内容、逻辑关系的松紧，以及情感运动的具体变化为依据，以让人轻而易举地听懂、听明白为目的。

例：（1）①有些人只会空想，不会做事。②他们凭空想了许多念头，滔滔不绝地说了许多空话，可是从来没有认真做过一件事。

（2）③也有些人只顾做事，不动脑筋。④他们一天忙到晚，做他们一向做惯的或者别人要他们做的事情。⑤他们做事的方法只是根据自己的习惯，或者别人的命令，或一般人的通例。⑥自己一向这样做，别人要他们这样做，一般人都这样做，他们就"依葫芦画瓢"照样做去，到底为什么要做这件事，为什么要照样做，有没有更好的办法，他们从来不想一想。

第一个自然段正是一个句群，第二个自然段由一个句子和两个句群组成，两段是并列关系，摆出把"想和做"割裂开的两种人。①提出了"只会空想，不会做事"的人，是此段的中心句，语速稳一些，中间的逗号自然停顿，给人接受消化的空间；②与①是解证关系，具体解释中心句，②本身语义连贯，两个逗号停顿时间都短，第二个逗号后要意识到紧接着一个转折关系，要从语气上强调"从来没有认真做过一件事"的否定意味。第二自然段的首句同样也是中心句，语速较慢，表达出与第一自然段的并比关系；接下来的④⑤⑥构成一个句群，共同解释说明中心句，

④⑤⑥关系紧密，语气贯通，尤其是⑤当中的两个逗号停顿短促，而与⑥的衔接更紧凑，语气由⑤延续下来，比一般的句号停顿时间短多了。给人一种单调的、一成不变的、连起来历数事物的感觉；值得一提的是，⑥中的“到底为什么要做这件事”，与前边是一个转折关系，虽然仍是在谈做事的方法，这里却以诘问的口吻来阐述这种“只顾做事，不动脑筋”的人，因此在“他们就‘依葫芦画瓢’照样做去”的逗号处要做较长的停顿，更便于展现“到底为什么……”“为什么……”“有没有……”一环扣一环的强调的语气，促进听者的思维深度，从而增强论述的逻辑力量。

2. 扬停和落停

正确安排了停连的位置，合理地处理了停连时间的长短，还要恰当地把握停顿前最后一个音节的音高走向，是扬停还是落停。

（1）扬停

语意未完的停顿用扬停。一般在分句之间、句与句之间，如果语意未完，停顿前的最后一个音节用扬停，即音高不向下落，才能“气收声断而意不断”，表现出思绪及语言都要向前推进的意向。但是要注意扬停的“尺度”，否则“扬”得过高，就会带上“疑问”的色彩，与语句原有的意思不符。

例：①这场战争不仅使波黑共和国居民住房大批被毁、生活不安，而且造成大批无辜百姓伤亡。②据外电报道，仅萨拉热窝市，平均每天就有20名平民死亡，60人受伤，大批居民流离失所。

此段说明战争给平民百姓带来的灾难，语言紧凑，不仅句子内部的停顿短促，“生活不安”“平民死亡”“60人受伤”的最后一个音节要用扬停，就是句子①后面的停顿，由于从大的语言单位看，②是紧接①对“伤亡”做补充说明的，①与②是语流中的完整语段，因此，“而且造成大批无辜百姓伤亡。”尽管这里是句号，最后一个“亡”字仍要用扬停，才能完整地、恰如其分地表现这个语段的意思。同时要注意，“亡”字不可扬得过高，只是不收束而已，不然会带上疑问的味道，严重的还会改变语句应有的焦虑和关注的色彩，岂非弄巧成拙？

还有一种“语意未完”的停顿，不是在分句或句子之间，而是在句子里边区分结构的那种短暂停顿，尤其是用在定语后面的“的”，或表示时间、处所、范围的介词“在”，或加在某些动词后面做介词用的“着”，或量词“个、种、次”，或助词“了”后面停顿时，不应机械地用扬停。有些播音员拉腔拖调的“唱调”，以及录音中为了减少停机，见“的”字结构的词组就停，借以“扫描”后面的字所形成的四平八稳的“保险调”，就都是因为在句中的停顿处用了拖长音的办法所造成的。因此，句子中间区分性的停顿，如前所列举的介词、助词、量词的后面，如果必须要停顿，停顿前的最后一个音节一定要说得“轻、短”且“稍低”，如此处理才能既有停顿又不破坏语意的连贯完整。

（2）落停

一般用在语意结束的句尾，包括句群的句尾、段落或篇章的句尾。语意结束的句尾停顿前的最后一个音节一定要有收束感，音高降低，气息减弱，字音收住。当然，落停时音调的高低、字音和气息的收束是戛然而止，还是徐徐收住，必须视具体情况而定。比如新闻的播报，消息中语意表达完全的句子也好，句群也好，句尾有收束，但语尾不坠，只有到一条消息最后结束时才降到最低点，因为这才符合消息语体节奏明快、富于新鲜感的特点。请用下面这条消息体会：

今天上午10时刚过，随着一声清脆的发令枪响，5000名中外志愿者冲出天安门广场中心，开始了环绕天安门广场的泰瑞·福克斯“希望马拉松”义跑活动。2000北京泰瑞·福克斯义跑活动是为了纪念加拿大的抗癌英雄泰瑞·福克斯而举行的，由加拿大驻华大使馆、北京体育局社会体育管理中心和中国医学科学院肿瘤医院等单位共同举办，所募集的资金全部用于癌症研究。

3. 曲连和直连

（1）曲连

曲连专指顿号的一种连接方式，多用在叙述、播讲状态下顿号的连接处理，它自然而错落有致地“起点”接“落点”，悠荡前行，给人洒脱的“历数感”，生活气息较浓。

例：完成第一季度指标的有上海、北京、大连、重庆、广州。

（2）直连

直连专指顿号的一种连接方式，多用于郑重发布的播报状态下顿号的连接处理，它的起点较一致，稳步前进，并列、强调的意味鲜明。

例：（宣布第二批俄罗斯政府成员名单）弗拉德科夫、德拉切夫斯基和米哈伊洛夫将分别出任贸易部、独联体事务部以及民族和地区政策部部长的职务。

四、易于出现的停连问题

在实际工作中，播音员也好，主持人也好，常犯的停连错误主要有三个方面：

一是对于稿件文字浅尝辄止，只管念字，只求不打“结巴”，不对语句的意思负责，因此频频出现“读破句”的低级错误；二是停顿过多，恨不能见词组就顿挫，结果听起来句子很“碎”，语言的连贯性、完整性差；三是不敢大胆地、创造性地运用停连，虽然中规中矩，但是语言缺乏表现力和感染力。

克服的办法，无非是认真体会停连的作用，遵循本小节提出的原则和方法，多多练习，多多积累，动心、动脑、动耳、动口，就能达到通过停连技巧提高语言表达清晰性和表现力的目的。

第二节　重音

一、重音的定义和作用

1. 定义

有声语言的语流中，为鲜明突出地表达具体的语句目的和具体的感情色彩而着意强调的词或词组，即重音。

完整地理解重音概念，要把握以下几点：

第一，我们要知道，重音存在于具体的语句的语言环境当中，是由语句目的决定的，它准确地反映语句中的主次关系，并不是人为地加上去的。

例：我是电视节目主持人。

这句话，如果将它置于不同的语言环境，回答不同的问题，亦即当它的语言目的不同时，重音的位置也是不同的：

回答“**谁**是电视节目主持人？”这个问题时，必然强调“我”这个词，“**我**”就是语句重音。（注：黑体字表示重音，下同）

回答“你**是**电视节目主持人吗？”这个问题时，必然强调“是”这个词，此时“**是**”成了语句重音。

回答“你是**广播**节目主持人吗？”这个问题时，必然强调“电视”二字，“**电视**”是语句重音。

回答“你是电视节目**编导**吗？”这个问题时，必然强调“主持人”一词，“**主持人**”成为答话中的重音。

由此我们可以看出，表明语句目的，准确揭示语句的思想感情，正是重音的实质。

第二，我们还要知道重音与轻重格式不是一个概念，二者的区别是：①语言层次不同——重音存在于具体的相对完整的语言环境当中，即存在于语句的意位层；轻重格式存在于词汇这样较小的语言单位中，即词位层。②内涵不同——重音因具体语句思想感情而定，在同样的语句中（指语言文字），当语句目的变化时重音的位置是不同的；词的轻重格式却是在长期的语言交际中约定俗成的一种读音规律，一般与意义中心或感情色彩无直接关系，因此词的轻重格式基本是稳定的，倒是如若作为语句重音时却可能改变该词原有的轻重格式，如“黄河”为中重格式，在“啊，黄河！”的诗句里，作为重音的“黄河”表达时可变成重中格式来抒发感情。③语音表达特征有区别——重音并非只有“轻重”的语音特征，它还有连断、高低及明暗、前后、宽窄等多种语音特征，换句话说，重音的表达方法是多种多样的，不仅仅是加重音强；词的轻重格式则主要表现在读音的“重、中、次轻、轻”及长短的简单差别上。

第三，重音表明句子中的主次关系，意思简单的句子里只有重音与非重音的区别，较为复杂的句子里会有主要重音、次要重音和非重音。如：

就业，首先是**生存**需要。所谓生存需要，首先是养活自己。可以说，养活自己，才是就业的**第一义**。有了这样的认识，才可能有“**退而求其次**”的就业观念。省城不行，转而向**县城**；白领不行，转而向**灰领**；大单位不行，转而向**小单位**；高工资不行，转而向**低工资**。只要愿意一次次地自己给自己降低门槛，也就**不难**找到一只“饭碗”——铁饭碗不行，转而向**一次性**饭盒。

这个语段在谈就业观念，其中最主要的重音或者说核心的重音就是**“生存”**，后面**“第一义”“退而求其次”“不难”**都属于论述这个就业观念的次要重音；而**“县城”“灰领”“小单位”“低工资”“一次性”**都是论证过程中并比性的次要重音，其余都是非重音。而且在强调重音时，不必整个词组加重，只要抓住最关键的一个音节予以突出就可以了。

2. 作用

（1）保证语言传播的准确性、清晰性

在日常生活中，人们也许没有意识到重音的作用，而且大家在有声语言交往中很少因重音不准而让人产生误会，连牙牙学语的孩子都能“言简意赅”地直奔“主题”。究其原因，正因为语言是人类作为高等动物在进化过程中所积淀的一种特殊能力。在一般情况下，人们发出的有声语言与自己的思维、情感有高度紧密的协调配合，根本用不着考虑重音或停连的安排，不管是“言为心声”还是“言不由衷”，语言交际的双方都能心领神会，如若不然，语言也就不可能成为人类交流的重要工具了。但是，在把语言的文字形式转换为声音形式的过程中，有时却会出现思维的浅层活动取代深层活动的情况，因而导致有声语言与思维、与情感脱节的情况，比如只有字形到字音的表层反应，即只有音位层、词位层这样语言单位很小的、片断的对应和处理，由于缺乏对语句、句群和语段、语篇的整体理解和反映，于是乎重音、停连都可能出现不该有的漂移，结果使交流出现障碍或误解。这在日常的公务活动的宣读中，在广播电视节目的有稿播音、有稿主持的语言传播中都可能出现，而且在某种程度上这种脱节现象后者更甚。有些人的语流听起来高高低低、煞有介事，但是很难“入耳、入脑、入心”，从重音角度分析，就是因为无目的的重音、习惯性的重音多，造成有声语言的“形式化”“格式化”，形成了只有表层反应而语言深层信息模糊的“固定腔调”。

广播电视中有声语言的重音不准，使语意模糊，目的不清，就会干扰信息的准确传递。电视广告中听到过如下句子：

例：中国家具**工业**的骄傲，大连华丰家具。

听到这样的重音强调，立时会想“什么时候家具工业成了中国工业的骄傲了？这个判断可靠吗？”其实，在这个广告语中“大连华丰”这个词组是主要重音，第一个分句中“家具”一词是次要重音，无论如何也不应该强调“工业”一词。

此外，虽然从理论上看每个完整的语句不管长短都有语句重音，但是，从有声语言传播和接收的实际看，语流中重音过多，同样也会影响语意的清晰。“多中心等于无中心”，如果在每个标点隔开的语言片断中都找重音，其结果必然割裂了语言的联系，模糊了语言的主次关系，听起来反而让人不得要领。因此，在广播电视有声语言的传播中，要注意把握大的语言单位，重音尽量做到“少而精”。

总而言之，要让重音起到“牵一发而动全身”的强调重点、明晰语句目的作用，一要准确，二要“少而精”。

（2）丰富语言的表现力

重音不光是位置要准确，还得从声音形式上有所体现，让人在听觉上能鲜明地感受到、领悟到语言发出者的感情态度，这样才能说把语句目的准确、清晰、完整地传达出来了。广播电视的语言传播中，有时重音位置并没有错误，但是由于重音强调手法单一，几乎只会提高音调加重音势地“干砸”，听来生硬、突兀，没有感染人的力量，甚至会有一种令人反感的“说教味”，因此受众还是不爱听。显然，重音表达手法单一也是形成有声语言“固定腔调”的一个重要原因。

可以说，重音不仅关系到语意的清晰，而且还对语言的生动、形象有不可替代的作用，恰当的、丰富的重音表达手法，能增强语言的表现力和感染力。这一点将在下面展开。

二、重音的位置

1. 找准中心词，准确显露语句目的

要找准中心词，必须建立在对语言内容的正确判断上。准确理解所要表达的语言，把书面上的文字语言真正化为自己心里想说的话，要说的话。一般情况下，能够让人一听了然的表明语句目的的中心词并不难找，但是有时在较大的语言单位中要找准中心词还真得用心斟酌，关键在于准确地把握主次关系，例如下面这段话：

例：①穷得**出名**的贫困县——卢氏县共派**六**位同志参加，居然带了**四**部小轿车；②天天叫喊财政吃紧的洛宁县也派六人开会，县经济开发办公室提出派一部面包车把开会的人送来，但是**县长**不同意。这位县太爷**独自**坐一部全县**最好**的小轿车，风行百里，直抵郑州，其他人也分乘两部小轿车尾随其后。

这是一篇广播言论《扶贫会上小车多发人深省》中的一个自然段，举了两个实例批评贫困县的领导摆阔气、讲排场，整段话语势连贯，一气呵成。本着重音宜“少而精”的原则，第①个句子里，“出名”是有反讽意味的次要重音，“四部”与“六位”的对比十分具有讽刺性，应予突出，尤其是“四”应作为主要重音来对待。第②个句群，在县经济开发办公室提议的背景映衬下，“这位县太爷独自坐一部全县最好的小轿车”活画出这位官老爷的可恶嘴脸，能给受众留下深刻的印象，触目惊心地揭示了问题的症结所在。因此，不能只是孤立地从最后一句话看以“最好”为主要重音，从这个事例的整体看，“独自”才是②的语言实质的中心词，上句里的“县长”作为次要重音，为突出“独自”做了很好的铺垫，吸引了受众的注意，紧接后句，放慢拉长以讥讽的语气强调“独自”这一主要重音，而“最好”是这位县长讲排场的补充，作为次要重音，处理上不要超过主要重音。从整个自然段看，两个事例有详有略，①是概要地说，②是具体地描绘，后者的处理上感性色彩更浓，力度更强。如果把“最好”作为主要重音，直接批评的只是县长不应坐最好的小轿车，且与前句的关于乘“面包车”的背景脱节，削弱了批评的深度，没有戳到痛处。

这些重音我们都用黑体字标出，但它们在语段中的具体作用是有差别的，表达时切忌以同样的方法、同等的力度处理，感情色彩应凝聚在“独自”这个居于核心位置的主要重音上，至于其他的信息点如“卢氏县”“洛宁县”等，只要口齿清楚，吐字基本功过硬，不必刻意强调是完全能让人听清楚的。

2. 重视说明逻辑关系的对应词，清晰地揭示语言链条

有声语言在传达思想感情时思路是否清晰，与语流中的逻辑条理关系十分密切。语言里一应并列、递进、转折、总分、假设、因果、连贯、解证等逻辑关系反映着思维的延展和推进，同时又是把语言连接起来的重要手段，故而可以形象地将语流中的逻辑关系称为“语言链条”。然而只有当语言链条与语句目的直接挂钩时，说明逻辑关系的对应词才具有重音的意义，才能起到重音的作用。运用“不但……而且”“因为……所以”等关联词组合的句子不在此类重音的讨论之列，因为单纯强调关联词在听觉上显得生硬、矫情，而且更重要的是它不能直接指向语言目的，因此，这里提“对应词”而非“关联词”。还有一点必须说明，从重音定义强调的“语句目的”看，从语言链条角度选择的重音有时可能与显露语句目的的中心词是重合的，一致的。

例：①据说人情似纸的“纸”，现在不是“秀才人情纸半张”的那“纸”，而是**赵公元帅**笔下的那“纸”，即**通货**。②由“**官本位**”向“**金本位**”转化，值得欢迎。③但我更渴望“**人本位**”“**情本位**”。

这是一个转折关系的句群，“人本位”“情本位”是揭示这个转折关系的重音，同时也是显露这个句群目的的中心词，因而成为这个句群的主要重音，其他黑体字都是次要重音，在表达上“人”“情”两个音节尤其要予以突出强调。

3. 活化修饰词，生动地传达感情色彩

为了形象生动地表达思想感情，人们常常喜欢采用各种修辞手段，如比喻、拟人、夸张、双关等修辞格，其中那些用得巧妙、能唤起人的形象联想和情感活动的辞格，就是能起到特殊的强调和渲染作用的重音。

例：你身体所有部位给予我的都是惊喜。你的手指透明得像**粉红色的虾壳瓣**，小脚跟我的一个**手指**一样长，你的小头发**黑亮亮**的，眼底清澈得像**蔚蓝的海洋**……

显然这是在描写一个可爱的婴儿，用形象的比喻来形容婴儿的粉嫩的手指、娇小的脚丫、柔软黑亮的头发和清澈的眼睛，活灵活现，又充满喜悦、疼爱、新奇和欣赏之情。捕捉住这些描绘性重音，带着内心的感受细细体会各修辞格刻画的形象及蕴含的情感，转化为有声语言时内心才是充实的，而声音形式才可能鲜明生动。当然这些重音的处理方法要各有特色，绝不可千篇一律。比如“粉红色的虾壳瓣”以轻柔、稍快、喜悦的声音表达，而“手指”说得略低一些、稍慢一点，“黑亮亮”用高一些、亮一些的声音来点染，最后“蔚蓝的海洋”要由高到低，再平展铺开，让人联想到从蓝色天空到蓝色海洋那澄明恬静的意象。

三、重音的表达

1. 关于重音表达的基本原则

（1）思想感情的具体性引动重音表达方法的多样性和声音形式的丰富性。重音位置正确，但如果不讲究重音的表达方法，还是无法达到有效的和理想的传播效果。重音的表达应以理解为基础，以内心感受为依据，用语气来带动。换句话说，重音表达方法的多样性和声音形式的丰富性必须依托于思想感情的具体性、真切性，而不单纯是声音高低强弱的形式上的装饰或技巧的卖弄。重音的表达要发自内心，不可“见字生情”；重音表达手段要多样，避免单一和重复。

例：桃树、杏树、梨树，你不让我，我不让你，都开满了花赶趟儿。红的像**火**，粉的像**霞**，白的像**雪**。

这是朱自清在散文《春》当中描写春天满山遍野的果树花朵盛开的景象，朱自清用拟人化的手法赞美春天的活力，又着意用花的颜色的类比渲染花的意境。“火”“霞”“雪”这三个重音的强调是个难点，用同一种方法强调，就显得干巴、生硬，春花五颜六色、多姿多彩“开满了花赶趟儿”的画面就出不来。如果我们从对春花、对春天的实际体验出发，引动内心对生命的感悟，用不同的方法来处理：“红的像火”以稍高、较强的声音表现一种热情、坚毅和肯定；“粉的像霞”突出“霞”时，在“粉的”后面加一个停顿，再以较轻、较高、稍虚和延长的办法说出“霞”字，给人含蓄、缥缈的感觉，似在远处的空中；最后的“雪”字，则用较实、较低和颗粒饱满的发音说出，传达出一种扎实而圣洁的感受。总之，通过对这几个重音细腻的感受和有区别的表达，就能给人比较丰富的意象和深刻的印象。

（2）重音宜“少而精”。从理论上讲，重音是语句重音，每个完整的语句中都存在重音，但是，从语言实际交流的角度看，人们注意理解接受的是大于语句的连贯话语的“句群”和“语段”，因此在有声语言的传播中，我们应当把注意力放在较大的语言单位的表述重心上，即注意突出句群里最主要的重音，切忌平均地对待每个语句中的重音，否则“多重音”会导致“无重音”的后果，反而使语意支离破碎，减慢了理解的速度，甚而出现判断的困惑。此外，有声语言交流是“线性”的，无论“听”的一方还是“说”的一方，对于瞬间的接受，在连贯的语流里突出的重音音节少，容易让人抓到表述的重心，给人的印象倒更深；对于语流的发出者，如果把握的语言单位大，强调的重音少而精，表述反而显得自然流畅、胸有成竹；相反，重音过多且手法重复就会给人以生硬的“说教”感，容易产生心理距离。当然在描述性的语段里，形象的细腻刻画会使需要突出的重音相对多一些，那就格外要注意表达方法的多样性了。

“重音少而精”包含两层意思，一是表达中予以强调的重音数量少，选择准确、精到；二是确定的重音词组，往往可以把重音落实到一个音节上，从听觉上会显得鲜明而又轻巧，如，“蓝天上传来鸽哨的声音。”其中“鸽哨”这个重音词组，在表达时我们就可以着重于“哨”这个音节，用“高＋轻＋明亮＋延长”的方法，表达明朗愉快的心情并唤起听众对蓝天中悠扬鸽哨声的画面体验及情感记忆。

2. 表达重音的主要方法

重音的表达绝不可“顾名思义”——只是单纯加重去读。重音是用来表达丰富多彩的思想感情的技巧，自然应以“多样”来表现“丰富”，切忌“手法单一”和“重复使用”，希冀以“单一”求“丰富”显然是行不通的。概括起来说，重音的表达不外乎“对比”“综合”“错落”。

（1）以对比显现重音。“万绿丛中一点红”反映了因为色彩的对比关系凸显主体的客观规律，在声音的世界里又何尝不是同样的道理呢？有声语言的重音就是在与非重音的对比中显现出来的，即重音音节与非重音音节在音高、音量、音色、音长方面有多层次的对比，这些声音因素的对比是直接可感的，而且其中的细微变化全都联系着语言目的、语言态度，它发自于内心，表现着内心的真切感受。主要有：

高低法——在语流中，重音与非重音形成或“低中显高”或“高中显低”的对比。

例：一阵台风袭过，一只孤单的小鸟无家可归，落到被卷到洋里的木板上，乘流而下，姗姗而来，**近了，近了！**

重音“近了，近了”，用“低中显高”法来突出比较符合具体语境中新奇、关切的心情。

例：剧烈的疼痛使巴尼只觉得眼前一片**漆黑**。

“漆黑”这个重音就可以用“高中显低”的方法予以突出，以表现人物的伤痛的剧烈程度。

强弱法——在语流中，重音与非重音形成或“强中有弱”或“弱中有强”的对比。

例：植物是不是也会有**睡眠**呢？

同样是这一句话，如果提出问题的小朋友有些胆怯和羞涩，重音“睡眠”就可用“强中有弱”的方法来表现；如果提问出自一位循循善诱、充满童趣、性格活泼的老师之口，用“弱中有强”的方法突出重音就比较相宜。

快慢法——在语流中，重音与非重音形成“快中有慢”或“慢中有快”的对比。

例：北京时间上午10时30分，美国时间晚上10时30分，而在全球电脑业发展时间表上，这一刻是“P4”时间：芯片巨人英特尔公司向全球发布最新一代计算机微机处理器：**奔腾**4。

这条消息节奏明快，较为兴奋，而“主角”——“奔腾4”却相对平缓、沉稳地出现，更易引起注意和兴趣。重音在这里是以“快中有慢”的方法突出的。

例：这太阳像负着什么重担似的，慢慢儿，一步一步地，努力向上面升起来，到了最后，终于**冲破**了云霞，完全**跳**出了海面。

海上日出，似乎只是刹那之间的事，这之前的观察显得漫长，极需耐心，用较慢的语速描绘，但“冲破”和“跳”则是一眨眼的工夫，以“慢中有快”的方法突出重音能形象地表现出日出的美妙神奇。

虚实法——在语流中，重音与非重音形成“实中见虚”或“虚中见实”的对比。

例：在这片白茫茫的大陆上，这些几乎没有高度的**苔藓类**植物**寂寞**地、**坚韧**地生长着生命的**另**一种美丽。

这是讲述南极长城站的文章中的一句话，是在讴歌那恶劣的自然环境中一百年才能长一毫米的苔藓，无疑，句中“苔藓类”是主要重音，“寂寞地”“坚韧地”“另”都是次要重音。整句以低沉的、较轻、较缓的语速说出，而主要重音“苔藓类”则以“虚中见实”的方法予以突出，就可以较好地突出这种南极特有的植物的顽强生命力，令人肃然起敬。

例：家乡的桥是我梦中的桥。

全句是作者倾吐怀念家乡之情的内心独白，适用略虚的声音，其中的“梦中”以“实中见虚”来点染，能表现出思念的深切。

这是**砥砺奋进**的五年，这是**真抓实干**的五年，这也是取得**历史性成就**的五年。进入**新时代**的这五年，中国国内生产总值年均增速，在**世界主要经济体**中位居**第一**。中国对世界经济的贡献率超过**百分之三十**。成为拉动全球经济的**第一引擎**。中国人民有了更多的**获得感、幸福感、安全感**。创新、协调、绿色、开放、共享的新发展理念，正赋予中国**全新**的**发展动能**，中华民族伟大复兴的宏伟誓愿，正在**世界**的**东方**回响。

其中最主要的重音是“砥砺奋进”“真抓实干”“历史性成就”“第一”“东方”，其余的是次要重音“新时代”“世界主要经济体”“全新”“世界”，这里有许多并比性重音，有许多并比性词组。这些重音在强调时，注意两点：一是重音词组不必整个词组加重，只要抓住最关键的一个音节予以突出就可以了，依次是：“获得感”“幸福感”“安全感”；二是那些并比性重音的对应词组，如“五年”“新时代”“世界”等，都不予加重。采用这样“少而精”的对比突出法，不仅语流顺畅，同时能够轻松而精准地、大气地表达出论点的逻辑力量。可以说，这种只突出一个音节的重音强调法，对老套的四平八稳、正襟危坐、缺失交流的固定腔调是一个有力的突破。

（2）以多样综合表现丰富。重音音节既可用单一对比的方法突出，也可以几种方法综合在一起来突出。如新闻节目中消息的播报，重音常用“高 + 重”或“重 + 慢 + 停顿”等数种方法综合体现；专题节目、文艺节目中的重音，依具体感情色彩的不同，会有更多的声音要素的不同分量的对比组合，如“高 + 轻 + 虚声”等。

例：你（注：作者描写的婴儿）贪婪地吸吮着：当你吃不饱的时候，你不顾一切地将啼哭扩大到**震耳欲聋**的程度，两只握紧的小拳头，在空中**愤怒**地打来打去；吃饱了，你含着最**纯粹**的笑，**安然**地睡去。

作者对婴儿由吃奶引发的“啼哭”与“安睡”两种截然不同的“小样样”，描绘得生动、细腻、形象，从字里行间我们不难感觉到作者对婴儿的无限疼爱和充满喜悦的欣赏。“啼哭”与“安睡”是婴儿最基本的生活状态，在母亲眼里，“安睡”

固然让人欣慰，而要吃奶的“愤怒”分明让我们感受到婴儿蓬勃的生命力。因此，“震耳欲聋”及“愤怒”这两个形容可爱的婴儿“发怒”的重音，绝不可以见字生情，加大音量用沉重、闷暗的声音去表达，而应以疼爱的心情，好似一边细心观察，一边随着婴儿的动作，轻声地讲述婴儿的动静：“你贪婪地吸吮着”用轻缓的语气，接着发现“问题”，气息稍提起语速也逐渐加快，但“震耳欲聋”却用较慢的语速稍稍夸张的口气来说，及至“愤怒”这个重音，可以用前后加停顿的办法并带着笑意说出来，“打来打去”则说得轻而柔和；停顿后，则似松口气般以赞美的心情，用缓慢甜美的声音来表达“纯粹”和“安然”这两个重音，后者更为轻柔更为舒缓。

（3）以错落表现活力。有的关系复杂的句子，附加成分多，或并列重音多，或句式结构相同，这时如果简单地以相同的办法处理重音就会显得重复、乏味，容易让人“走神儿”，因此在表达时要格外细心地将重音词组压缩为一个音节，用相间的重音音节声音高低错落，或重音音节“移位”的方法来处理。

例：新组建的中国科学院研究生院由设在北京的**研究生院总部**、分处各地的研究生**教育基地**和中科院各**研究所**构成，根据学科发展需要进行**统一招生**、**统一教育管理**、**统一学位授予**。

此例中并列重音多，如果把黑体字标出的重音词组全都加以强调，听起来会感到“过于着力”，影响语句的流畅。我们不妨换一种灵活些的思维，表达时前一个分句的重音“研究生总部”只强调一个“总”字、“教育基地”只强调“地”、“研究所”只强调“所”，在“所”之后有个停顿，句子中的信息“研究生院的新结构”就比较清晰，如果胆子再大一点，突出一下“分处各地”的“各”字，可能使研究生教育新的格局——“各地铺开中心在北京”——很有感受地表达清楚了。后一个分句三个并列重音语言格式完全相同，如果后面的词组全都强调“统一”，恐怕会死板，莫如有所“移位”和“错落”，自然而略有跳跃起伏地分别突出黑体标出的音节：“统一招生”“统一教育管理”“统一学位授予”，可能语势更加流畅、连贯和完整，也带出充满信心的新鲜感。如此这般立足于动态的、整体的，在活的语气和语言的流动中处理重音的表达，是有助于语言的活力的。

总之，重音是传达语言目的、传达语言态度的重心，但是如果重音不准确或重音过多，反而会使语言目的飘移导致语意模糊；如果重音突出手法单一，语言不仅会显得平淡无味，而且让人感到生硬、吃力。在语言传播中语言态度真诚，对受众有发自内心的交流，固然是根本，能够掌握重音的表达技巧并加以灵活地运用，定能增强我们语言表达的魅力。

四、易于出现的重音问题

在实际工作中，重音运用方面的“多发病”“易发病”主要有三种：一是不经大脑分析与感受，不重内心，只走外在的、煞有介事的、“高高低低”的声音形式，于是就会“拱出”一些莫名其妙、毫无根据、平白无故加重处理的“习惯重音”，结果当然逃不脱弄巧成拙反而模糊了语义的厄运；二是生怕表达不清楚，却又疏于深入理解辨析，结果重音过多，频频“异军突起”，不仅妨碍了语句的顺畅，而且显得很“拙”，费力不讨好；三是感受体验不深，加之重音表达手法单一，因此表达上总是“清汤寡水”，平淡无味，严重影响语言的表现力和感染力。

克服这些问题的方法，一方面要认真领会本小节所讲授的关于重音的运用原则和方法，另一方面，要多上口练习，同时多听优秀的有声语言作品，留心生活当中语言表现丰富的口语片段，总之从相关理论的学习，到实践中的动心、动脑、动耳、动口，定能有效地强化自己的语言表达基本功。

第三节　语气和节奏

一、语气

1. 语气的定义

“思想感情运动状态支配下语句的声音形式。”语气由两个方面构成，“一方面是一定的思想感情，一方面是一定的具体声音形式”。① 这一概念包含有三个要点：其一，语气以内心感情的色彩和分量为灵魂；其二，语气以具体的声音形式为躯体；其三，语气存在于一个个有具体语境的语句当中。

例如这样一句话：

她只是一个9岁的孩子！

① 张颂：《播音创作基础》，中国传媒大学出版社，2004。

一句孤零零的话，即使是感叹句，我们也无从判断其为何种感情色彩。如果我们设想一些具体的背景，那么写在字面上分毫不差的文字就会表现出迥然不同的感情和态度来：

对“她”做出的高难动作的由衷赞叹；

对“她”付出了与年龄不相称的辛劳的“爱怜”，或“心疼”；

对“她”创作的佳作的欣赏；

对“她”误入歧途的“痛惜”，或“难以置信”，或“惊恐”，或“哀怜”，或“哀告”……

在表达种种不同定位的感情色彩和态度分量时，其语势，即有声语言的走向和态势肯定是有区别的，有的“气足声重”，有的“气弱声沉”，有的“气提声促”，有的“气沉声涩”，有的“气抖声颤”……

语气，是有声语言表达的一个十分重要的技巧，其实，语气除了语句中的感情色彩和分量，语流中反映出来的“并列”“递进”“转折”“因果”“总括”“主次”等逻辑关系，以及语言传播过程中与听、观众的交流、呼应，也都是要靠语气体现出来的，足见语气这一技巧的重要。

如果说，突出表演性、欣赏性的艺术语言以节奏变化为核心的话，那么，强调新闻性、纪实性、服务性、富于平等交流风格的大众传播的有声语言就应以语气为核心，广播电视节目中主持人的语言风格当然基本属于后一种。

2. 语气的“神”——感情色彩和分量

受具体的思想感情支配的语句才是有生命的，可感的。主持人面向大众进行传播的语言尤其要注意思想感情的具体性——感情的色彩和分量。语气的感情色彩，指它透露出来的“喜、怒、哀、乐、欲、恶、惧”等人类情感的丰富繁杂的种种不同色彩，要求表达的丰富性。语气的分量，指在把握语气感情色彩的基础上，区别是非爱憎中浓淡不同的分寸尺度，强调表达的分寸感。同类情感色彩如“喜”的色彩，可有“欣喜若狂”“大喜过望”“喜不自禁”“喜笑颜开”“喜上眉梢”“欣慰之喜”“沾沾自喜”“窃喜”等不同的级差。

主持人的语言活动，有稿件的也好，没有稿件的也好，语气的感情色彩一定要源自内心的真实感受和态度，有感而发。尤其有稿件依托时，有的人因对文字过分依赖反而隔膜了对文字所反映的生活的真切感受，传达出来的语气或平淡无味，或似是而非，难以“入耳”，更无法“入脑、入心”，当然也就很难引起听、观众共鸣。语气的真切性、具体性、丰富性、深刻性，是声音形式变化的内在依据，我们应当在上下文、前后话的语境中，从对具体事物的态度和感情上准确把握语句的感情色彩和分量。请看下面关于城市化与耕地丢失之间矛盾的述评片段：

承载着五千年的农耕文明的中国土地，正在空前的城市化进程中激烈地变化着。与石油、煤炭等能源相比，耕地的替代性更差，石油、煤炭越来越少，我们可以寻找核能、太阳能等新能源替代。没有了土地，谁有足够的力量承载我们的生活？

工业化程度越高，被占用的中国耕地就越多，中国耕地进入囚徒困境。要耕地，还是要发展，还是两者兼顾，耕地又给中国出了一道难解的大问题。

这段对现实状况做出认真严肃分析的文字，有事实，有论证，语气是恳切、坚决、果断的，后一段在严肃中以密切关注和略带忧虑的语气带出“耕地”这个重音，表达出不容忽视的分量。

又如一条电视新闻的导语：

培养孩子们正确的人生观，为孩子们创造一个轻松宁静的学习环境是全社会不可推卸的责任，然而在广东省湛江市徐闻县，一所几千人的学校中央却矗立着一座庙，十几年来，寺庙的活动严重影响了学校的正常教学秩序，请看报道。

此段导语是严肃批评的语气，这里还有个转折关系，前面的说理是铺垫，后面揭示一件出人意料的反面事例，因此“一所几千人的学校中央却矗立着一座庙”语气中含有吃惊的色彩，“庙”字的音调较高，接下来的“十几年来，寺庙的活动严重影响了学校的正常教学秩序”，声音较为低沉，严肃批评的语气分量比较重。

3. 语气的“形”——语势

丰富的思想感情只有透过变化多样的声音形式，即语势的变化才能让人直接地感受到，而刻板、单调、以不变应万变的声音形式只会使本来要表达的思想感情褪色，甚至变味，所以说，语气是语句“神”与“形”的结合体。

语势，包含着气息、声音、口腔状态三方面多层次、多侧面的立体变化和多重组合，具有很强的技巧性。这些方面的变化，既是语言发出时主体所能够驾驭的，又是语言发出后可以从听感上辨别出来的。其一，气息方面，可有气息位置深浅的不同，气息量多少的差别，送气速度快慢的区分；其二，声音方面，有高低、强弱、快慢及音色的精细变化；其三，口腔状态方面，在每一个特定的音位里，都可以有口腔开度大小、控制松紧和舌位前后、高低，还有唇形圆扁方面的细微调整及变化。在表达具体的思想感情时，这些变化因素在一句话的句头、句腰、句尾应有不同的态势，只有曲折多样的语势才能成为丰富的思想感情的载体。

语势的曲折性、动态性和波浪式，是语气具体性、丰富性、深刻性的外部特征。中国播音理论的创建人张颂先生在播音学里将有声语言的语势概略地归纳为五种基本形态：波峰类、波谷类、上山类、下山类、半起类。

波峰类：语句的句头、句尾较低，句腰较高。如：

①因此，要读书，要学习，“开卷有益”，读书是人类进步的必然阶梯。

②很多事情是必须依靠团队的分工合作才能完成的。

波谷类：语句的句头、句尾较高，句腰较低。如：

①为了革命，他被这可恶的草地夺去了生命。

②看着看着，每个人都被感动了，许多女同学哭了，男同学则攥紧拳头好像在施以援手。

上山类：语句的句头较低，而后逐渐上行，句尾最高。如：

①友情这棵树上只结一个果子，叫作信任。

②电话簿是储存朋友的魔盒，假如我遇到困难，就要向他们发出求救信号。

下山类：语句的句头较高，而后顺势下行，句尾最低。如：

①艺术家没有矛盾不会进步，不会演变，不会深入。

②刚抵达乔治王岛，风力已经达到九级，凛冽的雪片飞刀似的嗖嗖作响，人不能开口，一张嘴寒风就灌进肺腔，呛得人翻白眼，风速已达到了每秒25米。

半起类：语句的句头稍低，中间稍高或又有曲折，句尾气提声止，却又不在最高点上，只起来了一半。如：

①何况事实上有多少良师益友在周围帮助你，扶掖你。

②一株南极普通的发草年龄都在千年以上，谁忍心把千年的历史随手连根拔起？

4. 语气的实际运用

（1）整体把握、避免同一

为了说明语气的内涵与形式，我们在前面举了一些例句，不过在语流中，语言不是一句句孤立存在的，它与前后的语句必有逻辑上、情感上、内容上或松或紧的关联，因此，运用语气这一技巧，首先必须有对于句群或语段乃至语篇的整体的把握；同时不仅内心依据要充实，语势也必须辅以相应的变化，才能清晰地传递出具体、准确的感情色彩和分量。

其次，从语势的曲折性、动态性角度说，语势也不会都是典型的五种形式，应当依据文气或语势的走向尽量做到：句头避免同一起点，句腰避免同一波形，句尾避免同一落点，而且这一克服语势单一的原则，要放在大的语言单位里考量，我们的语言就能做到气韵贯通，于平实中见色彩。

在实际工作中，“波峰类”句势是一些人常用的，他们的语言单位很小，语势又单一，一个个句头低起，句腰一拱，句尾低落的“波峰”，使句子之间、话语之间的内在联系被割断了，整体听来内容散而平淡，与受众的交流更是漠然。像这种不管什么样的感情色彩，也不管语句间是何种逻辑关系，但凡有标点或需补充气息的地方，语势全部下落，语流沉闷，令人昏昏欲睡，自己也越说越没情绪。有的人把自己的工作变成流水线上的熟练工的状态，对语言表现出一种机械的职业反映，于是出现了种种为听、观众十分反感的、以不变应万变的“固定腔调”：三字一停、五字一顿的“保险调”；无原由的格式化的高低起伏的“唱调”；四平八稳、不动声色的“念调”；快速叨叨“套词”貌似热情的“主持人调”。新闻工作者是要有激情的，以有声语言进行信息传播的主持人尤其需要发自赤子之心的责任感、正义感，不能希冀麻木不仁、冷漠懈怠或傲慢矫情的心理会发出有情之声，但是心动而语势不变仍然难以打动人心。如下面一段话：

在长城站漫步，就像漫步在家乡的土地上一般踏实。长城站附近的山峰和湖泊都有一个非常亲切的中国名字，这里有西湖、高山湖、燕鸥湖，有八达岭、平顶山和西山；对于来自湖北武汉的我最感亲切的还是龟山和蛇山。

整段话是一个整体，不能没心没肺地以标点为单位，一律处理成各不相干的波峰类“拱桥形”，那样定会味同嚼蜡，让作者在南极站的真实情感荡然无存。此段的第一句话“在长城站漫步，就像漫步在家乡的土地上一般踏实”表意是完整的，同时它是引领这个自然段的中心句，下边的文字都是围绕这个中心，展开说明为什么会有“在家乡的土地上一般踏实”的理由。首句与下文，行文的逻辑上是一个接续关系，情感上贯穿着亲切、温暖与自豪的感受，情绪饱满而又温馨，据此我们的语气色彩方面应当是欢欣的、美妙的，但语势倾向于平稳、舒缓。首句结束时语势不要落下来，不是结束句，而要给人一种向往和期待，听你继续讲下去。第二句起句不要太低，才能保证这种温馨情绪的延续和发展。说到“中国名字”声音较高而明亮，可以视作整个语段的“句腰”，是情感与声音的高点。接下来列举的湖和山，要有一定的起伏错落，给人以联想的空间。最后一句起点稍高，把整个情绪向上推进一些，以引起人们的兴趣和猜测，继而顺势而下，舒展欣慰的情感自然流淌出来。

（2）要变声音先变状态

对语气的运用，很重要的方法，就是吃透文字揭示的内容情感，结合自己内心视像的画面，催生出相应的情感，再转化为声情并茂的有声语言表达传递出来。所谓“要变声音先变状态”，“变声音”是指声音形式的变化，因为只有变化丰富的声音形式才能准确鲜明生动地传递出思想情感的变化；“变状态”，首先是直指情感的心理状态，即相应情感迅速而贴切的调动；其次是直接指向声音语势变化的用声生理状态，即气息状态、声音状态、口腔状态、吐字归音状态。唯有关系到有声语言表达效果的心理与生理这两个方面的积极灵动的调整与配合，方能获得清晰、感人的语言流。

练习时，理解感受在前，声音技巧的处理在后。要有准确贴切的理解，要“解剖麻雀”般地悉心揣摩，认真体会，一个片段要多试几次，可以在气息、声音控制方面，在停连、重音方面有细微的调整，努力寻找内心感受与声音形式恰如其分的结合。遵循这样的以内心为主导，以表达技巧为之服务的原则，我们才能获得丰富的有声语言表达技巧，而不会在生硬模仿或茫然无措的歧路上滑向外在、苍白的谷底。例如：

①小草偷偷地从土里钻出来，嫩嫩的，绿绿的。②园子里，田野里，瞧去，一大片一大片满是的。③坐着，躺着，打两个滚儿，踢几脚球，赛几趟跑，捉几回迷藏。④风轻悄悄的，草软绵绵的。

这段文字是朱自清的散文《春》中的“春草图”，生动而又细腻地表现了人们对春天的渴望、欣喜、热爱和享受。首句①“小草偷偷地从土里钻出来，嫩嫩的，绿绿的。”气息量较小，音量不大，口腔开度也较小，好似惊喜地发现了脚边第一株新生的小草，轻轻地说出，语势属“半起类”，句尾“绿绿的”千万不可掉下来；句②好像就势抬眼向远处望去，发现恰似“草色遥看近却无”诗句所描述的，大片大片的草地返青了，从首句句尾呈“起势”的音高接，音量逐渐加大，“一大片……”之前快速深吸一口气，而后气息放开欣喜赞美地说出，语势类似“上山类”；句③似情不自禁地扑向草地，气息由弱到强，语速由慢到快，声音由低到高，洋溢着清新、活泼的青春气息，但推进到句尾“迷藏”二字要收得缓一些，稳一些，轻一些，便于末句的衔接；末句④，起句前有个稍长的停顿，体验那种跑累了之后坐在草地上，手抚青草尽情享受春天的感觉，而后缓缓地、吐字柔和地、无限欣赏和赞美地说出“风轻悄悄的，草软绵绵的”，呈“下山类”语势。如此这般，才能生动、形象地表达文字中蕴含的感情，动静结合，细腻真切，定会唤起听者对春天的联想和共鸣。

以“春草图”的感情把握和表达为例，举一反三，让内心的真实感受与表达技巧有机地结合起来，便是我们提高有声语言表现力和感染力的正确途径。请试一试下面这段报道“上海动物园冬眠动物不冬眠”的消息（新闻片配音）：

这条长8米、重达60公斤的大蟒怡然自得地爬上树杈，睡起了午觉。而翻飞的蝴蝶出现在这寒冬腊月不能不说是个奇迹。上海动物园的科研人员经过努力，已经成功地进行了玉株凤蝶的冬季繁殖，这些美丽的蝴蝶已经繁殖好几代了。水族馆里更是一种热带海洋的风光，斑斓的玳瑁与彩绸般的鳗鲡在水中翩然共舞，看到这些海龟游动的矫健身姿，谁能想到它们都是些重达100公斤的家伙呢。今年上海动物园着重加强了园内的保温工作，有些馆内的温度甚至达到摄氏30度，难怪这些本该昏昏睡去的家伙们忘记了寒暑。

声音形式有变化才能区别出不同的情感，语气有情感的运动，有内心的依据，才不会成为硬贴上去的孤立的外在的形式，语气的“神”与“形”就是这样相辅相成，融为一体的。

由于主持人节目类型、内容、形态多种多样，服务对象也有所区别，因此语气的运用还特别要注意到节目语境的制约，要兼顾语体的风格差异，考虑不同的受众对节目收视、收听心理的细微区别。消息语体与谈话语体不同，欣赏性的文艺语体与参与性的娱乐语体不同，在有声语言的表达上，感情真挚的要求是一致的，所不同的是表达分寸尺度恰如其分的把握，适度的才是最容易被接受的，也才是最美的。

二、节奏

1. 节奏的定义

生命的真谛在于不断地运动，有运动就会有节奏。大千世界里充满着节奏，自然界四季的更替轮回，大海的潮起潮落，月亮的盈缺圆亏，人类社会的进化推演，乃至我们心脏的跳动起伏、肺部的吐纳呼吸……节奏是随着客观世界的运动而产生的，物质运动呈一定规律的变化就构成了节奏。人们可以感应节奏，也同样可以运用节奏从事创作活动。正如美学家朱光潜先生所说：“节奏是主观和客观的统一，也是生理和心理的统一。它是内心生活（思想和情趣）的传达媒介。艺术家把应表现的思想和情趣表现在音调和节奏里，听众就从这音调节奏中体验或感染到那种思想和情趣，从而引起同情共鸣。”①

---

① 朱光潜：《谈美书简》，上海文艺出版社，1981。

有声语言活动中当然也存在节奏，张颂先生指出，那些由文章的思想感情的波澜起伏所造成的抑扬顿挫、轻重缓急的声音形式的有规律的运动，就形成了语言表达的节奏。主持人的即兴口语也是有节奏的，因为它来自话语主体的“思想感情的波澜起伏”并造成了“抑扬顿挫、轻重缓急的声音形式的有规律的运动”。有声语言的节奏这个概念主要有以下三个内涵：一是语言的节奏来自文稿及话语主体内心思想感情运动的节奏，与文章或话语的主色调紧密相关；二是语言节奏并非只是语流速度的变化，还有语言力度和亮度的变化；三是节奏相对于语气来说，它是着眼于全篇的，并不是对具体语句的判断，但是二者关系密切，有单个到群体的积累关系，也就是说，语言节奏是以相似的基本语气色彩、相似的语势转换形式表现出声音形式规律性的运动，从而形成语篇或语段整体的鲜明的主导节奏，被人感知和接受。

2. 节奏的类型

节奏类型，主要是从语言内容的精神内涵出发，着眼于人们易于感知的声音形式的速度、力度和亮度的特点进行划分的。在广播电视节目传播者的语言活动里（包括一篇播音作品、一档节目的主持、一次现场报道），总是由带有整体性的节奏类型占据主导地位，而非重点处的其他节奏类型作为辅助节奏局部地渗入。任何一档节目由主导节奏和辅助节奏复合组成，才显得丰满生动，才富有生命的冲击力。

比如国庆70周年天安门广场庆祝大典的解说词，整体上显然是“高亢”的节奏类型，但其中不乏其他节奏类型的渗入，如介绍群众游行队伍片断的解说词便是舒缓型节奏：

村口杨柳依依，院内海棠盛开，一幅幅农民画，描绘出新时代的美丽乡村。农村致富带头人、劳动模范和农民群众组成的“乡村振兴”方阵向我们走来，产业兴旺、生态宜居、乡风文明、治理有效、生活富裕，中国农民的美好梦想正在变成现实。

以下介绍的六种节奏类型只是择其要者而列之，远不能也不可能穷尽所有的节奏类型，实践中也不必拘泥于其中，而完全可以有丰富的创造性。

（1）轻快型：多扬少抑，声轻不着力，语流中顿挫少，且顿挫时间短暂，语速较快，轻巧明丽，有一定的跳跃感，整体的基本语气色彩和语势转换都比较轻快。如朱自清的散文《春》，就是典型的轻快节奏。冯骥才的散文《珍珠鸟》的主导节奏也属于“轻快型”，请看片段：

三个月后，那一团愈发繁茂的绿蔓里边，发出一种尖细又娇嫩的鸣叫，我猜到，是它们有了雏儿。我呢？决不掀开叶片往里看，连添食加水时也不睁大眼去惊动它们。过不了多久，忽然有一个小脑袋从叶间探出来。更小哟，雏儿，正是这小家伙！

它小，就能轻易地由梳格的笼子钻出身。瞧，多么像它的母亲：红嘴红脚，灰蓝色的毛，只是后背还没有生出珍珠似的圆圆的白点；它好肥，整个身子好像一个蓬松的球儿。

起先，这小家伙只在笼子四周活动，随后就在屋里飞来飞去，一会儿落在柜顶上，一会儿神气十足地站在书架上，啄着书背上那些大文豪的名字；一会儿把灯绳撞得来回摇动，跟着跳到画框上去了。只要大鸟在笼里生气地叫一声，它立即飞回笼里去。

又如李国文的散文《开卷有益》中对在图书大厦读书者的一段描述，初看，像是舒缓的节奏类型，不过，整段的描述都归结于最后那明朗、向上的排比句，这才是此段的主旋律，也是与全文基调一致的，所以，可以说它更适于轻快节奏类型与舒缓节奏类型融合，并以轻快节奏为主导的方式处理：

我常常到西单的图书大厦去，也是看的时候多，买的时候少，但看到楼上楼下，那么多的读者，从白发皤然的老人，到牙牙学语的小孩，从囊中羞涩的学生，到寻常觅书的客户，无不认真地捧着书，或立或坐，专注阅读，聚精会神，旁若无人。这种勤学不辍的精神，总是使人感觉到一种希望，一种曙光在前的景象，一直可以期待的美好明天的远景。

而下面一段电视片中的动物趣闻，以轻快的节奏、温暖的语气配音是恰如其分的：

美国南卡罗来纳州的一座公园里三岁大的猩猩——汉拿马，代替了母亲的角色照顾这两只只有两个月大的小狮子。据饲养员说，汉拿马非常喜欢这两只小狮子，它经常让它们躺在自己的肚子上玩耍，并用充满母爱的眼光注视着小狮子，更可贵、更让人意想不到的是，汉拿马还是一只公猩猩。同样异类相依为命的还有接下来的这对儿，印尼巴厘岛森林动物园里，一只短尾猴把一只流浪小猫当成了自己的孩子，短尾猴悉心地照顾小猫，它们成了相依为命的亲人。同样的事情还发生在日本京都福知山市动物园，一只野猪正和它的好朋友猕猴宝宝一起散步。

（2）凝重型：多抑少扬，多重少轻，音强而着力，色彩多浓重，语势较平稳，顿挫较多，且时间较长，语速偏慢，重点处的基本语气、语势转换形式都显得分量较重。景希珍的回忆录《在彭总身边》，是典型的凝重节奏。

谢弥清的文章《回首余纯顺》，作者以理智沉静的思维和崇敬痛惜的感情思考余纯顺的探险，感情深沉，节奏凝重，请读片段：

余纯顺终于去了罗布泊，并且再也没有回来。

按他的原定计划，他穿越罗布泊的时间应是九、十月份，他为此查阅了大量气象、地理等有关资料。然而，人为的因素使他匆忙地改变了计划。

摄像机记录下的镜头，使得余纯顺迈开大步走向罗布泊荒原的豪迈身影，成为他留在这个世界上的永久定格，这，也许是一件幸事。

可当余纯顺在摄像机的追踪下开始这一严酷行程的时候，也就注定他的行动已不仅仅是一次单纯的探险行动，而充满了一种“殉道”的意味。

我们现在已无从知道究竟是什么原因使余纯顺改变了原来的计划，但有一点可以肯定：假如他的这次行动成功了，“六月份不能穿越罗布泊神话被打破”这一壮举，将给他本人和新闻媒体带来巨大的影响。对于崇尚雁过留声的余纯顺，我想这不能不说是一个诱惑。但对于一个走了八年，对人生的意义和生命的价值有深刻感悟的探险者来说，这诱惑似乎是微不足道的。

这也成了我以及许多与之相熟的朋友们心中的谜。

新闻性的文字也可能出现较为凝重的节奏，这是由文字的含义及内心感受决定的，只有用适度凝重的节奏，才能真切表达其中的急切与沉重。如记者关于佛山耕地锐减的报道：

佛山市是广东省的一个缩影。广东省是全国改革开放最早的地方，也是目前全国耕地减少最多的地方。面对生存和发展，20 年来广东人内心承受的矛盾，或许只有这里的人自己才能体会。

他们在仅占全国 1.8% 的土地上，为国家贡献了 1/8 的 GDP 和 1/7 的财政收入；他们要为来自全国的外来打工者提供居所，为他们致富拓展空间。

佛山市国土资源局土地规划与耕地保护科科长李湜告诉我们：“截至 2008 年，佛山市的人均耕地面积只有 0.11 亩，远低于全省的 0.45 亩的平均耕地占有水平。”

（3）低沉型：声音偏暗偏沉，语势多为“落潮类”，句尾落点多显沉重，语速较缓，重点处的基本语气、语势的转换多偏于沉缓。夏衍的报告文学《包身工》，是典型的低沉节奏，请看片段：

四点半之后，当晨光初显的时候，水门汀路上和巷子里，已被这些赤脚的乡下姑娘挤满了。她们有的在水龙头旁边舀水，有的用断了齿的木梳梳掉紧粘在头发里的棉絮，有的两个一组两个一组地用扁担抬着平满的马桶，吆喝着从人们身边擦过。带工老板或者打杂的拿着一沓沓的名册，懒散地站在正门出口——好像火车站剪票处一般的木栅子前面。楼下的那些席子、破被之类收拾了之后，晚上倒挂在墙壁上的两张板桌子放下来了。十几只碗，一把竹筷，胡乱地放在桌上，轮值烧稀饭的就将一洋铅桶糨糊一般的薄粥放在板桌中央。她们的伙食是两粥一饭，早晚吃粥，午饭由老板差人给她们送进工厂。所谓粥，是用乡下人用来喂猪的豆腐渣加上很少的碎米、锅巴等煮成的。粥菜？这是不可能有的。有几个“慈祥”的老板到菜场去收集一些菜叶，用盐一浸，这就是她们难得的佳肴。

又如姜欣峰记述成龙故事的文章中说到成龙小时学戏的艰辛与压抑，基本属于低沉的节奏类型，但是最后透出了他的坚韧：

按照旧时梨园行的规矩，父亲同戏班签了生死状，在约定期限内，他的生杀大权都握在师父手中。戏班里的管教非常严格，本该在母亲膝下承欢的年纪，他却在师父的鞭子与辱骂下练功，吃尽了苦头。时间不长，他就偷偷跑回了家，父亲勃然大怒，坚决叫他回去：“做人应当信守承诺，已经签了合同，绝不能半途而废。咱人虽穷，志不能短！”他只好重新回到戏班，一练就是十几年。

（4）高亢型：声音多明亮高昂，语势多为“起潮类”，峰峰紧连，扬而更扬，势不可遏，语速偏快，重点处的基本语气、语势的转换大多带有昂扬积极的特点。

下面关于中华人民共和国成立 70 周年阅兵仪式的解说词，宜采用高亢型节奏，请看片段：

康辉：建设一支听党指挥、能打胜仗、作风优良的人民军队，把人民军队建设成为世界一流军队，这是党的重托，也是人民的期盼。

海霞：整齐的方阵，展现了共和国钢铁长城的时代风貌；铿锵的誓言，传递了全军将士对统帅的信赖、拥戴。

康辉：关山飞渡的新征程，离不开登高望远的领路人。坚持以习近平新时代中国特色社会主义思想为指导，深入贯彻习近平强军思想，增强“四个意识”，坚定“四个自信”，做到“两个维护”，贯彻军委主席负责制，全军官兵思想上高度自觉，政治上高度自觉，行动上高度自觉。

海霞：为巩固中国共产党领导，为社会主义制度提供战略支撑，为捍卫国家主权统一、领土完整提供战略支撑，为维护国家海外利益提供战略支撑，为促进世界和平与发展提供战略支撑。人民军队，重任在肩，奋勇向前。

张锲的散文《祖国，一首唱不完的恋歌》中的一段，也是高亢的节奏类型：

祖国是什么？它是一次次的屈辱，一次次的抗争，一次次的失败，又一次次的奋起。它是战士手中的枪，志士颈上的血，是胜利后的狂欢，是史书上一页页不朽的篇章！

又如关于共和国上将韩先楚的传记中描写他的昂扬斗志的片段，虽是对其内心的刻画，但是高昂的激情呼之欲出：

韩先楚站在地图前，一看到那些指纹似的等高线，呼吸就有些急促，周身的热血就一阵阵沸腾起来。那泥泞路上的跋涉，那冰冷堑壕中的据守，那枪林弹雨中的攻击，那血与火的岁月，历历在目，声声在耳，像刚刚发生一样。

（5）舒缓型：声音多轻松明朗，略高但不着力，语势有跌宕但多轻柔舒展，语速徐缓，重点处的基本语气、语势转换都显得舒展从容。老舍的散文《济南的冬天》，是典型的舒缓节奏，请看片段：

对于一个在北平住惯的人，像我，冬天要是不刮风，便觉得是奇迹；济南的冬天是没有风声的。对于一个刚由伦敦回来的人，像我，冬天要能看得见日光，便觉得是怪事；济南的冬天是响晴的。自然在热带的地方，日光是永远那么毒，响亮的天气，反有点叫人害怕。可是，在北方中国的冬天，而能有温晴的天气，济南真得算个宝地。

设若单单是有阳光，那也算不了出奇。请闭上眼睛想：一个老城，有山有水，全在天底下晒着阳光，暖和安静地睡着，只等春风来把它们唤醒，这是不是理想的境界？小山整个把济南围了个圈儿，只有北边缺着点儿口儿。

又如下面一段文字，也适合采用舒缓节奏来表达：

在中华文化看来，城市又是个非常有意义的故事，它是由城与市结合起来的。所谓的城是具有防卫功能的墙垣，而市是人们平等交易的空间。为了在城市中谋取立锥之地，多少文人墨客发出了居者有其屋的感慨。一千二百多年前，诗圣杜甫更是留下“安得广厦千万间，大庇天下寒士俱欢颜”的美好憧憬。

如果从建筑学的角度看，规整方正的格局和中轴线上的系列处理，使北京城成为中原帝国和中华建筑理念的结晶，而张择端的《清明上河图》，更是栩栩如生地记录了北宋中国汴河两岸繁华的城市生活。

下面一则趣味新闻“小熊猫找到狗奶妈”，轻松明朗的叙事节奏属于新闻中的

“舒缓型”，请看主播的口播部分：

8月3号，北京动物园的熊猫乐乐顺利产下了两只小熊猫，为了补充乐乐的奶量，动物园紧急向社会征召刚生产过的小狗作奶妈。到今天为止，已经有三只狗妈妈担起了哺育熊猫宝宝的重任。

两只小熊猫是8月3号下午3：30左右相继出生的，老大一出来就被妈妈抱在怀里吃上了奶。而睡在保育箱里的老二则是当天晚上吃上初乳的。它的奶妈就是这只一岁半的西狮犬妞妞，妞妞是8月2号晚头一次当妈妈，一边带自己的小狗，一边喂养小熊猫。饲养员表扬说，它很努力。不过小熊猫的食量比较大，妞妞的奶水不够，于是动物园又派出两队人马，不停地对应征的狗妈妈进行家访。

今天上午，这只叫三妮的腊肠犬和一只狼犬也加入了狗妈妈的行列，征集奶妈的工作就算告一段落。不过一向温顺的妞妞对新来的伙伴并不友好，它俩都是头一次当妈，护子的本能却很强，饲养员只好将它们分开饲养。三妮到了新环境开始还有点儿紧张，不过很快就担起了职责，为小熊猫顺利哺乳。这次出生的小家伙已是熊猫乐乐的第五胎。出生后，老大重139克，老二重120.4克，属中等个头。

大熊猫乐乐是北京动物园人工繁殖的第二代熊猫，以前生的七只熊猫中有四只顺利成活。在1998年饲养人员首次尝试用人工辅助的方式让乐乐轮流喂养双胞胎，直到同时带双仔获得成功。不过它今年已经14岁，相当人类年龄的40岁，饲养人员担心它从体质到行为上可能出现变化。

现在饲养人员24小时监护着小熊猫，对乐乐的一举一动十分留意。当然几个狗奶妈也很受宠，妞妞喜欢吃羊肉、牛奶，三妮喜欢吃狗粮和牛肉包，饲养人员还另做了鸡汤、鱼汤给它们补养。希望半年后两只小国宝能像它们的哥哥一样在外面尽情地撒欢。

又如沈志远的散文《科学是美丽的》最后一段，用说理的方式抒发对“科学是美丽的”这一命题的认识与感情，适合于舒缓的节奏类型：

科学追求真理，揭示宇宙万物的真相及其变化规律。真正的科学家都懂得：真理是简单的，而且越是深层次的、适用范围越是普遍的真理就越简单。简单、深刻、普遍三位一体，这就是科学美之源泉。科学家在追求真理的过程中，锲而不舍，孜孜以求。常人往往认为苦，其实他们虽然辛苦却乐在其中。科学家顿悟和突破后的快感乃先睹为快——享受前人从未见过的瑰丽美景。

科学是美丽的！你同意吗？

（6）紧张型：声音多扬少抑，多重少轻，语速快，气较促，顿挫短暂，语言密度大，重点处的基本语气、语势的转换都较急促、紧张。

下面的文稿节选于《感动中国》2018 年度人物颁奖晚会中英雄机长——刘传建的视频简介，这段配音属于紧张型：

突然发出“轰”的一声巨响，驾驶舱右座的前挡风玻璃出现裂纹，刘传建迅速向管制台报告。（刘传建同期声略）但惊变总是在猝不及防时发生，刘传建跟管制员通话 30 秒后，右侧的前挡风玻璃就整体爆裂了。瞬间强风造成仪表台受损严重，驾驶舱气温骤降到零下 40 多度，座舱失压、缺氧，飞机下方崇山峻岭。（刘传建同期声略）刘传建看到副驾驶的半个身子挂在舱外，本能地伸手想把他拽回来。但巨大的风力将刘传建的整个身体死死压在座椅上面，无法动弹。（刘传建同期声略）此时的飞机处在超过设计极限的坡度的速度状态下，瞬间失去了平衡，随时都有翻滚着摔下去的可能。状态就是生命，刘传建首先要控制住飞机使其不要急速下坠。（刘传建同期声略）在近万米高空，强大的气流让刘传建无法戴上氧气面罩，而失压和缺氧超过 45 秒就会致人昏厥。刘传建凭借多年练就的技能和经验操纵着飞机。为了避免撞山，他要尽快飞出山区。此时，机舱内的温度骤降到零下 40 多度，身着短袖衬衣的刘传建忍受着寒冷、失压的折磨，操纵飞机艰难地下降高度。（刘传建同期声略）通常情况下，飞行员接受的多为单一的故障训练，但这一次是失压、低温、仪表损坏等多种故障叠加在一起，在这史无前例的困境中，刘传建对每个动作都是小心翼翼地操作。坚持了近 20 分钟，飞机终于飞出了山区。

又如讲述成龙往事的一段文字：

有一天，行业内的何先生约他出去，请他出演一个新剧本的男主角：“除了应得的报酬，由此产生的 10 万元违约金，我们也替你支付了。”何先生说完强行塞给他一张支票，匆匆离去。他仔细一看，合同上竟然签着 100 万，好大一笔款子！他从小受尽苦难，尝遍艰辛，不就是盼望能有今天吗？可转念一想，如果自己毁约，手头正拍到一半的电影就要流产，公司必将遭受重大损失。于情于理，他都不忍弃之而去。

一宿难眠。次日清晨，他找到何先生，送还了支票。何先生很是意外，他则淡淡地说：“我也非常爱钱，但是不能因为 100 万就失信于人，大丈夫当一诺千金。”

其中写成龙看到支票后思绪翻滚的一段细腻真切，先是吃惊于 100 万的大数目，继而有些惊喜，但是旋即就否定了这一闪念，并决定了自己面对此事的态度。可以断定，成龙在那一刻整个的心理活动是紧张的，思想急剧地转折，情感变化也是飞快而剧烈的，所以属于紧张的节奏类型，只不过表现内心活动时音量不宜过大，语势变化跌宕，“电影要流产，公司受损失”语气急促、分量较重，而后转为坚定的语气说出“不忍弃之而去”。第二天的行动和语言转换为舒缓的节奏类型，表现出成龙对信念的坚守是淡定的。这两种节奏类型的对比衔接，会使成龙的人物形象更加鲜明突出。

再如下面一段《2019 感动中国十大人物》中关于消防队在四川木里森林里扑灭山火的过程的描述，“第一队队员……”“同时……”可以采用非典型的紧张节奏，语句衔接紧凑，一气呵成，直到“增援的路上”慢下来，以沉重的语气突出此重音，接着又进入紧张节奏的回环，从而表现出一定的担心、忧虑：

第一队队员到达火场后，顶着高温炙烤，打灭了多个火点。同时，由赵万坤率领的第二分队和当地干部群众，正在紧急增援的路上。就在这时，第一小队突然发现了意外的险情。

3. 节奏的运用

（1）运用原则

一是节奏的变化和运用以思想感情运动为依据；二是应从整体上考虑节奏的布局；三是节奏变化的声音形式必须对比适度，主持人的语言传播，首先应符合广播电视的新闻性特质，符合听、观众的接受习惯，其次要符合具体栏目的性质与风格。

（2）运用方法

流动和变化是节奏技巧的外部特征，主导节奏的回环往复，离不开主导节奏和辅助节奏之间的转换承接。在有声语言的语流当中，有对比，才有变化，有组合，才有节奏，相对比的因素总是以一方为主，以对比的另一方来映衬、强化为主的一方，从而显现处主导节奏的特定性，同时主导节奏与辅助节奏的内在协调性共同形成了既统一又有变化的整体基调。

语流当中，声音形式的高低、轻重、疾徐三方面不同的对比组合关系，使节奏的力量得以彰显。主要的对比组合关系如下：

①欲扬先抑，欲抑先扬

声音向高向明亮的趋势发展，称为“扬”，相反，声音向低向沉暗的趋势发展，叫作“抑”。声音的扬抑有许多层次，没有什么绝对的标准，以抑作扬的铺垫，或以扬作抑的衬托，就加大了扬抑变化的幅度，以不同程度的“欲扬先抑，欲抑先扬”组合起来的节奏转换，才愈见其扬，或愈见其抑。

②欲快先慢，欲慢先快

语流的快慢，是节奏转换变化的又一对重要的组合关系。语流的快与慢，一方面是内心节奏的反映，另一方面是由音节的长短差异，由顿挫次数的多寡，由顿挫之后衔接的松紧不同让人感觉到的。快与慢的层次性也是十分丰富的，快或慢本身要适度，慢，不能使人有“拖沓”的感觉；快，不应让人产生“耳不暇接”的急促感，可以通过“慢中有快，快中有慢”的互补组合，努力做到“慢而不拖”“快而不乱”。这种快慢相间的组合，既可以用在段落、句群、句子间，也可以用在词组或音节间，如此，快慢节奏的变化会显得自然、流畅，能避免单调、生硬的弊病。

③欲重先轻，欲轻先重

声音形式的重与轻，源于内心的感受，同时又与吐字力度、口腔松紧及气息密度有关，吐字力度强、口腔控制紧、气息密度大，声音加重，反之，吐字力度弱、口腔控制松、气息密度小、声音收小，则轻。声音的轻重还与音色的虚实有关，音色虚则显得轻，音色实就显得重，不过，广播电视的传播语言中的“虚”特指略有气音的半虚半实之声，而非声门大开的耳语般的虚声。为了更巧妙地运用节奏的轻重转换，除了形成轻重或虚实的前后对比外，还应注意它们之间的交叉、过渡，做到“重中有轻，轻中有重”“实能转虚，虚能转实”，这样才能有助于语言传递的生动、真实。

以上几种基本的节奏对比组合关系，由于它们的概括性和抽象性，因而更具有普遍性。在实际运用时，情况是多种多样的，要依据思想感情的运动节奏，合情合理而又巧妙地做出语言节奏上的处理，有时用一种转换方式，更多的情况下是两种或两种以上的方式交织在一起综合运用，这样，才愈见节奏的立体性和丰富性。

下面我们来看一篇文章：《发现跪拜的藏羚羊》，作者王宗仁。

①天下所有慈母的跪拜，包括动物在内，都是神圣的。

②这是听来的一个西藏故事。发生故事的年代距今有好些年了。可是，我每次乘车穿过藏北无人区时，总会不由自主地要想起这个故事的主人公——那只将母爱浓缩于深深一跪的藏羚羊。那时候，枪杀、乱逮野生动物是不受法律惩罚的。就是在今天，可可西里的枪声仍然带着罪恶的余音低回在自然保护区巡视卫士们的脚印难以到达的角落。当年举目可见的藏羚羊、野马、野驴、雪鸡、黄羊等，眼下已经成为凤毛麟角了。

③当时，经常跑藏北的人总能看见一个肩披长发、留着浓密大胡子、脚蹬长筒靴的老猎人在青藏公路附近活动。那支磨蹭得油光闪亮的杈子枪挂在他身上，身后的两头藏牦牛驮着沉甸甸的各种猎物。他无名无姓，云游四方，朝别藏北雪，夜宿江河源，饿时大火煮黄羊肉，渴时一碗冰雪水。猎获的那些皮张自然会卖来一笔钱，他除了自己消费一部分外，更多地用来救济路遇的朝圣者。那些磕长头去拉萨朝觐的藏家人，心甘情愿地走一条布满艰难和险情的漫漫长路。每次老猎人在救济他们时总是含泪祝愿：上苍保佑，平安无事。

④杀生和慈善在老猎人身上共存。促使他放下手中的杈子枪是在发生了这样一件事以后——应该说那天是他很有福气的日子。大清早，他从帐篷里出来，伸伸懒腰，正准备要喝一铜碗酥油茶时，突然瞅见两步之遥对面的草坡上站立着一只肥肥壮壮的藏羚羊。他眼睛一亮，送上门来的美事！沉睡了一夜的他，浑身立即涌上来一股清爽的劲头，丝毫没有犹豫，就转身回到帐篷拿来了杈子枪。他举枪瞄了起来，奇怪的是，那只肥壮的藏羚羊并没有逃走，只是用企求的眼神望着他，然后冲着他前行两步，两条前腿“扑通”一声跪了下来。与此同时只见两行长泪就从它眼里流了出来。老猎人心头一软，扣扳机的手不由得松了一下。藏区流行着一句老幼皆知的俗语：“天山飞的鸟，地上跑的鼠，都是通人性的。”此时，藏羚羊给他下跪自然是求他饶命了。他是个猎手，不被对藏羚羊的怜悯打动是情理之中的事。他双眼一闭，扳机在手指下一动，枪声响起，那只藏羚羊便栽倒在地。它倒地后仍是跪卧的姿势，眼里的两行泪迹也清晰地留着。

⑤那天，老猎人没有像往日那样当即将猎获的藏羚羊开宰、扒皮。他的眼前老是浮现着给他跪拜的那只藏羚羊。他有些蹊跷，藏羚羊为什么要下跪？这是他几十年狩猎生涯中见到的唯一一次情景。夜里躺在地铺上他也久久难以入眠，双手一直颤抖着……

⑥次日，老猎人怀着忐忑不安的心情对那只藏羚羊开膛扒皮，他的手仍在颤抖。腹腔在刀刃下打开了，他吃惊得叫出了声，手中的屠刀“咣当”一声掉在地上……原来藏羚羊的子宫里，静静卧着一只小藏羚羊，它已经成型，自然是死了。这时候，老猎人才明白为什么那只藏羚羊的身体肥肥壮壮，也才明白它为什么要弯上笨重的身子为自己下跪：它是在求猎人留下自己孩子的一条命呀！

⑦天下所有慈母的跪拜，包括动物在内，都是神圣的。

⑧老猎人的开膛破腹半途而停。

⑨当天，他没有出猎，在山坡上挖了个坑，将那只藏羚羊连同它那没有出世的孩子掩埋了。同时埋掉的还有他的杈子枪……从此，这个老猎人在藏北草原上消失。没有人知道他的下落。

文章讲述了一位勇敢善良的老猎人，错杀一只向他下跪的怀孕藏羚羊的悲壮、惨烈的故事，令人震撼，发人深省，文字中几乎没有任何议论，却让人陷入沉思。显而易见，从节奏角度考量表达技巧的运用，通篇的主导节奏属于凝重型，故事的主要段落都是凝重节奏的回环和沉郁的语气色彩，语速较慢，停顿处理多迟滞，那些典型的凝重节奏分别体现在第①、⑥、⑦、⑧、⑨自然段。

不过，如果表达上处理成全篇一味的沉重，就会让人很压抑，而且色彩过于单一，并不利于老猎人形象及内心冲突的刻画的丰富性、立体性及剧烈性。其实我们从文字的描述中、事态的进展与故事的推演中完全可以发现其间穿插了不同的语气色彩、不同的节奏类型，我们是可以从通篇的把握中找到一些有铺垫、有对比的辅助节奏的，运用这些节奏变化，就能为故事的讲述增添色彩。

比如第③自然段的前半部分对老猎人的描绘，文字不多但很传神，勇敢、剽悍、性格豪放，“他无名无姓，云游四方，朝别藏北雪，夜宿江河源，饿时大火煮黄羊肉，渴时一碗冰雪水”，十分阳刚的形象，可以用较明快的节奏，语气豪爽。后半部分写老猎人悲天悯人，菩萨心肠，无私接济路遇的朝圣者，适用舒缓的节奏，深情地表达他的“含泪祝愿”。前边适度的“高昂”“明朗”，及后边相对的“轻缓”和“温暖”，使得故事高潮处的“震惊——战栗——凝重”愈发重重地敲击人们的心灵，有利于整体凝重色彩的对比凸显。这些辅助节奏恰恰是对重点段落的凝重节奏的铺垫和映衬，是“欲重先轻”“欲抑先扬”“欲慢先快”的节奏对比与转换的实际运用。

进入第④自然段，从他发现那只藏羚羊时“眼睛一亮”到拿来杈子枪，有着兴奋轻快、敏捷的色彩，转而发生的藏羚羊下跪、流泪，让人由心里“一惊”到心头“一紧”，跟着就沉了下来，此处可以紧张的节奏表现，但语势有一个由高“扑通一声跪了下来”到低“两行长泪就从它眼里流了出来”的较大的落差，随着“老猎人心头一软”，转入低沉的节奏讲述其中的缘由，可是老人终究是个猎手，稍犹豫之后还是扣动了扳机，这里有个细节——“双眼一闭，扳机在手指下一动，枪声响起”，常识告诉我们瞄准时只能闭一只眼而不可能是“闭双眼”，老猎人却是“闭双眼”，这个细节点出了老猎人的“不忍”，是个伏笔。这个片段，从巧遇猎物的“惊喜”，到发现猎物奇特的举动的“惊异”“迟疑”，直到在矛盾中击毙猎物，其间的内心冲撞可谓“一波三折”，进入凝重的主导节奏。

故事没有结束，先是第⑤自然段老猎人不解、苦苦思索的不眠之夜，第二天开膛发现胎死腹中的小藏羚羊“令人震颤”，老猎人深深自责，灵魂受到巨大的拷问和鞭挞。前后两个自然段，也是“欲重先轻”“欲抑先扬”的辅助节奏对主导节奏的铺垫、对比和映衬。

第⑥自然段是全篇的重中之重，是故事的高潮，从老猎人“不安”“颤抖”地开膛，此时宜“气提、声轻”，融入紧张的节奏，到“吃惊得叫出了声，手中的屠刀‘咣当’一声掉在地上”，又是一次声音猛然提高，又骤然降到低点的变化，一个长的停顿后进入弛缓而沉重的凝重主导节奏。这里的声音形式的节奏变化、语气变化，与朗读者的心理节奏与情感态度是一致的，只要你理解深刻，体验真切，感同身受，在此基础上辅以恰当的声音形式的变化，就能较为绘声绘色地表达故事的内涵，并唤起听者的联想与共鸣。

接下去的三个自然段是高潮之后的“点睛”，继续延展凝重节奏，写老猎人掩埋了猎物，也同时埋葬了令他骄傲的杈子枪，这个事件颠覆了他的人生，从此，老猎人在草原销声匿迹，“没有人知道他的下落”。这个无言的结局，不但引起人们对老人命运的猜想，更引发人们对故事揭示的多重道理的深思与怀想，比如伟大神圣的母爱、动物保护的严峻、人的觉醒……

以上我们主要立足于对“节奏”运用的讲解，基本没有做停连重音的提示，绝不是它们不重要，而是我们更强调在表达技巧的运用中，要善于把握全篇与重点，整体与细节的关系。有整体的观照才大气，有细节的推敲才生动，停连要融入节奏中，重音要由语气带动，如此，所有的技巧就不会是孤立的“分解动作”，而会成为综合的饱含思想感情的、有血有肉的声音形式的美妙律动。

第六章

主持人语言“表述”特点

第一节 主持人语言“表述”的着力点

一、“表述”与“表达”

在播音学、朗读学的范畴里，以及台词表演、朗诵，乃至人们在社会生活里的语言交际活动中，语言表达，专指有声语言表现思想感情的情状，从专业角度又有表现思想感情的外部技巧（停连、重音、语气、节奏），为优化表达的效果提供了丰富的、行之有效的方法和规律。不过，在更大的范畴内，“表达”还包括把蕴藏在头脑里的所思所想以口头的或书面的形式呈现出来的活动，即写出来，或者说出来。故此，“表达”有广义和狭义之分，前者为狭义，后者为广义。

先前还没有主持人节目的时候，广播电台、电视台编辑部门的三大块：采访部、编辑部、播音部，分工明确，记者采写稿件；编辑组稿、整理加工稿件及音像素材，并负责编排成节目；播音员的工作任务就是把编辑部各类节目的所有文字稿件转化为有声语言传播出去，其核心即狭义的“表达”。随着主持人节目出现和节目形态的发展，编辑部门的分工和结构都有了新的整合，原来的“采”“编”“播”三个工种的界限也不是那么泾渭分明了。其间主持人的业务范畴扩大了，除了对文字稿件的表达外，还有相当多的情况是没有稿件，也根本无法依赖现成稿件的，需要主持人依据节目主旨、资料及现场情况自主表达，况且，有些时候，有的稿件还就是主持人动手拟就的。

面对这样的现实，为了更细致深入地探讨主持人的语言特点和语言能力，我们对主持人语言做进一步划分可以看出，主持人在节目中的语言活动，既有“生成”

的部分，也有“转化”的部分。故此，我们不妨把由“内部语言”生成为“外部语言”的活动称为“表述”，这当中既包括述之于文字的，也包括直接述之为口头的；而“表达”，仍然因循其狭义——有声语言的技巧运用。本章重点关注主持人语言的“表述”特点。

中央电视台副台长孙玉胜2003年出版的《十年》一书的副标题就是“从改变电视的语态开始”，书中回顾和总结了他在被称为央视新闻改革“特区”——评论部的十年里，作为评论部主任带领大家改革探索的过往和经验。书中所说的“新华体”主要有两大特点，一是说它的“书面语”语体特征，二是指它的权威性。新华体本身固然无可非议，只不过在广播电视前进的道路上，人们一直在摸索给人“听”和给人“看”的语言在表述上固有的差别，这方面从人民广播诞生伊始就提倡“口语化”，而改革开放以来，传播关系、传播理念的变化，更把传播的改革推进到语言内容、语言态度和语言方式的深层面。这样的变革与主持人关系极其密切，评论部的几个代表性栏目《东方时空》《焦点访谈》《新闻调查》《实话实说》都是采用主持人节目形式，而且主持人都走的是深度介入节目的记者型主持人的路子，我们一直把这些栏目的主持人视作主持人语言的探索者、实践者、先行者，当然实践和时间也都表明他们是优秀者。

我们知道，主持人将“内部语言”生成为可以听、可以看的“外部语言”，其间涉及的要素很多，内容方面诸如思想、事实；形式方面包括遣词造句、谋篇布局、语体风格。此外，还有制约影响语言内容与表述形式的——主持人与受众的关系、主持人“说”的态度和方式，这后面的一项不容忽视。这里我们不从“编码”的角度谈，因为“语言编码”更多地关注遣词造句时词汇语法应用的起码规范。我们是在这个基础之上，着重从主持人语言传播的特色谈，我们要抓住主持人表述的三个着力点：表述的信息、态度和方式。

二、主持人表述的着力点——话语信息、话语关系、话语方式

1. 话语信息

我们知道，有意义的内容称为信息。作为主持人，就要考虑自己的话语对于大多数受众，起码对于栏目的目标受众（也就是主要或特定的服务对象）的信息需求，含量是不足，是冗余，还是比较合适。虽然很难有也不必有精确的量化标准，但是，主持人应当有“信息”意识，要尽量减少受众对所论及内容的不确定性，满

足受众的信息需求。换句话说，主持人的话语一定要有“含金量”，要有信息量，有意味。主持人不能总是冠冕堂皇地说一些套话、大话，滔滔不绝地说些人人皆知的废话，或者空洞无物的水词儿，抑或皮笑肉不笑地念喜歌儿。主持人节目不同于更具庄重和权威感、善于“宏大叙事”的非主持人节目的传播，这两大类不同的节目从不同角度、不同侧面，以不同的方式，相互配合、相互补充、相互映衬，呈现出我国广播电视整体的多样化的传播格局，以满足受众丰富多彩的需求。

北京时间2016年8月6日晚，里约奥运会开幕，央视共有三个频道同时直播了这场盛大的开幕式，综合频道和体育频道并机直播，解说人是沙桐和张斌；新闻频道“另起炉灶”，由白岩松解说，解说词也完全不是一个版本。开幕式开始后，白岩松欢乐解说奥运会，获赞“自带弹幕的段子手”，而网友也将沙桐和张斌的解说称为正常版，把白岩松的解说称作“段子版”。对比这两个版本的解说，我们首先能看到，面对同一个事物（里约奥运会开幕式）的同步解说在信息提供方面的差异。比如在开幕式中国队入场时，白岩松用段子的形式把自己在中国代表队中看到的信息说给观众听：

【段子版】

中国代表团出场了，旗手是击剑运动员雷声，这次中国体育代表团一共来了416人，现在我们看到国务院副总理刘延东作为国家主席习近平的特别代表来到开幕式现场向中国的运动员加油、助威、致敬。旗手雷声改变了长期以来男篮运动员作为旗手的中国代表团的传统，有一点亮剑的精神存在，其实下一次，中国女性的运动员取得了那么多枚金牌，而且运动员的人数这次也超过了男性运动员，为什么不能在东京奥运会上让女性运动员来当旗手呢？比如说女排，或者怎么样，您要同意这个创意的话，请在家里鼓掌。另外我觉得中国体育代表团的鸡蛋炒西红柿的入场服装还可以吧？毕竟很多中国人学会的炒的第一个菜就是西红柿炒鸡蛋，还真有点代表特色，另外也比较低调，不去跟别人抢风头，西红柿炒鸡蛋，中国人的国民菜。

这段极具幽默感的解说词，信息饱满，角度新颖，前半部分对国家领导人、旗手和代表团人数的介绍是基本信息的解说，而后半部分对“西红柿炒鸡蛋”入场服的调侃又是另一类信息的普及，国民菜——西红柿炒鸡蛋在白岩松的段子式解说中令观众莞尔。

我们再来看同一时刻（也是中国代表队入场），作为央视推出的常规版，综合频道和体育频道的解说：

【常规版】

好接下来进入开幕式现场的是中国体育代表团！旗手是2012年伦敦奥运会男子花剑个人赛的冠军雷声，国务院副总理刘延东作为国家主席习近平的特别代表出席了里约奥运会的开幕式。中国体育代表团416名运动员创下了在境外参赛的奥运会的人数的新纪录。在本届奥运会的所有的28个大项当中，中国代表团取得了除橄榄球和手球之外，26个大项的参赛资格，在代表团当中有35位奥运冠军，其中27位是在伦敦拿到了金牌。我们的乒乓球依然是实力强大，跳水梦之队也将力争捍卫自己的荣誉，射击、举重的优势项目拥有多个夺金点，这个奥运周期我们在田径和游泳两个基础大项上是全面提升，本届奥运会的比赛当中，中国田径和游泳的参赛人数都创下了历史新高，游泳在32个小项当中取得了31个参赛资格，我们也预祝中国体育代表团在本届奥运会取得更好的成绩。从去年开始，中国进入一个新的奥运时间，2020的冬奥会目标让3亿人赏冰雪，期待体育精神的中华大地再次弘扬中国体育有着自己的奥运梦，这个奥运梦和中国体育强国梦和中华民族伟大复兴的中国梦是紧密联系在一起的。

不能不说央视综合频道、体育频道对里约奥运会开幕式中国队入场的解说融入了大量的信息，一连几个数字：“代表团416名运动员”“26个大项的参赛资格”“35位奥运冠军”“32个小项当中取得了31个参赛资格”，自信自豪、激情满满，这是我们见惯了的体育赛事的解说，绝对有其必要性和代表性。但是，说实话，如此多的信息的堆积难免会和观众形成一种距离。这两个解说版本，从信息的饱和度上来说，沙桐和张斌的解说提供了更密集的内容，但在信息含量维度方面、在观众接受的贴近性方面乃至带动观众的主观能动性方面作个比较的话，白岩松的“段子版”似乎有着更鲜活、更立体、更丰富、更亲和的力量。

我们再来看介绍其他国家代表队入场时，两个版本的解说词：

【常规版】

塞舌尔：塞舌尔代表团，十名运动员，旗手是男子帆船运动员戈文登。

索马里：索马里代表团，两名运动员参加田径比赛，旗手是田径运动员穆罕默德。

玻利维亚：玻利维亚代表团，巴西的西南邻国，代表团将参加田径、自行车、射击、游泳等项目，十二名运动员，旗手是女子20公里竞走运动员安赫尔·卡斯特罗，她是2016年南美竞走锦标赛的冠军。

汤加：汤加代表团，七名运动员组成，旗手是32岁的跆拳道运动员陶法托卢阿，汤加勇士的形式来登场，这一身健硕的肌肉，看来健硕的肌肉在巴西很有人缘啊。

【段子版】

塞舌尔：塞舌尔是著名的海岛旅游景点，对中国是免签的，但这个国家对世界上所有国家都是免签的。

索马里：多一些人当运动员，就少一些人当海盗。

玻利维亚：玻利维亚可是奥运会上最实在的国家，因为它是第一个承诺绝对就给现金的国家，每一个获铜牌的给三万美元，银牌四万，金牌五万。这个运动员都哭了，他觉得自己会得奖。

汤加：这个传说中以胖为美的国度，在近几届奥运会的入场式上，让我们感觉或许告别了它传统的审美，已经跟上了世界减肥的时尚？当然，其中还是有一位选手继承了这个国家悠久的传统，他更像是官员。

白岩松的解说扣在了这些国家的风俗人情上，并没有过多去介绍运动员本身的信息，而是关注人们的兴趣点，把他调查求证到的情况告诉大家，而这些信息也是观众感兴趣的。

我们知道，这两种直播解说的风格有所不同，一个是根据现场情况、配合现场气氛给出客观理性的体育运动方面的数据信息；另一个是根据现场，更多地加上自己的观察与感受，用轻松诙谐的表述风格去解读这场盛会背后的风土人情。从一定角度来看，前者的解说工作主要是由文字稿件到有声语言的表达上的创作，后者的解说则有两个层面：语言的“表述”和“表达”，包含整合资料、个性化地讲述现场动态、提供背景或背后故事、交流实时的感受，等等。

白岩松本着“奥运本该欢乐”的态度，以丰富的资讯和颇具新意及立体感的信息做了一个相对平实、有趣的解说，得到观众的好评。

2. 话语关系

主持人节目语境中的传授关系决定了主持人语言表述的“态度”和“方式”。主持人这个传播角色更强调与受众“朋友般”的平等关系，立足于为受众服务的出发点，高举“真诚面对”的传播态度。由此基点派生的语言表述，理所当然地应当带有“贴近”受众的平实与沟通的诚恳，最终透过主持人个性化的视角、个性化的语言予以呈现。

再拿白岩松在2018年俄罗斯世界杯的一段现场报道为例，他既是一个资深的记者型主持人，他同时还是个球迷，因此深谙广大球迷观众的心理。众所周知，中国很遗憾地在2002年后就再也没参加过世界杯，因此在他的报道中除了依旧是与观众“朋友般”的、聊天式的、“带入感”很强的沟通交流外，也小小地吐槽了一把：

我觉得涉及世界杯的时候，前两天我刚看到了国际足联统计的一个数据，中国球迷购买本届世界杯的门票超过了4万张，在所有的国家当中排行第九，要知道一共32个参赛国家，咱们还没参赛，但是我们就排到了第九，比西班牙和英格兰等参赛国家的球迷购买的球票数都多，然后还有很多很多的因素，包括赞助商都在俄罗斯世界杯上有所显现，这句话这么说吧，俄罗斯世界杯，中国除了足球队没去，基本上其他都去了，所以你也能看到这种民间和人文交流的这种密度。

显然，白岩松的报道满是和家人朋友一道看电视时那种“边看边聊”的状态，只不过因为他的工作，所以他知道的信息更多、更准确，于是他就和亲朋一起兴高采烈地分享着信息与感慨，比如“咱们还没参赛，但是我们就排到了第九”，比如“中国除了足球队没去，基本上其他都去了”。这样幽默地吐槽，你不觉得他离你很近吗？可见这种“平等”“真诚”的态度感染了观众，是他们所欢迎的，它也是符合电视传播规律的，不拘泥于画面中可以看清、看明白的内容，不过多地平面地去解释。

芒果TV情感类节目《朋友请听好》，以聊天的形式呈现，通过收集来自全国情绪、故事各异的信件，制作广播节目，分享故事。主持人何炅的讲述，同样是平等的关系、平和的心态、真诚的态度、坦诚深挚的情感，来看第九期的一个片段，在谈到对个人成长经历影响最大的事情时，何炅说：

如果没有那个时候开始做电台，就不会有后面所有这一切的发生，一切都是从电台开始的，原来我是一个很自卑的小孩，就是个子小，然后长得不好看，我小时候真的很不起眼，我回头找照片给你看，我小时候从来没有人夸过我长得好看，我有一次在节目里说我长相普通，他们说你是不是对普通有误解，小时候就是戴个大眼镜，近视嘛，然后又瘦又小，我记得我当时初一去报道的时候，我坐在那学校的教室里特别兴奋，然后班主任进来，就是跟大家打招呼，开第一次班会的时候，跟我说了一句话特别伤人：“这个小弟弟，我们开始上课了，你是送谁来的，陪谁来的，你可以离开了。”“老师我也是这个班的学生。”他说：“你有十二岁吗？我以为你才七岁。”真的，很小的时候就是真的不起眼，但因为做电台发现只有声音嘛，就觉得自己可以用声音扮演高大威猛的一个男人，或者很贴心阳光的一个男人，我就觉得声音是可以给我安全感的，然后也是因为这个我后面才认识到自己的表达能力和所谓的幽默感，我才会去在后面的大学里面去参加一些小品、短剧的一些演出，然后才有机会去电视台，所以一切都是从电台开始的。

毋庸置疑，并非说了“大白话”就稀松平常，并非平等地说话就不深刻、不感人。主持人有真实经历、真切感悟的话语表述，自会打动人心，也会有特别的说服力。当主持人把自己工作、生活中的切身感受结合到话题里时，往往能够在节目与受众之间，当然也同时在媒体与受众、政府与群众之间架起心灵沟通的桥梁。同样也是在《朋友请听好》第九期，一次，何炅在谈到“朋友圈设置仅三天可见”时，他分享了自己的看法：

我是在朋友圈从来都是只发一些逗的东西，或者搞笑的东西，或者是我觉得不可思议的事情，我从来不在朋友圈宣泄情绪，就是不开心或者是什么，我从来不宣泄，因为我觉得那个东西，你说给别人听也没有用，别人谁也帮不了你，那你说那个是干吗呢，就是跟全世界宣告你不开心吗？或是说想要谁来帮帮你吗？我从来都不，所以我的朋友圈，就是一个笑话集锦。

主持人表述的第三个着力点——话语方式，我们在以下的小节中一一剖析。

第二节　主持人语言表述的平易性、形象性

一、主持人职业角色对语言的要求

从根本上讲，主持人语言表述的平易性、形象性，是主持人职业角色中“朋友”特色的要求，主持人节目的传播方式力戒“灌输”“说教”。受众听节目、看节目不是在礼堂里听报告，不是在课堂上听讲课，不是在会议上听传达，主持人节目在坚持正确导向的同时，本应淡化自上而下的“指令式”，多一些“平易近人”，多一些“深入浅出”，才能优化传播效果。

2020 年 3 月 11 日《共同关注》播出了名为《战役情 · 战“疫”有我》的报道，在讲述一个个战“役”英雄时，没有用宏大的叙事，而是说得贴心贴肺，既有

朴实的话语，又有真情的流露，引起了观众的共情：

这个世界没有超级英雄，不过是有一分热发一分光，这座城市的人民众志成城，守望相助，你为大义勇敢逆行，在你眼中这不只是工作，更是冲锋，不只是坚守，更是使命。确认过眼神，你们就是我们最想致敬的人，一个个平凡的普通人，身上的担子却分外的沉。无惧风险的白衣战士，奋不顾身的人民警察，日夜守望的社区工作者，英雄不是从天而降，你挺身而出带来光亮。城市慢慢恢复，春日又见暖阳，武汉的樱花还会绽放，热干面会飘香在街巷，战“疫”还在继续，武汉一定会安然无恙。

主持人的语言表述需要主持人凭着自己的有关知识与能力的积累，凭着以往的经验和临场的判断，灵活而又得体地、创造性地运用语言。这种创造性，在主持人应变的语言活动中需要，在常规的语言活动中同样需要，需要他们说出的不是千篇一律的套话、官话，不是大而无当的空话，更不是虚头巴脑的假话，而是充满真诚的、富于活力的、不同于他人的、平易近人的实话。只要主持人“上心”“用功”，所表现出来的主持人语言在具体功能、语言样态、语言风格等方面，都会呈现出既新颖又恰切的五彩斑斓的色彩，从而为受众展现出一个立体的、丰富的语言世界。

二、通俗具象的表述方式

清代文人袁枚在其《随园诗话》中谈作诗时写道：“立意要精深，下语要平淡，立意是一半的工夫，平淡是又一半的工夫。”① 主持人的语言表述理应有同样的追求。主持人服务受众的诚意，要从听、观众熟悉的事物或直观的形象入手，尽可能把深奥复杂的问题通俗化、形象化、具体化、简单化，使之易于理解。白岩松以他在主持实践中的切身体会谈到语言的表述：“用生活化的语言，加以提炼和扬弃之后，变成自己的文字，一种属于电视的文字。生僻字眼儿尽量少用，形容词太多也让人感到累赘。我们都应该学会用平实的语言，采用叙述的方式，有节奏及韵律地道出蕴含品位值得琢磨的内容。”②

有个经济服务类节目一次介绍电饼铛，只见主持人走上街头，随机采访群众，开口便是：“请问，您的饮食结构是怎样的？”有几位行人对这样文绉绉的问题一时不知如何作答，终于当一位采访对象说出“常吃烙饼”时，主持人忙问：“您使用

① 袁枚：《随园诗话》，人民文学出版社，1960。

② 白岩松：《我们能走多远》，《现代传播》，1996 年第 1 期。

什么工具烙饼?”这么日常的问题，主持人非要“转（此处读 zhuǎi）文”用“术语”，这等“小题大做”恐怕就不仅仅是生活经验、社会常识不够，而是主持人在追求什么?是否说些“字儿话”，说些“大词儿”就显得自己“有文化”“很专业”了呢?如此脱离群众、脱离生活、举轻若重的表述，定然弄巧成拙，贻笑大方。

董卿的语言温柔亲和、典雅质朴，她追求艺术化和生活化的结合，更易被普通老百姓所接受。《朗读者》第五期的主题词是“第一次”，在节目卷首语中她是这么说的：

我们这一期的主题是“第一次”，人这辈子要遇到很多很多个第一次，就像这次在节目当中让我记忆深刻的像刘震云，第一次给《安徽文学》投稿拿到了 70 多块钱的稿费，立马就请女朋友去吃饭；许镜清老人第一次在人民大会堂拥有了属于他自己的一场音乐会，但是他为这一天等了三十年；王学圻二十年前就第一次当导演了，可是这部电影拍到最后就剩下了三个人，让他欲哭无泪。

董卿像一个讲述者一样，把自己对“第一次”的理解放在了具象生活中的一个个人身上，那些关于人生“第一次”的鲜活场景、那些面对人生“第一次”时的五味杂陈，立时生动地呈现在观众眼前。董卿的这种生活化、形象化的语言，是她极具感染力的关键所在。

中央电视台《新闻周刊》的主持人白岩松看问题敏锐、感受深刻，喜欢以贴近百姓的眼光、心理和口吻“说事儿掰理儿”，因此，白岩松的评论常给人别具一格的感受。在一期节目中谈论到李子柒，白岩松以贴近百姓而又有鲜明个性的方式跟观众“唠理儿”：

本周谈论网红李子柒的各种文章，是铺天盖地地多了起来。一个女子在带有诗意的田园背景当中制作着各种美食，并且以让人很羡慕的方式生活着，她不仅吸引了中国网友的关注，甚至走向了世界。当然，人红是非多，各种质疑也扑面而来，但稍微冷静一点，其实表扬是应该的：李子柒动用民间的一些资源，不仅没赔钱，还能挣钱，多好啊！接下来在面向世界的传播当中，她没什么口号，却有让人印象深刻的口味，更赢得了一个又一个具体网民回馈回来的口碑，值得借鉴。接下来有人说“摆拍、假、净挑好的”，可是除了纪录片，电影大多也是假的，却不妨碍人们真的被触动，并且真的喜欢，难道你要求李子柒的小视频都完美到无瑕的地步?因此过高的评价，或者说过低的质疑都不一定对，微笑着鼓掌是最好的。现在我们的问题不是李子柒有多少问题，而是李子柒太少了，如果我们来自民间并真的走向世界的网红，由一个变成几十个，变成几百个上千个，那中国故事就真的有的讲了。

三、“讲故事”的表述方式

传播学者威尔伯·施拉姆说：“把一个人的语言保持在听众能够适应的抽象程度上的能力，以及在抽象范围改变抽象程度的能力，以便在具体的基础上讨论比较抽象的内容，使读者或听众能够不感困难地从简单熟悉的形象转到抽象的主题或概括上来，并在必要时能够再回到原来的形象上去”，是“有效传播的一个秘密”。① 我国一些优秀的节目主持人已经悟到这个“秘密”，在语言上肯下功夫，他们成功的经验可以概括为，以精深的形象思维把理念和主题转换为具象的语言，用“讲故事”的方式吸引听、观众的思绪，用形象的“表述”触动听、观众的情感，寓“抽象”于形象之中。

2020 年两会期间，全国还处在疫情防控的阶段，央视特别节目《两会 1 + 1》报道了第十三届全国人民代表大会第三次会议的现场情况，当天有五千多人列席，这是 1 月 23 日武汉封城之后，在单一的一个室内空间里，最大规模的一次人群聚集。在谈到疫情期间我们仍能让五千多人一起开会的感想时，现场评论员白岩松将自己的亲身经历告诉观众：

这种勇气可不是说胆大，它是建立在信心的基础上，而信心又是建立在什么基础上呢？是建立在科学的、精准的防控的基础上。前天啊我一入住酒店，第一件事就是去做核酸检测，第二天早上我们所有委员都接到了一个通知，本住地所有委员的核酸检测的结果都是正常的，我们在去人民大会堂开会上车前的时候，都要测一下体温，换一个新的口罩，而且大家都非常配合，这次开幕式特别强调不用穿正装，这样的话呢，第一个是季节的原因，大家就不用太热，第二个是口罩也戴得住，所以大家都非常听话，精准科学的防控使我们在这样一个时期能有五千多人在人民大会堂里一起开会，经过了这段日子以后，的确会对今天这样一个场面非常感慨。

“讲故事”的叙述方式，首先来自主持人对信息的占有，对所报道之事、所谈论问题的熟知和理解；其次来自主持人对节目内容的整体把握，善于从有关的信息中筛选出有“意味”的情节，此情节，或可“点睛”，或可“补充”；其三，便是用简洁、通俗、生动形象的口语，把选择、加工的素材外化出来。“讲故事”的表

① ［美］威尔伯·施拉姆：《传播学概论》（中译本），新华出版社，1984。

述方式，在听、观众那里，能够很自然地产生一个具象——意象——意味的过程，这是一个从感性认识到理性认识的升华，它符合人们的认识规律，而且，这个认识过程是由听、观众自己完成的。其特别的意义在于听、观众在接受传播时，被主持人引动起来的积极的心理参与，受到感染，引起共鸣。也许有的听、观众一时未能准确地“抽象”其意味，但那些具象的、包含很多内容的“故事”会给他留下深刻的印象，一些意味深长的东西在日后的“回味”中是能够咂摸出滋味的。

《开讲啦》的主持人撒贝宁，擅长用轻松诙谐的方式讲述“耐人寻味”的故事来加深观众对人或事的印象，在建筑学家何镜堂作为开讲嘉宾的节目的开场白中，撒贝宁以平和幽默的语气讲述了一个有趣的故事：

2010 年的时候，上海世博会，对于这座馆，大家印象应该还是很深刻的吧？有的人后来说，这个中国馆设计得跟粮仓一样，还有的人说呢，像麻将桌，但是最让我受不了的是四川人民评价说像他们的火锅。作为中国馆的设计师，如果听到这样的评论，你们觉得他心里是不是会生气是吧？但是这位建筑学家说，他一点也不生气，相反他觉得他设计的作品就是要接地气，所以一个有着这样的胸怀的建筑设计师，一个除了中国馆之外，还有很多很多矗立在中国大地上的他的代表作品的，这样一个知名的建筑设计师，今天会给我们分享怎样的故事呢？

这段话采用白描的口语，平常极了，勾勒出的画面及这位建筑学家“一点也不生气”的细节，却在不经意间展现了这位知识渊博的建筑学家可爱的一面。这些语言符号蕴藏的信息，具体而又独特，有很强的吸引力，它是具象的，然而其意味，却可以因观众不同程度的感受而显得十分丰富。假设主持人报简历似的，罗列一番何镜堂老先生的成就和头衔，肯定是一副“公事公办”的面孔，干瘪、生硬。撒贝宁的处理，产生了一种“先声夺人”的奇效，使何镜堂老先生的形象在观众面前立体化了，有血有肉了，而且主持人对开讲嘉宾的敬仰之情也溢于言表，跟观众形成了亲切的沟通，有效地唤起了观众收看节目的兴趣和愿望。

2019 央视主持人大赛新闻类银奖得主王嘉宁，善于讲故事。在央视主持人大赛第六期中，她抽到的节目是《环球瞭望》，她抽到的题目是“结合信息聊聊关于中国与世界文化交流的那些事儿”，王嘉宁以讲故事的方式开场：

首先让我们将目光聚焦到两位在国际上广受关注的人物，一位是英国姑娘邓扶霞，一位是中国奶奶徐秀珍。

从英国剑桥大学毕业的邓扶霞九四年来到中国留学之后呢，她迷恋上了中国的川菜。说实话，吃过中国菜谁能说不爱呀？很多外国人来到中国之后就会发现他们的舌头不再是普通的舌头，而是“贪吃蛇”，邓扶霞也是一样，她喜欢川菜并且潜心研究了二十余载，她不仅吃得好，做得好，写得更好。她曾经四次获得过有饮食界奥斯卡之称的詹姆斯比尔德烹饪写作大奖。大家都说这个外国姑娘是最懂中国菜的外国人了，她不只自己爱上中国菜，更让世界的人民爱上中国菜。她不只自己品味到中国的美味佳肴，更通过文字让世界人民品到中国菜的滋味。英国姑娘邓扶霞为世界了解中国文化打开了一扇窗，当然我们欢迎更多的留学生来到中国吃一些好吃的中国菜，品一品好喝的中国茶，讲一讲好听的中国话，来到中国的大好河山走一走看一看。

那如果您来中国的话，记得一定要去阳朔找一下徐秀珍奶奶，因为她是相当资深的外国人的导游。徐秀珍奶奶今年75岁，她在阳朔当了22年的导游。

大家都会问，诶，为什么这个徐奶奶这么厉害？要知道奶奶之所以成为奶奶是因为她远不止这么厉害。虽然徐奶奶只有小学三年级的文化水平，但是她能够用英语讲月亮山的故事，还能用法语、德语等十种语言进行简单的交流。大家都会啊，那奶奶你这么厉害，可是年纪也不小了呀，75岁当导游不累吗？奶奶会说，当我跟外国游客 say hello 的时候，我觉得自己充满了自信。我也相信，在那一刻奶奶一定非常年轻，而且具有国际范儿。中国奶奶徐秀珍为世界了解中国文化打开了一扇门，这扇门就是“我家大门常打开，欢迎您到中国来”。

这样看似生活的小事，那生动朴实的细节，像一幕幕电影来到观众眼前，无须任何溢美之词，已然攫住观众的心，感动、震颤、痛惜之情油然而生，急切地期待片子的开始。主持人善于以“讲故事”的方式完成对节目的串联、介绍和导出，其传播效果不言而喻。主持人讲故事的素材来自何处？一要靠平日随时随地的积累，自己读书得来或听别人说到；更要靠自己细致深入的采访，或自己未能前往但善于从采访记者嘴里“掏”出来，一句话，主持人要做生活和工作的“有心人”！

第三节 主持人语言表述的沟通性、服务性

一、主持人节目“人际性”传播特色对语言表述的要求

“人际性”是主持人节目的传播特色之一，人际传播本质上是有及时反馈和互

动的言语交流过程，主持人节目吸纳人际传播，用意和目的就为取其积极主动的交流情态和有效的交流效果之优势。传播学认为，自我表露是人际传播的基础，人们通过自我表露相互了解，建立和谐的人际关系，进行人际传播活动。主持人在传播中不能仅仅满足于信息传播的客观准确，理应融入适度的、积极的、向上的主观感受，必要时把自己对事物的评价也传达给受众，才能具有作为一个被受众信赖的真实个体与受众沟通交流的传播品质和传播活力。当然，主观色彩的融入和交流，要坚持正确的舆论导向，坚持先进文化的品位。主持人在传播中从信息到感情乃至思想观念的、多层次的、恰到好处的与受众的沟通交流，其平等亲切的特色在通常情况下往往更容易被接受，一句话，“人际性”主持人节目是吸引受众，优化传播效果的重要手段。主持人节目的“人际性”传播特色反映在语言表述上，表现为积极真诚的沟通性和热情到位的服务性。

二、积极真诚的沟通性

主持人节目的传播十分注重交流性，讲究交流方式，避免“灌输式”“说教式”。具体地讲，主持人在传递信息的同时，通过带有一种人文关怀的、个人感慨的成分，能有力地加强传授双方互动的传播效果。主持人在节目中与受众的沟通，既有感性的沟通也有理性的沟通，主持人首先自己动心动脑，语言的表述才可能有“直指人心”引起联想与共鸣的感人效果。董卿在一期《中国诗词大会》中对因为母亲生病而选择离开赛场的选手轶隆动情地说出了自己的感受：

我觉得人生冥冥之中仿佛有一种安排，如果不是帅克突然病倒轶隆就不会替补上场，如果他不替补上场，我们也不会给他家人打这个电话，那也许他就真的没有能够在母亲最需要他的那段时间陪在母亲身边，如果真是那样，反而我们会觉得那是一种遗憾。《中国诗词大会》一方面是为了传播知识，但更重要的也是为了传承精神，孝老爱亲本来就是中华民族几千年文明当中一直在传承的最宝贵的一种品质，今天在这个年轻人的取舍之间我们又一次看到了这种品质的闪光。

这一席话很让人动容，自然而然地引起观众的共鸣与思考，仿佛在人们内心的深处唤起一股暖流，让你深思、感慨，并进一步理解和接受这一选择。

中央电视台资深主持人敬一丹始终坚持“言为心声”。正如敬一丹老师曾经说过的：“人要对自己的语言惯性有一个自醒，很多人一张口就带着自己的语言惯性，却发现不了自身的毛病。不管是记者还是官员，都不能把开会的语言直接搬到媒体面前，更不能用公文语言对老百姓说话。”“新闻的忌语有‘我们要、必须、应该’等，媒体应该少用祈使句，这样就不像媒体而像是政府发言了，姿态不对。”在她长期的主持生涯中，我们能感受到她发自内心的真诚、体贴，体味到她严谨、善良、丰富、深沉的内心世界。敬一丹的这种认识和追求表现在她的节目串联词中。

在2018年度感动中国人物颁奖盛典中，面对因为扫雷任务而失去双眼和双手的杜富国和他的家人时，敬一丹老师是这样说的：

富国，我们特别想让你感知到眼前的一切，我们请父亲来告诉儿子，你眼前看到的奖杯是什么样的形状……这是感动中国的奖杯，它的形状像一颗心；我们再请富国的妻子王静来告诉你的丈夫，刚才你们一阶一阶地走下的那个台阶是什么颜色的；我还想告诉你，现在在我们眼前有900多近千位观众，他们来自四面八方，富国你能够感觉出有这么多的人吗？从掌声中能感觉出来吗？

我们看到，敬一丹老师不肯只是坐在一旁，局外人似的说一下。面对这样一位英雄，她一方面能够体会英雄家人的心情，并被他们所触动；另一方面，她也能体察到杜富国的心理：有欣慰、有骄傲、有遗憾，于是她将心比心，在现场与杜富国的家人、与观众一起跟杜富国做了心灵的沟通与碰撞。她用三个口语化的问题使观众与杜富国的心联系到了一起。

中央电视台主持人董卿对自己在节目中要说的话总是认真思考，尽量不说“虽然没有错误，但也没有味道的话”。董卿感受细腻，体验深刻，在《中国诗词大会》中，一如既往地以对待朋友的真情，沟通心灵的感受，把自己与节目融在一起，把自己交给观众。在一期节目中，当谈论到家国情怀时，她是这么说的：

随着你离开祖国越远，你越能够感受到自己的、属于自己的那种语言的美。我记得很多年前，路遥曾经在文章里写过一段话，他说，这世界上有太多美好的地方了，但是那里有黄河吗？那里有黄山吗？那里有长江吗？那里有长城吗？没有。所以自己的祖国是不可替代的一个地方，我们刚才也在说岳飞，在说文天祥，在说辛弃疾，在说他们身上的那种民族精神和爱国精神，那在我们今天这样一个和平时代从何体现，爱自己的语言，爱自己的文化，就是一种体现。这是一个公民，一个中国人最起码的素养，这样的一种爱国力量，虽然小，汇聚点滴之后，就可以成为庞大的中国力量，推动国家的进步，推动民族的复兴，这是我们每一个人的责任。

这样犹如与知心朋友分享内心感受的表达，引起现场掌声不断。借用路遥的“那里有黄河吗？那里有黄山吗？那里有长江吗？那里有长城吗？没有。”几个排比句，十分传神、十分走心地表达出了董卿内心的真实感受和对家国情怀的理解，人人都能挂在嘴上的“爱国”，得到更生动的表达，打动了人，吸引了人，取得了非同一般的心灵沟通和审美体验的效果。

朱广权是央视资深电视新闻节目主持人，但他主持的哔哩哔哩（B 站）2019 跨年晚会豆瓣评分高达 9.1 分，超过各大卫视跨年晚会在豆瓣的评分，这场被网友称为“最懂年轻人的晚会”之所以选择朱广权作为主持人，究其原因非常重要的是朱广权的“段子”幽默风趣、通俗易懂、真诚热情，更加贴近当下年轻人的心理。在晚会开场，他依然用他的“段子”来跟观众打招呼：

哔哩哔哩的朋友们，大家晚上好！我是朱广权，2019 我们一起聆听全世界，昨天的烦恼全抛却，明天的幸福在超越，好听的歌曲拿走不谢！

2020 年 1 月 22 日是腊月二十八，朱广权在央视《新闻直播间》中是这样说的：

今天是农历腊月二十八，年谣说得好，“腊月二十八，打糕蒸馍贴花花”，到了这一天，人们一方面呢要张贴年画、春联、窗花，另一方面，“二十八，把面发”，要忙着做过年吃的馒头等各种主食了，年的味道也在食物的喷香中浓郁起来。

不必多说，朱广权的口吻既像是面对面的亲切交谈，又不失精心设计后的幽默风趣，他用朴实押韵的大白话拉近了和观众的距离，也举重若轻地营造出现场观众及网络弹幕上的热烈反应。这样的语言应用，鲜明而生动地说明主持人以朋友身份与受众平等交流的语言特色，也是朱广权深谙当下主持人节目传播特色、主持人角色定位及主持人语言特点的职业素质的体现。

三、利用悬念，引发兴趣

悬念本是一种吸引读者浓厚兴趣的文学手法，也被广泛运用于评书、讲课、演讲甚至广告等社会活动的方方面面。曾听优秀教师谈及运用悬念讲课的体会，认为悬念法“可运用于新课的全过程，课始激兴趣，课中见深度，课尾泛余波”。实乃“实践出真知”。同样，悬念这种百姓喜闻乐见、迅速带领受众进入情景的手法，对增强主持人话语的交流感也是十分有效的。

对象类、生活服务类节目往往“聊天”的味道更浓一些，但并非为“聊”而聊，东一榔头，西一棒子，而是言之有物，是经过加工的口语。如中央电视台七套《乡约》主持人肖东坡，几十年如一日地用心做农村节目，无论是当初在山东电视台的《乡村季风》，还是来到央视开创的制片人、主持人双肩挑的《乡约》，他凭着对农民的热爱，对农村、对农业的关注，把节目做得风生水起，他本人也被誉为“咱农民的好兄弟”。《乡约》是一档独特的谈话节目，关注对象和收视对象都是农民，节目录制场地也永远在节目主人公的田间地头，他们把生活在广阔天地的农民兄弟姐妹们当中那些充满阳光的人和事送到全国观众面前。肖东坡在节目录制现场就是和大家聊天，说话句子短，语义明，选用适当的口语词汇，像“拉家常”似的，但是在不经意中，聊得有内容、有条理、有味道，他还有一个绝招，就是善于用悬念引起观众的关切和期待。一次题为“荣县小学老师的音乐梦”的节目，肖东坡和现场观众边聊边放出悬念，达到很好的热场效果：

今天的男嘉宾就在这些小伙子们当中，他也有一个特别奇怪的点，曾经有一段时间，他每天晚上抱着被子出门，然后一宿都不回来，就是这样抱着被子出门，然后一宿都不回来，关键是，他不仅抱着被子，还不带枕头，一宿不回来他会干什么去呢？猜一下。

凤凰卫视的《一虎一席谈》是一档大型抗辩式思想性谈话节目。节目每周萃取社会、文化等各方面的焦点、热点，主持人胡一虎与当事人、各界学者及专家一起各抒己见，发表精辟见解。节目以讨论形式进行，让多元的思想在现场针锋相对，实话实说，直话直说，献上一场热热闹闹的思想交锋，它的新闻性、及时性、焦点性、辩论性十分突出，深受观众欢迎。2019 年 11 月 9 日的《一虎一席谈》播出了题为“双 11 第 11 年，数字经济能否成为中国经济发展新动力”的节目，“双 11”进入第十一年，据不完全统计，2019 年“双 11”除了天猫、京东、苏宁等头部平台外，还有超 100 家各类电商平台参与，各电商之间的玩法已经升级，从线上加速向线下延伸，形成线上数字化，门店场景互通的线上线下全生态联动玩法。节目开头，胡一虎以一贯的“连珠炮式”却“快而不乱”的鲜明节奏说了如下的开场语：

你想发财吗？你想有更多的财富吗？那当然要了解现在是什么时代，你得赶上时代。现在是什么时代？有人说现在是数字经济时代，数字经济时代有个关键词叫作“区块链”，最近的股市非常的火，但你知道什么是“区块链”吗？如果你不知道，你就要落伍了，那财富可能就会缩水了，最主要的是一谈到数字经济时代，马上脑袋里想出了很多的数字，第一个数字是 1，四个 1，1111，这几天，年轻人可狂欢了，“双 11”就要来临了，“双 11”怎么看待它跟中国经济的未来？跟中国全新的消费有什么关系呢？首先我们请四位不同领域的专家……

胡一虎的叙述充满悬念，他接连用两个问题“你想发财吗”“你想有更多的财富吗”，不仅把大家的精神调动起来，而且还激发现场嘉宾及观众集中思维，积极运转，思考“正方”“反方”各自的道理以及自己的判断与观点。这样的悬念运用，将电视机前的观众一起带入这个理性与感性交织、正方与反方互不相让、敞开天窗说亮话的节目中来。

四、热情到位的服务性

心理学家马斯洛的需要层次理论认为，人类具有五个层次的需要：生理需要、安全需要、社交需要、尊重需要和自我价值需要。其中，生理需要、安全需要属于低级需要，社交需要、尊重需要和自我价值需要是高级需要。从受众对主持人的期待心理看，“朋友”“平等”色彩多于“权威”色彩，受众大多以闲适心情收听、收看节目，常常是“一心二用”“三心二意”，而非正儿八经地“聆听教诲”，在这种散淡的收听、收看状态下，吸引受众的听觉和视线，要靠节目的精彩，要靠主持人的真诚、热情和到位的服务。

首先，主持人语言的服务性体现在言语态度和方式上。毛泽东同志一生发表了无数的演说和文章，在考虑读者的接受和效果方面，他是很讲究的：“当着自己写文章的时候，不要老是想着‘我多么高明’，而要采取和读者处于完全平等地位的态度”，“你的架子摆得越大，人家越是不理你那一套，你的文章人家就越不爱看。”这种平等的心态还进一步落实在表达方式上，他说：“不要太硬，太硬了人家不爱看，可以把软和硬两个东西统一起来。文章写得通俗、亲切，由小讲到大，由近讲到远，引人入胜，这就很好。”①

主持人说话要注意自己的身份，多用谦辞和敬语是人际交往中的起码要求。“礼貌言语，主要表现在称呼用语的正确运用上，也表现在敬语和谦语、禁忌语和委婉语的运用上，还表现在其他词语和句式的选择上。”② 有的主持人缺乏起码的礼貌用语习惯，不管跟什么人说话，都得一声“哎，×××”来开腔，就像一个大大咧咧、不懂礼貌的“愣头青”。有些主持人文明教养“缺课”，不拘小节，做了主持人更是“自我膨胀”飘飘然起来，经常以命令、指示、教导甚至指责的口吻说话。在有的“热线问答”节目中，当听众好不容易打进“热线”，受宠若惊地表达自

---

① 《毛泽东新闻工作文选》，人民出版社。

② 王希杰：《语言的美和美的言语》，山东教育出版社，1983。

己的心情时，只听主持人极不耐烦、冷冰冰地怼上一句：“快说，说答案！”言外之意——“少套近乎！想蒙奖品，没门儿！”在一次青年歌手大赛上，主持人笑容满面地对获奖歌手说：“说说你的感受，简单点！”这“命令式”的腔调与主持人的表情、与现场气氛很不搭调。有的主持人自以为是，动不动就说：“我想，你应该同意我的观点。”一个“我想”，似乎有与受众商榷的意思，然而紧接着的一个“应该”，便把平等、礼貌丢得远远的，活像主持人竖起一根食指点到你的鼻子尖上。

某些主持人模仿包装歌星的做法，热衷于“自我形象”的“塑造”，见缝插针地把“我”的生日、爱好、身体、心情、穿衣戴帽等与节目无关的、顾影自怜的“小我”拿到节目中去炫耀，喋喋不休地谈论自己，此等坐上主持人位置便“自我膨胀”，把节目视作个人自由“讲坛”的做法，违背了广播电视传播工作者的纪律，违背了主持人的职业道德，与有关的传播理论也是相去甚远的，毋庸置疑，是应该坚决摒弃的。

主持人与受众的“朋友”关系、“服务”宗旨，从总体上讲是不变的，尤其在有受众参与的节目中，听、观众是主持人请来共同完成一次节目的，传受双方的交谈一般都怀有一个共同的愿望：相互理解，相互配合，精诚合作。有亲和力的人，善于传播的人，必定是很有涵养的人，也是善于与他人打交道并乐于与别人合作的人，主持人应当修炼自己成为这样的人，体察“民心”，善解人意。在吸引受众参与的谈话节目里，主持人的主导作用，不等于是说话的“主角”。“谈话不是演说，更不是训话，所以一个人不可以霸占所有的时间，不可以长篇大论地絮聒不休，旁若无人。”① 主持人要给参与者说话的机会，不可常常轻易地打断别人。在节目里，有经验的主持人总是能为听、观众着想，即便当对方与节目要求不一致时，也能耐心地、以委婉的方式提醒，不伤对方的自尊心和积极性。有时，听众急于参与节目，只顾忙着拨电话，没有听清讨论的问题，有的主持人嗔怪地给了个“闭门羹”：“呦，你提的问题不是我们今天谈话的内容！请导播接进下一个电话！”体恤对方心理的主持人却能用热情而委婉的语言，把讨论题再说一遍，欢迎他参加讨论。

其次，主持人语言的服务性体现在言语内容上。主持人拿主观感受和认识与受众沟通，不应以具体的浅层次的“相互了解”为重点，更不以“自我显露”为目的，其目的是引导人们关注节目传播的“事实、现象、人物”，其重点是主持人的

① 梁实秋：《谈话的艺术》（《梁实秋小品·雅致人生》），画城出版社，1991。

“视角、视野、见解”如何正确地传递。

在湖南卫视《嘿！好样的》的一期节目中，芒果新生班学员李璐尔需要和一名当地的中学生一起同台表演唱歌，歌曲进行到一半，她丢下同台的中学生，一个人跑到台下和观众互动，让站在台上的这位中学生手足无措、略显尴尬。湖南卫视节目主持人杜海涛对此评价说“（李璐尔）忽略了身边的人，没有把握好最舒服的尺度”，“他是一个同学，但在那个时候他是我们的嘉宾，我们所有人都要为他服务”；同期特邀主持人沈梦辰也表达了类似的观点，认为“主持人不能够太去抢嘉宾的光芒”。主持人应善于“寓引导于服务”，利用“相近性、相似性”营造和谐的传播氛围，促成与受众的良好关系，使“传播者和接受者被他们相同含义的感受联系在一起，他们分享信息含义”。

主持人更实质性的服务要落实到帮助受众理解、接受节目内容方面，努力减少受众对信息认知的不确定性。中央气象台的主持人张泰源有着丰富的服务类节目主持经验，在《联播天气》中，他个性鲜明的语言和独具特色的预报也收获了受众的喜爱。长期的服务类节目主持经历，让他的气息播报模式不像过往那样枯燥刻板，而多了一层“接地气”的服务意识，有时还用上“拟人”的修辞手法，生动地描绘了未来的天气情况。比如：

进入三月份，暖湿气流开始发力，所以常常会出现大回暖的情况，比如说今明两天，中东部就是如此。但同时呢，不甘示弱的冷空气也会时不时回来打断一下回暖的进程。像是明天起一直到下周二，将会有一股新的冷空气登场。虽然降温的时间有早有晚，但都是不可避免，因为全国大部地区都在冷空的势力范围之内。

又如他用“比喻”的修辞手法深入浅出地解释气象现象：

尤其是东北和长江中下游这一带，预计周末前后，这里的气温要比正常水平高出十度左右，暖得好像要穿越回一个月之前。暖是暖了，但是雾和霾却会趁机发展，因为明后两天早晚时段的大气会出现这样的情况：就是高空会比较暖，而地面却是比较凉，天上好像盖了一层温暖的罩子，空气中的颗粒物和水汽很难扩散出去，不断累积，于是雾和霾就会逐渐加重。

在新闻节目中也同样需要主播具有方便受众的服务意识。新闻节目中有相当多的消息来自国内外通讯社或报纸，原有的导语是付诸视觉供阅读的书面语，此外国际新闻的某些背景人们可能比较生疏，如果原封不动直接转化为有声语言付诸听觉，难免会出现歧义或让人费解；同时由于有的编采人员常常忽略广播电视传播特点对文字稿件的要求，即使来自广播电视媒体甚或本台采集的消息，在这方面也会缺少对听、观众的体贴。主持人以受众朋友的特色进行传播，理应在方便接受、吸引注意上下功夫，对新闻事实的表述，力求让更多人感兴趣。这就需要对原有信息进行加工整理，为受众提供热情到位的服务。

可以从三个方面入手：一是从适应听觉接受理解信息的角度，注意叙述的逻辑顺序，重新组织语句并做口语化的加工；二是把重要的信息及受众关注的信息点在导语中予以突出，吸引受众的注意力，或补充相关背景，使受众了解事件的来龙去脉；三是稍加点评，在服务中加强引导。

中央电视台晚间的《世界报道》曾报道过一则医疗动态，原来的导语是这样写的：“成为学校中的体育明星是很多孩子的梦想之一。今天，六岁的亚当终于又能像正常的孩子一样，圆他的棒球梦了——由于医生创造的奇迹，身患骨癌的亚当保住了他的右臂。”

显然，这种倒装句式很不适合听觉的接受，主播康辉为了方便观众理解，调整了原导语的叙事顺序，改写之后也使语言更口语化了：

很多孩子都渴望着能成为学校里的体育明星，六岁的亚当也是其中之一。可骨癌差一点打碎他的棒球梦。而今，由于医生的努力，亚当奇迹般地保住了他患有骨癌的右臂。

一则关于印度火车相撞的消息作为国际新闻的头条，原有的导语是：“2 号凌晨，一列满载旅客的列车与一列邮车在印度东部西孟加拉邦西里古里 80 公里以外的盖萨尔车站相撞后爆炸。目前，事故原因已经调查清楚。”编辑做了长句改短句的修改，即：“2 号凌晨，在印度东部西孟加拉邦西里古里 80 公里以外的盖萨尔车站，一列满载旅客的列车与一列邮车相撞后爆炸。目前，（这起）事故（的）原因已经调查清楚。”但康辉看了消息的全文认为其所以放在头条是因为事故的严重，为了引起观众的注意，他把消息主体中的重要信息点——“死亡人数众多”，在导语中开门见山地提了出来，改后导语为：

2 号凌晨，<u>印度发生了一起历史上最为严重的火车相撞事故。官方证实有 250 人死亡。</u>在印度东部西孟加拉邦西里古里 80 公里以外的盖萨尔车站，一列满载旅客的列车与一列邮车相撞，随即发生了爆炸。目前，事故原因已经调查清楚。

还有这样一则报道美国少年盛行“站在几十级台阶的栏杆上和钢筋水泥的棱角上飞速滑行”的消息，原稿导语是：“在美国，那些十几岁的孩子们最近爱上了一种叫‘溜边儿’的体育项目。在楼道里、马路上，只要是一切有边儿的地方，‘溜边儿’少年的身影都无处不在。”

康辉看了片子后，敏锐地意识到这是一种不宜提倡的游戏，虽然片中也谈到这种游戏的危险性，但很容易被活泼刺激的“溜边儿”画面冲淡，于是他在导语中加了一句直接评价的话，鲜明地指出其危险性，以引起观众中的家长和孩子们的警觉：

在美国，那些十几岁的孩子们最近爱上了一种叫“溜边儿”的体育项目。但是这种游戏极其危险。在楼道里、马路上，只要是一切有边儿的地方，“溜边儿”少年的身影都无处不在。

第四节　主持人语言表述的创造性、个性化

一、主持人节目“个性化”“人格化”传播特色对语言的要求

“个性化、人格化”是主持人节目的传播特色，是主持人节目缩短传受双方心理距离的重要传播手段，是区别于非主持人节目，使传播更具亲和力、更具吸引力、更具魅力的关键所在。换个角度看，个性化、人格化还是受众接受主持人节目的特殊审美需求，一般化的、“克隆”来“克隆”去的节目没有人要看。主持人节目个性化、人格化传播，其载体是主持人，并主要由主持人的语言符号及非语言符号中所具有的个人魅力来显现。

语言的个性，即个人独特的语言表达习惯，“是指个人惯用的组织方式和特有的表达手段”①。同时，我们又看到，语言是一个人综合能力的表现，“语言并不仅仅是语言本身的事情”，它还是一个人独特的心理特征和精神风貌的外化，是个人思想、品性、修养和能力在语言应用中的反映。一个人的语言个性，是在其个人生理素质和社会环境及语言实践活动中，逐渐形成和发展起来的。在他的先天条件和后天有意无意的学习和筛选的基础上，几乎每个人都有自己的语言个性，而且语言个性是相对稳定并有明显特征的。这些特征一般是从发音吐字、表达习惯等语言外壳，以及言谈中的思维逻辑、言辞修养里表现出来的。一个人独有的语言声音形式

① 黎运汉：《汉语风格探索》，商务印书馆，1990。

即话语的外壳部分，是其语言个性的自然属性，而话语的内涵部分（即话语的深层）是其语言的社会属性。社会属性主要指民族、阶级（层）、职业对个体的语言运用能力和创造能力的制约和影响。语言个性中的自然属性和社会属性并存，然而，每一个人语言的社会属性才是他语言个性的本质所在。正如马克思在谈到个性的本质时所说，“不是人的胡子、血液、抽象的肉体的本性，而是人的社会特质”①。

主持人语言的个性，与其生活中的语言个性有直接的联系，但是绝不能简单地画等号。必须强调指出的是：有语言个性不一定有魅力！如果违反礼貌准则、谦逊准则，再有什么样的语言个性，都是令人反感的；倘若忽略了适宜性、得体性，“直率”可能无异于“莽撞”，“锐气”可能被当作“咄咄逼人”，“善于辞令”可能被误以为“圆滑”，“敏锐”或许被视作“卖弄”，“犀利”也许就成了“刻薄”……

纵观优秀节目主持人富于个性的语言，与他们的经历有关，与他们的性格有关，与他们的知识背景有关，与他们的情感体验有关，与他们的文学修养（包括语言修养）有关，与他们的审美追求有关，同时与他们对听、观众的了解和尊重有关。富于个性的主持人语言十分鲜活，其话语的表述具有创造性，表达手段都有独特的味道，所形成的语言气氛与格调也带出“这一个”主持人独有的特色。它在让听、观众便捷地理解话语本身信息的同时，又让人分明地感觉到、直接地体味到“这一个”主持人的作风、品性、修养、性格等方面的信息，主持人节目“个性化”“人格化”传播的优势有相当一部分由此体现。

二、与栏目特色及受众定位相融合的个性化语言

中央电视台《开讲啦》是中国首档青年电视公开课。节目邀请“中国青年心中的榜样”作为演讲嘉宾，分享他们对于生活和生命的感悟，给予中国青年现实的讨论和心灵的滋养。该节目的火爆收视，与其节目主持人撒贝宁与栏目特色及受众定位相融合的个性化语言不无关系。撒贝宁曾在一次采访中分享了最初接手这档节目时的故事：“我一开始接到台里面给我的这个任务的时候，说是一档演讲节目，我当时就快崩溃了。我还记得很清楚，我跟我们领导打电话，在电话里我说：‘今天都已经什么时代了，你做一档演讲节目给谁看？’但是策划方案出来之后，大家反而觉得有一定信心，因为我们并没有把它定位在一个过去传统概念上的演讲，其实

① 转引自金开诚：《谈艺综录》，中国青年出版社，1993。

更重要的还是分享，而且是和年轻人分享。这种语态，这种姿态，包括你的这种真诚的心态，我觉得决定了这个节目，能赢得年轻人的喜欢。”

撒贝宁在采访中提到的面向年轻受众的语态与姿态，我们在节目中随处可见。比如一期节目的开场中，他调侃自己总是因为开场白太长而遭到观众“嫌弃”：“但其实你们不知道，在做这个节目的过程当中，我也有很多伤痛的时刻，为了让大家放松、活跃活跃气氛，我上来之后都会大概说一段话。我记得王力宏来的时候，一个女孩子坐在这个位置，跟我说：‘你少说点，我们开始吧！’（众笑）”；还有一次，节目组邀请了野外求生专家、《荒野求生》节目主持人贝尔·格里尔斯作为演讲嘉宾，因为贝尔在观众中素有“站在食物链顶端的男人”之称，撒贝宁打趣道：“我首先要告诉你的是，我的很多粉丝都很担心，可能，我，我会被你吃掉。（众笑）”

这样和年轻观众“打成一片”，又能以年轻人的视角与嘉宾“唠家常”的主持人，观众怎么能不喜欢呢，节目的收视率怎么会不高呢！

上海电视台新闻评论节目主持人舒悦，先是主持《快乐三兄弟》，后节目改版为《嘎讪胡》。“嘎讪胡”是一句上海方言，它的意思是“闲聊”。在节目里，老百姓的大事小情、社会万象、好的丑的，凡是与群众利益与社会风气密切相关的，他都会在节目里说道说道。作为上海滑稽剧团演员，舒悦的评说有着自己独到的风格，他爱憎分明，犀利而不失风趣，对不同的人和事还注意讲究政策分寸，嘴皮子利落，理儿掰得清楚，舒悦语言的个性在观众中享有颇高的声誉。他语言的个性主要体现在两个方面：一是分析事理的角度，他善于多角度、多侧面、多层次地看问题，通过系统、辩证或逆向思维，总能有意想不到的又合乎情理的认识和说法；二是交流感很强具有现代“沪味”的口语方式，其鲜明的“沪味”特色不同于老辈人的慢条斯理，更非油嘴滑舌的“耍贫嘴”，舒悦以自己开阔的视野、开放的思维、短小精悍的语词组合和明快的节奏附丽于沪味口语之上，让老百姓于熟悉亲切的话语方式当中觉出现代气息的新鲜和蕴含其中的深长意味。

例如上海很多老人遇上一些小毛小病就爱“病急乱投医”，没有医生的诊断就自行前往医院随意购置药物，由于部分药店的药师缺乏足够的经验，这样的行为往往令老人的病情非但没有缓解，甚至还会加重。舒悦在节目里做了报道和分析，他没有简单生硬地向老人们宣传前往医院就诊，而是从小辈的角度循序渐进地摆事实、讲道理，加上生动幽默的演绎，揭示了部分药店、保健品商店的黑暗面，进而促使老人规避风险：

这个就是有很多药房，有些是真的懂，服务员，有些是不懂装懂。不懂倒不要紧，你问人家：“医生我这毛病怎么办?”（服务员：）“我不知道的，你等一下，我们专家还没有来。”这倒算了，最怕不懂装懂！这种不懂装懂哪里有知道吗？大卖场那种卖保健品的地方。有两个老阿姨，穿了件白大褂，这件白大褂穿着像卖小笼馒头，她也算医生，坐着，那么她要做你的生意，你不能去看的，你去看看她马上就会说“你面色不好，肾亏”，“你心脏好吗?”那么有的瞎猫被她碰上死老鼠，被她碰到了，“你买这个，这个好”。不要去听，谢谢你，不行的，所以这上面情愿自己吃不准的毛病，医院里去看一看，问问清楚，千万不要盲目听从药店职员的推荐，因为有时候他的想法和你的想法是不一样的，他有别的想法，所以这上面还是去医院就诊比较好。

又如，新冠肺炎疫情期间，一些上海居民因为“口罩供给不足”等谣言哄抢口罩，甚至因为心急，在网络上购买到了一些质量不过关的假口罩，造成了个人经济损失、他人口罩不足等问题。栏目组做了实地调查采访，主持人舒悦没有把原因简单生硬地归咎于“国民素质低”，而是站在老百姓的立场上，带着同理心进行新闻评论，从多个角度安抚民众情绪，为“众志成城，科学抗疫”作出良好的宣传：

现在买口罩，已经是一个习惯了。多少人没什么事情做，就在淘宝、京东上翻，口罩、口罩，抢口罩、抢口罩，十点钟抢口罩、九点钟抢口罩——这个我表示理解，因为居委会里去领五个口罩，预订好送回来，家里如果五个人一人一个，到明天又得去领了。那么总想有了防备不慌对吗？但是切莫在这上面病急乱投医，有时候要看看清楚，因为有种人利欲熏心，他不是说真心为你着想，或者说我为你们做点事情，甚至于我送点口罩给你们，他不是的，他非但要赚你钱，而且给你的东西也是假的。那么天网恢恢，疏而不漏，侵害了别人的利益终将会受到惩罚，所以不要动歪脑筋，在这样的疫情面前，大家应该互帮互助，更应该手牵手、心连心，我们是同胞，我们是手足，所以呢，希望你们合法经营，讲良心走正道才能越走越远。

这段别具一格的评说，开阔的视野、一定的信息量与舒悦口语化、沪腔沪韵的调侃有机地融合在一起，这富于鲜明个性的语言，并不直接给出结论，让人们在笑过之后思索自忖。

三、令人耳目一新、富于创造性的语言

一个民族的语言，其语音、词汇的系统是共同的，语法规则是共同的，否则人

们无法相互沟通，也失去了彼此理解的基础，但是，人们对语言的运用却是千变万化、绚丽多彩的，唯其如此，语言才成为人类交际的重要工具，才成为历史文化和社会发展与进步的重要载体。如若不然，千篇一律的语言世界该是多么枯燥乏味，多么令人沮丧啊！

人们在使用口语时都会按照不同角色在不同场合使用不同的形式，这是社会化的人所具有的一般常识；口才好、注重交际效果的人，还会在此基础上，调动自己的语言知识、语言储备、文学修养和丰富的生活感受，及社会交往常识，说出准确、鲜明、生动、得体而又不同寻常的话来，既吸引了听者注意，获取了信息，又让人享受到语言美的情趣，这就是所谓创造性地运用语言。为了优化传播效果，主持人应力求使自己的语言富于创造性。

主持人在追求创造性地运用语言时，首先应该自觉遵循语境的客观规律，积极适应语境的特殊性和变动性，主动观照主持人语言个性与广播电视语言共性之间的协调性和整体性，努力发展语言创造力，方能丰富原有的语言个性，形成具有鲜明职业特点和个人特色的主持人语言个性。主持人要用心地在语言上表现出新颖独创、富于情趣的魅力，使传播更加生动活泼、亲切感人，更加有效，并蕴含审美价值。其次，要开阔自己的视野，涵养自己的胸襟，升华自己的情操，丰富自己的语言宝库，激活自己的思维，大胆展开想象的翅膀，勤奋磨炼自己的笔头、口头，这是能够创造性运用语言的前提和根基。

白岩松一直以来都很在意语言的运用，颇有“语不惊人死不休”的执着，因此，时代及大环境赋予的眼界和氛围，与他个人的胸襟和才气结合在一起，落到他颇为独特的语言形式中，每每给人留下深刻的印象。与往年热闹的春节不同，2020年春节，正值全国抗击新冠肺炎疫情的关键时期，疫情防控牵动着全国人民的心。中央电视台2020春节联欢晚会，在众多节目中，只有一个节目没有经过任何彩排，这在春晚的历史上也是第一次，这个节目就是由白岩松、水均益等著名央视主持人合作的情景朗诵《爱的桥梁》。据相关采访，作为临时增加的节目，《爱的桥梁》仅有10个小时的准备时间，在这10个小时内，白岩松既完成了台本的撰写，又与其他各部门协调配合，最终呈现出这样一个令人印象深刻、潸然泪下的作品：

白岩松：我们走上这个舞台，都没有赶上过一次正规的彩排，这可能是春晚历史上给主持人留下准备时间最短的一次。但是，疫情发展的迅速，这份短，恰恰代表的是太多的人对防疫群体最长的思念和牵挂。

康辉：短短几天的时间，从习近平总书记的系列指示，到党中央国务院的高度重视；从各地方、部门的快速跟进，到专家、医生的全身心投入，还有，所有中国人关切的目光和温暖的支持，一场没有硝烟的战斗已经打响了。科学防控、坚定信心，就是抗击疫情最好的疫苗。众志成城，没有我们过不去的坎儿！

白岩松：过年，就要拜年。我姓白，当然，首先要给全国所有的白衣天使，尤其是奋战在防疫一线的白衣天使们拜年，我们在这儿过年，你们却在帮我们过关。但是，不管你有多忙，你有多累，再隔一会儿，钟声敲响的时候，给自己留几分钟的时间，如果可能的话，给家人打一个报平安的电话，许一个与幸福有关的愿，然后，回到战场，继续护佑我们的生命和健康。但是，一定要记住，我们爱你们，不只在今天，还在未来生命中的每一天。

欧阳夏丹：在这儿，我特别想给所有的湖北人拜一个年。你们停下了出行的脚步，其实就是在刹住疫情前行的脚步。可能在那一瞬间，你们会觉得孤单，但却可能是最不孤独的时刻，因为我们所有的人都和你们在一起。留在家中，就是你们对抗击疫情最大的奉献和牺牲。春节到了，春天也就不远了，让我们春天再相逢，隔离病毒，但是绝不会隔离爱，让我们一起给他们加油，给他们最最需要的温暖。

贺红梅：我要给最近十四天内离开武汉的人拜年。疫情有潜伏期，这段时间无论你走到哪儿，都请照顾好自己，也绝不给感染别人提供可能。您在安静过年，会帮助我们所有人平安。而对于全国的所有朋友来说，这个年更多地跟家人在一起，跟亲情在一起，跟爱在一起，让自己不感染，就是对抗击疫情最大贡献。您安全了，十四亿人都安全了，疫情就被击垮了！

水均益：我们还要感谢世界各国的朋友们，对于中国抗击疫情的关注和关心。你们的一声问候、一句鼓励，就是在为我们加油。病毒，不需要护照，我们是人类命运共同体，爱自己，也爱世界每一个角落的人。同一个世界，同样护佑健康。请相信中国，一切都会好起来的！

海霞：今天，在澳网赛场，有一个好消息，王蔷战胜了强大的小威。你看，只要我们不怕，敢拼，就会赢。有党中央的坚强领导，有全国人民的齐心协力，有最透明的公开信息，有最细致的防护准备，最科学的预防治疗，最强有力的合力保障，最有信心地向前走，在防疫的赛场上，我们一定赢！

康辉：今夜，让我们好好过这个年，也感谢所有为过好这个年正在努力和奉献的人。过好年，充好电。我们就更有劲对不对，更有劲把所有的事情做得更好。过年，过关，爱，都是最好的桥梁。我们给大家拜年——加油，武汉！

合：加油，中国！

六位朗诵者雄健刚劲、掷地有声，长短句的有机搭配，明快的节奏，形象的比兴，铿锵的话语，生动地活画出中国在新冠肺炎疫情战斗中坚韧不拔的精神面貌和充满信心的民族气概，听罢不由为之一振！

杭州电视台综合频道《杭州新闻联播》主持人白影在参加中央广播电视总台2019主持人大赛时，于30进18“经典节目实战”的角逐中，抽到这么一道即兴新闻评论题目，要求结合“武汉韩家墩小学校长陪孩子们用餐”及“71岁老人李丙味十年如一日护送孩子们上学”两则新闻进行评论，面对如此难题，白影从富有人文关怀的角度进行了细致的评论，让人惊艳：

大家好，这里是正在为您直播的《共同关注》。

《共同关注》关注您的衣食住行，“今天您吃得好吗？今天您的孩子吃得好吗？”这并不是我自己问的，是一位校长在自己手记里面提到的问题。我们来看看这位校长还提了哪些问题，“今天孩子吃了什么，荤素搭配是否合理，吃得健康吗？安全吗？开心吗？”校长为什么要提这样的问题，之前我们在报道当中有提过，现在校园的饮食出现了一些问题，所以相关部门有了这样的规定，校长和孩子们共进午餐，发现问题、记录问题、解决问题。

说完小朋友的吃，家长们还特别关心什么？小朋友的行，上下学路上是否安全。七十一岁的李老十年来风雨无阻，每天护送着孩子上下学，他说，孩子们能够安全上下学就是他最大的心愿。过马路，吃饭，每天我们都要遇到的问题都是小事情，而且现在在我们的日常生活当中有了很多科技手段，为我们保驾护航，“城市大脑”、大数据、摄像头、透明厨房等等，一系列的手段，但是不要忘了，也有很多问题是机器发现不了的，比如说孩子们的饮食习惯还好吗？校长用肉眼去发现，孩子们今天吃得开心吗？为什么开心，为什么不开心，校长，图片当中，通过沟通交流用心去感受。如何教会孩子无私奉献，乐于助人，我想，李老的言传身教就是最有效的一种教育方式。

过马路也好，吃午餐也好，都是小事情，但是体现的是一个民族对于下一代的关怀，一种人性化的关怀，一种人文关怀，无比地关心下一代的民族才是一个有希望的民族，我们的社会才能够可持续地发展。

人民对美好生活的向往就是我们的奋斗目标，我们可以仰望星空，但是没有人可以躲避日常，日常就是衣食住行。贴心的李老，贴心的校长，为我们提供的就是触手可及的美好。有人问，这个世界还会更好吗？我想不如先问问我们的孩子，吃得好吗？安全吗？开心吗？

少年强则国强，感谢您收看今天的《共同关注》，再见！

这段新闻评论能够让观众感到中肯亲切，博得一众评委的喜爱，可贵的是主持人接地气，急群众所急，忧群众所忧，尤其是能从富有人文关怀的角度关心祖国下一代的成长，其独到的见解能唤起受众深层的参与感，其语言风格上的魅力会是深刻的、长久的。

我们很多优秀的节目主持人非常重视语言的表述，同样一件事，同样一个道理，总是千方百计寻觅最便于听、观众接受，最能打动人心的语言表述方式。为了追求语言的最佳传播效果，他们能够自觉地在语言上下很大的功夫。比如董卿谈到自己在主持中央电视台青歌赛前的准备工作，她说：“我会早早地，下午 1 点多就去演播室，其实没有人要求你那么早去。去干什么呢？去找那些晚上要唱歌的那些选手，去跟他们提前做一个沟通，基本上每一场有 15 个选手，我要一个一个地去找，一个一个地去聊。你想，一个人 10 分钟的话，那就是三个多小时了。”

四、举重若轻、幽默风趣的语言境界

1. “平民化”主持人的语言境界

广播电视是面向最广大的群众的传媒，听、观众大都喜欢以闲适轻松的心情与广播电视节目相对，主持人的语言必须简明易懂，有很强的可听性、可接受性，诚如老舍先生所言：“我们的语言在世界上是以简练著称的，简而明，这是我们语言的特色。”“假若我们的语言不通俗不现成，它就不可能成为具有民族风格，为人们所喜爱的作品。”① 从传播效果的角度看，简单朴实的话有时更能快捷而有效地把某种思想传达给受众。“社会心理研究表明，人们更喜欢语言上向他们接近的人”，因为“降低参与者之间的差异”，“有利于交谈，并可获得听者的社会认可”。②

主持人节目是面向大众的传播，为社会最大多数人理解和喜爱，这个大众传媒的特性应该作为主持人语言运用最根本的要求。随着社会的进步和发展，听、观众

① 老舍：《老舍文集》。

② ［英］戴维·克里斯特尔：《剑桥语言百科全书》（中译本），中国社会科学出版社，1995。

对节目的文化含量的广度和深度有越来越高的需求，用通俗的口语表达深刻的内容绝非易事，而是有相当的难度。听、观众收听、收看主持人节目要求传播者有平和、平等、平易、平常的心态，而拒绝生硬的说教灌输，厌烦自作聪明的炫耀和装腔作势的煽情。在社会进步和发展的传播环境和丰富多样的文化氛围中，“平民化”的主持人，“平民化”的主持风格，理所当然地最为群众赞赏和青睐。俄国文学家、批评家别林斯基曾经谈到过生活中的这一规律，他说：“每个民族都有两种哲理：一类是学究式的、书本的、郑重其事的、节庆才有的；另一类是日常的、家庭的、习见的，这两种哲理通常在某种程度上彼此接近，只要谁想描写一个社会，他就必须认识这两种哲理，尤其是必须研究后一种。”

不过必须明确，那些把口语中粗糙的东西：啰唆、零乱、“啊、吧、呢、吗、那么”当作“贴近生活”的浅俗语言，绝不是我们所倡导的，它恰恰是所有的主持人应坚决摒弃的坏毛病。得到广泛认可的“平民化”主持人，他们的语言亲和力不仅仅在于态度上或话语方式上，其深层的、持久的魅力来自他们深厚的生活和文化底蕴，来自于他们从最普通的老百姓乃至弱势群体中体味到的民族文化的精髓和智慧。他们善于发现并欣赏劳动者的智慧，他们读书但不“掉书袋”，把书本知识和生活中的营养“化”在一起、融在一起，生成鲜活的、人们喜闻乐“听”的主持话语。他们于平易中见真知、随意里显真诚，语言中的价值取向、文化含量、格调品位举重若轻，信手拈来的幽默风趣耐人寻味，如此个性化、创造性的语言自有境界。

中央电视台主持人撒贝宁以其“平民化”的风格、幽默诙谐的禀性、真诚善良的态度、机智灵活的控场能力赢得人们的喜爱。不像一些主持人时不时地引用“名人名言”、满嘴“文化”，哗众取宠式地炫耀自己的文化修养，将节目现场变成背书比赛，毕业于北京大学的他，在主持的舞台上，不在观众面前“掉书袋”，而是在观众心中建立了一个朴实平易、没有距离感的主持人形象。他还常以反躬自嘲的现身说法来构成轻松真诚的谈话语境。比如在一期《开讲啦》节目中，节目组邀请了著名篮球运动员姚明作为演讲嘉宾。面对身材高挑的姚明，撒贝宁频频自嘲“你可不能摔倒，你摔倒受重伤的是我”，“姚明刚才还开玩笑说他要不站在下边，我说你站在两节台阶下面，镜头还是照顾不到我”。撒贝宁这些幽默的自嘲让起初略显紧张的姚明渐渐放松了下来，似乎早已忘了这里是电视台的演播室，撒贝宁仿佛是一位多年的老友，正在和大家拉家常。

历经多年主持生涯中的酸甜苦辣，撒贝宁深谙“平民化”主持所需的内在智慧。在一次《梦想星搭档》节目中，撒贝宁用夸张的风格配上不标准的粤语唱了一段《海阔天空》，同台来自尼日利亚的外国嘉宾笑得不能自已，尖锐的笑声和嘉宾夸张的神态让现场有些许尴尬。此时撒贝宁向观众说：“所以大家能看到，尼日利亚是一个多么happy（欢乐）的国家，你们走在街上都是这样吗？”撒贝宁机智的反应和出人意料的善意的调侃引起哄堂大笑。这样的幽默雅而藏趣，有提醒，有祝愿，不直露，不艰涩，突发奇想，耐人寻味，恰似橄榄余味无穷。

2. 主持人的幽默

（1）幽默的作用

幽默，从来是人际交往中的润滑剂、缓冲剂、黏合剂，它像一座桥梁，拉近了人和人之间的距离，使陌生的心灵变得亲近，以最敏捷的方式沟通感情，融洽气氛，以轻松的形式化解矛盾和尴尬，使人们能置身于轻松有趣，又能领悟哲理的环境当中；同时，幽默还表现了善用幽默者的才华和智慧。如果说人们喜欢有个性的主持人，那么，幽默作为一种个性对于节目主持人来说显得格外重要。

何炅在主持选秀节目《明日之子》中的幽默，举重若轻、不露声色地引导谈话的方向，表达自己的价值取向，化解尴尬和紧张。有时他在节目中的一些插话乍听好像只是随声附和，但立刻你就能咂摸出话语深层的味道。一次一位选手因为亮眼的表现遭到导师的争抢，两位导师话里火药味十足，其中一位导师说：“我想问一下总导演，如果他（另一位导师）用一颗（通关）球真的把他（选手）抢走了，我可以用两颗球把他抢回来吗？”何炅这时插了一句：“我想，他（选手）来这个节目，也不是奔着球来的。”两位导师相视一笑，何炅适时的幽默缓解了现场紧张的气氛，这句话既利用了现场的道具进行调侃，又表达出这位选手来参加节目是为了成长和进步，因此无论加入哪位导师的队伍都不失为一种好结果的深层含义。

幽默的方式同样可以表达赞赏。在第十一届金鹰节颁奖晚会上，何炅用脱口秀的方式介绍了到场的众多演员，介绍其中一位嘉宾时，他说：“另外有一些人较劲呢，是喜欢在同类的题材里演很多不同的人。在《三国（演义）》里边啊，演了荀彧，演鲁肃，然后他又演了刘备，他还演了曹操，我听说最近他还动了心思，想要挑战一下孙权和周瑜。所以于老师，您是准备一个人演完《三国（演义）》吗？那么，于老师，拜托你放过《水浒（传）》好吗？我还没有做好准备，同时接受108个于老师。”（人们善意地笑了）显然他以开玩笑的口吻表示了敬佩之情。

幽默的方式可以用来“纠偏”。对谈话节目中某些模糊认识，如果主持人采取正面批评的态度，于节目语境不符，效果不好，但又不能置若罔闻，这时，通常情况下处理类似问题的“以理服人，以情感人”可以换成幽默的“归谬法”。所谓“归谬法”，即夸大其言语的不合理性，顺水推舟，把“不当”推至荒唐悖境，轻描淡写地暗示出其中的谬误。如在一期《开讲啦》节目中，一位学生代表向嘉宾提问：“我提到‘过气’两个字的时候，你的内心会不会突然被抓一下？”主持人撒贝宁在随后的总结中说：“二十多年要真是一直不过气，一直在气上，那不气死了。”“这位学生代表和大家一起笑了。这样以轻松幽默的方式表示自己的态度和倾向，委婉而又明确地点出其认识的不现实，可避免直接下结论所易产生的“严肃面孔”。

“归谬法”还能通过设下圈套，诱使对方顺着自己的思路说走了嘴，然后故意用夸大谬误的方法，在矛盾组合中令人喷饭，构成浓郁的幽默气氛，同时举重若轻地表明自己的观点。比如一期《开讲啦》中，主持人撒贝宁就安全防范意识问题现场与观众互动，就有这么一段幽默的对话：

撒贝宁：你的手机设置了密码？

观众：对，设置了。

撒贝宁：几位数的密码？

观众：嗯……六位。

撒贝宁：你看，一点儿防范意识都没有。你应该说：“我凭什么告诉你！”

（2）幽默的运用

《现代汉语词典》对“幽默”一词的解释是：“有趣或可笑而意味深长。”① 幽默是人人都喜欢的一种品格和能力，但又并非人人都可以企及，因为幽默不是耍贫嘴的同义语，不是尖刻、嘲弄，不是讥讽、挖苦，也不是“抖机灵”，其所以为人们喜爱，与其说是它引人发笑，不如说是其蕴含的人类的智慧和善良给人带来的美感享受。因此我们说，幽默是一个人综合素质的体现，它反映一个人的思想水平、生活阅历、性情、性格、联想能力、反应速度、语言水准等种种素质和能力。我们择其要者概括地说，幽默的根基来自人的品德、心性，来自文化修养，来自智慧和敏锐，当然也离不开语言能力。

▲幽默的心性。幽默主要是通过语言传递的，但又不仅仅是语言的一种表现形式、表达技巧，它首先是一种人生态度。这是一种积极、乐观而又平和的心境，是

① 《现代汉语词典》（第7版），商务印书馆，2018。

一种俯瞰人生的大境界。老舍先生认为，幽默首要的是一种心态，是一种领悟和灵性。我们可以凭借自己的生活经验想一想，凡是富于幽默感的人，他对人生一定有积极乐观的思考，能敏锐发现生活中的趣事，既能看到可笑的一面，又能看到可爱的一面，善于在联想中领悟蕴含的哲理。

同时，幽默需要宽厚豁达的胸怀，它不急功近利，幽默的笑带着同情、带着爱，它是善意的，对生活充满信心又冷静睿智，总是乐于给别人带来快乐。在江苏卫视相亲节目《新相亲大会》中，孟非有时需要为嘉宾缓解尴尬。一次，一位前来相亲的女嘉宾因为年龄问题遭到了所有男嘉宾“灭灯”，孟非及时解围道：“好像 42 岁这个年纪，引发了这么大的波澜，为什么呢？（停顿）是因为他们太年轻了。（众笑）”幽默中的智慧和善良，不仅即刻令人忍俊不禁，陶醉其中，而且过后仍可反复回味，余韵悠长，幽默能给人带来愉悦的精神享受。主持人在节目里说的话，有的是在事先的案头准备中经过深思熟虑斟酌再三得来的，有的却是临场触发激活，在即兴交谈的当口，瞬间做出的回答，常常最能反映主持人的内心，也最具有个人的语言风格。

▲幽默的文化底蕴。幽默必须有知识积累、有文化修养垫底。相声大师侯宝林的幽默受到老百姓和专家学者的一致好评，因为他对生活的敏锐的观察，以及出人意料的创造性的表达，饱含着他对中国文化、中国社会知识的积累和领悟。一代宗师钱钟书先生的幽默，更是浸满他学贯中西、参透人生的智慧和力量。节目主持人的幽默与大师相比虽难望其项背，但其中包含的幽默与文化修养的关系之规律是相同的。

幽默的思维需要联想——奇异的联想、快速的联想。创造心理学认为，联想能够克服两个概念在意义上的差距，并通过联接产生新思想。如若知识贫乏、眼界狭窄，那么大脑的信息库必然缺少相应的储存和积累，再加上单一的线性思维，就无法激活思维网络中饶有兴味的组合，因此，幽默所依托的灵活的、富有创造性的联想不能离开文化的修养及运用知识的心智心力，而且差别越大越出人意料。举个生活中的小例，一次外出游玩的车上，后排朋友兴致盎然地谈家里的装修，说到去买一种装饰瓷砖：“好看，就是贵了点儿，一副××元，单卖××元。”此时久未说话的开车小伙来了一句：“挪威呢？”一车人都笑瘫了，他故意装傻，以谐音借代，用“丹麦”替换“单卖”，引发了笑果。

湖南卫视节目主持人汪涵就常常在节目中展现出这种活跃的语言思维。一次《天天向上》节目中，一名足球爱好者被问到颠球的水平，这位嘉宾说“只要体力有的话，（颠球次数可以）无限”，汪涵幽默地回答道：“还要加 Wi - Fi（无线网络）对不对？”还有一次，几位年轻的科研人员展示了一个一比一的卫星模型，同场的嘉宾问道：“你们这个卫星放歌吗？因为之前‘东方红’（卫星）还放歌对不对？”汪涵又再次巧妙地用谐音借代：“他这个容积啊，我觉得放鸽子可以。”这种幽默似信手拈来，脱口而出，却反映出主持人活跃的思维品质和即兴反应能力。

奇妙的联想出幽默，不过，联想要符合事物的逻辑规律，幽默要切境，切合人物身份特点，切合人物关系，才能充满机趣，带给人快乐和智慧。那种为奇特而乱想胡凑的“贫嘴滑舌”是不可能引起共鸣的，当然也称不上幽默。在第 27 届中国电视金鹰奖颁奖晚会上，主持人何炅与搭档海清有一段十分得体的幽默对话：

何炅：说实话我们海清胆儿真大，演员第一次做主持，就是在现场直播的这么大型的颁奖晚会上，你哪来的胆儿啊？你是为什么会答应我们导演的要求呢？

海清：没有，我一开始没有答应。

何炅：那后来是怎么又改变主意了呢？

海清：后来我回去又想了一下，我觉得我是个演员，我觉得今天是一个特别好的让我体验的机会。

何炅：哦，就是下次让你演主持人的话你就会有经验了是吗？（众笑）

海清：嗯，然后我还觉得，我觉得真是我们电视人自己的一个大 party（派对），我特别想把这个 party（派对）张罗好。

何炅：我不是很满意你的答案。我以为你会说，你之所以答应要来，是因为你的搭档让你特别有安全感。（众笑）

▲幽默的语言能力。幽默固然反映着一个人多方面的素质，但它终究要通过语言表现出来才能产生那意想不到的效果。语言的移植改造是产生幽默效果的重要方法。所谓移植改造，即有意地突破常规，不用那些通常的说法，而变通地运用词语在时代色彩、语体色彩、专业色彩等方面的差异，使语言在笔调上移位。钱钟书先生在《谈艺录》中说：“文词最易习古蹈常，落套刻板，故作者手眼须使熟者生，或曰使文者野。”又云：“以故为新，以俗为雅。”所以，双关、比喻、夸张、婉曲、借代、反语等积极的修辞巧妙地表达言外之意时，都会带出深刻隽永、韵味无穷的幽默意味来。在一次《共同关注》节目中，主持人朱广权在号召养宠人士文明养犬时，巧妙地解构了成语“一丝不苟”。他说：“有一个词叫一丝不苟，没有一丝绳链拴着，就不能遛狗，而且要紧紧抓牢，爱不释手。”朱广权对成语的移植改造，切合

新闻背景，节目一经播出，网友纷纷刷屏，对其幽默的语言赞叹不已。

▲善意为本，把握分寸。幽默与滑稽、贫嘴、挖苦、俏皮话不同，因为出发点和指向不同，语言材料有区别，制造方法不一样，运用场合也不尽相同。幽默不含贬义，不是蔑视，不是拿别人开涮，更不是卖弄聪明，哗众取宠；幽默不为单纯逗乐发噱，它要让人笑后有所思考，它追求参透事物的真谛，追求美学上的品位；幽默的语言材料亦庄亦谐、雅俗有度；幽默中有风趣、有诙谐、有自嘲，重意韵、重简约、重含蓄。总之，主持人在谈话节目中运用幽默应以善为本，坚持与人为善的态度，不损人，不拿别人的弱点、缺陷开玩笑，不拿别人的真诚开玩笑。真诚、善良是幽默的出发点，是主持人运用幽默的目的，如此才能让陌生或有嫌隙的心灵亲近，帮他人摆脱尴尬和窘迫。主持人一定要注意“度”的把握，不能由着性子只图自己一时痛快，而应把握运用幽默时动机和效果的统一。

幽默是一种智慧，不仅指对事物的透彻领悟，还包括运用幽默时对分寸的把握。把握幽默的“度”，要注意两个方面：一是要看对象、看时机、看场合，在谈话节目中主要是看对方对幽默的理解力和承受力，否则有可能被误解为讥讽、尖刻或嘲弄，非但不能产生幽默的效果，反而引起不快，让人下不来台。二是幽默的内容应与谈话内容紧密关联，不可为笑而笑，不是“抖机灵”，不能把幽默变为廉价的逗乐，变成油嘴滑舌，它应闪烁出对生活的热爱及领悟生活哲理的睿智。

湖南卫视著名节目主持人汪涵曾经在《开讲啦》节目中分享了自己对于幽默的理解。他认为：“其实在生活当中，如果要变得所谓幽默一点，你也不要去苛求，我觉得你就真诚地跟她说很多事情就好了。任何苛求的幽默，或者说刻意地要去搞笑什么的，特别让人难受。”一旁的撒贝宁也认同地表示：“幽默我觉得不是个技巧，幽默是一种生活态度，我觉得只要你对生活是抱着一种乐观的、积极的状态，你在任何时候都能找到化解尴尬最好的办法。”

中国台湾地区当红节目主持人徐熙娣（小S），因为自成一派的幽默风格受到了众多观众的喜爱。她有着收放自如、能文静能野艳的特质，常常在节目中自然而然地带出有趣的话题，以幽默的语言、张弛有度的掌控，不卑不亢地与你共赴娱乐盛宴。作为女性主持人，徐熙娣怀有一颗敏感丰富的心，感性的她在主持节目的过程中不过分压抑自己的情感，观众既能看到她在舞台上开怀大笑，又能看见她因嘉宾的故事感动落泪，她在节目中与人沟通和开玩笑，是善良丰富的内心的真诚流露，如此多面立体的主持人形象，观众怎会不喜爱呢?!

第七章

主持人的“能说”

常识告诉我们，语言是工具，用以承载和表达内容。假设我们把一应“普通话、用气发声、口腔控制、吐字归音、停连、重音、语气、节奏”等有声语言表达的基本功，比作主持人语言的工具，我们当然要尽量做到工具运用得心应手，这些完全可以视作跨入主持人这个行当所要求的语言素质的基本层面、技术层面。但是，倘若主持人的话语中缺乏诚意、缺乏真知灼见，忽略语言的思想内涵，那么，徒有语言表达基本功的外壳，纵使外壳再光亮对于主持人来说，要发挥主持人的优势，增强吸引力和影响力，那都是于事无补的。

正如已故的语言学家吕叔湘先生所言：“语言修养自然包括说话和写文章。拿这两件事来比较，说话尤其不容易，一则要应时触发，没有从容润色的时间，二来呢，不但要照顾说话的内容，还要同时照顾说话的声音和姿态。”① 今天读来，恰如专门针对主持人的语言来谈的，亲切之感油然而生。这一章里，我们将在修炼语言表达基本功，以及了解主持人语言表述特点的前提下，集中聚焦于各类节目主持实践中的话语应用，也可以理解为主持人语言表达技巧的实际操作、综合运用。在各种各样的节目类型及丰富多变的节目形态里，主持人的语言活动可以从三个着眼点来探究，那就是：说、问、议。后面我们将用三章的篇幅从主持人实践的角度，分别谈谈主持人的“能说”“善问”“会议论”。

第一节　何谓“能说”

在本书第二章“主持人的语言活动”中，我们说过，节目主持人的话语有的

① 吕叔湘：《语言和语言学》·《中国大百科全书·语言文字》，大百科全书出版社，1988。

出自于文稿，有的直接出自于主持人头脑里的“内部语言”，后者即所谓的“自主表达”，意思就是主持人要全盘考虑自己说话的内容和形式。这样看本无可厚非,不过，负责的主持人、敬业的主持人、优秀的主持人，面对稿件，也不会止步于“一字不差”地，或只是加点儿“啊、吧、呢、吗”的语气词就权且充作主持人的话语方式了，他们一定会在精准把握稿件内容的基础上做出一系列的加工。

总括起来说，主持人不论有无现成稿件，都要对自己在节目中说的话进行加工，因为这个话语活动是要进入广播电视这种大众传播的正式口语，不是个人的，也不是小众的，而是要在社会舆论和社会生活中起积极作用的。主持人的话语加工不外乎两个方面：首先，内容方面是“说什么”的加工，实际就是信息的加工，诸如事实信息的补充与整合、意见信息的选择与判断；其次，话语方式方面是“怎样说”的加工，诸如“直白”还是“委婉”，“简练”还是“铺开”，等等。两个方面合起来有一个关键词，就是追求“个性化”的表达，这个“表达”是广义层面上的表达，它包括话语内容和话语方式直至话语风格。主持人对于“个性化”表达、“自主表达”的追求是值得倡导的，因为那是为了更好地实现传播效果。

我们常听人们感慨：“主持人真能说!”不过，日常生活中人们对“能说”赋予的含义并非都是褒义，也不乏“巧舌如簧”“把死人说活”之类的贬义。主持人“能说”，是有质量标准的，它必须排除虚情假意，必须排除空话、谎话、大话、废话的侵扰。主持人怎样才称得上“能说”，怎样才能说得好？当然需要思想、学识、语言素养等各方面的基础，需要对广播电视传播特点的了解，除了这些基础和条件之外，简短截说，有两点是必须注意的：一是要考虑栏目定位、栏目宗旨，考虑栏目收视、收听对象的接受习惯，力求传播目的与传播效果的完美结合；二是要求主持人不断学习积累，完善自己的知识结构，提高自己的认识能力，进而丰富自己构建语言的能力。

下面我们把各类节目中、各个环节中主持人完成“叙事功能”“控场功能”的话语要求，通俗地表述为“能说”，并且特意从大量不同类型的主持人节目中，以及多种节目形态中，筛选出一些实例，来说明究竟什么是应予肯定并提倡的“能说”。

第二节　叙事功能中的“能说”

一、信息含量适度的叙事

有些主持人不惧怕“说”，伶牙俐齿，滔滔不绝，眉飞色舞，左右逢源，可是听的人并不觉得受用，一是说的虽多却与主题无关，二是有自我炫耀之嫌，反而会引起反感和不满。所以，主持人的“能说”首先要体现在信息含量上，必须给予受众适度的、有效的信息。信息单薄了不行，不能帮助受众减少认知的“不确定性”；信息多了同样不可取，因为广播电视的“线性”传播特点，视、听觉信息都是稍纵即逝，如果瞬间信息“溢出”，必然过犹不及，会让受众无所适从，抓不住核心。

我们不妨从电视主持人大赛中必有的“自我介绍”环节说起。这一环节要求选手在限定的时间里，让观众对自己有一个简单明了，同时又印象深刻的初步了解，故此，在30秒或1分钟的时间里，一是与选拔有关的信息要足够，二是个人特点要鲜明突出，以便在速度颇快的依次轮换中先声夺人，脱颖而出。下面是央视“白象杯”主持人大赛1分钟自我介绍中几位参赛选手的表白，为尊重选手，我们把选手姓名隐去。对选手自我介绍的简短评价，用黑体字在破折号后面呈现：

×××：真诚、真实、真我，这就是我71号选手×××。——**质朴，但太概念，没有充分用好给予的时间，信息量偏少！**

×××：大家好，我是73号×××，来自江苏泰州，我希望做主持人，做好主持人，谢谢！——**直白简单，只有来自何处的信息！**

×××：各位大家好，从讲台走上舞台，心怀忐忑但又充满希望，灿烂过后我从演播室回到教室的时候，我希望有一份沉甸甸的回忆与我的学生们分享，我是74号选手×××。——**说明了教师职业，表露了心态。较有个性特点！**

×××：因为有梦，我的祖先从丝绸之路来到了中华大地，把梦写在了郑和宝船的桅杆上，写在了海瑞出淤泥而不染的荷塘里，也写在了马本斋激扬的马鞭中，今天我也会像我的祖先一样，带着梦想一路前行。——**意象太大，诉求太多，有些让人摸不着头脑，来不及“翻译”，最后答案似乎就是“回族”，特色反而模糊！**

×××：×××来自新疆，我的梦想是想成为像疆一样的人，带长进兮斜青弓，首身离兮心故成，哪怕战死沙场也要保持战斗者的雄姿，三山加两盆的地域给了我一颗勇敢的心，让我可以三尺清风怀天下，一骑白马开如疆。——**较有气势，但失之于雕琢，有炫技之嫌，缺少具体个性！**

××：21 年前一个秋天的晚上我出生在长江边上的一个小城市安徽芜湖，老家的人们都说，我们芜湖两个大眼睛的女孩子，一个是大家已经熟悉的小燕子赵薇，还有一个就是大家即将熟悉的我，62 号选手何卿，连起来就是何时成为董卿。——**出生地、长相、明星梦都说到了，有特点，但难免有些浮浅、自恋！**

×××：我出生在一个朝鲜族的大家庭里，父母照顾年迈的奶奶，让我学会了付出和感恩；一个人来到北京上学，又让我学会自立和坚强。路漫漫其修远兮，吾将上下而求索。我有一个梦想，希望能给我更多的时间，来回报我的父母，回报我的师长，让我有更多的时间站在主持的舞台上为更多的观众带来快乐，这就是我 66 号选手×××。——**介绍了民族、家庭、身份和亲情，但语言较啰唆，太过面面俱到，淹没了亮点！**

××：寒窗苦读二十载，我实现了我的第一个人生梦想——获得了法学博士学位，站在这里是我的第二个梦想，成为央视的法制节目主持人，传播法制理念，颂扬社会公正。——**简洁，突出优势，理想鲜明有气度！**

×××：泰戈尔曾经选用夏天去形容生命的机制，而对于我，24 年前的夏天开始在天津感受这个世界，五年前的夏天走入向往的百年北大，一年前的夏天开始职业生涯，而今年夏天我期待在这方舞台上体现真正的“生如夏花”，谢谢大家。——**富于文采，富于音乐性和感染力，构思精巧，似信手拈来，用泰戈尔的“夏天”巧妙串联交代了出生地、年龄、学历、阅历和愿望！**

×××：我叫×××。两年前从中国传媒大学播音系（被）保送到了北大法学院。今天对我来说是一个挑战，但是半年前我第一次替农民工打维权官司，更是一次挑战。因为今天的成败只关系到我个人的选择，而那场官司却关系到一个家庭的命运，谢谢。——**交代复合型的专业背景，奇妙地用“挑战”连接起服务社会的经历和参赛的心胸！显得大气，且似无意中流露出悲悯情怀**。

以上叙事都是选手自己预先准备好的，这里没有风格的限定，没有必胜的套路，也没有“最好”的法宝，只有一个人的综合能力在语言中的体现，比如对“自我介绍”环节既定任务的理解，对自己的认识、判断和选择信息能力、构思能力、想象能力，最后落实到组织运用语言的能力。只要信息适度、个性鲜明，就会有奇思妙想、色彩纷呈的“好”与“更好”叙事，就会远离千篇一律、平淡无奇，远离苦心孤诣、刻意雕琢等不足取，乃至应当摒弃的叙事。

二、开门见山的叙事

节目里展开话题的方式多种多样，开门见山、开宗明义、直截了当、直击靶心……这些词汇不同，意思却基本一致，这种叙事方式多用在节目起始，十分明确、十分痛快，节目要谈什么，让人一听了然，而且还能紧紧地抓住受众的耳朵和心。一般在谈论社会热点、焦点、社会关注度高的话题时，用开门见山的叙事方式能起到很好的吸引收视或收听的效果。

2020 年 3 月 18 日央视《焦点访谈》播出的这期节目，内容主要讲在新冠肺炎疫情期间“构筑防疫人民防线”的重要工作，主持人侯丰的开始语是这样说的：

全力做好北京疫情防控工作，首都安全稳定直接关系到党和国家工作大局。这是习近平总书记对北京疫情防控工作提出的明确要求。打赢疫情防控阻击战，重点在“防”，而防控的关键在社区。社区防控是除了医院之外的另外一个抗击疫情的阵地，作为一个超大城市，如何把这个阵地守住？特别是有些开放式的老旧社区，也没有保安和物业，怎么防控？随着复工复产逐步提速，返京人员越来越多；国际疫情蔓延迅速，境外进京人员也大量增加，怎么办？对北京来说这都是一道道难题，应该采取什么样的措施？怎么样来落实责任？考验着基层治理水平。

这次访谈直接的新闻由头是 2020 年年初在我国蔓延的新冠肺炎疫情，疫情防控与人民安危息息相关，直接指出了这场疫情阻击战的重点在“防”，重点在社区，特别是一些老旧社区。百姓关心的主要问题正是那连续发出的五个疑问，连珠炮般的问题准确地击中每个老百姓的内心，每个问题都是当下老百姓在疫情防控前面临的主要问题：“复工复产逐步提速，境外进京人员也大量增加，怎么办？应该采取什么样的措施？怎么样来落实责任？”最后的重点表明：疫情阻击战的一切问题，都在考验着基层治理水平，与基层治理水平息息相关。这个叙事可谓精彩，内容一浪推一浪，听感铿锵有力。

又如《焦点访谈》的另一期节目，是 2015 年 2 月 21 日的“开卡车的艺术家”，开始语是这样导入本期主题的：

干自己想要干的事，过自己想要过的生活，这是我们的心愿，但是因为种种原因，在生活当中并不能事事如愿，相信这也是大多数人曾经体验或正在体验的事情，这个时候是继续坚持，还是放弃理想，让人纠结，也让人痛苦。孔龙震，他从小的愿望就是想画画，但现实的生活却一直在折磨着他，甚至有时候让他抓狂，怎么办？怎么按照自己的想法去活？我们来看看他的故事。

侯丰一开口就给观众带来两个疑问，先是貌似平铺直叙地讲述一个道理，这个道理与人们生活息息相关，随即介绍本期节目主人公孔龙震，说明主人公也在面临这个难题，之后马上抛出两个问题，“怎么办？怎么按照自己的想法去活？”这两个疑问也代表了观众们心中的疑问：到底怎么样按照自己的想法去活呢？短短几句话，不需要虚张声势的形容，不需要过度评价，就把孔龙震这个人物的职业独特性、生活中的困惑矛盾面展现在观众面前，让观众产生好奇并引发话题关注。

侯丰从开始主持《今晚直播室》就自己写稿子，自己控制时间，处理现场情绪。镜头的切换，专家的点评，引入场外观众，电话采访等，都靠他去把握和调配。有位化妆师谈到人们日常形象的三个境界：刻意、随意、刻意的随意。“刻意”即太过雕琢，有失自然；“随意”则完全放任，起码有失礼貌；“刻意的随意”正是注意了形象又不露痕迹，有意无意之间，得体而优雅。主持人理应讲究自己的话语质量和风格，诚然，最好的境界就是“有雕琢而不露痕迹”，看似“不经意”，实则用了点儿心思。

再看侯丰的一例，以利加深印象，得到启发。2015 年 2 月 24 日《焦点访谈》播出的“寻虎记”，开始语如下：

首先来认识一只老虎，怎么样？看上去威风凛凛，这就是人们只闻其名不见其踪的东北虎。为什么这么说呢，因为在东北虎的老家吉林长白山已经有几十年见不到它们了，很多人甚至认为东北虎在中国已经绝迹。全球东北虎数量只有四百左右，百分之九十五分布在俄罗斯远东地区。让东北虎重返山区是很多人的愿望，最近就有消息说，很多年不见的东北虎在那里又出现了，这是真的吗？岁末年初，《焦点访谈》记者来到长白山踏上了“寻虎之旅”。

主持人像和观众在聊天、讨论似的，然后直接指向对“东北虎再次出现”这个消息的感受与疑惑，而后带领观众和节目组记者一道追寻事实的真相，用调查求解。

三、简洁生动的叙事

任何时候，也不论何种语体，书面语也罢，口语也罢，语言的简洁都是一个通用的标准，大众传播尤其是广播电视传播，讲究语言简洁干净的同时，还必须有口语的特点，句子短、不拗口、通俗易懂是一方面，还特别需要主持人的语言生动形象，容易激起受众的视像，便于受众的理解，带给他们具体真切的感受，飞快地抓住受众的注意力。要达到这样的预期效果，一方面得益于有声语言表达富于表现力和交流感，另一方面则要求语言内容和语词表述上的简洁生动。但不可简洁时简洁，就会了无生气，反之，也不可注意了话语的形象生动，却繁复啰唆。主持人需要用心把握其中的尺度与平衡。

《焦点访谈》在人们的心目中是比较严肃的节目，不过严肃的节目也不一定非得板着脸说。2014 年 8 月 9 日《焦点访谈》播出了一期“老赖难再赖”，主持人开篇就感同身受“抱打不平”似的说：

这俗话说啊：好借好还，再借不难。它不仅是老百姓都认同的理，更是有国家强制力保障的法。可是呢，就是有这么一些人啊，不讲理，不守法，法院判决了也不还钱。人们就管这种人啊，叫老赖。那么对待这种人呢，法院可以强制执行，那么除了强制执行还有别的办法吗？无锡法院在执行工作中大胆创新，除了依法用好硬兵器，还发明了一件软兵器，效果怎么样呢？

主持人不端架子，就像对办公室里的同事说起亲朋好友或老邻居遇到的不平事，既理性地引经据典，举出国家有关法规，又感性地引用熟语“好借好还，再借不难”，倾向鲜明地发出质问。这样的叙事，不失栏目的权威性，同时又让观众感到贴心贴肺，有传播学上所说的“自己人”效应，从而愿意接受这样的传播。

下面我们列举一个针对人物的叙事，是《焦点访谈》里的人物特别节目——“切糕合伙人”，于 2015 年 2 月 20 日播出：

创业无疑是很多人实现梦想的选择，今天我们要说的这个小伙就选择了这样一条路，阿迪力·买买提土热，虽然只有二十三岁，但刚刚毕业的他，已经是一家估值三千万元的公司董事长了，而这家公司经营的产品，前几年还是新闻焦点，一度非常敏感，没错，切糕。阿迪力来自长沙，家乡的味道让他在长沙找到了自己事业的起点，公司越来越好，阿迪力也产生了留在长沙的念头，但是却遭到了家人的反对，因为很久没见到儿子的父母希望儿子能早点回到家乡。

这段话是主持人的节目开场白，寥寥数语，一方面概括介绍了创业青年阿迪力的个人背景信息，又突出了他年轻有为、创业所取得的成绩，与此同时又以特写镜头似的细节逐步勾勒出他创业的起点——切糕，言简意赅，把青年创业者的激情梦想与守候亲情的选择矛盾，也是这期节目中最打动人心的“情感线索”都交代清楚了。

四、别具一格的叙事

“平铺直叙”是最常见的叙事方式，不过许多主持人图省事，就有话直说，朴实倒是朴实，可是听多了，千篇一律，不免乏味。现在连新闻这样强调“用事实说话”的节目，为了吸引受众的眼睛，抓住受众的耳朵，都不惜一改消息导语的传统写法，适度采用新颖、别致的叙事方式，更不用说与受众传播距离更贴近的主持人节目了。所以，主持人的“能说”必然包括富于创造性的“别具一格”的叙事。这就要靠主持人更多地了解节目背景，在内容和语言上动心思了。

以 2016 年 12 月 3 日 CCTV－1 播出的《开讲啦》为例，本期节目嘉宾是长征五号火箭首飞任务指挥员胡旭东。大多数情况下，主持人在节目中都会开门见山地介绍嘉宾的头衔或背景信息来凸显人物的特点，而主持人撒贝宁却在开头先设置“悬念”，节目开始前设计了一个倒计时的环节，喊五、四、三、二……倒计时了三次，前两次的倒计时到一半就喊停，然后重新开始，直到第三次才顺利完成，这个过程让现场观众和电视机前的观众都仿佛是“揪着心”。随后，主持人撒贝宁马上向观众提问：“是不是感觉心开始随着倒计时悬起来了，是不是感觉开始坐立不安了?”这样一个别出心裁的设计，这样一个特别的叙事方式，配合着一语中的的提问，是为了引出开讲嘉宾，并告诉观众胡旭东的工作就是如此紧张，甚至惊心动魄。使得现场观众有一种“身临其境”的体验，也使得屏幕前的受众有一种“情景再现”的感觉，也为开讲嘉宾的讲话做了一个铺垫。

这是我们最特别的一次开场，刚才我们录制之前，现场倒计时，出现的这几个“小故障”，在喊“五、四、三、二、一”倒计时的时候，我们中间停几次，是我们刻意安排的，我们来看看现场，观众的心理上会不会出现一些微妙的反应。请问各位，是否已经在第二次停顿的时候，就已经觉得你们的心会跟我一样，有点悬起来了？到第三次的时候，各位就会有点坐立不安的感觉，可是为什么我们要做这样的设计呢？今天我们会请出一位开讲嘉宾，他将为我们揭开，这背后的故事，让我们掌声有请，长征五号火箭首飞任务，01 指挥员——胡旭东。掌声有请。

还有《新闻 1＋1》的白岩松，他在语言上很下功夫，颇有“语出惊人”的劲头，他并不是在玩噱头，而是为了更好地吸引观众收看节目，同时还很好地强调了节目内容的重要性。比如“未成年人犯罪，法律怎么改”这期节目，他形象化地模仿和阐述了未成年犯罪者的话语，直击观众内心，而且绝非耸人听闻：

先来看漫画上的这句话，“杀人强奸又怎么样？我又没成年”，一看到这句话，大家马上就知道说的是什么。是的，一个13岁的男孩儿杀害了一个10岁的女孩儿，两个人都是未成年人。但是我们现在的法律规定了14岁以下犯罪的话是不承担刑事责任的，因此，最高也就是现行法律规定的三年收容教养。这样很多人都觉得，有点想不通啊，是不是法律该改了？咱们先看一下记者在街头采访时大家的意见。

白岩松别出心裁，以绵里藏针的表达和口吻引出了全社会都关注的严肃话题。

五、掰开揉碎加入点评的叙事

语言简洁一向是人们倡导的良好表达习惯，无论主持人的语言是起穿针引线的作用，还是具有独特的主要信息或观点发布的意义，简洁明朗都是需要的。不过，正如世间万物的纷繁复杂，广播电视节目类型、栏目风格、主持人面对的受众以及受众的需求，也必然呈现多样化的格局。而主持人依托于栏目定位、目标受众定位的叙事方式，理所当然地允许多样化的存在。

比如央视的《走近科学》，是广受观众喜爱的科普性栏目，常规的节目都是由某一奇特的事件引出其中的科学道理。为了吸引观众的注意，更为了深入浅出、通俗易懂地让观众明白其中的事与理，主持人张腾岳在叙事上很动脑筋。一方面，他力图把事件的现象讲清楚说明白，还要做到如临其境、绘声绘色；另一方面，他从自己的生活经验和科学常识入手，掰开揉碎不厌其烦地做分析，外加见缝插针地给予点评，使讲述与片子衔接很自然、流畅。他的出镜叙事和讲解，显然借鉴了“评书”的手法，却并非食而不化的硬性模仿，他的语言通俗生动又不会过于啰唆油滑，久而久之，从内容的展开，到鲜明的口语特色，就形成了张腾岳独有的主持风格。我们来看张腾岳在一期《木头里的秘密——海南黄花梨》的节目中的几段主持：

（开始语，画面之后指着显示屏）：我们看，这就是一个大供桌啊，我们导演说是供桌能到我这个位置（张腾岳用手比着自己的胸口），很大很气派。上面好像还有一些长年点蜡烛之后滴上去的蜡油。供桌大家都知道嘛！敬神仙啊敬祖先敬神佛啊，据说这个呢，就是当地某家族当年祭祀自己家宗祠里面祖宗用的一个供桌。而这个供桌拍出多少钱呢？据当时一次寻宝活动当中有专家给估价，800万人民币！哟吓死人了！咱什么时候能挣这么多钱呢？凭什么这么一个桌子，能值这么多钱呢，难道就是因为年头儿久吗？有人说不是，因为它是黄花梨的，黄花梨的就值这么多钱吗？

张腾岳的语言句子短，口语词汇多，语气活络，对画面的解说现场感强，包括对事物的外观，观看后的具体感受都做了大胆的评价，交流感非常强。对于这样活灵活现、感同身受的讲述，男女老少不管什么职业或文化程度听来全不吃力，松散的收视状态中的“无意注意”可能就被这煞有介事的讲述吸引为“有意注意”了，因为这毕竟不是正儿八经的学术课堂。张腾岳的这些叙事一般是指着影像或示意图，边讲解边分析，同时还夹带着自己的判断，带入感很强，因而更加贴近生活、贴近实际，引领着观众如同身临其境般边看边议论：

黄花梨，大家应该都有所耳闻，这东西是制作文玩啊、高档家具的一种材料，那么说到它价值高，高到什么程度呢？咱们仅以这个手串儿来说吧，黄花梨除了质地坚硬之外啊，最珍贵的就在于它上面的各种纹路啊。据说，这个就特别的好，好在哪儿？说是有个“对眼儿”，当然我也不知道这东西为什么这么奇怪，为什么很多人都喜欢这个？不就是俩圈儿吗？但是有人就说，这个特别好，你看，导演给现场拿的黄花梨的这个手串儿，这么一对比，您说哪串好呢？导演告诉我说，当然这串儿好啦！我说为什么，我这上面不是也有所谓的“鬼眼”吗？不，说人家这个叫“对眼”，哎呀，两只眼睛这就值钱了。差多少呢？差十倍！据说这个市场价格在三四千。这个到多少？三四万元。那凭什么这么贵呀？咱想不明白，但是爱它的人呢，就愿意出这个价钱，当然要图便宜也有，像这样的据说三四百块钱就够了。中间的差距为什么这么大？

张腾岳在对黄花梨的讲述里，加上了自己对黄花梨的了解、体验和分析，还运用了形象的修辞术，将成色好的黄花梨手串儿的纹路、质地用“对眼”来形容，不仅令观众真切感受到了材质出众的黄花梨的质地特点，同时巧用诙谐的方式道出当下黄花梨交易行情中的“门道”。

再来看看张腾岳的另一期节目《灭蟑进行时》：

从这个特写镜头，猛地一看啊，没想到小强这么看起来还挺威武的，但是想一想，在家里得多讨厌这东西。你总也打不死，杀不尽，斩不绝，所以看到前面的节目之后，你得注意一下了，家里有小强的话，你得想一想，（比如说）家里的死角啊，比如说这个暖气管子，这个暖气片里头，冰箱后面的散热器，找一找有没有小黑点之类的，就都是蟑螂的小崽儿，一定要想尽办法，根据家里不同条件把它们弄死，反正我们家过去就是直接烧一壶开水浇！后来发现有些蟑螂药还特别管用。但是呢，可能也得分时候，分地方。要说这家伙，你说跟恐龙时代就已经存在了，能活到今天，人家绝对是有自己独到的生存本能的，我们说无论你想什么方法都不可能让它消灭。你想连这个白蚁都算是食木蟑螂的后代啊！它们整个构成了地球的生物圈，因此（在）讲面对蟑螂袭扰的时候，我们必须要根据不同情况，采取不同的办法，（来）减轻它对我们的影响。

就像和老朋友交流一般，张腾岳结合自身生活经验，以十分接地气的口吻分享了自己的灭蟑经验；又用幽默的方式去调侃了蟑螂——表示“小强”是恐龙时代就已经存在的生物，在“物竞天择”“弱肉强食”的自然界中活到了现在，确实有着极强的生命力，所以我们才很难将它消灭干净。

我们再来看结尾的时候，张腾岳又是怎么说的：

（末尾）在做这个节目的过程当中啊，我们导演告诉你个小窍门儿。有的时候啊，我们看不见家里有蟑螂或者感觉偶尔发现一只，不代表家里没有。这个时候，买个“蟑螂屋”在屋里啊试一试，如果有蟑螂粘上去，说明你们家确确实实存在蟑螂，接下来呢，就想办法用其他东西来杀灭它。有的蟑螂药呢，或多或少都会对家里的宠物啊、儿童啊都有一定的潜在威胁，所以如果不是楼群、小区里大规模灭蟑螂，家里呢，我们不是特别建议使用这种灭蟑药。但是在超市我们看那种胶状的灭蟑毒饵，它的效果就比较好。因为蟑螂有同类相食的习惯，那么当食物短缺的时候，它可能会以同伴的尸体为食物。这样呢，就算它是爬回自己窝里等死，也会顺带着把其他的蟑螂给药死。因此呢，咱们讲“家里头灭蟑螂”真得多动脑子。

在节目最后，张腾岳着眼于从事物中接受教训，从如何在家里检测蟑螂，到消灭蟑螂的方法再到一些注意事项，比如小心蟑螂药给宠物、儿童带来的危害，既有科学方法的提示，又有好心人“苦口婆心”般的建议，主持人之热心尽在其中。话语还是一以贯之的聊天打比方的方式，不是刻板严肃的说教，依旧是以“朋友”身份，给观众朋友“掏心窝子”似的提醒。毋庸讳言，这跟概括、严谨的书面语比较是显得有些“絮叨”，不光考虑到栏目的收视对象，考虑到该栏目中那种种看似奇特偶然，抑或是让人迷惑不解、心生忐忑乃至恐惧的现象，而背后却有其必然的原因，抑或蕴藏着深邃的科学道理，因此，这样浅显易懂、耐心细致的解释确实是十分必要的，而且有其特殊的效果。当然，这样细致入微的叙事，一定要注意拿捏好浅显耐心与油滑贫嘴的边界。

六、注重交流的叙事

“叙事”是主持人在各类节目中的重要功能，有时也用叙事的方法完成相关段落的衔接，此时主持人大多会把采访段落之外的花絮，特别是自己的感受充实进来，使事件或人物更加丰厚、立体地呈现在受众面前。

早年的《鲁豫有约》是没有观众在现场的，在嘉宾认可的现场只有访问的双方在场，两人促膝交谈，最后剪出成片。鲁豫会把她的真切感受如实地告诉观众，并镶嵌在采访的片子当中。比如在采访京剧名角王佩瑜老师时，鲁豫把细腻的感受对观众娓娓道来：

鲁豫：我想可能吸引到我们采访她的一点，也就是说她身上的一点，有点比较少见的当年的那种，20世纪三四十年代，上海滩、北平那些京剧名角的那个范儿。因为我觉得从王佩瑜的身上，好像我多少能够触摸到一点点他们的那种影子，或者是感受到一点点的气息，就这点特别吸引我。今天我们约好，去她工作的地方看一看，也会去她家里做客，我相信这会是一次非常愉快的访谈。

鲁豫：样子差不多，但是她比我想象的要瘦小一些，就是我想象她应该还要再高大、再魁梧一些。在屏幕上或在照片当中，可能人的那个气场会令你觉得这个人看起来比她本人更高大，本人更娇小一些。

鲁豫：我发现仪式感很重要，其实我不太明白，那样的衣服自己不能穿吗？但是那一瞬间，一个角儿，她上场之前，有两个老师帮她穿，她瞬间就会觉得，我从事着一个特别伟大的艺术。就包括我在那一瞬间，都有那样的感觉，会觉得我像个角儿，我在从事一个特别牛的东西，所以，仪式感对人的内心提升很重要，京剧这么多年传承下来，这也是很重要的传承的一部分。那个仪式感，你会觉得特别崇高，那一瞬间还挺、还挺神奇的。

鲁豫：她那种孤独是可能在某一段时间，我要先认同我自己，接受我自己，找到同类。她们在很长一段时间之内找不到相同的小朋友，可能要在20岁、30岁在完全地认清、接受我自己之后才能够释然，才能够完成她这一段孤独的历程。至于那种愉快的感觉，感觉像她这样一个很聪明的人，应该是一直能够拥有获得幸福、快乐这样的能力。

鲁豫：所以她很聪明，她明白目前在京剧市场上，她已经到顶峰了，但是京剧市场目前太小了，在这个年代，虽然是国粹，虽然是国剧，但是受众真的是很少的，门槛是很高的，她其实能够明白在她的领域里，她已经做到头了，那往前怎么办？就先把这个舞台做大，才能够获得更多的观众，再往上走。

鲁豫的这种叙事，完全是生活当中朋友之间安静从容地谈见闻的状态，有白描，有观察，有猜想，有感受，吸引着观众进入一定的情景，在主持人的带领下走进一个人的内心深处。

第三节　控场功能中的“能说”

随着主持人节目形态的不断丰富和发展，眼下节目里只由主持人“一个人说”的形态固然还不少，但是节目里的“互动”成分、“互动”环节日益成为越来越多节目的形态和传播方式。比如演播室或拍摄地的访谈，比如邀请嘉宾和众多观众参与的谈话节目，还有现场观众直接参与的综艺娱乐节目，以及文艺、体育、职场等各类选秀节目，哪怕直播间里没有嘉宾，没有远在一线的记者，没有听众、观众的存在，还都纷纷采用连线、短信、网络等种种方式呈现出现场第一时间的情况，即时反映各有关方面的见解……总之，在这众多的节目当中，无论播出现场有无嘉宾和听、观众，也不管是直播还是录播，所有参与节目的人，不管他以什么身份、什么方式出现在节目中，实际上都与主持人共同构成了一个“场”，一个独特的广播电视节目直播或录播的“场”，它既可能是有形的，也可能是无形的。在这个节目制作传播的现场，参与节目的人，他们出现的顺序、时机和频率，他们的言谈，他们的行动，都要听由主持人来调度、来掌控，这就是节目主持人的重要的“控场”功能。当然，主持人的“控场”是围绕栏目组预先策划好的播出主题、环节设置等来展开与推进的，但同时还有重要的一个方面，就是现场实施过程的实际情况不一定是准备阶段全能预计到的。换句话说，在节目录制和直播过程中必然存在着一定的“不可预知性”，由此足见主持人控场功能的重要。

主持人的控场，大致可分为两种情况：一是常态下的即兴发挥；二是应急中的临场应变，都要“能说”。

一、常态下主持人精彩的即兴发挥

一般节目都有前期周密的策划并为主持人提供成文的台本，像晚会型、综艺型、选秀型等节目里最常见的、不可或缺的，就是主持人引导节目流程的串联。节目流程、节目环节的串联，作用不外乎两个：安民告示、营造气氛。不过，完成这道工序的“能说”与“不能说”，其中的优劣和效果之迥别，如若夸张些可以形容为“天壤之别”。诚然节目定位的不同、基调的差异，往往制约着主持人的风格。这里我们对蹩脚的串联忽略不谈，不予置评，那么“能说”与否，区别明显的两端是：中规中矩的“司仪式”；轻松自如的“聊天式”。前者对预设的节目台本基本不予加工，只是对“声情并茂”负责，多为“朗诵”的语言样态；后者则以台本为框架，随时融入现场鲜活的元素，富有创造性地发挥，然而并不“逾矩”，多为“聊天”的语言样态。此外还会有介于两者之间的，或两种方式穿插运用的，等等，不一而足。

我们着力于主持人的传播特色，主要谈“聊天式”的流程发布，造成其高低优劣的不同，有准备方面是否用心的原因，有经验方面多少的原因，也有心理素质、语言应急能力的原因，但是，从一定层面上看，归根结底可以归为主持人“境界”的不同，主要是主持心态的境界、语言素养的境界。相反，有的主持人以为“控场”功能正是表现自己“才华”的时机，翻动三寸不烂之舌，车轱辘话一箩筐，逞一时口舌之快，其实无异于哗众取宠，是非常要不得的。

1. 互动“煽”情的“热场”

众多观众参与的节目，不管是娱乐、益智、选秀，还是谈话节目，为了让现场观众放松地、快乐地、真实地投身于节目当中，主持人的“热场”是整个节目过程“控场”的开始，是带领现场观众瞬间进入节目情景的“碰头彩”。不同的节目对热场有不同的处理，有的是让执行导演讲注意事项，带领大家练习鼓掌；有的由主持人来热场，跟大家聊聊天，讲讲笑话，这样的做法无可厚非，不过是不会剪进节目播出带中的。有的主持人热场与现场观众融合紧密，与节目结合巧妙，起到了相当好的“序曲”的作用。

李静在《非常静距离》访问演员胡歌时，在胡歌出场前，以老朋友间故作神秘的口吻打探粉丝们的心理，实则是为了引出嘉宾胡歌：

李静：大家好，欢迎收看《非常静距离》！现场（的观众朋友们）为什么都穿蓝色的（衣服）呀？

（她走到观众面前，和粉丝像聊天一样地问道。因为胡歌粉丝团的标志性应援色是蓝色，因此听到这个问题粉丝们都激动地齐声呼喊着胡歌的名字，镜头同时给到观众席：粉丝们有的摇晃着手中蓝色的灯牌，有的指了指身上的衣服，李静的这番“明知故问”迅速拉近了自己与观众、粉丝之间的距离，同时点燃现场气氛。）

李静：我知道你们都等他好久了，对不对？

粉丝：对！

李静：他上访谈节目上得太少了！我们一会儿批评他。

（镜头再次切到观众席，粉丝都在偷笑点头。李静站在粉丝的角度“批评”他上访谈节目少，既道出粉丝心声，又点指近期胡歌在众多访谈节目中选择登上《非常静距离》舞台的“独家”珍贵性。）

李静：今年是他出道的第十个年头，我们说十年磨一剑，（胡歌）不光是事业有成，最重要的是，人家事业是跟着十年往上走，然后长相是停在十年前。

（全场观众欣然鼓掌大笑，这一番从事业到颜值的夸赞，不仅说到了粉丝的心坎里，也具体形象地点明了今天节目的主题就是胡歌出道十年的心路历程。）

李静：太厉害了对不对?!

粉丝：对！

李静：我不能多占用你们的时间了，掌声有请胡歌！

李静的开场没有用任何华丽的词汇来渲染，更多的是站在粉丝、观众的角度来表达此时此刻的所想所感。观众的举动，她本人的心情以及对粉丝心情的揣测，来得那么亲切、真实、自然，又是那么由衷的热情和兴奋，在无形中拉近了自己与观众之间的距离，主持人李静与观众分享的真情实感，使全场瞬间爆发热潮。

2. 满台生辉的“控场”

在大型或较大型、以互动为特色的娱乐、游戏、益智、选秀、综艺、谈话等节目里，选手（演员）、评委（嘉宾）、观众等都是构成节目的重要元素，主持人必须善于调度这些人，不冷落任何一方，要从不同方向把大家拧成一股绳，共同发力做好节目。

在“第十届中国金鹰电视艺术节颁奖晚会”中，何炅在介绍到场嘉宾时并没有按照传统的模式逐一介绍，而是运用“点名”的创新方式对他们进行介绍和认可，8分钟的时间里，他调侃了不下20位明星大腕，每一位都被他逗得笑逐颜开：

何炅：每一年到了这个夜晚都会有非常多的观众守候我们的“金鹰节”，因为这是一个巨星云集的夜晚，是一个电视人的party。今天晚上我们看到了非常多一直支持我们金鹰节的朋友来到现场。另外，让我特别高兴的是，今天还有非常多资深的、德高望重的前辈也光临我们今天的party，让我们的晚会立刻变得特别的“高大上”！让我们用热烈的掌声欢迎几位我特别爱的、我们的前辈——我们亲爱的斯琴高娃老师，还有我们的佩佩姐郑佩佩，以及她旁边其实非常年轻的秦沛老师，欢迎！

今天看到了非常多熟悉的面孔，其实我心里是很激动的，但是我不知道大家会不会……看我已经看“烦”了？（调侃自己带动全场气氛，观众高呼“没有”。）

因为金鹰节已经十届了，而我是安安分分地在这个舞台上主持了十届的金鹰节，此处应该有掌声！（全场观众齐声鼓掌，再次炒热气氛。）

但是我这么安分呢，我是有榜样的，我是跟前辈学的，比如说我们的刘劲老师，专注演总理，十几年如一日，这是一种什么样的精神！值得我们学习。

还有我们的张嘉译老师，专注演魅力型男——“大叔”，多少女性心目当中的偶像！我要跟张老师悄悄地说一句话，如果您特别忙的话，我是说特别特别忙的话，您告诉我一声，我觉得“大叔”这条路我也准备好了！

还有我们可爱的闫妮老师！闫妮老师已经转战大银幕，但是时不时地还惦记着回来在我们的电视荧屏上享受观众带给你的那方舞台，这也是一种安分对不对？

还有我们的刘涛。刘涛现在简直是安分能干，是受到全国的婆婆们喜爱的“贤惠良妻”的典范。谢谢刘涛让我们重新认识了“打包行李”是一件有美感的事情。（从近期刘涛主演的电视剧受观众喜爱的人设特点，借机关联并宣传近期湖南卫视热播真人秀《花儿与少年》中刘涛的生活“绝技”——打包行李，这项技能还登上了微博热搜，何炅巧妙建立起观众与刘涛作品的情感共鸣。）

有安分的就有不安分的，我首先要说一个不安分的人，是我一个多年的好友，我特别心爱的一个男人——黄磊，黄老师！不安分呐！从文艺徐志摩到都市男闺蜜，再到人见人爱的“多爸”；这就算了，居然他还是一个那么懂得生活的黄小厨，这我也不提，他居然又跑去当什么电影监制，话说回来他监制的那部电影《栀子花开》，从这名字到这导演，我觉得都挺优秀的。

还有一个不安分的是我的同行朱丹，太不安分了，昨天还在主持我们金鹰节的互联盛典，今天居然以入围演员的身份坐到颁奖典礼的最中间，叶紫医生（朱丹在《爱的妇产科》中的角色名）你这样做让我们这些年年喊着要入围、要坐在下面、要来拿奖的人情何以堪?!

旁边的乔振宇不要笑，不安分，乔振宇不安分，他明明不是以《古剑奇谭》入围的，但今天他和李易峰、陈伟霆扎堆来，什么意思，几个人帅得这么不安分，你们有没有考虑过现场女观众的嗓子和现场男观众以及男主持人的心情?!

另外，我还要提一个不安分的人，是张翰。别的演员不安分也就是去当个导演、主持人，好歹跟电视沾边。你呢，带着美女去旅游也就算了，还化身霸道总裁。听说整个鱼塘都被你承包了，今年收成好不好，记得请大家吃鱼。

另外我们还有不安分的导演，比如说我们的赵宝刚导演，我们的高希希导演，两位都是非常优秀的电视剧导演，可是现在那么不安分地去拍电影，效果也那么好！而我们的电影导演唐季礼先生，也不安分，反过头来拍电视剧，电视剧《精忠岳飞》是我们本届的获奖剧！同时，剧中的演员也有提名。

正是有了这么多安分和不安分的我们可爱的电视人，让我们每一届的金鹰节都这么的星光璀璨……

整段开场白围绕“安分”和“不安分”这组看似矛盾对立的词展开，实则是挖掘各位到场嘉宾近年来的演艺经历和作品特点，用这组对立词将其共性与个性“准确归位”，脉络清晰，思维活跃，全面而不失风趣。短短 8 分钟内，何炅几乎把在场的明星大腕“调侃”了个遍，乍一看他似与嘉宾“拉家常”，实则每一句话都可见何炅在前期备稿中收集了大量资料，了解嘉宾的演艺优势，并在介绍中充分肯定了他们的专长，更是对嘉宾们的尊重；这一过程也在很大程度上调动了嘉宾在观众席与镜头互动的积极性，丰富了电视直播画面元素，有效消除了颁奖典礼现场嘉宾席之间的生疏感。这种一改传统的开场介绍方式，以创新的“点名法”，真正做到了晚会主持中“串联信息、点燃气氛、诙谐幽默、情感互动”的高能驾驭。

3. 满场皆欢的“控场”

我们的大型晚会可以说是集团军作战，集合各方面的专家高手优优组合，主持人的串联词一般都由诗人撰稿，以保证“宏大叙事”的质量。不过，为了更好地适应现场，有机地融入现场气氛，充分调动现场情绪，因此从一开始就提倡主持人主观能动性和聪明才智的发挥。

在《开讲啦》节目中，中国工程院院士钱易提到了自己曾看到的一个负面故事——在节目里有人对教师这个职业抱有歧视的态度。对于“全家皆教师”的钱易来说，她表示非常难过，也非常不能理解，主持人撒贝宁就钱易老师提到的这一故事中的“职业偏见”现象，机智地予以纠偏补正。

撒贝宁：钱老师是一门三院士，全家皆教师。提到您的话，好多人都会用这样的词，钱先生的父亲钱穆先生是国学大师，院士；您的堂哥，可能学理工的同学都知道，（他是）中国近代力学的奠基人之一，钱伟长院士；您，中国第一批工程院院士，清华大学第一个女院士，一家三个院士。

钱易：我非常不喜欢老炒作院士。

撒贝宁：您特喜欢后半句，全家皆教师。

钱易：我是希望大家不要叫我院士，叫我老师，因为这是我喜欢的。但是我要讲一个负面的故事，大家都知道江苏台有一个节目《非诚勿扰》，我在不久以前看到，在来求偶的漂亮女孩子中间，有一个人刚到台上，她当时就介绍，介绍了自己叫什么，在哪儿工作，然后说我要找的人只有一个条件，就是不要是老师，不管是大学、中学、小学，一定不要是老师，是老师我一定不要。这个事对我刺激大得不得了。

撒贝宁：那个嘉宾的意思是，她不找老师，是因为她觉得自己“高攀不上”，您可能“没”理解。

教师是一个神圣的职业，听到这样的带有职业偏见的择偶观念，一心扑在教育事业上的钱易，心里自然多多少少有些难过，同时听到这样的故事，现场的观众们也明显露出错愕的表情。而撒贝宁运用急智的逆向思维将这一职业偏见巧妙地转化为“高攀不上”的幽默说法，不仅轻松化解了这一尴尬氛围，同时也点指出教师这个职业的伟大神圣，引得在场观众阵阵欢笑，钱易老师也瞬间眉头舒展，达到了满场皆欢的效果。

二、应急中主持人的急智“控场”

主持人节目那种开放的节目现场、互动的环节以及直播连线中的种种不确定性，都埋伏着一些不可预知的因素，种种突发的技术故障或其他料想不到的意外，都会影响节目的正常进行。这些“不测”和“不利”，无论人为的还是非人为的，是节目录制和播出的“陷阱”，同时更是考验主持人主持功力的重要时刻。在这样的关键时刻，及时救场补台的紧急任务，当仁不让地落在控场的主持人肩上，需要主持人迅速应变，能够机智得体地补场、圆场，力挽狂澜，转危为安。完成这个任务，主持人必须“能说”，还得说得恰当得体，迅速组织调整好现场的气氛，如果能迸发出智慧的火花，快速聚集人气、打动人心，对于节目就不仅是顺利进行的实际作用，甚至会有从“雪中送炭”到“锦上添花”的妙处。

非常态下的临场应变，是检验主持人思想文化修养、知识储备、心理素质和语言能力的重要窗口。俗话说“急中生智”，就是说在万分紧急的情况下，猛然想出了好主意、好方法。从心理学角度讲，急中生智是一种应激心理现象，在应激状态下，人一般有两种表现：一种是急中生智，因紧张而使神经系统和机体迅速进入高度的激活状态，这时思路清晰、动作敏捷，能做出果断而合理的决定，有精彩或超常的发挥；另一种是茫然失措，因过度紧张抑制了人的智慧活动，使认识、判断、决策能力降低，导致张口结舌，手忙脚乱。

1. 扭转失误的“控场”

主持人的控场还包括“纠偏”。尤其是选秀节目中的互动，选手或嘉宾说什么，主持人常常无法预料，对于现场可能出现的有失水准的常识错误，主持人应予以纠偏，同时要注意方式方法，巧妙地订正，也是一种“能说”。如果主持人平时不善学习，知识储备不足，现场又只是关注流程环节的进行，无暇顾及场上在说什么，一旦说者囿于自身条件，出现常识方面的破绽，那么主持人就可能放任了纰漏而在“控场”上有所失职。

江苏卫视的《新相亲大会》是一档双方父母同时坐镇第一现场为孩子把关对象的相亲节目，在某期节目中，有位各方面条件都非常不错的男嘉宾在介绍自己的经历时这样说：

男嘉宾：我年轻冲动的时候，做过一件事就是瞒着双方的父母私自去注册登记了一次。

说完后几个女方家庭都面面相觑，摇了摇头，露出些许失望的神色。男嘉宾的母亲见状，觉得自己孩子其他方面都非常优秀，只不过有过一段不成功的婚姻，欲为儿子相亲成功“力挽狂澜”。

男嘉宾的母亲：我就觉得在他的人生当中，只有（离过婚）这一点点小瑕疵。

孟非：至少我想传递的价值观是，我们不认为有过一次婚姻叫有瑕疵，我们只是说他可能比同龄人，多了一段经历而已。

孟非敏锐地察觉出男嘉宾的母亲的话语中对当今婚恋价值观的理解传达有失妥当，即刻做出“有过一次婚姻不能叫有瑕疵”的纠偏补正。一方面说明孟非在现场主持过程中精力集中，认真倾听；另一方面也体现出其敏感的导向意识，注重正确价值观的引领传播；再者，孟非纠偏控场的话术平易近人，“至少我想传递的价值观是……”类似探讨的口吻进行纠偏补正，既不会让男嘉宾的母亲感到难堪，同时在无形中扭转了现场嘉宾及观众对男嘉宾“离婚”经历的刻板印象和成见。这种对事负责、对人宽容的主持方式，不正是源于一种境界吗?!

2. 破解难题的“控场”

《幻乐之城》是一档音乐创演秀节目，由唱演人和导演组成拍档，共同对歌曲进行创意设计和剧情呈现，非常考验导演和唱演人之间的默契。在节目中导演为了增进与唱演人之间的感情，给彼此增加信心，特意为唱演人准备了一个小礼物——一支口红。但在唱演人拆礼物时却将口红不小心掉在了地上，这时主持人何炅机智的控场赢得了在场观众的阵阵掌声。

何炅：我知道彭导演很贴心，为了让茜茜放松有准备一个小礼物给她是不是?

彭导：是，我今天还带了一支新的口红。

导演把口红送给了唱演人，但在唱演人打开口红的过程中，口红内芯不小心掉到了地上，全场哄笑，唱演人和导演都非常尴尬，一时间愣在了舞台上，捡起口红后，唱演人不好意思地直说把这段剪掉。何炅却机智地找到了口红印在舞台上是“大红大紫”的关联点，成功化解尴尬：

何炅：不用剪掉，这是一个很好的预兆，这个舞台大红大紫，你看都印到舞台上了!

综艺节目当中具有开放、平等、民主的谈话氛围是人人都向往的，这里有真话实说的平台，有坦陈独到见解的空间，有不同观点的交锋争鸣，但也容易让人情绪激动，当人们唇枪舌剑、针锋相对、矛盾激化时，就会使谈话现场出现失控的苗头，此时主持人平息“怒火”的作用是最直接、最见效的。主持人必须掌握“收”与“纵”的策略，迅速调节气氛，使现场安定下来，争论的双方回到相互尊重的理性基点，从而稳步推进话题的深入。

同样是何炅，在《中国最强音》节目中，导师罗大佑和章子怡因为学员曾一鸣的表现发生分歧，罗大佑认为曾一鸣在舞台上的一些行为非常轻浮，不尊重舞台，因为观众的叫好声而变得飘飘然，这样是非常不对的。而章子怡却认为，单看曾一鸣这一场的表现其实是值得鼓励的，作为导师不应该一直批评学员，而是该表扬的时候就应该好好表扬。两人争吵不断，章子怡更是落泪拍桌，甚至中途离席。主持人何炅立即真诚而风趣地进行劝解，站在两位导师的角度，分析了各自的出发点——其实都是为了曾一鸣好。罗大佑的严厉是“爱之深责之切”，同时用自己做老师时的例子表示理解章子怡对学生的疼爱，终于使章子怡重新落座，比赛得以正常进行。

罗大佑：上次在逆袭组这边开场以前，曾一鸣跟大家说，跟乐队老师说，“靠你们了”。我从这几个字里面听不到他尊重乐队的感觉。因为你是用声音来表达你的感情的，我听不到他尊重乐队跟和声老师的感觉，这个对我来讲是重要的。你是靠声音来表达你的感情的，你怎么可以这么轻浮呢？

章子怡：大佑哥，我觉得上一次曾一鸣的表现他已经得到惩罚了，我觉得从他的歌声的演绎上我可以给他9.5分，我都觉得是没有什么过分的，我觉得今天他的表现……

罗大佑：不是，他今天的表现非常好，但他要赶快收掉飘飘然那个可能性，你唱完一首歌以后，我问你一句话，你知不知道你唱得好不好？

曾一鸣：嗯，知道知道。(非常紧张)

罗大佑：好，唱完一首歌以后，深吸一口气，我唱完了，那接下来呢？观众的反应再好，掌声再大，叫好声再怎么样，你应该做什么？只要观众一叫好，掌声那么大，你就飘飘然了，你就飘起来了，就忘了你是谁了，你怎么进步嘛。那表示说你只能到这里了，所以你永远不能进步，你的歌就只能是那个歌路了，是不是这样子呢？所以你到现在30岁，你还是这个歌路的原因就是你一直在忘我，你一直陶醉在那边，你一直被掌声迷惑。你可以有进步，你可以有其他的歌路，可是你一直在飘飘然，这就是为什么你到30岁的时候，你还在这边的原因……

章子怡：大佑哥我有点听不下去了，我觉得您说这么多，跟他今天的表现有直接关系吗？

罗大佑：今天我告诉他的是一个技巧……

章子怡：不是技巧，我觉得你这个完全……

罗大佑：他就是要这样子，才能保证说他以后……

章子怡：老师，我觉得是这样子，你要该批评的时候，就很严厉地去批评他，但是你该鼓励的时候，你就要去鼓励他，你今天不能再这么批评他。(落泪拍桌)

罗大佑：他就是要这样，才能保证说他以后，唱完歌以后的技巧是这个样子，(对待舞台的态度是) 很严厉的，否则舞台会害了他。

章子怡：他如果没有吸取教训的话，他今天不会是这个样子的，上个礼拜的事情我觉得我也替曾一鸣向老师们抱歉。(章子怡落泪)

曾一鸣：(落泪) 你，你别哭。

何炅：(曾一鸣) 你也别哭。(章子怡起身离席擦眼泪)

何炅：首先，其实刚才大佑哥讲到上周的表现，同时对曾一鸣提出更高的要求，我首先觉得是好心，是希望他可以在今天有了这么好的表现的情况下，继续提醒他不要飘飘然，因为这样可以更加进步。然后呢，子怡当然会心疼曾一鸣，因为她看到他今天的演唱是好的，所以希望老师可以（给予）肯定，（对）他在今天的演唱上面的（表现）。

罗大佑：其实是非常肯定的，你明白我的意思。

曾一鸣：老师我懂，我懂。

罗大佑：你以前犯的错误，绝对不能再犯了，你没有机会再犯了，你从今天开始以后，你没有机会再犯了。（这时候章子怡也调整好心情，重新回到了导师席）

章子怡：很抱歉大佑哥，因为我的情绪……

何炅：子怡，你特别让我想起了我做老师的时候，就是自己的学生我怎么讲都行，但是别人讲我就会心疼。我特别能够理解你。但是我刚才也在说，我从心里觉得大佑哥其实他是，也真的就是那句词，爱之深责之切。

在导师意见发生分歧、场面失控时，作为主持人的何炅并没有直接打断，而是仔细聆听两位导师的意见，抓住两位导师意见分歧的核心矛盾点。首先何炅肯定了罗大佑老师的初衷，是想让学员曾一鸣在比赛中能戒骄戒躁，更加快速地成长，可能罗大佑有些严厉的话语略显“刁难”，但这也正体现了导师的“爱之深责之切”。在缓解了现场紧张尴尬的气氛后，何炅很好地运用了主持人的同理心，以自己作为老师时的例子，设身处地照顾章子怡的感受和情绪，表示曾经当过老师的自己十分理解章子怡呵护学生的那份用心，不仅平息了险些失控的场面，且给足了导师和学员的面子。

3. 填补空白的“控场”

在一些直播节目中，如新闻节目、春晚等会有时间限制或特定时间意义的要求，有时难免出现与预先策划不相符合的情况，如果仍按原计划执行，节目就会出现令人尴尬的“空白”和“错位”，届时现场观众可能毫无察觉，但是导演会为如何填补这个“空白”急出一脑门子汗。此时要避免可能酿成的事故，主持人必须当仁不让、冷静沉着地“控场”。

“宝剑锋自磨砺出，梅花香自苦寒来。”主持人高水平的应对与发挥，需要“功夫在诗外”的文化底蕴与深厚的生活积累，需要兴奋镇定而又反应机敏的临场状态。知识积累、生活阅历和主持实践的磨砺，是厚积薄发的“本源”；兴奋镇定、反应机敏的心理状态，是思维变通性得以发挥的“条件”；语言灵活的适应能力，是有效控制现场，能够“柳暗花明”的“保证”。总而言之，主持人应变、控场中的“能说”，除了“功夫在诗外”的积淀外，具体到节目方面，还要求主持人对节目全局有“胸有成竹”的准备和整体把握，如是方能产生迅速、得体、有效的“应激决策”——语言急智。

在《我是歌手》的总决赛直播中，歌手孙楠突然提出退出比赛，面对这一突发事件，汪涵在填补了节目空场的同时，十分睿智地解决了这一直播中的突发难题。

孙楠：我有话说可以吗？

汪涵：可以，可以，当然可以。

孙楠：谢谢，因为我的话很重要所以就写在稿子上了，我没有经过别人同意，我就自己来了这么一段感慨，借用大家一分钟时间。三年前《我是歌手》找的第一个歌手就是我，三年来他们从来没有放弃，一直在不停地努力。我真的很佩服《我是歌手》的节目组做得这么认真，事实证明我来对了，因为在《我是歌手》这个舞台上，无论在音乐上，还是在我个人的表现上，都是特别加分的。我满足了，说心里话……所以我想放弃下一轮的“歌王”争夺……

汪涵：我现在说话楠哥应该可以听到吧？（确认孙楠能听到后）楠哥，我特别想问一下刚才您说的每一句话都是您此时此刻内心所想所感，都是您自己拿定主意之后的观点吗？

孙楠：是的，我内心真实的感触，因为我来到《我是歌手》这个舞台，给我的东西比我想象的还要多，我很开心，我觉得我已经可以了，我已经够了，特别是我的伙伴们，我的弟弟妹妹们（在场的其他歌手）都特别优秀，我觉得他们应该有机会拿更好的成绩，加油！真的，谢谢！

汪涵：好，既然我是这个舞台的节目主持人，那接下来就由我来掌控一下。首先我要请导播抓紧时间帮我准备一个三到五分钟的广告时间，谢谢，我待会儿要用。

在孙楠提出退赛想法后，汪涵首先做的是向孙楠最终确认是否退赛，由此展开之后的“布局谋篇”。此处一个看似“无足轻重”的问句，实则达到了两个效果：一是明确了歌手退赛非节目组“设计”，而其所导致的赛制调整等其他问题是由这名退赛歌手本人的临时决定而造成的变动，对此向公众公开；二是在这一问一答中，汪涵给自己预留出了一个思考应对的缓冲时间。在确认事实后，汪涵表示作为舞台的节目主持人，接下来应该由他来掌控，将作为主持人继续把握、推进节目整体进程，发挥主导作用。同时汪涵也深知主持人绝不是保证直播节目成功进行的唯一要素，而是需要整个栏目组协同发力，故提前告知导播准备一个三到五分钟的广告，给团队预留出足够的时间商议后续的赛事调整问题。睿智而理性，冷静而沉着。

接下来我要说的这段话，有可能只代表我个人的观点，而不代表湖南卫视的立场。

我从二十一岁进入湖南广电，所以我觉得我自己身上的很多优点和缺点似乎都打下了湖南广电的很多烙印，包括所谓“没事儿不惹事儿，事儿来了也不要怕事儿”。

对于一个节目主持人来说，在这么大一场直播当中，一个顶尖级的歌手、一个顶梁柱一样的歌手，突然间宣布退出接下来的比赛，我想应该是摊上事儿了，甚至是摊上大事儿了。

但是说实话，我的内心一点都不害怕，因为一个成功的节目，有两个必不可分的主体，除了这个舞台上的七位歌手之外，还有电视机前的亿万观众和现场的这么多观众，我之所以不害怕是因为你们还真诚地、踏踏实实地坐在我的面前，我还可以从各位期待的眼神当中，（掌声）读到你们对接下来每一位要上场的歌手，他们即将演唱歌曲的那一份期许，我还可以从各位的姿态当中感受到你们内心的那种力量，这种力量足够给楠哥（孙楠），给红姐（韩红），给李健，给维维（谭维维），给黄丽玲，给所有的歌手，给彦斌（胡彦斌），已经准备好了，会有千万个掌声要送给他们，楠哥不信你听。（现场掌声和“加油”的欢呼声）

此段的即兴控场驾驭进程中，汪涵借用自身在湖南广电丰富的媒体成长经历，去印证“迎难而上”的湖南广电精神为自己本次驾驭突发赛况所带来的那份从容与淡定，一则展现了“包容理解”的大台风范，二则情理交融地平复了直播现场与电视机前观众们的激动情绪，两次要掌声的缘由，既温情又有鼓动性，不仅有效安抚了孙楠粉丝们焦灼的心情，避免了因退赛而有可能引起的“骚动”，更点燃现场气氛，把节目拉回正轨。

综上所述，面对突发问题导致的“控场”，主持人即兴口语表达的“能说”尤为重要，首先是内容——“说什么”，其次是方式——“怎么说”，其中蕴含的内容和层面十分丰富，显然，这是对主持人的综合素质的要求。

第八章

主持人的“善问”

提问，是节目主持人重要的职业能力，不只是记者型主持人采访时必须善于提问，谈话节目需要主持人不断用提问承接、转折，从而推进话题的展开，就连娱乐节目、选秀节目……所有与听、观众有互动的节目，要交流就都离不开主持人的提问。提问不是采访者在发表演说，提问的目的，是引出对方实话实说的肺腑之言，为了引出对方真实精彩的回答。好的提问应当“简洁明晰”，应当“切中题旨”，应当“不断深入”，应当“随机应变”，应当……总之，主持人的提问是门学问，既有社会学意义上的，也有传播学、新闻学意义上的，还有语言学意义上的，等等，一句话即“有效沟通”。

然而，在主持人节目中不职业的、蹩脚的、让人诟病的提问不在少数。比如，对采访对象一无所知的、愚蠢的“查户口”式提问；大而无当、让人无从说起的提问；模糊不清、不知所云的提问；自以为是、盛气凌人的提问……日本当代著名作家村上春树曾经在他的随笔中历数令他颇感无趣兼无奈的采访，诸如：“事先做好周密准备的采访似乎不是很多”，要么“过于拘泥于事先准备好的程序”，或者“采访中问的事项大体千篇一律”。村上对后一种现象不无调侃地小结：“问的次数最多的是以下三点：（1）几点起床，几点睡觉？（2）书写工具用什么？（3）和太太在哪里相识的？”对此，他故作大惑不解地自问：“我时常纳闷：问这些东西能有什么用呢？”①

上海复旦大学附属华山医院感染科主任、上海市新冠肺炎医疗救治专家组组长张文宏医生在接受媒体采访时，由于记者对于新型冠状病毒感染的肺炎相关医学问

① 村上春树著：《村上朝日堂的卷土重来》中“关于采访”，林少华译，上海译文出版社，2004。

题不熟悉但仍坚持提问，张文宏没有继续回答而是直接反问记者：“姑娘，你这些都懂吗？”女记者：“不懂。”张文宏接着说：“那我们怎么讨论呢？所以我的意思是你就不要围绕这些问题，你唯一要做的就是相信，相信这些医生的专业性。”

主持人的采访提问又与一般记者的提问有所不同，因为主持人的传播角色具有比记者更贴近受众的色彩及个性化特点，其不同主要体现在三个方面：一是，广播电视节目中一般记者的采访直奔主题，甚至记者的发问都被忽略不用。主持人的访问不把新闻采访“客观性”要求当作桎梏，避免主持人做“发问机器”式的“公事公办”的刻板谈话；二是，提倡主持人访问中的人文关怀色彩，提问常从“个人”角度（个人视点、个人感受、个人见解）切入，以便有“促膝谈心”的亲切自然而又使对方迅速进入交流的话头，因此那些生活中与朋友交谈时的叙述性、感慨性、聊天式、征询式等多种语气口吻都在访问中出现；三是，更多地考虑受众的视角和需求，主持人的提问兼有“媒体立场、受众视角、个性魅力”三位一体的特色。

第一节　“善问”需“有备而来”

一、好的提问出自用心准备

主持人喜欢把采访前的准备形象地比喻为“做好功课”。认真准备才可能有好的提问，好的提问才能引来嘉宾高质量的谈话。无论人物采访，或事实性、意见性采访，都需要主持人了解相当的专业知识，掌握有关政策和社会背景，占有尽可能丰富的资料。因为即便面对自己熟知的领域，也可能碰到自己并未掌握的新问题，更不用说知识的盲区了。虽然主持人不可能全知全觉，但是经过广泛收集信息、深入学习、细致研究，主持人应当拥有与采访对象的“对话资格”。

很多人佩服董卿对诗词的信手拈来，和嘉宾、选手能从容不迫地无缝对接。对此，董卿谦虚地说：“世界上没有捷径可走，要做好主持人，就是准备、准备、再准备。”董卿在《朗读者》中采访中国（海南）改革发展研究院院长迟福林，深入了解迟福林在海南三十多年所作的贡献，甚至是嘉宾的外号董卿都能脱口而出，足以见得主持人材料收集之充足：

董卿：听说您有个外号叫迟改革？

迟福林：对，但我老跟大家说改革不能迟，这个外号不太好，但是我们这一代人好像生下来就是为改革。

董卿：为什么这么说呢？

迟福林：我们小的时候受过苦，吃不饱饭。我们开始懂事的时候就开始思考问题，为什么我们会这样。

董卿：我们说穷则变、变则通、通则久，但是您是怎么从一个穿着军装的军人走上了一条改革的道路呢？

迟福林：我在部队的时候做过宣传干事，然后又到国防大学当教员，许士杰书记被抽到了海南建省筹备组当组长，他找到我，我当时想，海南要建中国最大的经济特区，我现在能有个实操的机会，对我太难得了，所以我真的没有迟疑，我在一天之内就从一个军人变成一个老百姓。1988 年到海南，今年是第 31 个年头。

姚明自退役后进军了商业领域，在他并不熟悉的行业做了广泛的投资，然而并没有带来可观的收益，2018 年姚明做客《杨澜访谈录》，主持人杨澜不仅了解到姚明新的事业的发展情况，同时也广泛收集运动员退役后的事业转型案例，例如同是篮球运动员的乔丹，以此拥有与姚明的“对话资格”：

杨澜：当球场转换成商场的时候，这同样也有你是要赢还是要承担这样一个责任（的选择），我发现近几年你也做了诸多方面的投资，比如说音乐的网站，还有葡萄酒，有自己的球队，还有一些其他的生意，你怎么看待这些方面你的能力和决策？

杨澜：我记得当年的乔丹，（退役之后）也是按照自己的兴趣和热情出去打棒球。打得不好的时候也会被球场的球迷们嘘他等等的，但是后来他说了两点，他说第一个我去尝试了，我感到非常满意，第二个我也终于认识到我并不是全能的。所以在退役之后要进入一个自己并不熟悉的商业和投资的领域，你怎么样来评价自己总体的表现？

2014 年《杨澜访谈录》播出了一期“‘土豪’王健林的坚持与梦想”，当时万达集团开始涉足文化旅游产业，并进行了多项海外并购活动，在这一系列高调商业行为的背后，究竟是土豪般的挥霍，还是深谋远虑的规划，都备受国际媒体关注。主持人杨澜在采访前收集了大量资料，甚至包括了王健林在各种场合的发言。在充分做好准备的前提下，根据王健林直率的性格，杨澜不绕圈子，抓得住关键问题，并予以“放大”和不断“追问”：

杨澜：两会期间您最会关注哪些现象或者是哪些信号？

王健林：其实我十多年以来一直就是呼吁建设，解决小微企业的融资难和融资贵的问题。

杨澜：在十八届三中全会的决定公布以后您也曾经在不同的场合说民营经济的又一个春天来了，您这个春天又指什么呢？

王健林：我觉得这个决定写得非常好，而且这个决定写得好的最根本的标志就是打破市场准入。再一个明确提出来允许民营企业进入金融、石油、航空等领域，那对民营企业（来说）就是春天。

杨澜：我也听到一些民营企业家在说，一下这么多领域都要向民营经济敞开，我们觉得很兴奋，很有希望，但是同时又怕走错了。所以说当有一些领域的垄断被打破的时候，这到底是馅饼还是陷阱？有人有这样的顾虑，您的看法呢？

王健林：担心自己的资金会被吃掉，或被同化，或者说竞争不过这些大型国企，我觉得也不能这么想。包括很多行业在改革开放初期的时候，那不是更弱小吗，有这股劲，有这个拼命精神，其实是可以发展起来的，我觉得总体来讲那是机会，还是机遇大于挑战，我觉得可能还是馅饼更多。

杨澜：其实政界和商界的关系是大家一直特别热衷于讨论的，您觉得政商之间的关系为什么比读一个哈佛的博士后还要难？您又如何自处？

王健林：政商关系不光是在中国，其实在世界上只要有商品经济的国家都是比较难的，我曾经说过一句话，也是被社会广泛传诵的，我说的就是“亲近政府、远离政治”，真正大规模的民营企业全部都是规规矩矩的企业，这些都是重视市场，而不是（重视）市长的企业。

央视主持人董倩在《面对面》中第一次采访华为CEO任正非前了解了很多华为公司的事迹，以及任正非曾经在其他采访中说过的一些话，于是她在提问中也可以游刃有余：

比如说前段时间您到中科大的时候，跟校长说统计学非常重要，每一门都用得到，但问题是现在有多少年轻人愿意去学呢？

2019年5月26日《面对面》播出了一期“任正非：再穷不能穷教师”，由于董倩有了前期收集资料准备充分的过程，以及1月份对于采访对象的了解，5月份再次采访任正非时，董倩更加直指要害地发问：

董倩：时间过得真快，四个月前同样（在）是这个地方，我们做过一次访问，那时我采访您的时候，大家普遍认为华为已经进入了一个低点，大家异常关注，才有了您面对一系列国内外记者的采访。没想到四个月之后，华为今天面对的局势比四个月前更加复杂，甚至更艰难。刚才有记者同行拿出“烂飞机”的照片，同样我也拿到了，这张照片您也非常喜爱，是伤痕累累的照片。

任正非：我是在网上看到这张照片（的），觉得很像我们公司的情况，发给大家。我们现在的情况就是一边飞一边修飞机，争取能够飞回来。

董倩：这架飞机之所以能够飞回来，是因为要害部位没有受到伤害，例如油箱、发动机，只是机翼非要害部位受到了伤害。有没有可能飞的时候要害部位受到攻击，那怎么飞回来？

任正非：我讲两个故事，二战时的德国和日本。德国因为不投降，最后被炸得片瓦未存，除了雅尔塔留下准备开会，其余地方全被炸成平地。日本也受到了强烈轰炸，如果不投降，美军也要（把日本）全部炸平，最终日本采取了妥协的方法，保留天皇，日本投降，没有被完全摧毁，但是大量的工业基础被摧毁了。当时有一个著名的口号“什么都没有了，只要人还在，就可以重整雄风”，没多少年德国就振兴了，所有房子都修复得跟过去一样。日本的经济也快速恢复，得益于他们的人才、得益于他们的教育、得益于他们的基础，这点是最主要的。所有一切失去了，不能失去的是“人”，人的素质、人的技能、人的信心很重要。

相反，如果主持人不认真准备，全部依赖栏目组的策划，看起来似乎“合作不错”，实际上难躲“偷懒”之嫌，或者根本就是主持人水平不够，能力不够。

上海复旦大学附属华山医院感染科主任、上海市新冠肺炎医疗救治专家组组长张文宏医生由于性格耿直，在接受媒体采访时经常“金句频出”，被网友们亲切地称为“硬核医生”，于是有些媒体为了博眼球经常不择手段。2020 年 2 月 25 日上海都市频道《X 诊所》为了解上海防疫情况采访了张文宏医生，本来采访气氛还很融洽，采访中间张医生忽然接到了来自他母亲的电话，主持人并没有停下采访，而是想要靠这个话题炒作一番，主持人问道：“您想您的母亲吗？”张医生随即反问主持人：“哪一个正常人不想念自己的母亲呢？”主持人十分尴尬。

主持人：您妈妈给您打来的电话，您快接一下吧！

张医生：采访的时候你们就想探讨别人的隐私。

主持人：我们没有看到过张文宏主任跟他妈妈通电话！

张医生：我偏不接。

主持人：那您想您的母亲吗？

张医生：我们是非常理性的医生，因为你们是如此的感性，我们看到感性的人有时候就受不了，我就问你，哪一个正常人不想念自己的母亲呢？

该主持人在遇到突发事件时并没有按照节目组原计划继续采访，反而想借机“蹭热度”“炒话题”，与节目组的初衷背道而驰，这样带有不良动机的引导性的问话偏离了社会主义核心价值观，不仅损害了自己的形象，更是损害了节目组的形象。倘若主持人在准备阶段充分做好一切突发情况的预案，就不会如此得不偿失。

二、好的提问出自深入思辨抓新意

访谈是主持人节目的重要形态，也是人们喜闻乐见的节目，当然从访问对象及谈话内容看，五花八门，无所不包，对象上分有明星访谈、专家学者访谈、官员访谈、普通人访谈；内容上分有娱乐性、事实性、意见性……不过这些分类并非“井水不犯河水”泾渭分明，它们会有很多交织，尤其是围绕新闻人物、热点人物、焦点话题、热门话题，众多媒体的访谈难免会有或多或少的重复，难见新意，受众也会感到乏味。因此，要让自己的节目受到关注和好评，做访谈的主持人必须深入做好准备，特别是对于转型期遇到的新问题，没有唯一标准，舆论莫衷一是；麻烦复杂的现实，主持人的深入思考，与团队的沟通，必要的调查研究，缺一不可。在此基础上的思辨、认识与求知、求真，定会带来有新意、有价值的信息和认知，哪怕一时没有立马解决问题的结论，也为社会传递了常识、视野与新的理念。

在2016年杭州G20峰会上，《面对面》记者董倩采访到了当时全球最大的电子商务平台创始人马云。在G20那段时间以来，马云在不同场合畅谈他所牵头的倡议，就是建立促进跨境电商领域公司对话的世界电子贸易平台，英语简称e-WTP。这个倡议当时引发了很多讨论，一方面人们对于新概念的提出还不是完全了解，另一方面因为有世贸组织（WTO）在做全球贸易这件事，人们不明白为什么还要建立e-WTP这个平台。这不仅仅是一个简单的经济问题，其中涉及很多专业知识，董倩学习了相关知识并做了认真的准备，向专业人士发问才有“对话资格”。

董倩：作为一个中小企业发展工作组主席你应该有一个成型的东西，然后给G20，那么从目前来看，你贡献出来的还是e-WTP。

马云：今年我们提出了两个比较特别的，一个是e-WTP；一个叫作企业家签证，就是小企业家其实到其他国家做生意签证是很难的。

董倩：一旦有这些英文啊，大家都觉得比较难懂，咱们尝试着把它说清楚一下。

马云：e-WTP 真正的思想是全球买全球卖。

董倩对于马云的解释也不是浅尝辄止，而是不断追问，使得问题更加深入：

董倩：那不是进口，然后进到中国来，我也在全球买全球卖吗？——**追问 1 开门见山，言简意赅**。

马云：中间一层层的复杂状态，远远比大家想象的多，我认为我们先从宏观来看，100 多年以前世界各国之间的贸易，经济的发展是几个国王决定。五六个国王觉得我们国家与你们国家之间达成协议，那就开始做生意，做不了生意，咱们打一架，然后把门打开，这是讲 100 多年以前的全球化。但是 100 多年（各国的国门）已经打开以后，世界经济发生了很大变化。

董倩：你的意图是什么？——**追问 2 单刀直入，一针见血**。

马云：我的意图是让 20 亿年轻人，只要你有个手机，你就可以做全球的生意，你就全球买全球卖，这个变化就会大。你试想一下，今天我想吃菲律宾的杧果，你今天就想尝尝挪威的三文鱼，今天你想买非洲的一些土特产，你随时在网上最快 72 小时就能到货。所以我们希望建立一个全球真正自由的、公平的（市场），随时可以全球买，全球卖，让地球就像村落一样。

董倩通过这两个开门见山、一针见血的追问，一下将马云提倡 e-WTP 的目的更加清晰地呈现在观众面前，为了更加深入了解 e-WTP 的独特之处，主持人继续追问：

董倩：WTO 不就是想干这事吗？——**追问 3 引出困境，对比分析**。

马云：但是 WTO 谈不下去，我们等了那么多年了，今天为止没有进行下去，所以问题是在哪里？太复杂，想把所有的问题都通过各国政府来解决，政府与政府之间有时候要解决的问题，可能超越贸易，超越商业。

董倩：但是全世界有那么多国家的首脑在一块儿解决了那么长时间，不仅是首脑，各种各样的部长，各种各样的经济学家都在琢磨这个问题，没解决，你觉得你的这个倡议就能解决这么长时间、这么多人都没能解决（的问题吗）？——**追问 4 言外之意，弦外之音**。

马云：总得有人去说，总得有人想办法，你不能等待。我们等待了这么多年，我估计都会去按照今天这样谈下去，等我离开这个世界了还在讨论。e-WTP 未必能解决所有问题，但至少我们可以推进部分，用不同的角度去尝试，这些部长也许在解决社会问题、政治问题（方面）比较强，但是商业问题，我个人觉得还是应该听听企业家的意见。

董倩：这个事太多了，认证、安检、质量标准，等等，这些现实中的问题怎么解决？——**追问5 设身处地，回归现实**。

马云：所以我才会要（在）G20跟领导人和所有的各国参与方要倡议，需要政府建立一个环境，政府要为了支持本国的年轻人包括中小企业解决本国的就业问题，为了世界贸易经济发展问题，作为二十个国家的元首他们要达成共识，真正为我们这个世界，为我们的后面的年轻人，为那些中小企业找出一个方案。他们需要在海关、税务、商检上面拿出一个切实可行（的）方法。既然过去几十年我们可以让WTO一万家企业做这样的事情，今天为什么我们不可以在创新的机制上为未来的年轻人做些这样的事情。所以我觉得这是我们的倡议，不管他同意也好不同意也好，我们都干起来。我相信全世界近200个国家和地区，总有国家和地区愿意跟我们合起来做。

由于有了对于马云提出e-WTP倡议的深入分析与深邃的思辨，主持人在整个调查过程中了解到马云为什么要提出e-WTP，以及e-WTP带给我们的好处有哪些，通过很有质量的提问，带领观众进入制度改革、制度创新的层面。

三、好的提问出自“百姓视点”

主持人的采访不是个人行为，也不只是反映媒体立场，还必须时时想到受众的诉求，多从受众角度提问，往往事半功倍，同样能够反映媒体的立场，反映公共利益，节目也更受公众喜爱。

2020年2月12日，新冠肺炎疫情发生以后，《新闻1+1》播出了一期《今日疫情应对：如何消毒》的专题，请到了中国疾控中心消毒首席专家、环境所消毒中心的主任张流波，主持人白岩松经常拿自己或百姓的问题作为话头提问，一个个问题实际而又具体，特别能搭准群众担心、疑虑、不解的脉搏，例如：

(嘉宾回答略去)

目前虽然防疫的主战场在湖北，但是14亿中国人绝大多数每天的重要任务除了吃饭睡觉之外，可能排下来就是防护和消毒，再然后可能还是上班工作。但是涉及消毒的时候，现在有很多地方很多行为可能出现了比较过的状况，消毒有的时候可能甚至会担心变成毒。于是针对消毒的情况今天我们请来权威专家中国疾控中心消毒首席专家、环境所消毒中心的主任张流波。张主任，现在道路上像北京这种城市大面积地进行消毒，飞机在城市上空进行消毒，这样的行为可能吗？

但是这样的谣言一次又一次地出现，等于说您给出了比较权威的说法，也就是说以后再看到城市上空，尤其大中城市上空要进行飞机的大面积消毒（的说法）是不可能的，对吧？

现在大多数人每天就是吃饭和睡觉，然后就是防护和消毒，那接下来大家会关心我们对新冠肺炎病毒的了解到了现在这种程度，从个人角度来说，您觉得每天做到怎样的消毒就可以了？

口罩现在已经成为每个人的标配了，但是现在口罩依然非常紧俏，如果说出门一次就换的话，这几乎很难满足，您是否可以告诉大家口罩怎样重复使用才是最安全的？我看您也戴着口罩是否能帮我们演示一下？

因为从周一开始有序复工，复工的时候大家会担心单位的消毒状况，尤其是有中央空调，还有新风系统的，您觉得单位应该怎么去做好消毒？掌握一种平衡，既不过量，同时要保证大家的安全。

接下来就涉及网友非常关注的酒精问题，今天非常巧北京的防疫新闻发布会也谈到了，现在很多居民在家里囤积酒精，因此存在很多的风险，您怎么看待老百姓现在囤积酒精来完成家中的消毒，甚至有的要往车里喷酒精？

最后一个问题，醋有用吗？

主持人白岩松的提问，不只是让嘉宾介绍有关情况与知识，他特别从百姓的实际生活和内心担忧出发，问题十分具体、现实和细致，能够让百姓的疑虑直接有效地连接到嘉宾权威性的释疑解惑，这样为受众代言的提问，是主持人访问的一个鲜明特点，对优化传播效果的作用不言而喻。

从另外一方面讲，主持人了解民意社情对于政策性、意见性访谈有很大作用，因为主持人从受众“不知”“欲知”特别是“疑惑”甚至“误解”的角度发问，不仅能够起到下情上传的作用，而且会让对方把有关政策谈得更切合实际，道理更加透彻，所以还起到了富于亲和力的而非“指令性”“灌输式”的“上情下达”的沟通作用。2018 年 12 月 27 日《新闻 1 + 1》请到了中国财政科学研究院副院长白景明，来为大家讲解什么是减费降税，主持人董倩把她了解到的群众的疑问提出来：

董倩：以往我们所熟悉的一些国家的减税政策往往都是通过提高个税的起征点这样的一种方式，但是这次完全不一样了，它是专项扣除，这种改革的方式有什么不一样？

白景明：专项附加扣除是在综合扣除的基础上再加上附加的扣除，这个专项附加扣除的推出，意味着我们个人所得税改革全面落地，这次个人所得税的改革，它的核心就是大幅度降低纳税者的负担。我们一方面提高了费用减除额，从过去三千五到五千，一年是6万，又外加了一个专项附加扣除，这个力度呢，可以说不低于提高费用减除额，增加费用减除额，这就意味着改革全面落地。

董倩：白院长，如果我们仔细看一下的话，这个专项扣除涉及六个层面，子女教育、继续教育、大病医疗、住房贷款利息，还有住房租金、赡养老人。有人就说，为什么就是这六项呢？比如说现在有更多的中国人去国外旅游，在节假日的时候在国内旅游也花不少钱，那为什么这一项不列入专项扣除，而仅仅是刚才我说的那六项？

白景明：专项附加扣除的这六项，我理解它的目的是使我们的减税能够做到精准发力，而不是简单的大水漫灌式的减税。那么这六项，我们可以看出来，第一，它关乎我们每个人的生存和发展；第二，这六项都是人们生活消费支出当中的大项，占比是比较高的，特别是对于那些青壮年正处于就业期间的人员来说，他的住房贷款利息负担还是比较重；另一方面这个年龄段都要赡养老人，同时这六项扣除呢，也是配合着我们的生育政策和我们的养老政策，比如说我们的养老扣除跟我们的中国的法律是相衔接的，国外很多没有养老扣除，体现了中国的特色。

董倩：如果从个人和家庭的角度来说，专项扣除当然意味着我们可支配的、可控的钱就多了，但是换一个角度想，如果从公共财政的角度来说，因为减了很多，公共财政的这个池子里面的水也就少了，如果从大的角度来看的话，未来作为纳税人，他享受到的这些公共财政所带来的一系列的福利会不会就少了呢？

白景明：这个确实是一个很重要的问题。这些年呢，我们一直在实施减税，明年1月1号开始我们要全面落地个人所得税改革，又会带来数千亿的减税，直观地说确实减税减少了我们的财政支出的资金来源。进一步说，就是我们公共产品的提供，义务教育、社会保障、环境保护等资金来源，直观地说是减少了，但是这里边有一个原则就是我们的减税还要适度。所谓适度，就是说我们这个是可承受的，不至于在比较大的程度上影响财政支出。换一个角度说，我们现在无论给企业减税还是每个人减税都是比较精准发力，都是要放水养鱼，也就是说我们的减税要能够起到调动企业生产经营积极性，促使企业结构转换，调整产品结构的作用。我们对个人的减税要起到增加消费或者稳消费的作用，这样反过来可以配合供给侧改革，同时又会使经济规模和结构都进一步优化，反过来会带动税收的增长。

董倩：好的，刚才白院长说其实减税就好像放水养鱼，从长远来看是希望这水里面的鱼能够更加活跃，从而带动经济更加繁荣。

第二节　“善问”需“及时跟进”

一、好的提问出自认真倾听

倾听，是访谈节目主持人的重要基本功。采访者真诚地、投入地倾听，方能进入受访者的世界，能给予受访者释放感情和观点的空间，有利于采访者获得宝贵的有价值的信息。主持人认真深入地事先准备、做好功课固然重要，但是访问过程不是机械地恪守预先准备的方案，主持人不能充当一个“发问机器”。最佳的访问是，主持人“有备而来”与现场的“跟进追问”相辅相成。在采访的谈话场里，主持人自始至终心智活跃，认真倾听，适时呼应，敏锐地抓住对方谈话的细节或偶然闪现的话头，善于捕捉对方思路和状态上的细微变化，及时跟进形成新问题生长点，深入追问，才能共同完成一次高水准的谈话。毫无疑问，追问是深入人的内心、进入事件或观点核心的法宝。

1. 倾听现真情

中央广播电视总台央视综艺频道主持人董卿一直给受众文雅知性的印象，在其担任制作人、主持人的大型文化情感类节目《朗读者》中，无论嘉宾是文娱明星，还是来自不同领域的专家，抑或生活中的普通人，她都做到了“以人文本”，尊重对方、耐心倾听、友好发问。正因如此，受访嘉宾才会毫无保留吐露心声，主动分享那些背后的感人故事。

依据语境与受访对象的特征，有时候主持人的提问不一定全都使用明显的问句或者带有强烈的疑问语气。为了深入话题，进行有效沟通，在合适的地方主持人可以抓取受访嘉宾话语的关键点、兴趣点、疑问点进行重复，以此诱导嘉宾打开话匣子，进而实现沟通目的。董卿在《朗读者》第一季第一期《遇见》中采访了一位嘉宾——98 岁高龄的著名翻译家许渊冲，这位德高望重的老先生在节目中与董卿畅谈一生。他在回忆过往时情到深处，热泪盈眶，令人动容。许老之所以真情流露与董卿的提问艺术不无关系。作为经验丰富的主持人，董卿深知许老年事已高，与年轻嘉宾不同，必须全面考虑老人的听力、精力、思维、反应及表达等一系列问题。来看董卿在耐心倾听嘉宾讲述的同时是如何推进访谈进程、呈现人物魅力的。

董卿：您这名片上，“书销中外百余本”，这个是完全实事求是。后边您还加了一句“诗译中法唯一人”，您不怕这名片递出去了别人觉得许老先生怎么这么说呀？——**从表面上看，董卿的第一问是对“诗译中法唯一人”这一有“盖棺定论”之嫌的自我定位的担忧。其实并非如此，从许老的回答中可以看到他没有自夸和自大，事实就是如此。实则董卿的这一问是为老先生正名，他确实担当得起。**

许渊冲：我实事求是，书销中外百余本大家不知道看了没，反正是书在那嘛。诗译中法唯一人这是事实，这是60年前的事。60年前就是1958年，我已经出版了一本中译英、一本中译法、一本英译中、一本英译法，就是60年前，我已经一样出一本。那个时候全世界没有第二个人。1942年翻译第一本书，这是第一本书。翻（译）诗是1939年。1939年对我而言是个奇遇的一年。你看，老师碰到钱钟书；同学，男同学，碰到杨振宁；女同学碰到那个叫周颜玉。1931（年）翻译第一首诗，就是那个《别丢掉》，就是那个……

董卿：林徽因的那首诗。——**在许老努力回想却没能及时说出想说的内容时，董卿迅速反应、及时补充。**

许渊冲：对对对。

董卿：这是您翻译的第一首诗。

许渊冲：1939年还有好玩的，其实，翻这个诗呢，是（因为）喜欢一个女同学。（“女同学”方言语调明显、调值不准）

董卿：是喜欢一个女同学，所以要去翻这首诗。林徽因写的《别丢掉》。为什么喜欢女同学要翻这首诗？——**由于许老说“女同学”一词时，方言语调明显、调值不准，考虑到受众有可能听不明白，所以董卿调整坐姿面对观众用标准的普通话重复了一次，以此解释说明许老的意思。接着转身看向许老询问翻译诗歌的缘由，自然过渡，追问原因。**

许渊冲：《别丢掉》是林徽因写给徐志摩的。林徽因热爱徐志摩，但是呢，她实际上是嫁了梁思成。结果徐志摩坐的飞机撞山（他）死了。林徽因走过徐志摩的故乡，触景生情。一样是明月，一样是隔山灯火，只有人不见，梦似的挂起，所以触景生情。我是感觉林徽因这个情感很真很美，所以就把这个诗翻成英文了。我就把这首诗翻了写给她（女同学），当时我写信给她，不知道她已经有人了。她和……

许老追忆过往，情难自已，热泪盈眶，声音哽咽，抬在半空的双手微微颤抖。董卿感同身受，默默注视着许老，静静地聆听，眼里也闪着晶莹的泪光。

董卿：所以您后来翻了那个《别丢掉》也是白翻了。——**董卿看似脱口而出的一句感慨，实则是就此诱导嘉宾继续讲述。**

许渊冲：也没有白翻，我寄给她了。五十年后她给我回信了。

董卿：五十年后她才给您回信。——**董卿一方面为之惊叹，语气略带夸张，感慨确实不易；另一方面重复许老的五十年后回信，既是在向嘉宾求证，也是抓住“时间之久”这一关键点，引导嘉宾继续分享这段故事。**

许渊冲：五十年后我得了大奖，报（纸）上登了。她已经在台湾了，她在台湾看到这个消息，就回了我这五十年前的信。在那时候我也结了婚，她也结了婚，但是回忆往事，现在（感慨），所以有时候生活的每一天都能欣赏，有时候失败有失败的美。你像这个事情，我并没有成功，但是我回想当年还是很美的。而我认为人生最大的乐趣是创造美、发现美，所以我为什么说翻译这个，同样一句话，我翻得比人家好，或是翻得比自己更好，就是乐趣，这个乐趣很大，这个乐趣别人夺不走的，这个乐趣是自己的乐趣。

董卿：其实老爷子现在每天还要工作到凌晨三四点钟，一般的年轻人都做不到。——**此处董卿看似没有对许老的话语做总结和评论，但实际上她的话语是经过深度考量的。对于许老而言，翻译是乐趣，而董卿则指出许老的“乐趣”实质上就是他从事的工作。言外之意表达了对许老那种热爱工作、一丝不苟的品质的赞美和褒扬。言语之间董卿还运用了“对比”手法，用一般年轻人做不到突显出许老坚持工作的难能可贵，无意中叩问受众，让人深思自己对待生活和工作的态度。**

许渊冲：干脆我夜里做事，这也不是我的，我偷来的，偷谁来的，偷英国一个诗人（托马斯·摩尔）The best of all ways 一切办法中做好的办法，To lengthen our days 延长我们的白天。延长白天最好的办法是什么呢？To steal some hours from the night 从夜里偷几点钟（个小时）。

董卿：就是熬夜。——**董卿适时总结，长话短说，高度凝练。**

许渊冲：对，我现在就是每一天从夜里偷几点钟来弥补我白天的损失。

董卿：您现在天天还在翻什么呢？——**抓住时机问话，询问工作细节。**

许渊冲：最近在翻莎士比亚（的作品）。

董卿：最近还在翻莎士比亚（的作品），您不是已经翻了《莎士比亚四大悲剧》吗？——**再次重复许老的话，向对方求证，继而反问，推进话题继续深入。**

许渊冲：莎士比亚已经出版了六本，一共交稿了十本。说老实话，能出一本是一本，不敢吹牛。活一天是一天。

董卿：我们现在都要定个小目标是不是。——**巧用当时"定个小目标"的流行语提问，非常接地气**。

许渊冲：如果我活到一百岁，我计划把莎士比亚翻完。

董卿：把莎士比亚翻完就意味着还有三十多本呢！——**语气中带有钦佩之感，一方面向许老求证数量之多、任务之重；另一方面传递给大众的是许老厉害了，应该点赞、值得学习**。

许渊冲：不到三十本。

董卿：还有不到三十本。

许渊冲：就算三十本吧。

董卿：我发现每一个小目标都很宏大。不过许老先生，我之前很佩服他的，我今天在这样跟他面对面交流之后，我很喜爱他。我就觉得他怎么还能有这么充沛的情感。不仅仅是精力是情感，在说到某一处动情处的时候，立刻就热泪盈眶。你知道热泪盈眶的是年轻人，或者说你心还很年轻的一种标志，就说明他的心还是那么年轻。而且一说到翻译，他真的是乐在其中。你跟他说什么，他最后都给你绕回去，绕到他想说的那件事情上，但是他真的很了不起。你想，翻《唐诗》《宋词》，我就问问你们，"床前明月光"都会背，怎么翻？哪个英文好点的在底下跟我说你敢翻。——**此处是这段对话中董卿唯一进行总结和表达观点的一处。首先，总述对许老的敬佩与喜爱之情。接着从许老情感充沛与热爱工作两个点分开说，落脚到许老真是一位了不起的人物。最后，董卿本意发问观众，没想到许老瞬间接话，这一意外的"一问一答"更是显现出来许渊冲老人独特的人格魅力**。

许渊冲：这个不难翻的。"床前明月光"如水 Pool of light，然后是"低头思故乡"翻译的是（Bowing） in homesickness I' m drowned，我沉浸在乡愁中，就是我把乡愁比作水，把明月光也比作水，这样我就胜过前人的译本了。月光如水，所以我的乡愁也如水，这样就把那团圆的观念，大概翻译过来了。你不能翻字，这就是翻译的妙处，这也是我得到的乐趣的一方面。

在这次访谈中，董卿认真倾听，陪嘉宾一起落泪一起欢笑。她真正做到了把受访对象当作亲人朋友般照顾，完成了一次高质量的"有效传播"。董卿综合考虑许老的身体、年龄等一系列因素后，访谈全程尽量采用简单句与嘉宾进行交流沟通。从许老回忆当初翻译的第一首诗——林徽因的《别丢掉》到分享现在的工作状态再到今后设定的“小目标”，董卿一边耐心地倾听一边适时做出恰当的补充、解释和说明。看似没有太多的提问，实则处处是学问。董卿善于抓取关键信息点，多次顺势而为重复嘉宾的话语，无形中牢牢把控话题主线，展开有意引导、推进访谈进程，从细枝末节处入手以小见大，全方位呈现人物性格与魅力。

2. 倾听才能及时调整

采访中难免遭遇跟前期准备、设想不尽相同的情况，只有认真倾听方能及时调整，达到采访的预期目的。中央广播电视总台新闻频道《面对面》聚焦2020年新型冠状病毒肺炎疫情防控阻击战。《面对面》播出了《张定宇：向极限挑战》这期节目，作为金银潭医院的党委书记、院长张定宇坚持奋战在抗疫一线。不为人知的是他患有罕见疾病“渐冻症”。董倩按照一般思维提问张定宇：患病后会不会觉得不公平？在张院长的回答中没有表示对命运的不公反而表现出超乎常人的乐观。董倩有些出乎意料，于是以此为“切入点”，对张院长从患病后身体、心理、工作及家人等不同角度关心地发问，很尊重地倾听，真诚交流，深入开掘：

董倩：可能不管谁赶上了都会想怎么这么不公平、怎么会轮到我头上，您有时候会想到这些吗？——**用常人思维提问**。

张定宇：我还真的没这么想过，我也不知道我为什么没这么想。它是一种罕见病，可能是某个基因的突变，某个位点发生改变，就是那么一个改变。改变的因素很多，不是人为可以操纵的。为什么要为这个事情较劲呢？我不要去较劲，它掉下来应对就完了。——**回答出乎意料**。

（短片）

张定宇：以前也急，现在好像更加着急。

董倩：说起这个病的时候，虽然隔着口罩，我看不到您的面部表情，但是我知道您的眼睛还是带着笑意的。这么沉重的话题，您还笑得起来？——**顺势追问**。

张定宇：我现在已经能够面对它了。因为我觉得这不是一个多么可怕的事情。

董倩：这还不可怕？（眉头微锁，担心关切）——**进行反问**。

张定宇：因为人生的终点都是要面对死亡，这是一个很正常的事情。只是突然有人告诉我，你的终点不可能太远。我就把这个时间，我用多一点、我用足一点，把它用好，不是一样可以实现我自己的一些事情吗？一些想法吗？

（短片）

张定宇：最近应该是有两三个月，突然感觉到在萎缩，就是臀大肌这一块，屁股这一块，我们每个人摸自己屁股是饱满的。有一天睡觉的时候，突然发现这个屁股怎么凹那么多下去。人的骨头不是特别容易摸的，自己可以摸到关节囊和关节间隙。

董倩：您感觉到自己身体的变化，心里什么滋味？——**好奇追问**。

张定宇：应该说还是有忧虑，自己的身体在这么萎缩。而前面我还是一直保有一定的运动量，希望能够把这个肌肉练得更发达一点。虽然肌细胞会逐渐萎缩，但是还是没想到它萎缩的速度还是比较快。

（短片）

张定宇：因为我每天这样行走，工作应该说有点痛苦。

董倩：怎么痛苦？——**继续追问**。

张定宇：走路的步态，特别是上楼下楼的时候。我愿意走，我不是不愿意走。哪怕是现在我还是特别愿意走，但是下楼的时候我怕摔跤。

董倩：这些会影响到您这一次投入跟病毒的作战中去吗？——**转移话题**。

张定宇：还是有点影响的。比如我进隔离病房，我要穿防护服要套裤子，它是连体裤，这时候我就需要我的同事帮助把裤子套上去，两个裤管给我套上来，我自己再穿起来，这么一个动作。脱衣服这个动作，我也需要别人来帮助。——**做出详细说明**。

董倩：但您看这一次您已经感觉到屁股的肌肉在很大程度上萎缩了，为什么还要进入工作量这么大、节奏那么快的跟病毒的斗争中去。——**追问原因**。

张定宇：这是我的岗位。我还是一个共产党员。我觉得我能够带领这家机构、带领这家医院、带领我们医生护士、我们检验（科的同志）、我们药学（科的同志）、我们全院干部职工冲上去。——**给出答案**。

（短片）

张定宇：这次确实感觉到累。

董倩：是什么感受？——**顺势发问**。

张定宇：困，以前我不会有的。特别是晚上10点、11点稍微有点吃不消，走路脚都迈不开。

董倩：可以歇歇吧？——**人文关怀、表示关心**。

张定宇：以后我会长期这么歇着，我为什么不现在多做一点呢？哪怕是在家也会这样。我跟我妻子在一起，我现在因为担心摔跤，我们一般在家里做完菜，汤盆我自己不端，但是我会帮助她，大家一起来刷碗或者做菜、洗菜，这些我都会去做。以前是一些我不怎么做的事情，我现在就跟他们说，我现在多做一点，万一我不能做了，只能看着你们做，那我很难受的。你觉得是不是这个道理。以后我会被固定在轮椅上，我现在为什么不多做一点，我多走动一点，我多干点活，这样不会更充实吗？以后少留下一点遗憾吗？

（短片）

张定宇：当时心里确实很难受，觉得自己没尽责。自己在抗击病毒性肺炎的疫情，结果自己的家人、自己的后方还有人也染病，是这么一个感觉。害怕是在第二天，还是第三天晚上。因为我们也看到有的病人转危，不是特别好。虽然这个比例不是特别高，但是有些人转危不好，你不知道你的家人、你的妻子，她会怎么样。所以当时我开车的时候，一下子眼泪就夺眶而出。我把车停好了以后，就去她病房也没做什么就在旁边陪她一下。她当时还在输液，还在打吊针，陪陪她，跟她聊一聊。随便说一点，有一搭无一搭说一点，但心里面最害怕的就是失去她。我当时一直就想，我千万不能失去你，我绝对不能失去你。就是这种感觉，有这么一丝恐惧、有这么一丝害怕。那次是让我最害怕的一个晚上。

（短片）

董倩：张院长，您忙完以后，一天累下来，夜深人静的时候，（心里面）会不会想到自己的以后。——**转移话题**。

张定宇：刚开始想过，现在几乎没怎么想这个事情。我们现在能做的就是做好现在的事情。可能这跟思维习惯有关系，你必须把当下做好，而且要做长远谋划。——**认真回答**。

董倩：您别介意，对您来说多长远叫长远。——**先礼后兵，有所深入**。

张定宇：五年也是一个长远，十年也是一个长远。我的思想并没有残疾，我的指挥调动并没有残疾，我当然能够做这些事情。

董倩：这一次病毒虽然很凶险，但是只要医生、护士尽力，总会把绝大多数病人拉回来的。也就是说即便得了病也是可逆的。但是您想过没有，您自己得这个病，只有一个方向。

张定宇：对，它只有一个方向走。

董倩：不可逆的。

张定宇：我很早就知道了，我不用想它了。为什么要一直想它呢？我不用想它了，不想它并不是逃避它。因为我也知道，后面我会被困在轮椅里面，实在不行我会被困在病床上。以后我会用眼睛眨巴跟你说话，完了以后可能会用呼吸机。再不好的时候，我会在胃里面做造管，在你们吃饭的时候，我只能往胃里面打东西。就会是这种状态。我已经知道（会发生）什么事情，就用不着成天为这种事情发愁。为什么愁它，我先把当下的事情做好不行吗？——**说出自己的内心想法**。

（短片）

董倩：为什么这次选择说（公布病情）了？——**必要发问**。

张定宇：我们（医院）当天来了很多上海和北京的医疗队，医疗队里面有很多大牌的专家，我心目中很优秀的一些专家。我应该是很恭敬很好地接待他们，对他们要展示我应有的一些礼貌。中国人总要讲迎来送往。你该送别人一脚两脚之类的，但是我做这个动作对于我来说就很困难。我上楼还可以，我下楼梯的时候特别困难。我一般蛮少能够去送这些专家，总是感到心里很忐忑。所以我还不如就这个机会告诉大家，不是对你们不礼貌，不是不尊重大家，而是我确实不方便。另外一方面，我也是想告诉我们的同事，我们是一起在战斗，我们背负很重（的责任），只要我们自己能够把自己扛起来，自己能够担的东西往极限伸展，我们肯定还是能够做到一些事情。——**谈话继续深入**。

董倩：什么叫往极限去伸展。——**认真倾听，捕捉关键信息，继续挖掘**。

张定宇：因为我们的同事已经确实到了极限，从疫情开始到现在确实在接近这种极限，我也想告诉大家我也在极限，我一直就在极限的边缘工作。

通过董倩的采访，一位爱岗敬业、乐观亲民、甘于奉献的院长形象立体地呈现在受众眼前。通过一次次真诚的发问，董倩抽丝剥茧、层层深入，让观众看到张定宇院长面对“渐冻症”这一绝症时坦然接受、微笑面对的乐观豁达；也在两人“一问一答”中实实在在感受到张院长身体和心理上细微而真实的变化；更是让人们充分理解了张院长纵使身患绝症仍旧和医护人员奋战在一线的真实原因；不仅如此，观众还体会到张院长对妻子的关怀和爱意以及对今后依然选择在极限中工作的果敢和坚定。董倩沿用一贯的冷静、理性的访谈风格，在访谈过程中一方面充满敬意和尊重地倾听，另一方面迅速而敏捷地捕捉到关键信息点，不断地深入挖掘话题，不仅全方位展现一位面对自身疾病乐观豁达；爱妻子、爱生活、爱工作、重礼仪的可亲可敬的院长。更难得的是在这次访谈中董倩让张院长开诚布公地袒露了从对同事隐瞒“渐冻症”病情到向媒体说明病情的缘由。不能不说这是一次成功的、含金量高的精彩采访。

3. 倾听才能跟进挖掘

（1）及时跟进深入正面。主持人的采访在事先充分准备的基础上，如果现场注意倾听，就能够把采访目的与现场的体会融会贯通，随机应变地接着对方的话头来提问，会使得访谈自然流畅，而且对方会因为你的认真投入，对他的话有深入的兴趣而提高谈话的兴致，更乐于接受你的提问，从而使采访自然流畅并且巧妙深入，有非常好的访问气氛和效果。

《感动中国》被誉为中国人的年度精神大餐，每一位获奖人物都有一段感人肺腑的精彩故事，或令人肃然起敬，或令人心生崇拜，或令人热血澎湃。在颁奖礼上，敬一丹、白岩松两位主持人会轮流对获奖者进行简单的采访，以便让观众更全面地了解获奖人物。

敬一丹：后来这件事得到了广泛的关注，还有评价说你是英雄机长。家人怎么评价？比如说你的孩子。

刘传建：当我发生了这件事以后，我们孩子给我打电话。他在电话里只说了一句话：老爸，你真棒！

敬一丹：这就是最好的评价了。（点赞手势）当时在最紧急的时刻，你的搭档们，他们的状态你能感受到吗？

刘传建：他们表现非常优秀，他们在关键的时候让旅客放心。有的旅客在没有系好安全带和没有戴氧气面罩的情况下，帮助他们系上。其中，我们有一个乘务员，当时帮助旅客系安全带以后，她没有安全带可以系，她就让我们的那个旅客抱住她。后来飞机落地以后，她的后背感觉冰凉冰凉的，她才发现是旅客流的眼泪，把她的衣服都打湿了一大片。

敬一丹：在这种关键时刻才看到她的那种职业感。

敬一丹的提问另辟蹊径，问刘传建的孩子对他的评价。孩子的回答是："老爸，你真棒！"虽然只有短短五个字，但起到了四两拨千斤之效。因为从孩子口中说出的话更给人真实纯粹的感觉，他的语言不经修饰反而直击人心，让英雄机长刘传建的形象更有血有肉。敬一丹没有直接称赞这个英雄机组，而是通过问询，让刘传建讲危机情形下机组人员的冷静应对。当事人亲历者的分享更让人信服，我们也实实在在感受到了机组成员的专业和敬业。《CCTV 感动中国 10 年》一书中，专用一章篇幅特别介绍了主持人敬一丹与白岩松，其中提及节目组把晚会文稿的撰写全权交由主持人来完成，这在央视节目中可以说甚是罕见。因此，在采访环节两位优秀的主持人有很大的发挥空间，他们极好地把握了“话语权”，同时也不失鲜明的个人风格。

（2）及时跟进揭示负面。在揭示真相的采访中，不占理的被访对象往往千方百计歪曲、遮蔽真相，或对事实进行狡辩。这时格外需要主持人的认真倾听，只有认真倾听，才能敏锐发现对方不合逻辑的蛛丝马迹，紧紧跟进的缜密的追问就会使访谈得到真相和真话。这样的访谈绝对会有震撼的力量，使访问不仅有深度，而且节目更加好听、好看。

2019 年《新闻 1 +1》做了一期《谁，让窨井变成了陷阱?》的节目。近年来，各个城市窨井伤人，特别是年幼的孩子，几乎每年都要发生好几起，而每一起也都涉及安全责任的落实。2019 年 11 月 9 日武汉再次发生窨井夺命事件，一个不到 20 天就要过 10 岁生日的小男孩跌落进武汉光谷大道一个没有井盖、没有安全防护、无人看守的窨井。一个城市的道路上的污水井为什么没有了井盖？为什么没有任何的防护？董倩与前线记者连线时问题一针见血、直击要害，力求揭开事实真相。

董倩：这十几秒的声音中我们能够听到两重含义，第一流水的声音非常大非常急，那么由此可见这么一个没有盖的窨井是多么的危险。另外还能听到嘈杂的人声，这说明什么？因为刚才我们反复说，她录音的时间是在事发后的八九个小时，已经是晚上了。那么事发后的八九个小时为什么对这样一个危险的窨井还没有及时地围挡？为什么还能有市民围在它的边上进行议论？这里面到底说明了什么样的问题？接下来我们就连线跟踪报道此事的中央广播电视总台中国交通广播的记者黄瑾。黄瑾你好，就是在事发第二天的下午，也就是昨天是终于设起了这样的一个围挡，今天的情况你了解到是什么样的？——**董倩首先解读记者在吞噬孩子生命的窨井旁的录音，说明相关部门目前依旧没有作为，更未意识到事态的严重性。继而带着疑惑连线前方记者获取最新情况。**

黄瑾：主持人，你好。今天出事现场是已经被绿色围挡给围了起来。整个被圈起来的范围大概是有 130 平方米，一米八高，已经看不到也无法接近出事的这个井坑。

董倩：这是今天的情况，那么问题是我们总说事情要调查，但是现在有没有人在调查，是谁在调查，在调查什么？另外我们也看到涉及工程相关部门有一个相关的信息，在建方给了记者一份简单的回复，那么现在到底是什么情况？你了解的信息又是什么样的？——**提问直指要害、一针见血。“现在有没有人在调查”开门见山问进度，**

“是谁在调查”直接明了问对象，“在调查什么”单刀直入问真相。

董倩在与记者连线中直言不讳连连发问，不断逼近事实真相：相关部门存在互相推诿“踢皮球”的行为，责任方“被动”作为也浮出水面。节目的播出势必引发广泛关注和舆论压力，这在一定程度上也推进了事件处理的进程和效率。其实，敢于及时报道揭示负面并不与“以正面报道为主”相左，社会也需要更多的维护老百姓生命财产安全和切身利益的真实报道。

二、好的提问出自尊重与坚持

当今媒体非常发达，由专门传播机构掌管的传统媒体、各种新兴媒体，乃至个人能够发布和传播信息的网络、微博，致使资讯之多、之杂，前所未有。其中总会有一些人们关注的热点人物、公众人物的敏感问题，扑朔迷离、众说纷纭甚至南辕北辙。这样的人或事当然是访谈节目重要的选题，在采访中当然不能回避敏感问题，这是公众了解真相的需要，也是当事人澄清的机会，主持人如何接触敏感话题，如何让当事人敞开心扉，怎样发问不会因激怒被访人而失去已搭建好的沟通平台……这当然要根据被访对象的性格、心理采取不同的策略方法，但是从采访者来说，平和的心态、尊重对方，以及冷静而灵活地坚持采访目的，是尤为重要的。

董卿在节目中，身体力行地诠释了什么叫对访谈对象的“尊重”。真正的尊重不仅包含语言表达，还包括肢体动作的礼仪风范以及内心深处的一种敬意与友善。2017 年 9 月 1 日晚，大型公益节目以“中华骄傲”为主题的《开学第一课》在央视播出。讲到中国诗词文化对外交流时，主持人董卿采访了著名翻译家（96 岁高龄的）许渊冲老先生。节目组考虑到嘉宾高龄，不便久站，因此为许老准备了椅子。在 3 分钟的采访中，为了方便与坐在椅子上的许老沟通交流，董卿三次蹲地屈膝提问以示尊重，被网友们称赞为“跪出了最美的中华骄傲”。董卿不仅展现出一位主持人对受访嘉宾应有的尊重，更是“言传身教”将“尊老”这一中华民族的传统美德在节目中无限放大，为现场的同学们和广大受众做了一个好榜样。

1. 心怀诚意，转述方式直面敏感话题

在访谈中，主持人可能面对不同领域不同行业的嘉宾。有一些职业因其特殊性可能不易被大众熟悉和理解。面对敏感话题时，主持人可以用转述方式提及，在大众传播媒介的平台上给当事人以说明真相的机会，也可以起到正面宣传教育的作用。

郭小平曾受邀做客《朗读者》，在 2015 年他最终辞去临汾第三人民医院院长职务，创建临汾红丝带学校并担任校长，这让郭小平在社会上受到不少争议。董卿在采访中与郭小平诚恳面对，尽量不揭伤疤，也没有任何尖锐的提问。在家常似的聊天氛围中，郭小平也多次袒露心声：

董卿：听说您这十三年每年春节都是跟孩子们过的，不是跟家里人过的。——**用“听说”引入话题，语气委婉，更易于拉近距离。**

郭小平：孩子好多是孤儿，你说大过年的家家户户都在挂灯笼、贴对联、放鞭炮，就把这几个人（哽咽），把这么几个人放到那我不忍心。所以说我觉得医院既然不差一个院长，我家里面可能也不差我这个家长，所以我就到学校去转悠去。

董卿：就是在这种特别需要家人的时候，您要陪在他们身边。——**看似既非提问也不是总结的一句话，表达的是对郭小平的理解。**

郭小平：有时候好多人说，你苦吗？我说不苦，并不是面对他们我不苦，苦得多了就不苦了。有时候孩子们在宿舍，在我办公室里面，我把那食品发给他吃着，那种感觉非常的好。包括今天早上我在这吃饭的时候，我看着一个小女孩吃饭，我就喜欢看着她吃饭，她吃饭我心里面舒适。

中国人是有“传统节日”情结的，特别是对于春节这种万家团圆的节日。在小家一家之主和学校一校之长的双重身份中，郭小平选择了后者，陪着孩子们过年，也就意味着舍弃了年三十与家人的团聚。这是一种“大爱”。作为陪伴孩子们十几年的“爸爸”，面对即将参加高考的学生，他又有哪些不舍呢？

董卿：您会跟他们说一些什么样的做人的道理？因为您就像他们的爸爸一样。——**点明嘉宾多重身份中最让人动容的“父亲”角色。**

郭小平：我每年都要带着他们去上坟，这么多孩子我真不知道他们的父母的坟在哪儿。所以说我们就在一个十字路口。我们买点纸钱、买点东西，烧着我也念叨，我说你们去世了的爸和妈都在天上看着，我希望他们在天上如果还有灵的话，保佑孩子，让孩子活着，好好地吃药。将来等孩子大学毕业以后，如果孩子还来见我，我带着孩子再给你上坟去。

董卿：33 个孩子应该有一部分要考大学了吧？因为 13 年了。——**说孩子，给人希望。**

郭小平：今年 16 个考大学的。

董卿：也相处了十来年了，要是真的今年考大学离开了。您会想他们吗？——**把握现场感动的气氛，触碰嘉宾心底最柔软的部分。**

郭小平：哪能不想呢（眼眶红润），跟我跟了12年了，整整12年。我有时候经常想一件事，我说鸟大了总要往出飞，但是我希望你好好地飞。如果你飞得飞不动了，有什么问题了或者受伤了，我还在这等着你。

董卿：孩子们在离开这个学校的时候，一定和您一样，有太多的不舍，也有太多的心里话要跟您说。要不要一起来看看。我们拍了一段片子，来，一起看一看。

董卿选择郭小平作为嘉宾参与《朗读者》录制是因为他放弃个人名利而选择了艾滋病孩子的教育事业。在中国主流媒体平台公开谈论“艾滋病”相关群体本身就是敏感的，幸而有这样一群类似“郭小平”的爱心人士，不断普及科学知识改变人们的陈旧观念，帮助艾滋病病人战胜疾病，健康生活。董卿在节目中表示：我希望所有的人都明白一个道理，他们只是病人，不是罪人，没有人有资格去歧视他们。在访谈中，董卿的真诚让郭小平真情流露，节目也起到了正面宣传教育的作用。

2. 尊重平等，巧妙触及争议问题

采访热点人物、有争议的人物，主持人的态度十分重要。2020年年初新型冠状病毒肺炎的暴发让武汉乃至整个湖北省成为全国人民最关注的城市。中央广播电视总台的《新闻1+1》《朝闻天下》《新闻直播间》《面对面》等多档节目进行了不同视角的全方位报道。

在2020年1月23日播出的《新闻直播间》中，面对央视记者的采访，湖北省省长王晓东说：“从今天（23号）的情况来看，市场是有一些影响和波动的，但是我请大家放心，我们的物资储备和市场供应是充足的。有些人关心武汉关闭了离汉通道会不会影响市场供应呢？不会的，我们的货运通道是不受影响的。目前云南、海南等地的农副产品在源源不断往武汉调运，所以保证市场的供应是有把握的，请广大群众不要惊慌。”然而，那段时间网上又有各种物资紧缺求捐助的消息。比如：新浪微博话题“湖北医疗物资缺口亟待支援”（截至2020年4月29日）阅读量超过1亿，讨论次数达12.5万。究竟物资情况如何是老百姓非常关切的问题。为了了解真实情况，媒体采访或连线多位领导时时跟进报道。2020年1月27日播出的《面对面》央视主持人董倩就访问了武汉市市长周先旺。在节目中董倩针对一系列大众关心的问题与周先旺进行对话。在沟通交流中，不难发现，周市长对当前的疫情防控工作都比较了解和熟悉，网上关于“政府不作为”的许多谣言不攻自破。

“封城”初期，当湖北省省长王晓东以及武汉市市长周先旺直面媒体时，却不见书记踪影，大众希望他出现在镜头中，通过媒体说一说疫情防控的相关情况。终于，1 月 31 日央视新闻频道《新闻 1 + 1》的主持人白岩松连线湖北省委副书记、武汉市委书记马国强，解读公众关心的疫情问题。

白岩松：马书记，您好！

马国强：主持人好！

白岩松：刚才我已经说了，武汉到昨天新增的累计病例达到了 2639，这么大的一个数，在武汉的各种资源扛得住吗？您可不要客气说抗得住，自己解决。

白岩松为什么在这期节目开始的时候，第一个问题就有一点看似调侃和开玩笑。其实这样问是源于在之前的新闻报道中出现了不同领导对媒体给出了不同的说法，让人觉得疫情防控工作“扑朔迷离”，他们的说法也“自相矛盾”。此时，白岩松很注意与嘉宾的平等位置，他在保持一贯的理性与冷静的同时考虑到对方在连线直播中可能会紧张，于是在基于真实数据提问的基础上略带风趣，以此让对方放松一些，营造一个相对来说轻松一点的语境。继而在之后的交流中提问对方能接受又能实实在在回答的观众期待的问题。

3. 不避锋芒，坚持质疑

有些争议的人或事情大多事出有因。他们对待人们的关注和质疑，态度也各不相同。主持人的采访不是要“占上风”，不是要“压倒对方”，更不是两个人之间的胜负之战，当然前提是不违背事实真相，不偏离核心价值体系。主持人要善于把握分寸，不惧怕不同看法的存在，也可以给予对方适当的“刺激”，观众自有公论。新冠肺炎暴发后，2020 年 1 月 27 日央视主持人董倩访问了武汉市市长周先旺，就大众关切的相关问题她直言不讳：

董倩：感谢刚强，首先我在这个武汉直播间演播室要向大家先解释一下，您也许会问为什么您在前方、在疫区不戴口罩。首先我们所在的湖北电视台的这个演播室是经过严格的消毒的，另外我也请教了专家，说在这样一个经过严格消毒的空间内，而且我确认我周围的这些同事最近都没有去过像医院还有一些危险的地方，他们都戴着口罩，因此我现在因为在直播的过程中我就不戴口罩。但是，大家可以看到，坐在我身边的周市长他是戴着口罩的。周市长说，他是为了保护我还有保护这个演播室的各个同事，所以才戴着口罩。您为什么这么想？——**从解释自己不戴口罩做节目自然过渡到周市长为什么戴口罩，并以此为切入点追问周市长戴口罩的原因。**

周先旺：因为新型冠状病毒感染的肺炎，现在已经确认并且已经大面积地发生人传人。那么我作为市长，我要把防控工作做好。我首先要带头按照专家的要求来进行这种必要的防控，包括个人的卫生习惯、个人出门要戴口罩，进入公共场所要戴口罩，这是我们防控工作起作用的基本要求。

董倩：为什么我不戴口罩，因为怕有些观众看到会觉得你们在武汉、在疫区，连演播室都要戴口罩恐怕会有一些惊恐的心态。但是您现在戴，您觉得怎么去跟公众解释这样的一件事情。——**这个问题的目的是借领导之口消除大众的恐慌**。

周先旺：你不戴是因为我戴了，那么这个新型冠状病毒肺炎的传播主要是飞沫。就是我在讲话的过程中产生的飞沫会感染你。我戴了口罩没有飞沫，所以你就是很安全的。

董倩：好，要谢谢周市长对我们的保护。首先我觉得需要您澄清一个相关的疑问。因为在昨天的记者会上省长说在湖北省的范围内防护服是特别紧缺，但是轮到您对记者说的时候，说防护服的紧缺已经全面缓解，有些人就觉得为什么你们两个人的说法会有冲突。——**第一次质疑，以记者身份站在百姓立场问群众最疑惑和关切的问题，探求真相**。

周先旺：省长是全省的省长，他想的是全省的事，我是武汉市的市长，我想的是武汉市的事。武汉市在国家动员的大背景之下已经得到了缓解。但是，还有结构上的不足。比如说，我们进入隔离区的、进入医院红区的隔离服还是紧张的。但是总量上已经极大缓解了。比如说我们从山东日照，国家紧急给我们调了35万件，但是呢它就进不了红区，其他的范围可以用，是足够的，但是红区还是紧张。

董倩：另外离汉通道关闭以来到现在已经几天的时间过去了，效果呈现出来是什么样的？——**再次质疑，满足民意诉求，传递最新消息**。

周先旺：因为武汉是这次病毒肺炎的疫源区，那么把疫源区管控好，我们就可以阻断它的继续传播。传染病的控制首先是控制它的传染源。武汉人少出去在这个时候就是对全国的贡献，就是对人类的贡献。所以我们按有关程序做出关闭武汉通道的这个决定。从目前看关闭以后，得到了武汉市民的理解，更产生了很好的效果。比如说，武汉人外出的大幅度下降，关闭离汉通道这是强制性的，在阻断传染源上效果是非常明显的。

董倩：怎么表现出特别明显？——**第三次质疑，挖细节**。

周先旺：我们人出不去了。

董倩：我之所以问这个问题是因为当我们看到数字的时候，来自武汉、来自湖北的病例确诊人数仍然在递增，包括疑似、包括医学观察的数字仍然在增长，我们怎么理解这样一个增长。——**为了推进谈话，进行必要的解释说明。**

周先旺：你说的这个增长和我们关闭离汉通道之间是什么关系好像一下厘不清楚。我们关闭离汉通道是减少武汉有可能被感染的人到外面去传染。对我这个区域内，已经被感染的、已经发病的，这个层面是不会因为我关闭通道而减少的。从流行病学发病的规律来看，我们 12 月 27 号发现首例来溯源到 12 月 12 号第一个病人住院。按照这个周期看，现在进入高发期。所以在这个时候病人量增加，这是符合规律的。

董倩：周市长，昨天我在采访一些医护人员的时候，因为机动车限行，所以对医护人员来讲一个非常现实的问题——上下班怎么办？有些医护人员可能要步行一两个小时甚至更长时间，往返于家和医院之间，这个问题当时有没有考虑到。他们这种现实的出行问题怎么解决？怎么保障他们？——**双管齐下，不仅询问医护人员面对的现实问题而且追问如何解决当前问题。**

周先旺：机动车限行的目的也就是阻断传染源，让人减少流动，因为我们要求你是居家观察。没有特殊情况的不要出去，没有特殊情况的也不要离开武汉，外地的人没有特殊情况也不要到武汉，就是大家都居家观察。传染病科学家早就发现最好的办法就是隔离。我们把机动车限行，就是要让你不出去，不出去这些水电气的值守人员怎么办，特别是我们现在奋战在一线的医护人员怎么办？我们有通勤车，我们将公交车停运以后，310 台大公交车分到相应的街道来管理，可以充当运输车。另外我们给每个社区配备了 3 辆到 5 辆出租车，它的第一个作用就是承担这个社区医护人员的接送。

董倩：他们是优先的。——**第四次质疑，以此确认嘉宾所表达的真实意思。**

周先旺：是优先。第二就是为不方便的这些居家观察的人免费送菜、送餐、送他（她）就医。当然了这种方式有些在对接上、在磨合上并没有达到理性状态。

董倩：怎么讲？——**必要追问，让嘉宾展开话题详细说明。**

周先旺：比如说我在这个社区配备了 3 辆到 5 辆车，司机有的认为我可以帮你送菜送饭，但是发烧病人我不能运送。还有的司机缺少一些必要的卫生知识，你要我接送医生我心里很爱他但我也很怕他，那我也不能够送。所以这些衔接上（的问题）造成我们还有医护人员不方便，我们目前正在对这个措施进行完善。就是在我们医院的附近征用一些酒店，让这些医护人员在疲劳之中不要有到家的这个旅程。

董倩：从安全角度是不是也应当这么做？——**委婉质疑，实则肯定。**

周先旺：这样做应该是很安全的。

董倩：就是说如果不让这些医护人员通行于家和医院之间，而是把他们集中在一个地方住是不是就更安全？——**再度质疑，寻求答案**。

周先旺：应该是这样的。

董倩：有没有这样做？——**再三确认，传递给受众的信息是政府确实在行动**。

周先旺：现在做了，我们这些酒店在医院附近现在运行得还很好。只是说起步晚一点，这些问题是逐步暴露的，暴露以后的应对措施出现肯定比问题慢一些。所以这段时间我们的医护人员确实很不容易。

在直播中，董倩采访一把手既不避锋芒，又逻辑缜密、分寸得当。从节目中大众可以得出结论：武汉市长周先旺确实对防控一线的工作开展比较了解并且对当前采取的措施和行动及效果做了解释说明，他不否认工作推进中确有一定的不足，也指出政府和相关部门在想办法积极应对、防控疫情。节目播出后能在一定程度上缓解武汉市民的恐慌感，同时增强政府部门的公信力，还能给予市民战胜疫情的信心和希望。

三、好的提问可以是推心置腹的交谈

访谈的节目形态以面对面交谈为显著特点，人们在沟通和交流中获得信息、交换信息，各种不为人所知的故事与真情、平凡或不平凡的遭遇、蕴藏其中的人生哲理，都在这个平台上滋润着人们的心田。此时尤其需要主持人丰富的人生阅历、宽厚的胸怀、细腻敏锐的感受、善解人意的真情，同时对人怀有良善的好奇心，愿意与人沟通交流。这样的主持人，无论面对名人还是普通人，也不管他们之间是熟悉还是陌生，他（她）的真诚和智慧都会博得对方的信任，愿意与之做推心置腹的倾心交谈。此时，主持人的提问多为简短的、贴心的、探究的，甚至是议论和相互探讨的，其中不乏深入的、敏感的话题。

刘岩曾经是舞台上自由驰骋的舞者。一秒误差，她险些丧命。大众认识刘岩源于2006年的春晚，她和杨丽萍、谭元元共同表演的舞蹈《岁寒三友》。而这之前刘岩在圈中早已小有名气。她腿功了得、干净优雅，大家都管她叫刘一腿。那个时候刘岩被认为是中国最有潜力的年轻舞者。刘岩的优秀让她顺理成章地收到了北京奥运会开幕式的邀请。在开幕式唯一的独舞节目《丝路》中，刘岩担任A角。2008年7月27日晚，距离奥运会开幕式还有12天，刘岩照常参加彩排，所有动作一气呵成、干净利落。但就在她从“电子薄纸”跳跃到另一平台上时，平台提前挪动了。毫秒之差，刘岩不慎从三米高台坠下。最终被诊断为：胸椎以下高位截瘫。但是坚强的刘岩没有屈服于命运，而是坚持康复训练，担任高校教师并专注于学习深造，攻读了中国艺术研究院舞蹈学博士。作为北京舞蹈学院的教授，刘岩花了三年半的时间完成了博士后的研究工作，于2019年7月顺利从中国社科院博士后流动站出站。2016年11月6日《名人面对面》栏目采访了她，许戈辉与刘岩“将心比心”地交谈：

刘岩：在我受伤以后，我是拒绝进行心理治疗的。

许戈辉：从来没有过吗？——**既有关切也有疑惑**。

刘岩：有过两次啊，那个主任特别好。两次后我就让这个主任休息了。然后我自己读了大量的这方面的书。是我妈妈给我的医学方面的书，我读了大量的心理学的书。我记得刚受伤没多长时间，有一些媒体采访我，但是与我们今天聊的话题不太一样。咱们今天聊聊手舞啊，我的专业啊，包括舞蹈学院，给学生上课的事情啊。在那个时候就问7月27号那一天晚上刘岩在鸟巢你经历什么啦？在那一秒钟误差发生什么啦？我不断地重复，我不断地重复。但是现在与我母亲聊天的时候，我妈说“没什么不好，媒体帮你了刘岩”。她说：“你看他们不厌其烦地让你去重复那一秒钟，你去面对吧。你一定要面对，你不面对自己，难道要逃到哪儿去呀？你要逃避吗？逃避你自己吗？”我妈有时候说这样的话。

许戈辉：真的，她比你还狠我觉得。（眼眶红润，微微泛着泪光）——**表达真实感受**。

刘岩：但实际上她比我软弱多了。据我了解，在我摔伤那半年，她在北京陪我。早上我康复锻炼完回来，在病床上吃午饭，下午还要去康复锻炼，吃饭的时候我不断问我妈。我说：“妈，我能站起来走吗？能好吗？”我真的到现在为止还记得，她不会看我的眼睛，她这样吃（用手比画）。她说：“能，能。”我说真的能好吗？（妈妈）能。但是她是医生啊，她学西医的。她知道不能啊。我就觉得我才残忍呢。但她还是一大口一大口地把那饭咽下去。我后来跟我爸爸聊过，她回了酒店一直在哭啊，晚上流眼泪啊。我再想想我就觉得挺心疼她的。（泪眼蒙眬）但她当着我从来没流过眼泪，就像你说的，这点上她还挺狠的。我不知道她是对我狠，还是对她自己狠。嗯。

许戈辉：（沉默了片刻，哽咽掩面）这就是爸爸和妈妈。——**感同身受**。

刘岩：是。这就是我的父母。

许戈辉：到目前为止，刘岩我觉得你好像很少很少流泪。没想到你把我给说哭了。——**真情流露**。

刘岩：（仰头擦干眼泪）哎呀妈呀。

许戈辉：挺有意思的，你妈妈是医生，你爸爸是在法庭做什么？——**转移注意力，抛出话题，以免嘉宾沉浸在回忆的悲痛中**。

刘岩：法官。

许戈辉：法官，对吗？

刘岩：嗯。

许戈辉：这两个职业是被人们认为最无情的职业。——**分析父母的职业，为后面解释妈妈的坚强、刘岩的坚强做铺垫**。

刘岩：是的。

许戈辉：对吧。看的都是生老病死，看的都是人间的各种恩怨瓜葛。我就发现你不管是接受采访还是出席活动，你从来不煽情，你特别特别的平静。但是今天你的不煽情把我给弄哭了。

刘岩：主要跟你……

许戈辉：我也特别怕在镜头面前流泪。——**同理心的表达**。

刘岩：我明白。

许戈辉：因为你也知道这个煽情是一件特别……

刘岩：我明白。

许戈辉：特别不好意思的事儿，是吧。

刘岩：我明白。

让一个好不容易走出阴霾的励志舞者再次回忆人生中那段最难熬的时光，并且打开心扉与主持人开怀畅谈需要功夫，难得交流中两人还惺惺相惜，有情感上的强烈共鸣，情到深处甚至泪洒现场，令人感动。相较于以往面对媒体的克制与冷静，刘岩在这次访谈中的真情流露显得特别真实也很可贵，我们看到了她卸下勇敢坚强后最柔软的另一面。谈话的过程实际上是个互相了解的过程，尤其是访谈对象一开始就会从主持人的言谈举止中察言观色，并在谈话过程中决定是否与之合作，是敷衍，还是有了信任与好感，进入仿佛“一见如故”的交谈。

《儿行千里》是湖南卫视推出的一档全新家风类节目，在节目中，何炅展现出不凡的访谈实力，他的访谈对象大多是极为普通的、各行各业、不为大众所熟知的人物。不过从节目中我们可以看到，受访嘉宾十分愿意并乐于和何炅交流分享，毫无保留地开怀畅谈、吐露心声。因为他们信任何炅，知道自己能够得到何炅的理解与认可。每一期节目播出后都赢得了不错的口碑与收视率。探其缘由，我认为何炅的魅力在于真诚，在于尊重，在于理解，在于智慧，在于深厚的文化底蕴和阅人无数的生命感悟与理性交织的深沉的爱。

2017 年《儿行千里》第九期节目《边防警察分享维和故事》的主人公叫杨帆。他来自山东省公安边防总队青岛支队，是中国第三支赴利比里亚维和警察防暴队战斗队中的一员。2015 年至 2016 年，当时正值埃博拉病毒旺盛期，他和战友们远赴家乡一万三千公里之外的非洲利比里亚执行维和任务，并圆满完成联合国交给的各项任务，被联合国授予和平勋章。在这期节目中何炅从生活、工作、家人等不同角度提问、解析、总结，带领观众走进维和警察背后的故事，在“推心置腹”的聊天中解读“家国情怀”与家风。

何炅：利比里亚人跟你们的关系怎么样？相处得（好不好）？——**好奇地询问**。

杨帆：利比里亚当地人对我们中国维和警察是非常友好的。我们的车辆经过一些村落的时候，村落里都会有人跑出来朝我们竖大拇指、招手。小孩会跟着我们的车跑，然后不停地用中文跟着我们喊一些简单的“你好”“谢谢”，不停地追，不停地追。

何炅：像追英雄一样。

杨帆：我印象最深刻的一次是有一次在机场驻守的时候。那是 2015 年的 9 月 4 号，我记得特别清楚。因为 9 月 3 号我们国家刚举行完大阅兵。

何炅：对。

杨帆：当天的早上有一个机场的保安招手让我过去，不知道他是干什么的。我跑过去之后他先指指我，然后竖大拇指，我还不知道他什么意思，他就给我看他的手机，手机里放了一段视频就是我们国家“九·三”大阅兵的视频，往下还有留言，都是当地人的留言：“中国人太伟大了，我们什么时候可以像中国一样强大。”

何炅：有的时候走出国门会更加有身为中国人的自豪感。——**中肯地说观点**。

杨帆：出了国之后都更加爱国了。你看到自己国家的阅兵式视频在外国人的“朋友圈”里传阅“点赞”，你的内心是很激动的。我心中的“小野兽”已经开始沸腾了。

何炅：其实去到那么远的地方除了工作，大家肯定还会关心你们的生活情况。比如说饮食啊各方面的条件怎么样？——**体贴关心地询问**。

杨帆：一年任务期之后，我们平均每个人都瘦了20斤左右。因为蔬菜匮乏、营养不均衡。但是我们都变得更强壮了，肥肉变成了肌肉。

何炅：刚才这一段好像有很多笑声，好像我们觉得是一个精彩的经历。但是从小呵护你们长大的家人如果知道这种情况，可能还是会觉得很担心。杨帆，非洲条件这么艰苦你有没有跟你的家人说过这些情况。——**表示关心**。

杨帆：没有，从来没有。从2007年我考军校开始，到了军校里的第一天，我的班长就教育我说："怕苦别当兵，当兵别怕苦。"从那以后我就是一直跟家里联系的时候报喜不报忧。

何炅：离家那么远，什么时候会最想家。——**深入细节地询问**。

杨帆：后半夜两三点钟有时候会上夜哨。在哨上的时候用望远镜、手电筒观察着远处一片漆黑，偶尔会有营区的一点余光在那里。岗哨后面就是大西洋，海浪声"哗哗"地响。一抬头看天上月亮那么圆、那么大，尤其是农历十五、十六的时候。"海上生明月，天涯共此时"，就会想此时我的家人在做些什么。如果我没有出来维和，我会陪着家人做一些什么，这个是我最想家的时候。

何炅：都是月亮惹的"祸"。——**幽默地巧用歌名，让气氛由凝重变得欢快**。

杨帆：能够代表中国出来执行维和任务，头顶蓝盔，去到非洲大陆上推进和平进程，肩上的责任是很重的。又不太敢想家了。

何炅：所谓"明月寄相思"。我爸爸妈妈看到月亮会是什么样子？这种思念是没办法控制的。因为再好的战士、再了不起的兵，他也会有思乡之情。我觉得就是因为有了这个思乡之情才会更懂得幸福家庭的可贵，懂得和平的珍贵。你才会更加地投入你的工作当中去。——**设身处地，对维和军人的不容易深表理解**。

杨帆：是的。

何炅：其实所谓儿行千里，报喜不报忧是双方面的。就像你不跟家里说你在非洲的苦。妈妈不敢进你的房间，怕错过你的任何一通电话，你走了手机就再也不敢关机。你是不是也不知道？——**巧妙地突显主题，把话题引到"家人"**。

杨帆：有些事情知道，有些事情也猜得到。其实我也知道我的父母在一点点变老。我印象最深的是我父亲（提到的）那次，我当时只请了两个小时的假，他走的时候，我看着他的背影，我一下就想起来中学时学的那篇课文——朱自清的《背影》，而且我印象特别深的是，我在课文里学到的一个词，当时我第一次见到“蹒跚”，我脑海里一下就蹦出那个词。我看着我父亲的背影就是“蹒跚”，因为中年了，他多少有一些发福。那一篇课文有一段，我至今还能背下来：“这时我看见他的背影，我的眼泪很快地流了下来，我赶紧拭干了泪。怕他看见，也怕别人看见。”我终于知道朱自清当时在想什么，哪怕他只描写行为，但是我知道他心里在想什么，我知道我的心里在想什么，课文描写的就是我自己。

何炅的真挚诚恳、善解人意、通情达理让嘉宾主动与之真诚地交流与分享，我们不仅看到了中国维和警察在维护世界和平中承担起一个大国的国际责任，也塑造着一个大国的国际形象；同时更温馨的是让我们真正走进了军人的内心世界，真切地感受铁血男儿的思乡之情和对父母的爱。由此案例我们还可以清晰地看到，主持人访谈尤其是人物访谈中那种“人与人”之间心灵沟通的特点，是有别于新闻记者纯客观的、单纯的提问的。在访谈中受众在认识访谈对象的同时，也在了解主持人作为“一个人”的特质，因此，如今由优秀主持人加持的访谈节目常会有更好的影响及吸引力。

第三节 “善问”需要铺垫与策略

一、好的提问要有独到的“切入点”和“落点”

采访提问的目的当然要十分明确，但是如果过于干巴地直奔主题，或大而化之“有何感想”之类，往往显得突兀和笨拙，所以，现在采访者都十分重视对提问的“切入点”和“落点”做必要的“包装”，所谓“包装”是指予以必要的背景性、事实性铺垫，从而使问题的提出更有针对性和必要性。

在 2019 年两会总理记者招待会上，以“中央广播电视总台”名义提问的央视记者欧阳夏丹是这样说的：

总理您好。之前您也谈到，在民生领域还有很多事情要做，所以接下来我想提一个有关医疗方面的问题，我们注意到，老百姓看病难看病贵、享受不到优质医疗资源的问题还是比较突出的。尤其是那些得了大病的患者，给他们的家庭带去很沉重的负担。请问总理，在解决这些问题上，政府还有哪些有效举措？谢谢。

她提问的问题很具体，选择了民生领域的医疗方面的问题，围绕这个核心问题铺垫了三点，一是政府对民生领域将进行进一步政策实施，二是老百姓看病难的现象，三是老百姓看病难带来的后果。这些问题是真实存在的、没有解决的，为了让受众得到满意的信息，让总理有针对、清晰地回答，这样提问的“切入点”能得到有价值、详尽的回答。

好的提问还要有独到的“落点”，不然可能大而无当或者落入俗套，也不易于激起对方的回答愿望及质量。

也是在2019年两会总理记者招待会上，路透社记者的提问也是用心打磨的，其提问的切入点和落点如下：

总理你好。去年，中国采取了一系列措施来放松货币条件，中国还加大了减税降费的力度，今年中国表示将进一步放宽货币条件，将进一步减税降费，还要加大基础设施的投资。请问，中国经济面临的问题是否比之前预想的更为严重，如果经济放缓继续持续下去，中国是否会考虑采取更加有力的举措？包括取消房地产限制和降低基准利率等？

如果记者简单地问新的一年中国在经济方面有什么打算？这样的问题很宽泛，就只是让总理再重复一遍报告中该方面的要点，不仅得不到想要的答案，问题也失去了意义。这位记者从2018年的举措“切入”，之后以中国的进一步举措进行铺垫，最后落到“新问题和新举措”。这样的提问也让总理在最后的回答中坚定地阐述了中国经济的重要地位。

在抗击新冠肺炎疫情期间，武汉协和东西湖医院重症医学科主任袁海涛痊愈出院后立刻重返战场，《面对面》栏目记者董倩采访袁海涛收尾时，设计了一个颇为别致的落点：

董倩：你对自己身体的恢复，我是指更好地恢复有信心吗？

袁海涛：肯定有信心，我原先跑半马，我将来还要跑半马，看看争取能不能跑个全马。

董倩：加油！

袁海涛：我觉得没问题，慢慢来！

这样的交流方式对曾经作为患者又进入一线抗击新冠肺炎的医生来说是直击内心的，通过被采访者的真实案例，董倩的提问落到了新闻人的人文关怀上，显示出了人际沟通的魅力，让被采访者诚恳地回答出抗击新冠肺炎的决心。董倩的“加油”也暗指了一种祝福，这种有温度的话语不仅仅是说给袁海涛的，更是说给新冠肺炎患者和抗击疫情的医疗工作者的。当然要有访问者和被访者之间的相谈甚欢作基础，才不突兀，不强求，也才能引发对方恳切的肺腑之言。

二、好的提问要讲究策略

好的提问，方法不拘一格，风格因人而异，更要依被访者性格而有变通，一句话，没有捷径可走，没有“放之四海而皆准”的套路，没有灵丹妙药。好的提问关系到许多层面，有工作态度层面，有对人态度层面，有认识水平层面，有思维方式层面，有语言外化层面，有工作经验层面，不一而足。但是有一点是我们反复强调的，即一个人的综合素质与能力。

鲁豫作为国内家喻户晓擅长访谈节目的主持人，她的访谈经验非常丰富，在鲁豫的采访中我们能看到她游刃有余、驾驭自如的一面。从《鲁豫有约》到《大咖一日行》，鲁豫采访的名人非常多。鲁豫也对中央广播电视总台《新闻联播》原播音员王宁以及他的妻子主持人刘纯燕做过一次访谈。采访过程是轻松、愉悦、有温度的，能够准确地把握被采访者的情感，鲁豫在访谈节目中提问、倾听的节奏权衡得很好，在放松的交谈中，她总是能保持面对突发状况冷静、理智，聚敛性思维运用得当，就是希望能探索到更多受众想要的信息。不过，她发问的前提是尊重，并照顾到对方的情绪，十分讲究谈话策略。总之，鲁豫悉心掌握着问题松紧、软硬、张弛的节奏变化，以及它们之间的平衡关系，从而达到更好的传播效果。

鲁豫：昨天刘老师说过一句话，我印象特别深，她说您生活中其实是一个挺豪放的人。——**借他人之口开始攀谈**。

王宁：比较粗犷型的。

鲁豫：一个人怎么能够做到在镜头前跟生活中是完全两个状态？——**掌握节奏，推进话题**。

王宁：我从开始就搞新闻，新闻就是给人一个感觉，就很严肃，就得绷着、挺着，一坐到那个播音台上以后，就有一种自然的庄严感、严肃感，那不是开玩笑的。刚来《新闻联播》这个地方，不管领导也好、老师也好给你上课，这个《新闻联播》容不得半点含糊，无形当中我就有一种庄严的那个感觉。

刘纯燕：这么多年我感觉，王宁他就是踏踏实实做一件事，就这一件事，我每天脑子里没有别的。

王宁：人的性格不一样，有的人精力比较旺盛，弄个社会职务、参加一些社会活动，我是不行，我觉得精力分散不了。我今天晚上要上班的话，我一天就不安排别的什么事情了，白天我就好好休息，就晚上把这个搞好了。

鲁豫：那偶尔会有那种就是其实我的创造力、我的能力没有能够得到极大的发挥，比如说今天你让我做个《新闻联播》之外我还要再做一个什么《东方时空》，再做一个什么《焦点访谈》，可能更能够满足我的那个能力和创造力。——**步步深入，节奏密集**。

王宁：没有，我没有那么大的能力。

鲁豫：没有。

王宁：也没有那么多的精力，我不是超人，我的生活信念就是平平淡淡才是真，我的微信名叫“会心一笑”，就这样！我跟邢老师（邢质斌）的性格比较像，她也不参加什么这个那个的。我为什么跟您约三年呢？我从不接受别人采访，我也不去走穴、演出，偶尔给人主持一些活动，是朋友的、不要钱的，谁家孩子结婚当证婚人这可以，其他商业活动我也不参加。我这二十多年播《新闻联播》白天就是休息、必要的学习，晚上就一心一意上班，前几年不播了以后才缓过劲来。

鲁豫：这根弦一直绷着是吗？

王宁：我跟你说过经常做噩梦，什么误班了、播着播着说不出话来了，经常惊醒，我们那同事们都有这个毛病。

鲁豫：但是又很神奇，你们每个人都有一张特别淡定的从容的脸，就波澜不惊。——**放缓节奏，提出疑问，获得更多内容**。

王宁：我们这个专业叫内紧外松，你再紧张你得表现出来你……

刘纯燕：状态很松弛。

王宁：淡定的样子。

鲁豫：那您试过播那种新闻本身带给您巨大的情感冲击，但是没有办法，您在播的时候，不可能有太多的情感的外露，但是可能某一次，是真的很难控制的，您碰到过这种情况吗？——**同理心的询问，节奏再次紧张，与其产生情感共鸣**。

王宁：那有的，比如说我的良师益友，朝夕相处的同事罗京去世了，是我播的悼词，你说那是什么情感？

刘纯燕：对，当时那个录音的同事还说，说王哥在里边20分钟哭得没法，泣不成声了，后来说那平静一下再录吧！

王宁：高兴的不能得意忘形，不高兴的你得努力克制。

鲁豫：所以在一个特别张扬个性的时代里做到这一点太难了。——**真诚交流，节奏趋缓**。

王宁：这么多年形成了一个传统吧！播音就叫，我们叫风格吧！那风格不是一下创出来的，是长年累月地积累形成的。

可圈可点、值得赞赏的是鲁豫在采访中始终如一的诚意和尊重。她和普通大众一样想要了解王宁对工作的态度和想法以及王宁在离开主播台后的日常生活。在访谈中，她努力营造和谐轻松的氛围，耐心倾听王宁和其妻子的话语，但同时又掌握着提问的主动权，在每个话轮的末尾都能恰如其分地引出下一个话题。鲁豫用平民化的视角和口吻进行提问，通过王宁夫妻二人的交流和回答，让受众看到了新闻主播的另一面。整个访谈过程中，鲁豫的提问会照顾到两位嘉宾，避免了嘉宾各说各话的尴尬局面，形成了良性互动。这个访谈无疑是温暖的，是自然、真实的，是值得受众回味与思考的，是媒体人可资借鉴的。

第九章

主持人的“会议论”

主持人在节目中的议论，是主持“五大功能（衔接、叙事、沟通、评论、控场）”之一，并且可以说主持人的议论无处不在。对人对事或对社会现象做出实事求是、合情合理的分析议论，固然是新闻评论类节目主持人应当具备的能力。但是，不要以为只有新闻类节目里才有主持人的议论，实际上专访节目、谈话节目、娱乐节目，甚至选秀节目里都可能碰到需要主持人有感而发，或者针对现场实时发生的情况必须说道几句，有所表态的时候，越是有受众参与的节目形态，越是有互动的节目环节，越要求主持人有及时的应对，以确保节目的正确导向和文化品位。此时主持人少不了要跟节目参与者有思想观点的沟通，需要事理或情感方面的分析，理念的交流等，其中的议论因素是不能缺位的。主持人的议论主要以两种形式呈现，一是灵活精干的“三言两语”的点评，一般是在现场临时触发的；一是相对集中完整、独立成篇的小言论，一般是预先准备好的。此外，当然也有预先拟就与现场变通相结合的。

主持人的议论不论长短，不应该停留在就事论事的层面，它缘事而发，反复咀嚼，把自己的感悟说与受众分享，这样的议论不强加于人，消弭了“灌输”的强硬，却依然有力量，是一种类似春雨“润物细无声”的潜在力量。

比如《2018 年度感动中国人物颁奖盛典》主持人敬一丹，在节目中与获奖嘉宾的互动不少，敏于观察和思索的敬一丹还说了如下一段看似信手拈来的小细节，然而那一句感慨却与晚会主旨相关，自然巧妙地向观众传递出她的见解：

敬一丹：刚才我们大家都看到了一个镜头，就是当排雷结束，这片和平之地马上就要移交给乡亲们的时候，你们有一个仪式，就是战友们手拉手蹚过这片土地，你参加过多少次这样的仪式？

杜富国：已经很多次了，很自豪、高兴，一次一次地完成了一块一块又一块的雷场，给边疆老百姓又多了一份安全的土地。

敬一丹：你能告诉我，和你手拉手走过的那些战友，他们的名字吗？

杜富国：班长刘贵涛、副班长刘新未，我的战友艾岩、田俊、田思磊，还有很多（战友），一起走过每一片雷场。

敬一丹：我想这就是富国的战友，也是血肉之躯，也是父母的孩子，他们的形象虽然没有出现在我们的屏幕上，我们也应该像富国的战友们致敬！

显然，这是在节目录制过程中作为“有心人”的敬一丹，缘事而发的“寓理于情”的议论。

刘栋栋是央视《财富经》栏目的制片人兼主持人，栏目改版后，内容定位就是以百姓视角解读他们身边的致富明星，报道涉农经济发展过程中涌现出的致富经验和创新做法，给观众以启迪智慧、更新观念的具有时代感的真实案例。让观众从普通人身上看到温暖和希望。一次《财富经·闪亮吧黑夜里的火龙果》的结束语，刘栋栋是这么说的：

在采访中，朱跃兴对记者说，做农业企业，首先要让当地农民开心。然后呢，要让政府和消费者放心。作为企业老板，还得有信心。这话说起来，道理其实很简单，农民都富了，那他肯定开心啊。政府和消费者都对自己放心，满意了，企业才能做得好，而老板自己更要对创业有信心和恒心。毕竟在这样的时期，信心比黄金更宝贵。

像跟大家唠嗑一样，刘栋栋联系当下的实际社会情况背景发出带有启示性的议论。

第一节 主持人议论的一般性特点

主持人的言论应追求公信力与亲和力的有机结合，这正是主持人集社会性与人际性于一身的职业角色所要求的，也是主持人社会责任感和平易通俗的传播特色的集中体现。主持人的议论不管篇幅大小、时间长短，也不论事先拟就还是瞬间迸发，都必须坚持正确的导向，要符合社会公共价值的判断，才会有公信力。

亲和力体现在主持人言论中，一是坚持受众视角，突出“平等”色彩及交流意味，拒绝高高在上指手画脚，以开诚布公促膝谈心的方式和“平易近人”的口吻发表见解；二是主持人应擅长通俗易懂富于信息含量和文化含量的口语化表述，以受众易于和乐于接受的语言方式做出议论。下面我们从四个方面谈谈主持人议论的一般特点。

一、贴近生活，平等平易

主持人和受众之间的传授关系以“平等”为重要标志，况且广播电视这种典型的大众传播媒体，必须放下身段，采用平易近人的方式跟受众说短论长，男女老幼的受众才能听得进去，于不经意间接受主持人正确有益的“引导”。因此，贴近生活，平等地与受众沟通交流，成为主持人议论的重要特点之一。具体体现为语言的口语化、论据的形象生动，而且这两点常常是胶着在一起的。

2020 年 1 月 18 日播出的《新闻周刊》“岩松热评”中，针对“国航前空姐开车进故宫并拍照发微博”的照片，白岩松配发的议论就满是平易的生活况味：

今天，人们在新闻当中就已经看到故宫里边的广场上，风可以进，雨可以进，游人也可以进，但汽车绝不可以进。即便是外国的总统也同样如此，你得步行进故宫。当这个禁令已经像常识一样被大家知晓的时候，突然冒出这么一个国航前空姐，居然开着大奔就进了故宫的广场还发了图片炫耀，人们马上就感觉被冒犯了。这简直不是炫富，而是炫权力啊。但在我看来，这属于典型的“投案自首”，立即把自己和放她进来的人，都暴露在了公众面前。如果说法律上的自首，还可以宽大处理，这种炫耀式的“自首”想得到宽大处理就很难了。删了微博也不会管用。那谁把她放进来的，是不是也出来走两步“投案自首”一下？相信今后故宫会更加严格地管控车辆，所有不该进车的地方，风可以进，雨可以进，游人也可以进，但是汽车和扭曲的权力与财富绝不可以进。

2020 年 5 月 30 日播出的《新闻周刊》，节目最后主持人白岩松就最近大家热议的“地摊”经济问题，做出了这样的评论：

我是一直不太认同这次媒体报道当中，把成都的实践称之为“地摊”经济。“地摊”二字，这是太向回走的一种形容，而且也容易让大家误解成都的举动。其实这是室外经营，是流动摊贩，是有序占道经营，因此不应该理解为回到过去的 1.0 版，而是希望经过观念的改变、管理的细化升级为未来的 3.0 版和 4.0 版。气温条件合适的情况下，餐饮、酒吧等行业在室外经营是全世界的惯例，更是中国要打造夜经济必有的一项内容。而流动摊点和有序占道经营，在有效的管理情况下，也同样是人们的需求和市场经济的应有内容。恐怕不能只当应急之策，而应该快速成为面向未来的升级举动。当然，我们依然要卫生，要健康，要整洁，千万不要走上一个怪圈儿，一管就死，一放就乱。别小看这室外经营，这也是对我们城市管理能力的一次考验。

主持人形象的描摹、诙谐的讽喻，使观众日常零零星星的有关感受得以梳理和深化，并随着主持人的议论走向理性的认识。

二、删繁就简，掰事论理

公众关注的事情大小不一、轻重有别，有些相对复杂，有些变化多端，但囿于各方面因素的制约，不是立马就可以迎刃而解的。主持人在议论这类事情时，必须善于厘清头绪，拎出其中的主要矛盾，以帮助受众拨开迷雾获得判断问题的方向，乃至提出可以“从我做起”或者“求同存异”的积极建议。主持人在议论时如若能够删繁就简，简明生动，是非常有利于大众理解和接受的，其传播也会十分有效。

2020 年 5 月 30 日的《新闻周刊》，以成都的流动摊贩为视点，做了一期关于“‘流动’的民生”的报道，白岩松在节目开头是这样说的：

被代表委员点赞到最后在今年的两会上，成都又火了一把。被媒体称为地摊经济的实践，先是被报道，然后被代表委员点赞，到最后直接被总理说上了记者会。疫情冲击使很多人的就业面临挑战，在这种情况下，成都在确保不影响居民交通和不扰乱市容环境秩序的情况下，允许设置临时占道摊点、摊区。临街店铺可以临时越门经营，也同样允许流动商贩贩卖经营。截止到目前，就像总理说的那样，这样的举措增加了十万个以上的就业岗位。中心城区餐饮店铺复工率超过了百分之九十八，市民消费更方便。正是在代表委员的点赞之声中，中央文明办下发通知，明确要求，今年不将占道经营马路市场流动商贩列为文明城市测评考核内容，这是应急之策？还是一次观念的改变？这是向回走？还是也可以升级改造与未来无关？《新闻周刊》本周视点关注城市的烟火气。

这段议论概略地梳理了疫情期间中国经济的形态变化，白岩松用“点赞”“两会”“烟火气”这样一些心系老百姓民生的话，深入浅出、举重若轻地把我国民生经济的大事、复杂的事，厘清眉目，说得明明白白，配合着片中的报道，尽量做到让观众一“听”了然。

2020 年 5 月 2 日的《新闻周刊》特别关注——疫情下的“重逢”，主持人白岩松直抒己见，莫衷一是，将不同立足点的意见摆出来，找到求同存异的可能，倡导正面积极的风气。他在节目最后评论道：

虽然我们正在经历这十二年以来第一个还算长一点的五一假期，但我相信即便有很多人走向了更远的目的地，但还是有相当大的一部分人处在谨慎观望的阶段。更何况很多旅游目的地也都采用限流的措施，离痛快地玩，还有不少距离。没办法，疫情过后，我们得适应每天进步一点点这样一个节奏，当然进步也可以更快一点。比如说，各个大中城市的政府部门不仅不能懒政，而应该主动地找麻烦。像北京等城市，过去这些年餐饮、酒吧在户外的经营都被叫停，赶进了室内，但现在受冲击严重的这些行业恢复堂食非常谨慎和缓慢。那为什么不能特事特办？在中国天气从北到南都已经温暖起来的时候，有条件的都允许餐饮酒吧在户外开始有序经营，防疫情，户外要比室内安全得多。而同时政府监管部门要保证食品卫生等安全，政府部门给自己的监管多添麻烦，就能给很多行业的复苏多加一些油。因此，在防控常态化的今天，我们也期待五一假期之后，在社会总体的努力当中，我们能每天安全更多一些，健康更多一些。

白岩松选取了独特的视角，化被动为主动、化严肃为生动，巧妙地讲清了道理，深刻地揭示了本质。

三、平和心态，娓娓道来

主持人节目并非都是家长里短、软性的话题，一样要关注公众的、社会的，乃至国家、国际的大事、要事，只不过表述方式和风格上会考虑更加贴近广大的受众，对国家的有关方针、政策，力求做出易于老百姓理解与接受的解读，这其实对主持人提出了很高的要求，不能满足于只是说出“政治正确”的话，而简单地、偷懒地去重复文件、社论上的官方语言、书面语言。

上文所列举的《新闻1+1》2018年7月5日《中美贸易战：中国不打第一枪》的报道播出后，紧接着在7月6日《新闻1+1》又继续推出《中美贸易战：在打响第一枪之后……》的报道，白岩松在节目一开始的议论，像讲球赛一样把事情谈起：

今天呢是俄罗斯世界杯八进四比赛的正式开始，还有二十多分钟，法国跟乌拉圭的战斗就将正式打响。但是也正是在今天中午12点钟的时候，恐怕全世界突然明白了一个道理：为什么美国这样一个世界经济总量第一的国家和世界经济总量第二的中国，都没有足球队去参加俄罗斯的世界杯？因为对于这两国来说，有一场更加重要的比赛，就在那一瞬间开哨了。12 点钟的时候，美方呢，开了球，或者说打响了贸易战，当然也可以叫贸易摩擦的第一枪。来而不往非礼也。1 分钟后中国不只是防守也开始了传控和相关的进攻，也开始反制。在这样的一种背景下，哎，大家突然看到了一艘船，似乎显得比所有的人更加着急。然后大家为它的命运开始牵肠挂肚喊加油，这又是一个什么样的情况呢？我们来看看啊。

这段话，无论是看似讲球赛，还是议论中美贸易战“开赛”的情况，都十分口语，整体议论分寸得当，观点态度都与中国的和平外交态度保持一致，观众感受到的是我们在中美贸易战问题上洞若观火，胸襟开阔。

四、开诚布公，交流分享

主持人与受众的平等贴近的关系，要求传播上的“亲和力”，所以主持人在表达观点的时候，不采用自上而下的“教导”“指引”的口吻，杜绝“灌输”“说教”那些易使受众反感的生硬做法。主持人要真诚面对受众，敞开胸襟，用与受众交流的语态，和大家分享自己的感受及认识。

2018 年 3 月 6 日《杨澜访谈录》播出了周迅的专访《周迅：呵护生命中的那份真》，主持人杨澜在栏目结束时，轻声地、感动地说了下面一段话：

人们说起所谓的成熟呢，通常会觉得那是一种把一切都看穿了，无所谓了，或者愤世嫉俗的样子。而实际上，当你经过了人生的失落、悲伤、痛苦、愤怒等不平静的心境，依然能够对生命、对生活保有一份纯真和善意，那似乎才是一个更高境界的成熟之美。愿世界上也有这一份真，陪伴周迅，陪伴每一个人度过漫长岁月。

这当中有对周迅的理解，更有背后的象征的揭示，杨澜说出了大家“心中有”但可能“口中无”的话。很多人是通过电影熟悉周迅的，被她塑造的很多角色感动过，而为什么她塑造的角色可以一次又一次成功吸引观众，主持人道出了蕴含其中的意味，则会引发观看节目后波及自己的又一轮的共鸣和思索。

江苏城市频道晚间王牌栏目《零距离》开播深度评论版块《卞说卞聊》，这个深受观众喜爱的民生栏目在创新道路上又闪出了新亮点。而《卞说卞聊》的资深主持人卞滑的睿智评论很有百姓缘，他犀利但又诚恳，向公众和盘托出自己的观点。一次，针对《高考还得拼父母?》的话题，他坦诚地说出自己的看法：

我觉得首先咱们不能够完全认定，现在的学生就写不出这样的论文，也有可能是这个孩子学习能力特别强，这论文真的就是他写出来的。问题是咱们得证明是他写出来的，那怎么证明呢？我觉得既然他已经获得了这个学校自主招生的资格，社会上对此有质疑的声音，那学校就应该重视这件事，应该成立一个专门的答辩委员会，对他的学术论文进行答辩。请他来详细地说说，他是怎么样来进行这篇论文的写作的？有哪些研究的方向？他提出了哪些独到的学术见解？他是怎么完成这篇学术论文的？不只是他，比如说刚才那个山东的、贵州的所有写出论文的中学生，都应该照此办理，进行独立的学术答辩。如果证明这真是他们自己写出来的，那我们要向这些学生恭喜祝贺。并且这些学校应该理直气壮地很果断地录取他们。但是如果证明这不是他写的，那就得取消他的入学资格，还要对他进行惩处。同时还要对包括像他妈妈在内的那么多帮助这些孩子完成这些所谓论文的人，该追究责任的，得追究责任。

另外非常重要的一点就是，答辩的过程，考察的过程，下结论的过程，得向全社会开放，让大家透明地全程地监督。在避免了权钱交易之后，高考又演变成了一种新的拼父母？正所谓高考本是公平路，权钱引他入歧途。寒门子弟叹无奈，高分怎抵权钱足？如今又有新招出，还拼论文来发布。难道发展到今天，高考还得拼父母？

主持人对争议的见解冷静、理智，他对校方的做法，对有意见的学生，都能心平气和地亮出自己的观点，并一一摆事实讲道理，说得在理，让人心服口服。

第二节　主持人议论的个性化

“个性化”是主持人传播的重要特色，也是传播中战胜“同质化”所必然采取的策略。社会热点、焦点是媒体评论的集中地带，连新兴的自媒体“微博”都不乏人们自发的议论，主持人的议论当然不能避开社会关注的焦点，但是这也同时带来一个难题，即主持人的议论不能“人云亦云”，不能“千篇一律”，应当有自己的个性，才能赋予议论吸引力和感染力，在议论纷纷中脱颖而出，受到关注，发挥主持人议论的积极影响力。当然，议论的个性化切忌随心所欲、不负责任的调侃，或者没有大局观念的片面和偏激，同时还要避免不痛不痒、华而不实，流于简单化和表面化的情况发生。

主持人议论的个性化，不只是语言表述的个性化，它应该首先是观点见解的个性化。而观点的个性化，又可以分别来自视角的个性化，思维方式的个性化，表述风格的个性化等，总之，主持人的议论，见解也好，视野也好，感受也好，语言方式也好，我们提倡另辟蹊径，提倡多样化的言论风格，以便于受众选择，成为更易于并乐于接受的议论方式。

一、独具慧眼的议论

议论中最有影响力的，最具有传播价值的，从一定意义上看，应当归功于独到的见解和新锐的观点。当然，无可争议的是观点无论如何独到或新锐，必须导向正确，必须符合社会主义核心价值体系，这是大前提。那么产生独具个性见解的基础性因素又是什么呢？大致有三个方面：思想理论涵养、政策观念、价值判断。

1. 思想理论涵养

主持人独具慧眼的议论，首先需要坚实的思想理论基础。它需要主持人有科学理论的武装、很好的哲学素养，对理论内涵和内在逻辑有深刻理解。主持人应重视自己的政治素质，不断提高政治鉴别力，增强政治敏锐性，坚持用马克思主义的立场、观点、方法去分析重大社会问题以及身边的社会现象。主持人的言论虽然少有长篇大论，但是无不反映着主持人自身的思想基础和判断力。

主持人议论的风格可以多样，但是见解应当是正确的、深刻的、敏锐的，议论的效果应当是积极、向上、向善的。主持人对于这样的“话语权”空间，一定要本着对社会负责的态度好生把握，不可率性而为。

2019 年 11 月由央视综艺频道联合喜马拉雅共同推出的青年人文化沉浸式节目《一堂好课》，由康辉担纲“好课班主任”作为节目主持人，并邀请十二位“学科领路人”，从国学、艺术、军事、体育等各个领域，为新一代年轻人传道、授业、解惑，打造十二场知识盛宴。在第十一期走进中国劳动关系学院的《外交课》上，康辉在节目开始发表了如下一段评论：

说到“关系”，今天，我们在中国劳动关系学院要上的这堂课，核心词也是“关系”。我们要上的是一堂外交课。很多朋友听到外交，第一反应就是太高大上。但说到底呢，外交其实也是一种关系，就是人际关系。还有朋友说到外交，会觉得那太遥远了，那是外交官们要做的事情啊，和我有什么关系呢？当我们每个人都有越来越多的机会走出国门，面向世界的时候，其实每一个人都可能代表中国，每一个人都可能是一张中国的外交名片。所以今天的这场外交课呢，我想和同学们一起探讨一下，在这个时代，我们要如何做一个有尊严的中国人？如何让世界看到一个不一样的中国？看到一个不一样的负责任的大国？

康辉先是用了“关系”这个非常简单的词，寥寥数语道出了自己对外交的认知和理解“说到底呢，外交其实也是一种关系，就是人际关系”，精辟深刻，深入浅出。接着用几句陈述句表达了自己对外交这件事的看法，“其实每一个人都可能代表中国，每一个人都可能是一张中国的外交名片”，观点十分鲜明，掷地有声。最后结合现场发出提问：“在这个时代，我们要如何做一个有尊严的中国人？如何让世界看到一个不一样的中国？看到一个不一样的负责任的大国？”形象联想，意味深长，引人深思。

对于社会上存在的颠倒是非的错误、不良现象，主持人同样应给予严肃的、不容混淆的议论，这需要主持人坚定的立场和对事物敏感、敏锐。一度有许多商家为了招揽生意，一到节日就策划各种消费活动，甚至有些已经严重偏离了节日本身存在的意义。江苏城市频道主持人大林在《零距离》大林评论环节里以“妇女节广告促销”为由头，发出了如下“麻木比无知更可怕”的议论：

大家发现，这几天甭管是实体店家还是电商，针对女性的各种广告促销业务开始铺天盖地了。我觉得商家啊，真是一个特别聪明的群体，甭管什么节日都能让他们给引导到消费上来。就算是现有的节日不够，人家都还能够再创造节日，让你继续消费。当然就妇女节这一天来讲啊，加大消费，这个消费本身也能说明女性在现代经济地位上的一种提升。可是我在想，如果妇女节只让大伙儿记住了买，只有赤裸裸的物质表现，这可能也是对于女性的另外一种歧视。这个节日它的本质是什么？是纪念全世界劳动妇女争取和平、平等发展的，因为这一天是全世界劳动妇女缔造历史的见证。

妇女节，这些年一步一步见证了我们国家的女性同胞走上历史舞台。2018 年 3 月 7 日下午，全国政协委员、中央电视台播音员海霞在全国政协会议小组讨论会后接受记者采访时被问到对于网络上将“妇女节”称作“女生节”的看法，海霞说她特别喜欢“妇女节”这个称呼，为什么？因为妇女节是靠奋斗得来的。所以，妇女节有很多的意义，在于督促每一个人能够铭记，任何一种权利都是需要奋斗和争取的。所以妇女节应该是让所有女性感到充满力量的光荣的日子，不能仅仅就是让广告带着人们奔着商场一路小跑跑过去。这种力量，更应该是真正发挥出半边天的作用，推动社会进步，让人生出彩的一种追求。

如此铺天盖地的广告和促销，大部分人可以理性面对，但恐怕也有人趁机道德绑架，监管部门的监管不力也逃不了干系。对此现象，大林一针见血地指出“眼球经济”中存在的道德缺失，显然这是主持人议论不容推卸的责任。

2020 年 1 月 18 日的《新闻周刊》中的，“人物”专栏里，草根“飞人”矣进宏，就在短短几天的时间里成了明星中的明星，受到了部分网友的吐槽。白岩松对他的议论却有所不同：

草根获得了全明星赛的扣篮冠军，一方面是草根苦练绝活的结果，另一方面也是 CBA 娱乐精神和重视草根这种观念的体现。不过也有的人因为扣篮冠军属于草根，就开始吐槽职业队员不职业、不专业。这其实属于太没有娱乐精神，草根可以获得扣篮王，但是想走进职业联赛，那可要全方位的能力提升。就像有人曾经在足球领域颠球颠出花儿来，颠出成千上万个甚至奔吉尼斯世界纪录去的草根爱好者，但他依然帮不了中国足球走得更远。所以欣赏草根没必要和批评职业队员连在一起，草根扣篮王给我们的启示是，也许你不能成为职业球员，但是爱体育你就会有自己的赛场。

主持人不只看到他的成功，更看到此后接踵而来的吐槽和批评。虽然出身草根，资质欠佳，但是只要热爱，哪里都可以是舞台。不能不说，白岩松确实清醒冷静，对事情的发展有一定的预判能力，做出了意味深长的议论。《新闻 1 + 1》“中美贸易战：中国不打第一枪”里，白岩松最后谈及中美贸易战未来发展的预判和方向，说得真切、透彻：

其实今年是中国改革开放四十周年，四十年所累积起来的东西，也使我们会有更多的能力去面对这样一个，“早来，晚来，早晚会来”的一种贸易摩擦，或者说演变成一种贸易战。有的时候坏事就可能从历史的角度来说，变成好事。

言简意赅，谈论中美贸易战的大事却略带“俏皮”，足见我们的信心和平和心态，是颇具主持人个性的议论。

2. 掌握政策、了解社情

要想议论能够出新观点，不重复所谓“正确的废话”，主持人必须“接地气”。也就是说，一方面主持人要真正理解党和国家的相关政策法规，另一方面要时刻关注社会生活、密切观察社会生活各方面的变化，做有心人，占有社情信息，并善于分析现实社会存在的问题，以增强议论的针对性和说服力。其间要坚持正确价值观的引导，同时兼顾积极社会心理的陶冶。

新冠肺炎疫情防治得到有效控制，接下来如何推动疫情期间的复工复产，《新闻周刊》在议论此事时，没有就事论事，只谈表面现象，而是透过事实用数字说话：

本周一，2月10日，防疫的战役，全面进入了第二阶段。虽然假期延长，有的地区又再次延长，但是2月10日必须拉开有序复工的大幕。从1月20日，钟南山说，人会传染人；到2月10日，这二十多天几乎是相对单纯的全民防疫战。但是从2月10日有序复工开始，这场战役将变得更加复杂。防疫、复工，两手都要抓，两手都要硬，当然“有序”二字就说明防疫还是重中之重。但是国家经济要运行啊，想想看2003年SARS之前，我们GDP总量是12万亿人民币，但是今年之前，2019年年底，咱们的GDP总量都是100万亿之巨。您就想想经济的运行得多重要！防疫，需要从医疗物资到各种物资的持续供给，老百姓要就业吃饭，所以一手防疫一手复工，是没有选择的选择。怎样去进行好第二阶段的战役？《新闻周刊》今天用一整期的特别节目来关注防疫新阶段。

占有准确的数字，有序复工的深层原因得以披露，解决问题的主攻方向也很清晰。这样的议论就比只作防范引导要来得深刻有力。

江苏城市频道《零距离》是深受观众喜爱的一档民生新闻栏目，其中栏目主持人大林在“大林评论”中经常有犀利评论。针对“3·15”问题车展出现的各种现象，大林发出如下议论：

今天是个特殊的日子。三月十五日“国际消费者权益日”，每年到了这个时候，你会发现，很多消费者就会从孙子突然变成上帝，很多商家也都顿悟，开始有了崇拜上帝的冲动。为什么？道理很简单，就怕被媒体给盯着。今天呢和去年一样，我们江苏城市频道又在南京白马公园举办了问题车展，在前期也做了宣传和预告，就是在全省范围征集在汽车消费过程当中，遇到问题久拖不决，受到不公正待遇的车主，所有这些车主都可以来参加这个展会。结果连线之后，主持人范娜就说了一件事，说在问题车展展会开始之前，有三个车主突然开车走了。来参加这个问题车展的车主，他这么走了，不参加了，为什么呢？你看本来都是苦大仇深、投诉无门、问题久拖不决，大老远跑过来的，为什么偏偏就在车展开始之前，毅然决然转身离去了呢？哦，原来是汽车厂家，人家也一早跑过去了，跑到车展现场，跟这三个车主私下进行了公关。大家都达成一致了，然后厂商和车主拍拍屁股就走人了。

所以这几位车主久拖不决的难题算是解决了。我挺替他们高兴的，因为我们解决了一个问题，车展的目的就是为了能帮助车主解决一些实际问题。可是各位，我们希望真正帮到的是一批车主，以点带面去帮一批车主，而不仅仅是帮个别车主解决问题，要知道我们的工作人员在前期组织和筛选问题车的时候，有过非常认真慎重的考量，每一个能够来参加问题车展的车子，都是有代表性的，它不仅仅代表它自己，它还代表了一批车子。这一批车子都是有着同样问题，同样久拖不决的。更重要的是，我们记者还和每一个前来参展的问题车的车主都有过比较详细的、细致的沟通。所以在这个时候问题车展马上就开始了，这三个车主开车走人了，忒不厚道啊，你这简直就是把媒体当枪使，把所有的和你有着同样问题的那些车主当枪使了。厂家现在让你开心了，你的问题得到解决了，那些有着同样问题，但是没有得到解决的车主，你不愿再去帮他们了，你这得有多自私、多不诚信。

大林的评论，有的是就新闻事件缘事而发，有的则是对新闻事件的评论——再评论，后一种情况如果没有另辟蹊径的观点，就很难出奇了。此例正是由于大林时刻关注社会的现实情况，不断积累相关事实，因此能够触类旁通，联系消费者利用媒体的诸多实际情况，提出深一步的见解。

3. 价值判断、情操境界

主持人的议论在新闻评论类节目中不可或缺，实际上在谈话、专访甚至娱乐选秀节目里，也常常出现，有时是相对完整独立成篇的，有时就是在谈话的呼应当中的一两句话，却很见分量，闪烁着主持人生命感悟的光芒，及价值观、道德观乃至思想情操的境界。所以说，主持人内心深处的做人信条、灵魂修养都是语重心长、耐人寻味的观点的源泉。

2019 年 3 月 23 日央视《开讲啦》节目，邀请了 2018 年的一位传奇人物，他创造了民航史上的一个奇迹，他就是川航 3U8633 航班机长刘传健。节目从刘传健的第一视角，结合他的亲身经历，讲述了他的非凡人生。主持人撒贝宁在最后有一段议论，是接着刘传健袒露自己复飞心迹时的话来说，刘传健那句话的结尾是：“……但这一次当我坐上机长的位置的时候，我觉得我的责任更重了，对生命的理解更进了一层，我们更应该敬畏生命。”撒贝宁就沿着这句意味深长的话，面对现场的观众说：

今天您来到我们的现场，从一开始，我就有一个感觉，您的名字叫刘传健，但是五月十四日之后就有很多人管您叫刘传奇。但是，传奇绝不是随随便便缔造的。

它一定是平时无数的积累、无数的经验的集合，在那一瞬间，加上一个人超强的责任感和冷静下来的这种超强的心态和能力，所有的一切缺一不可，造就了这样一个奇迹。但是我想在这个奇迹故事的背后，我们今天更多的要从刘机长身上学到什么呢？听完您的开讲之后，尤其见到了王维和周建强之后，我突然感受到了，那就是您在今天开讲之前说的那一番话，您重新认识了生命的分量，重新知道了敬畏一个行业，带着责任去为周围的人创造安全，是多么神圣的一件事。所以我在想，你们年轻人，这件事情也许也是上天赐给你们的一个礼物。因为我们没有经历过，所以我们没有这样的感受，但你们有了这样的感受，你们可能能够更深刻地认识到上天赋予我们这样一个生命，它的意义究竟是什么？我们怎么过才能不浪费这每一天？尤其是劫后余生的每一天，让它变得更有意义。而我们没经历过的人，可能也能从今天开始，好好地审视一下生命的意义和我们的未来。也许这就是机长带给我们的最有力的一份财富。再次把掌声送给刘传健机长，以及所有的机组成员。

撒贝宁巧妙地借着刘传健对荣誉由压力到释怀的认识作为话头，不是就事论事，而是放开眼光，由“个别”到“一般”生发延伸，引出对“平凡”与“不平凡”的富于哲理的进一步阐释。之后又兴犹未尽地再次生发开去，谈及现场被救乘客嘉宾，直至他十分由衷和恳切地以“生命的分量”“敬畏生命”“生命的意义”来概括刘传健机长“优秀的职业操守和担当”，激起现场观众赞同的掌声。撒贝宁的这段议论，没有说教味道，是他从对刘传健机长的采访中，从他身上看到、悟到的真理，此刻说出来与观众分享，大家领悟了，获得了思想的共识和情感的共鸣。这样的议论缘事而发，又不拘泥于具体的人或事，而有了普世的价值。其中的观点，相信在节目过后还会不时地在观众的脑际和心间回荡，潜移默化地发挥积极正面的作用。

《儿行千里》是湖南卫视推出的家风类节目，由何炅主持，节目以“儿行千里家风随行”为理念，通过每期两个素人家风故事的分享，倾听不同家庭背景下的普通人，在成长道路上所接受的家教、发生的家风故事，进行一次传递温暖、传递知识、传播优秀品质的触动心灵的旅程。将父母与儿女相隔千里的牵挂串联起来，展现他们的家国情怀，弘扬属于这个时代的中国好家风。有一期节目是讲孝心“厨神”李爱军如何照顾他的母亲。节目请来了李爱军和他的姐姐作为嘉宾，他们在节目现场讲述如何照顾老人的心路历程。在节目开始，由主持人和现场观众一起讨论，有没有给自己的父母或者爷爷奶奶做过饭，从而引出话题，通过主持人的讲述得知原来“厨神”的由来是因为李爱军坚持七百多天为母亲做饭不重样。李爱军为了能够照顾好母亲，调整了自己的工作，甚至牺牲了事业。节目最后何炅转向现场观众有如讲“体己话”一般，贴心又关切地说：

有一天你突然发现，在你心中好像是“山”一样的爸爸的那个背影，好像没有那么伟岸的时候，会感慨，时间都去哪了？有一天，妈妈在跟你聊天的时候，她原本对你的每一个朋友都很熟悉，可是，她突然就会想不起你那个朋友的名字，然后慢慢地有一天，她就会跟你说，我们什么时候吃饭？可是那个时候，你可能刚刚把饭碗收到厨房，刚刚洗好了。就是所有的这些事情都好像会发生在一瞬间，而这一瞬间发生的时候，你才会突然发现什么都来不及。所以我觉得李爱军的这个故事，给我们一个非常大的触动，就是不能等，真的不能等。我们有很多事情是可以去按照自己的计划，一步一步去安排的。只有在孝敬老人这件事情上，我们没有机会作计划，一切都会比我们的计划变得快。

何炅简单的一番话，盛满关爱和深意，可谓“点睛”的议论，很巧妙地浓缩了该期节目的主旨，让原本可能流于温情表面的话题一下子有了不一样的现实意义。

董卿在她的《朗读者》节目中，经常与嘉宾有深入的交谈，其间不乏简短但意味隽永的议论。一次，董卿与白岩松在采访中有如下的对话：

董卿：当你后面大学毕业，要留在北京工作了，那可能是真正地要和故乡做一个告别。

白岩松：我印象非常深，是在九三年，正好是现在五十岁的话，生命的一半二十五岁。回老家补办一个简单的婚礼，（结束后）坐火车要回北京，当火车即将要开的时候，我妈赶到了，我看着她急匆匆地过来，突然第一次明白这一次我是真的要离开家了。因为回到北京就会有自己的一个小家，那一瞬间感觉是，原来风筝一直有个线在母亲这，那一天剪断了。火车刚一开动，我就开始号啕痛哭。我觉得那一幕，我估计我夫人蒙了。

董卿：跟故乡的告别里边，会有一部分记忆是跟母亲的告别。

白岩松：当然，我妈一个人把我们哥俩带大。那天中午我路过厨房的时候看了一眼，我发现，其实我妈在那儿做菜的时候，自己在那儿掉眼泪，但是她一见我就假装没事人一样，我也假装没看见。很多年后我读到了一句话：“每一次离别都是一次小型的死亡。”我觉得写得太好了。

董卿对白岩松一段发自肺腑的自我剖白，以自己对故乡和生活的理解作为回应，这个简短而深刻的议论让回忆离别故乡时的白岩松十分赞同，他的经历证实了这个观点，董卿的概括让他感同身受，他的生命体验也同时得到了情感上的共鸣。

二、现代思维方式的议论

产生具有个性的、新颖的观点，除了要求主持人具备思想理论涵养、政策观念、价值判断的坚实基础之外，从方法论的角度看，思维方式的现代与科学，是一个可以突破思维定式，另辟蹊径引发新观点的重要途径。优秀的思维品质和多维的思维方式，能够引发多元的思考，甚至可以断言，思维方式出观点。实践证明，主持人一些深刻的观点和独到见解，在相当大的程度上是源于其思维方式的活跃多样。

主持人要学习并善于运用发散性思维、聚敛性思维、动态性思维及逆向性思维、创造性思维等多种思维方式，来开阔和改善我们的思路，从多维的、整体的、开放的、动态的角度观察和思考问题，运用积极的批判性思维和求异性的独立思考，透过现象看本质，从而提高思维的深刻性，让自己的议论能够另辟蹊径出新意。

1. 发散思维导引多元思考

发散思维是一种多侧面、多角度、多层次的思维过程，其鲜明的特征在于不受既有观念的束缚，对问题的分析不简单化、不绝对化、避免主观平面的偏误，也有助于克服“老生常谈”“拾人牙慧”的议论困局，找到有望突破的路径。

2019 年 10 月，一群大学生在未向当地文物部门申请的情况下，与带队老师非法拓印国家重点文物保护单位南朝齐梁时期帝王陵墓石刻群。这一幕被文物爱好者曝光于网络，引发了广泛关注。

在 10 月 12 日播出的《新闻周刊》里，白岩松在解读此事时发出了这样的议论：

生活中出现了违法违规的事情，人们重点关注的就是对当事人如何处理，但其实除了处理，有时也需要修复。没有法制观念的老师带着学生对文物进行违规拓印，虽然当事人最后被处理，文物也没有受到很严重的损伤，但残留的墨汁留在上面，修复依然是一个过程，需要专业而细心。

在地铁上，男乘客猥亵女童，被其他乘客举报后当然会被处理，行政拘留 15 天，让他好好反省吧。但需要修复的不仅仅有女童的内心，还有女童身边同行的成年女子的责任感。不管是不是孩子的母亲，你带孩子出门，还是在照看好孩子的前提下，再看手机。

从这段议论中我们可以看出，白岩松的思维是发散的。他从违规拓印引发的修复过程想到了在地铁上发生猥亵案件后，单单是嫌疑人被行政拘留是不够的，更为重要的是后续的“修复”过程：女童的内心需要修复，同行成年女子的责任感也需要被修复。

同样是在2019年10月，一女明星发微博批评高铁内另一乘客放很高的音量看手机视频，她制止后反而被骂。事件引发舆论关注后，乘客为声音大而感到抱歉，却让女明星给自己道歉，理由是影响了其正常生活。

对于此事，在10月19日播出的《新闻周刊》里，白岩松是这样说的：

这件事中最大的问题是我们相关的法律法规没有对公共空间里声音过高、骚扰其他人有明确的禁令和规定，显然，这个问题需要明确。否则，它就会变成人与人之间的更多冲突。没有规矩不成方圆，没有规矩还会制造不和谐。

白岩松并没有泛泛而谈，也没有蜻蜓点水般止步于对扰乱公共秩序人员进行评论，他敏锐地追击到事件的背后——缺乏明确的禁令和规定，并予以郑重的提醒。白岩松分析问题善于从相关方面做深入思考，而且他的法律意识和常识积累，无疑使他的议论常常能“入木三分”。

进入深秋以后，树叶纷纷变黄会成为秋日一景。2019年11月初，一则郑州环卫工人为了能够及时清扫道路两旁的树叶，配合领导检查，用高压水枪打落树上黄叶的视频引起热议。在视频中环卫工人说，领导检查要求看不见一片树叶，这很难做到，加速黄叶落下能集中清扫。

在11月9日的《新闻周刊》节目中，白岩松是这样评论此事的：

这两年，北京、上海等地都开始推行“落叶环扫”政策，在公园里还有人们愿意照相的区域，落下漂亮的黄叶子或者红叶子，环卫工人不着急扫，给大家留住秋天的美，去年我们还专门做过节目，夸赞这种行为，因为这是审美的进步。但在这样的背景下，本周看到了郑州郑东新区的另一个做法，心里不太是滋味儿。当地的环卫工人被市民发现用高压水枪冲树上的叶子，催促树叶尽早落地，好打扫干净。原来上级部门要求“六个看不见”，其中就包括看不见一片落叶。到了外包的环卫公司这就变成了发现一片落叶就扣多少钱。这是环卫工人几乎打死都不可能完成的任务，于是才有高压水枪冲树叶的举动出现。内容一经曝光，郑东新区管委会开始批评和处罚相关公司。这反应是对的，但是接下来也应该反省自己，有些要求是不是过分了，这件事仅仅是外包负责环卫的公司该承担全部的责任吗？我们所有的人千万别忘了四个字叫“实事求是”。

白岩松保持克制和冷静，一方面考虑到了“路上不见一片落叶”是环卫工人不可能完成的任务，另一方面也考虑到了该对这件事承担责任的不只是负责环卫工作的外包公司，该反思的还有郑东新区管委会。这正是“多元思考”的生动诠释，在最后，白岩松也提出了建设性意见，即不要忘了“实事求是”。

2. 逆向思维引发深思

逆向思维是从对立、相反的角度去思考问题。这是突破思维惯性、思维定式，促使思维深入，能够看到别人忽略的重要因素的有效方法。况且，一切事物都有两面性，从相反的角度去思考，有时会有别有洞天的效果，或者起到意想不到的警醒作用，同时很可能具有“前瞻”的意义。

每年临近春节，不少年轻人就平添了不少烦恼，甚至把过年称为“过关”。这一来是因为随着年龄的增长，肩上的责任越来越重，孩童时每逢年过节，可以肆无忌惮地玩耍，家长也不会管太多，只要平安健康，一切就是福。而长大后的春节非但自己不再如此轻松，甚至还要照顾家里的生活，忙得不可开交。二是转眼间到了该成家立业的年纪，逢年过节期间，亲戚们总是会问一问工作是否顺利、薪水是否可观、爱情有没有新进展等一系列问题。如果恰好事业爱情有起色，那还好回应这些问题，可如果是工作和感情还没有步入稳定期的年轻人听到这些问题，估计又会倍感头痛。似乎越来越多的年轻人正在把“过年”和“过关”画等号。

对于这一现象，在2020年春节前的《新闻周刊》节目中，白岩松发出了如下议论：

下周五是除夕，中国人又迎来了过大年的时候。有年轻人半开玩笑地说：“这过年又面临着催婚、比成就、送红包等无数的考验，过年简直像过关。”但我相信，即便这么说，也拦不住中国人回家的脚步。与其说过年是过关，不如说是为了新的一年里将要过很多的关而进行充电。充亲情的电，充友情的电，充健康的电。而且所谓的梦想，不就是新年时刻许下的那些心愿吗。祝愿所有《新闻周刊》的观众朋友们，充更多的电，许的愿作为梦想都一一实现，更重要的是心灵放松，归来又是一个少年。提前预祝所有的朋友鼠年能数更多的钱，新年快乐，万事如意。

在大多数年轻人直呼过年似“过关”的时候，白岩松以其逆向思维，看到了过年背后的现实意义。他意识到，与其把春节假期看成艰难地过关，倒不如看作是积蓄力量的过程，为新一年的自己充充电。白岩松以其睿智幽默的语言，发出了令人乐于接受的议论。

3. 多元思辨获得独立见解

一般来说，各个媒体对社会热点问题都不会“失语”，主持人在议论热点事件时自然要了解当时其他媒体的反应、社会认知以及受众的心理情绪等相关背景。在此基础上，需要主持人综合运用多种思维方式，从各个角度深入分析事件发生的原因，做多元思考，并进行独立的思辨，求同存异，获得新的思路和值得探讨的而非“人云亦云”的看法。

2019 年年底，河南郑州火车站西广场 4 部电梯闲置 8 年未启动，市民吐槽“上下楼梯如同爬山”一事，再次引发广泛关注。据媒体报道，位于郑州火车站西广场通过京广路的地下人行通道内，花费数百万元安装的 4 部自动扶梯已闲置 8 年时间，自动扶梯不仅布满蛛网，一些部件也是锈迹斑斑，甚至出现了损坏，成为摆设。12 月 15 日，白岩松在《新闻周刊》栏目中对此事点评道：“这电动扶梯看上去很美，却真心给人添堵。”在 2020 年 1 月 11 日的节目中，白岩松在“视点”版块再次关注了此事。这期节目播出时正值春运伊始，节目跳出了仅仅停留在“追究原因”层面的窠臼，而是以“郑州火车站电梯事件”为基点放眼全国春运全局，通过对春运交通方面细枝末节处的关注，引起全社会更深层次、更多侧面的思考，白岩松是这样表述的：

（开头部分）今天，我们当然要为郑州有关方面让这 4 部电梯运行、让旅客少走 68 级台阶而点赞。但是与此同时也引发了我们的一个思考：本周五，一年一度的春运就拉开了帷幕，每年的春运我们都在关注高铁、普通火车、飞机、轮船、公路等春运大动脉的服务状况，但是像火车站电梯这种毛细血管的服务状况是否跟得上呢？

（结尾部分）其实仔细想，我们今天节目的主题呢，恰恰就代表着中国春运的进步。因为我们已经在关注和挑剔着毛细血管服务方面的问题，我们已经在放大着上车前和下车后的顺畅问题。但生活呢就是水涨船高，过去的问题解决了，新的问题它又会出现，我们的期待和要求也会越来越高，这是媒体的责任，更是社会进步的需求。幸福在更好的前方，我们还没有到满足的时候。

白岩松对已有的社会问题的探讨不是浅尝辄止，在经过细致的研究和思辨后，有了“毛细血管的服务状况是否跟得上”这一不同的思路，提出了“大动脉、毛细血管”这两个形象的比喻，得出了“幸福在更好的前方，我们还没有到满足的时候”这一深刻的结论。从独到的见解角度看，这样的议论确实异峰突起，具有深刻的社会现实意义。

三、视角别具一格的议论

主持人议论的个性化还可以体现在选择的视角之新颖和视野之开阔上。首先需要信息的占有才能保证视野的开阔；其次，要有独特的眼光来选择别具一格的视角；再次，能够在高屋建瓴的同时有开放的胸襟，不简单下结论，不过早下结论，不武断下结论。

1. 信息筛选与整合

平时，主持人要关注国内外重要新闻事件，俗话说“处处留心皆学问”，就是注意平时的积累。在遇到具体问题时，要善于搜索信息，结合团队提供的海量信息，要进行认真的筛选和整理，并精于议论角度的选择，如此才能发出区别于“大路货”的议论。

2019 年 11 月 2 日《新闻周刊》的“人物”部分，关注了 4 个人物，分别是扶贫干部李波，救助被埋婴儿的周尚红，3 秒解危情的罗冬妮，生物摄影师鲍永清。

在对以上 4 个人物事迹进行评论时，白岩松是这样说的：

看完本周“人物回顾”，跳出来的就一个关键词“保护”。女民警在危急时刻救孩子是警察的本能，也是一个人的本能，但仅靠本能是不够的，或许还有着警察该有的本领。将孩子从死亡的边界救护回来，本身就值得我们夸奖，就没必要去争论她为什么救孩子了。而野生动物的照片获奖固然有很多技术因素，但是背后确实提醒着人们和社会如何去爱护生命、保护大自然。这个时候可能会有人问了，扶贫干部怼贫困户跟保护有关吗？当然，明年扶贫攻坚就将冲刺，但如果只是物质上的扶贫，不能扶志和扶智，一个是志气的志，一个是智慧的智，扶贫的成果就无法稳固。只有从根子上扶志又扶智，我们取得的成就才可能真的被保护好。

白岩松从前面“人物回顾”给出的信息中提炼筛选出了一个关键词，即“保护”。白岩松并不是生硬地将 4 个事实进行关联，而是寻找它们的内在逻辑，把 4 个事实整合到一起来说明 4 个人物的共同之处。这样的角度十分鲜活，有主观的感受，有客观的事实，给人印象极其深刻。整个议论事实准确，节奏紧凑，铿锵有力。

媒体的话题议论在于视角的独到和逻辑的严谨，针对当下的社会热点话题，媒体发出的议论应该更为全面且具有说服力。因此要善于在相关信息中筛选出值得注意的关键点，否则，应景的议论很容易变得千篇一律、泛泛而谈。视角的转换，常常会发现可能被忽略的问题，把问题引向深处。

对于近年来愈发猖獗的办假证现象，白岩松是这么说的：

这年头，“办证”这两个字四处都能看到，各种小广告在咱们眼前晃悠。也的确，人的一生中要办的证太多了，据说，得八十来个。不过第一个证可是医学出生证明，上户口可就真靠它了。但是本周《焦点访谈》报道，四川、河北的一家民营医院和一家公立医院都拿钱给人办假信息的真出生证明，满足那些抱养孩子之后，有想把孩子身份洗白需求的用户。也不排除这其中有拐卖孩子的可能。医院里帮着办这种证明的人该严惩，但是生活中明知是假却依然要买的用户也该严惩，买卖双方都是犯罪。全社会该睁大眼睛堵住漏洞，别从人生的一开始就给办假证提供了巨大的空间。

白岩松从大家生活中常见的“小广告办假证”现象说起，谈及办假出生证明一事。但他并不是单纯痛批办假证这一违法行为，而是灵活地变换思考角度，对于明知是假却依然要买的用户也进行了议论，指出这类人也该受到严惩，并提出了“买卖双方都是犯罪”的看法。从这一视角，呼吁全社会共同抵制办假证的违法犯罪行为。

2. 拓宽思路，引发思考

善动脑筋，善于运用相似联想不断地转换思路，发现不同事物的相似点，就能柳暗花明，转入佳境，得到有益的启示。面对有些问题，主持人不一定非得下结论，最好在拓宽视野，打开思路方面多下功夫，引导受众积极参与思考并帮助他们自己得出结论。白岩松在 2019 年 11 月 23 日的《新闻周刊》里，结合“抗癌新药上市”“芯片自主能力”谈出了自己对于我国医疗器械和新药研发方面自主能力的看法：

十一月中旬，中国首个自主研发的抗癌新药，获得美国相关机构的批准，在美国上市。改变了中国在抗癌药领域里只进不出的局面。这是一个没有引起太大关注的新闻，但却具有实质性改变的意义，更期待它能成为一种动员令。在整个 2019 年，我们都在关注由于华为事件所引发的芯片自主的焦虑。其实与芯片自主的能力相比较，我们在医疗器械和新药研发方面自主的能力更弱。因此国家相关的法律和政策也在调整，因为不能把这么大一个国家的健康建立在对国外医疗器械和药品的依赖上，但愿我们对药品的投资机制能变得更加灵活，审批机制更加顺畅，而全社会对医疗器械和药品的自主研发更加重视。因为中国人不仅要把饭碗捧在自己的手里，健康也应该增大掌握在自己手里的比例。

不难得出结论，白岩松是一位社会责任感强，关心国计民生的节目主持人，所以在接触到具体问题的时候，他不是轻描淡写或事不关己地调侃一番。为解决我们对国外医疗器械和药品的依赖，白岩松在这里从“投资机制”“审批机制”“全社会”等几方面来思考，带领大家拓宽视野，开放思路，提出了积极的建议。

四、表达风格独特的议论

主持人议论的个性化，有了思想观点、思维方式、视角选择方面的努力之外，还必须在语言表述和情感态度方面提倡多样化。实际上，议论的内容、对象，栏目的特色，主持人自身的思维个性、语言个性等，必然会有也应当有这样那样的区别，而且同一位主持人，也会因“人”、因“事”、因“栏目”制宜，故而，主持人议论应呈现百花盛开、风格各异的多样化格局。

1. 直抒胸臆

直抒胸臆的风格，与事件的令人震惊程度有关，也与主持人的语言个性有关，它一五一十，快人快语，不兜圈子，能立即引起受众的关注。

在央视2020年5月30日播出的《新闻周刊》节目中，白岩松在“人物”版块中关注到了从广东河源市连平县走出来的“九连真人”乐队。乐队三名成员中，有两位老师。一个是中学音乐老师，一个是小学美术老师。在成名之后，他们没有选择离开家乡，而是继续坚守着自己的岗位。在版块末尾，白岩松直言不讳地说出了自己的见解和期冀：

一提到现在中小学教育的缺陷，很多人都会提体育课。其实跟音乐课和美术课的现状比较起来，体育课已经算相当不错了，而且越来越受重视，这样的情况下，我很认同“九连真人”成员所担心的“美育”问题。所以，一方面希望他们乐队火，但更希望他们教的音乐课和美术课也能火起来。

优秀的主持人时刻关注国内外大事，有自己负责任的独立思考，因此并不会随大流地发出议论，而是有自己深邃清晰的见解。2019年，人大常委会常委们审议《预防未成年人犯罪法（修订草案）》引发强烈关注，之所以引发这么强的关注，是因为一个新闻背景：大连的一个未满14岁的男孩杀害了一个10岁的小女孩，但按照现有法律，男孩依旧不负刑事责任，只被收容教养三年。白岩松在11月2日的

《新闻周刊》里发出这样明确的声音：

一个具体的个案推动法律的进步无论在中国还是在世界上都屡见不鲜。比如，孙志刚案就终结了劳动教养制度。那这一次发生在大连的未成年人伤害未成年人案件，也非常有可能成为推动中国预防未成年人犯罪及惩治未成年人犯罪的一个重要推动力。但在法律调整以及与时俱进的同时，有一个底线是牢不可破的，社会应该一如既往地保护和关爱未成年人，要改变的是方法，而不是这个正确的方向。

这段议论有对以往的个案推动法律进步的回顾，有对未来的预判和期望，直截了当地表明了白岩松作为新闻人同时又是一个社会公民的心声。

2019 年 11 月，安康市汉滨区一街道上张贴的《安康市汉滨区人民政府关于进一步加强中心城区犬类管理的通告》被指出现 20 处错别字、表述不通顺等错误，舆论一片哗然。在《新闻周刊》的“特写”版块中，白岩松对此进行了直抒胸臆的议论：

现在进入互联网时代，很多打字错误时常出现。但在个体的手机上出现也就罢了，在很多自媒体当中出现，也就是嘲讽一下，忍了，但如果政府机构的通告都错误连篇，还贴到了老百姓的面前，这就过了。最近，安康市在落实陕西省关于养犬的相关规定时，汉滨区某街道办事处贴出来的公告错字连篇，而且是低级的错误。“犬只”打成“犬值”，值班的值，“中华人民共和国”能缺后面两个字吗，“饲养”打成了“思想”等等等等，一共二十多处。这样的错误让人哭笑不得，迅速地被人看出来，于是就只能销毁，并且处理相关的责任人。但是这件事也在反映着，有很多人在工作的时候是极其地走形式主义路线的，他不走心，不走脑子，连基本的检查程序都不走，所以就诞生了这样的笑话。形式主义不仅害死人，而且丢死人。

白岩松的这段话，直陈自己内心和百姓心中对形式主义的厌恶。既有清晰事实，又有简洁议论，富有感染力的同时揭示了问题的关键，使得此段议论相当抓人。

2. 辛辣讽刺

辛辣带刺、观点犀利的议论，往往针对是非分明，而责任方（或过错方）却一味虚与委蛇、令人愤慨的事，此时主持人也许通过讥讽的口吻表达正义感，抑或不加掩饰地表达愤怒的情绪，总之都是尖锐泼辣而非不疼不痒、蜻蜓点水。

一段拍摄于 2019 年 8 月“第六届国际青少儿脑力运动会”上的视频引发了公众热议。视频中，孩子们像洗扑克牌一样高速翻书，却不在任何一页停留，唯一的例外是一名梳马尾的小姑娘，她一页页地翻书，被网友称为是“这场令人迷惑的行为艺术中唯一的正常人”。在10月19日的《新闻周刊》里，白岩松对此事进行了关注，并在最后发出了犀利带刺的议论：

本周，“量子波动速读”这个新词很流行，原来这是好多人号称的读书“新方式”。利用这种加引号的“新方式”，1～5分钟可以看完一本10万字的书。这还真不是开玩笑，成都、杭州、绍兴等地，均有类似机构开展相关的培训，收费在6千元半年到26万终身制不等。而且迅速地发展，到了十月中旬，北京某教育机构竟然组织了6～10岁的儿童进行“第六届国际青少年量子波动速读大赛”，想想，第六届啊，如果书都可以这么读，这么看，还能真有用，那人类早进步到了我们想象不到的地步了。而也有律师回应称，这是典型的诈骗行为，不读书的家长这是在交智商税啊。有关机构是不是该好好查查，咱现在可是依法治国。

最后一句“不读书的家长这是在交智商税啊。有关机构是不是该好好查查，咱现在可是依法治国”，听似风凉话，实则为辛辣尖锐的讽刺。

对某些有违社会公众认知和价值观的乱象，主持人有时就该毫不客气地给予当头棒喝。白岩松对“学生宿舍不允许锁门”的议论，在看似平淡的话语中发出质问，表达出了大众对此事的不解与愤懑：

10月30日，有媒体报道，安徽宿州逸夫师范学校让学生宿舍不许锁门，而且要开着宿舍门，丢东西的现象就开始出现了，相关的同学也是苦不堪言。对此，校方回应，这是创建文明城市的一个举措，要方便检查者随时检查卫生。说到这儿还似乎有些无奈，可是接下来的校方回应，就有些无聊了。说这不仅方便检查卫生，开着门通风还可以减少传染病。我想，创建文明城市，尊重个人隐私，给个人以更大的安全感也一定是其中重要的内容。错了就改，没什么大不了的，何必非要不那么讲道理地解释呢？这事儿算不得大，但是背后的思维方式却不是小事儿。

3. 振聋发聩

主持人个性化的议论，有时会有出人意料又在情理之中、令人叫绝的效果，其犀利的观点和痛快淋漓的表达会有振聋发聩的作用。

2019年11月9日播出的《新闻周刊》中关注了这么两个人物，一个是因允许无关人员进入客机驾驶舱拍照而受到终身停飞处罚的机长，一个是劳动成果遭遇乡亲哄抢的创业大学生刘正轩。白岩松对这两件事的议论以小见大，个性鲜明，相当“给力”：

事情发生了，怎样去处理，是我们每一天都会遇到的挑战和课题。机长让女孩在飞机飞行的过程中进驾驶舱，不管是女友或者其他的什么关系，都是不能让人接受的事儿。这不是玩情调，而是玩儿命，玩儿乘客的命。相关事情所引发的悲剧在世界航空史上不是没有发生过，那么被所在航空公司终身停飞，是这家公司必然要做出的处理决定。但是没留下照片，没留下证据的类似行为，在其他飞机上就没有发生过吗？又该如何真正地防范呢？

年轻人回到家乡养虾，却被乡亲们屡屡哄抢，损失十几万，终于当地重视起来，成立工作组，并拘留了三名村民。这个处理方式已经不仅仅是处理一个个案的问题，而且是给社会提了一个醒，这种行为不仅仅是杀熟，还是杀掉年轻人回乡创业的热情。显然，农村同样面临着营商环境的改变。

显然，这样的议论不是在玩弄文字游戏，不是所谓的构思技巧能做得到的，它需要主持人敏锐的眼光，畅快的表达，对世事的关心……归根结底，需要主持人的赤子之心。

疫情之下的 2020 年 3 月，随着境外输入病例的情况被广泛关注，部分归国人士隐瞒行程、不按规定隔离的消息也常常引起热议。白岩松在节目中对隐瞒行程的人发出的提醒严正中肯，起到了振聋发聩的作用：

在本周，因为违反国内防疫的相关规定而丢掉工作的新闻，居然不止一次在热搜上出现。很多人在骂他们自私，但是我想，用"自私"这个词来形容他们，可能不一定准确吧。在生活中，自私不是不可以，但是该守住自私的红线，那就是利己但是不能损人，而一旦越过了这个红线，比如说人家排队你加塞，那就属于利己了，但是又损人，所以就不叫自私，叫违反公德。而到了防疫的时刻，人们谈论的所谓自私，其实是又损人又不利己。你违反规定给别人带来巨大的健康威胁，而自己又被千夫所指，甚至丢掉工作，还被限期离境。当然还有一些染上新冠肺炎，却隐瞒行程和信息的人，很可能自己出了病房又得进牢房。因此，这不是自私，这相当于对自己生活和未来的自杀，更是涉嫌违法违规。所以，恐怕也得提醒平常自私惯了的人，在防疫的时候，爱别人才是爱自己。

主持人的着急担忧之情溢于言表，而且矛头直指某些隐瞒行程的人员，并发出了严肃的警示和提醒。这样风格鲜明的议论无疑具有振聋发聩的效果。

4. 将心比心

议论的多样风格，与主持人风格有密切关系，但是职业化的主持人明白自己的职业角色，他们不会把个人风格作为追求的目标，他们不会把传播目的搁置一旁为了“风格”而“风格”，优秀主持人深谙因“地”制宜、“对症下药”的道理，故此，他们的议论会呈现不同的风格。

2020 年的 1 月，就有不少细心网友发现了 2 月 2 日是正着读和反着读都可以读对的一天（20200202），并且那天恰逢农历的正月初九，是人们俗称的“好日子”，新人们能赶在这一天结婚登记的话，那该多甜蜜啊。白岩松在《新闻周刊》节目中也“接地气”地谈及了此事：

作为周刊节目，我们一般关注本周的事儿，结尾的时候才关注一下下一周，但是今天我想操操心，关注一下三周后的事儿。三周后是 2 月 2 日，被很多年轻人认为太适合结婚登记了。因为是 2020 年的 2 月 2 日，农历正月初九，有“长长久久”的寓意，这要是赶上结婚登记，多幸福呀。但是问题是，那天是周日，不上班，可能是听到了很多年轻人的期待，于是，杭州、昆明、成都、福州等地的婚姻登记处 2 月 2 日都打算开门营业，这些地方希望登记的新人们幸福。然而，同一个中国，同一个梦想，中国太大了，各地的婚姻登记处能不能都顺应民意呢？在这儿，山东等地民政厅的做法就值得借鉴。办理结婚登记，可以提前通过网上电话、现场预约等方式提出申请，2 日当天根据预约申请办理结婚登记。这样，既可以满足新人们的需求，又可以判断加多长时间的班。拜托各地的民政部门 2 月 2 日那天，可要给新人们结婚登记开门哦，让各地的新人同一个梦想，同一天实现。谢谢。

主持风格不是一成不变的，同一个主持人对不同的事、不同的对象完全可以采用不同的风格，而且为了更好地说理，有更好的说服效果需要采用不同的风格。这里白岩松一改其标志性的犀利尖锐、快意恩仇的风格，换上将心比心、诚恳呼吁的口吻，心平气和地摆事实、提建议，这样的议论同样能说到人们的心里，发挥应有的作用。

5. 点到为止

在新闻评论类节目中，主持人对于社会上出现的不良现象和风气有必要坚持原则，给予必要的评判，但鉴于栏目宗旨等原因，又必须拿捏好分寸，把握好火候。主持人不宜做粗暴的道德或价值观的批判，而是应该以“点到为止”的尺度表明正确的观点，以宽容的态度点拨迷茫，给当事人留下余地。例如，在《新闻周刊》2019 年 10 月的一期节目中，河南通许想要创造一个“吉尼斯最多人参加的喝茶”纪录，却闹出了笑话。对此，白岩松是这么说的：

好多中国人对吉尼斯纪录的迷恋有时真的让人想不通，甚至想要问上一句：“有必要吗?”您看，最近，河南通许为了创造一个“吉尼斯最多人参加的喝茶”纪录，就让学生来参与，1268 个人集体喝茶，结果喝完茶憋不住的学生们疯狂地跑向厕所，由于厕所少人太多，男生礼让女生，女生上了厕所，男生就去了小树林解决。如此“纪录”，如此的不堪，为的是什么呢?因此，我还要再问上一句:“有必要吗?”

白岩松的这段话对新闻事实做了简短的陈述之后委婉地表明了态度，连用两个问句，意味深长，传递出不同的价值取向，赢得了观众的认同。

还有一次，白岩松在节目中借用一男子走路低头看手机的图片想给观众朋友们提个醒，他说了这么一番话:

这年头，走路看手机甚至开车看手机的情况都是实在太普遍了，给自己带来危险，也给别人带来危险。您看，最近，安徽宿州有一个男子走路光顾着低头看手机，结果撞在了路边停的车辆支出来的一个长铁皮上，血流不止，痛苦不堪，最后是被路过的人叫了急救。有了这位男子的前车之鉴，您一定知道我们想提醒点儿什么，那这儿就不多说了。

白岩松的社会责任感和价值判断就像长在心里一样，对此十分敏感。在以上两个实例中，他虽没做深入谈论，但拿捏得很是到位得体，一个不容置疑的表态已经清晰地传递了自己的立场和观点。

6. 苦口婆心

用心良苦，善意、耐心，同样可以是主持人议论的一种风格，它的使用常常出于为对象着想，不是倚仗“真理在手”，就强加于人，或以势压人，而恰恰用心用力于“以理服人”“以情感人”。

未成年人和青年学生是祖国的花朵和未来。但近些年来，校园欺凌案件频频见诸各大媒体，社会公众对于未成年人保护法的关注度也越来越高。2019 年举行的十三届全国人大常委会第十四次会议审议了《未成年人保护法（修订草案)》，对社会广泛关注的未成年人校园安全等问题做出积极回应。一向不轻易放过敏感社会话题的凤凰卫视《一虎一席谈》为此做了一期节目，到场嘉宾有中国政法大学皮艺军老师、国际关系学院储殷老师、“大连女童被害案”被害方律师田参军等人，还有众多观众。2019 年 11 月 23 日播出了一期节目，名为“校园霸凌屡禁不止 谁来保护‘少年的你’”。在节目最后，主持人胡一虎再次与观众中一位曾经目睹过校园欺凌事件的 12 岁男孩交谈:

胡一虎：你觉得怎么样才能够保护自己，怎么样才能够避免校园霸凌？今天听完了这堂课后你会跟同学们分享的你的方法是什么？

小男孩：让自己多交一些朋友，让别人不容易再欺负你，要学会好好保护自己。

胡一虎：学会保护自己，你会怕吗，你会怕校园霸凌吗？

小男孩：不会，因为我觉得我有足够的能力来保护自己。

胡一虎：足够的能力，来自什么？来自你的身体吗，还是来自脑袋的知识？

小男孩：脑袋里的知识，知道怎么保护自己。

紧接着，胡一虎鼓掌表达对男孩所说话的赞成，表情中也流露出欣慰之情，他说了这么一段语重心长的话来收束升华了这期节目：

我相信从他的回答就可以知道，为什么过去一个小时我们要让全球华人来关注这个议题。让孩子从小开始学习，从小开始就知道保护自己。当你自己能够保护自己的时候，少年的你懂得保护你自己，你才能变成青年的你、中年的你，才能保护这世界。我的年岁距离少年的你已经遥远了，可是我却非常想回忆我在少年时，像他那个年岁的时候，我们流行的不是《少年的你》，而是《少年的我》。那样的歌词是："春天的花是多么的香，秋天的月是多么的亮，少年的我是多么的快乐，美丽的她，不知怎么样？"希望少年的我也能回到现在少年的你。祝福所有的校园安全都能够落实。再会。

胡一虎的一席话实在是用心良苦，在面对触动全社会神经的校园霸凌问题时，他专心听取在场专家的建议和见解，耐心了解现场观众的经历和看法，不时地与观众和专家交流互动，推动了节目进程，也发出了苦口婆心的议论，想必在节目结束之后，能引起更多人对这一问题的思考。

7. 期盼、赞美

议（评）论从来都是媒体的旗帜，没有评论就像没有自己的声音。主持人该有议论时没有议论，在敏锐性、深刻性上要打很多折扣。议论的风格多种多样，有时美好的祝愿、期盼和肯定也是不可或缺、很见力度的评论。

保持生态平衡、维护物种多样性，是时代赋予我们的重大使命。在青藏高原，有一个默默无闻的"英雄群体"——巡护员。2019 年 11 月，《新闻周刊》中的"人物"版块介绍了青藏高原上的巡护员文校，白岩松的议论里适时地表达了对所有巡护员的期盼和祝愿：

"过去打虎的是英雄，现在和将来，保护老虎的才是英雄。"这句颁奖典礼上的话，是之后媒体报道很多的重点。不过在过去一些年，在青藏高原做生态保护的一些人之所以成为我们心中的英雄，是因为他不仅流血，同时还流泪。现在我们不希望这是英雄的标配，期待所有的巡护员在未来既不流血又不流泪，而只是留名，留下更好的生态。

该肯定的要肯定，而且要揭示事实背后的社会现实意义。有一期《新闻周刊》谈到了改革开放和我国举办的进博会，展现了我国的良好面貌，白岩松在节目中发出了由衷赞美的议论：

“改革开放”是中国从1978年一直到现在仅仅41年（2019年）就发生翻天覆地变化的最关键的四个字。“中国开放的大门只会越开越大”，这句话不仅是给中国人吃的定心丸，也是给世界吃的定心丸，更是中国走向明天所需要的动力。“美好生活”是我们这几年说得非常多的关键词，那如何让生活变得更好，同时变得更美，这就需要走出去、请进来。更何况，开放还会带来思想上的解放。

白岩松的议论，既展现了中国作为负责任大国的良好形象，又赞颂了改革开放的成果，使观众在含蓄的赞美中看到了日益繁荣的祖国。

附录一

我看“说新闻”

“说新闻”，是广播电视新闻节目中消息的口头传播方式之一，是将消息的文字稿件转化为有声语言进行传播时的一种语言样态。

消息类节目是新闻节目的主体，它除了采用录音报道、影像新闻、现场报道等多种报道形式之外，消息的文字稿一直采用“播报”的口头传播方式，而且至今仍是我国乃至世界各国广播电台、电视台消息类新闻节目通常采用的口头传播方式。不过，很长时间以来人们一方面接受消息的“播报”方式，一方面没有停止对播报方式进行改革和突破的尝试。自从 1998 年春天鲁豫的《凤凰早班车》开播后，她的“说新闻”引起了观众很大的兴趣，而后内地一些电台、电视台的新闻节目主持人开始效仿……是耶，非耶？一时议论纷纷，仁者见仁，智者见智。“说新闻”与“播报”有什么关系？它们各自的依据是什么？“说新闻”的根本特色何在？如何防止“说新闻”的“个人化”“非新闻化”误区？笔者思索多日，骨鲠在喉，不吐不快。

“播报”的依据和特色

“播报”是消息类文字新闻稿口头传播最基本、最重要、最普遍的形式。

播报，也称“新闻播音”。“播报”这种语言样态，可以说是播音员、主持人在各类节目传播中最独特、最鲜明，而又自成一格的语言形态。不要说与日常生活语言有较大区别，就是与广播电视中的其他语体如通讯、评论、解说、采访、谈话等相比也是别具一格的。

播报的语言样态首先源于消息文字稿的语体特点，消息写作历来结构严密、布局紧凑、语言精练、以书面语风格为主。我们必须承认，不论过去还是现在，在广播电视节目的各类语体中，消息一直是保留书面语特征最多且最长久的广播语体；其次，消息类文字新闻稿取书面语准确、规范、严谨、简洁的长处，是为了适应新闻固有的“真实、客观”的本质特征；再次，消息语体保留简洁严谨的书面语风格符合受众“尽早、尽快、尽多”地获知新闻信息的接受心理。正因为上述原因，虽然广播电视新闻消息的文字稿与报纸、通讯社的消息文字稿相比，已做了适应听觉接受的口语化处理，但确实属于众多广播电视语体中书面语特征鲜明的语体。而这种特殊的书面语体的原原本本的口头对应形式就是“播报”。

张颂教授对有中国气派的播报的语言样态做过如下概括：“字正腔圆、呼吸无声、感而不入、语尾不坠、语势稳健、讲究分寸、节奏明快、语流晓畅。”① 这里“字正腔圆、呼吸无声”强调的是保证消息传播清晰所应具备的用气发音的基本功；“感而不入、讲究分寸”是新闻节目应遵循的客观性、真实性特点对播报提出的要求；“语尾不坠、语势稳健”是适应新闻传播的“新鲜感”和“权威感”所必需的；而“节奏明快、语流晓畅”既反映了消息语体所固有的特征，又是受众对新闻播音声音形式听觉上的审美取向。张颂教授的这一概括精辟地说明了不同历史阶段风格各异的消息播报基本的语言样态。

播报的声音形式理应与稿件风格相一致，消息语体本身很强的“书面语”特点决定了“播报”语言样态质的规定性。其实一些世界大台的消息播报也同样具有“吐字清晰、语势稳健、节奏明快、语言规整”的特点。同时，无论从新闻信息传播的角度，还是从受众获取新闻信息的角度，播报的“准确、清晰、迅速”是传播者也是受传者的共同要求，而“播报式”的语言样态恰能较好地体现这种要求，此外其他各类信息如股票行情、证券指数、商贸信息、文体信息等亦大多采用播报的语言样态。特别是从我国新闻节目强调舆论导向及社会意义的角度看，也是消息基本上采用“播报”语言样态的重要原因。

“播报”语言样态的沿革

从我国的广播电视实践看，消息的播报，始自人民广播创办的延安时期，后来

① 张颂：《关于新闻传播的思考》，《现代传播》1998年第4期。

历经解放战争、中华人民共和国成立初期、抗美援朝、社会主义经济建设等不同时期的延续和发展、继承和发扬，虽然在“文革”十年动乱中遭遇了无可避免的扭曲，误入“高、平、空”“冷、僵、远”的歧途，但是经过改革开放以来的拨乱反正和锐意创新，富于中国气派的新闻播报的风格特点愈加成熟，并在各个时期的社会进程中起到了积极的、重要的作用，可以说消息“播报”的语言样态在传播者和受众之间已达成默契。不过由于有些人不了解新闻播音发展变化的历程及其在各个历史时期所发挥的作用，以至对我国消息播报传统风格产生误解，错把“文革”中那种“居高临下、发号施令、四平八稳、刻板生硬”的语言样态当成播报的特征，这种模糊认识必须澄清才能在继承传统的基础上有所创新，有所前进。

虽然从历史长河的角度看，消息播报因各种因素的制约其语言样态总的格局变化不大，但是它始终与当时的政治气候、社会生活、受众心理有着最紧密的联系，反映着那个时代的特征。十一届三中全会后，人们理所当然地呼唤反映时代气息的、平易近人的新的播报风格。

在改革开放的大潮中，人们对消息的播报做出了尝试和探索。播报语言样态变化的依据，一方面是消息稿件的变化，内容上指令性的、空洞的东西少了，文字的表述亦日趋生动形象；另一方面是社会语境的变化，社会大环境宽松了，受众期盼着媒体传播的“平等、贴近”。于是，消息播报的语言样态有了顺应时代特征的一些变化，这些变化无论播音员的播报还是主持人的播报，在基本点上是一致的：

——播报状态，讲“精气神”，专注投入，重交流沟通，平等真诚；

——用声吐字，“清晰”与“轻巧”浑然天成，弹动自如，顺耳入心；

——语句组织，“突出”与“带过”巧妙结合，重点鲜明，多连少停，句群抱团，连贯完整，自然洒脱；

——语气基调，融“饱满”与“含蓄”于一体，分寸适度，恰到好处；

——播报速度，适当加快，快而不乱，松紧有度，稳健晓畅。

消息的播报，由稿件的文字转化为诉诸听觉的有声语言，应当是播报者积极认真的再创作的过程。然而我们也不必讳言，一些播报者将“播报”变为只是语言表层物质形态转换的简单劳动。消息播报最忌讳的就是流水线上“熟练工”的状态，因为高高低低声音流的空壳，只不过是些有形无魂没有创作因素的从字形到字音的机械动作，那种语言形态“四平八稳、拖腔拉调”也罢，见字出声一味“开快车”也罢，都使新闻的信息量大大损耗，是电视播音及主持中应坚决摒弃的。

“说新闻”的根本特色

消息采用播报方式从语体特征角度讲固然是顺理成章的，且传受双方也都是认可的，但是对消息播报方式的探索，对“说新闻”的热望并非始自今日，它与时代的进展一起断断续续地进行着。早在20世纪50年代的社会主义建设热潮中，中央人民广播电台播音部在新闻播音业务的内部学习研讨中，曾请来相声表演艺术家、语言大师侯宝林先生和擅长给小朋友讲故事的孙敬修先生试播新闻，结果他们的语言样态都带有自己行当语言特色的表达定式，“真”和“新”这两个关乎新闻生命的要素在语流中不那么鲜明，听起来与传受双方长期默契认可的新闻播音有一定距离，因而仍然沿用消息播报的传统风格。消息的播报历经几十年，虽然有过一些语言样态变革的尝试，但基本属于“微调”，总的格局变化不是很大。

改革开放之后，出于对十年动乱造成的以新闻播音为代表的“高、平、空”“冷、僵、远”的逆反，同时也是对“照本宣科、有声无魂”的“念稿”式新闻播音的厌倦，播音界在拨乱反正中提出“降调”的同时，业内人士及受众又开始了“说新闻”的摸索和呼唤。20世纪80年代中期，曾有电台、电视台做过“说新闻”的尝试。当时出现的“说新闻”的语言样态基本有两种：一是脱开稿件“聊”新闻，其播报状态倒是松弛了，然而极度的“口语化”，一句话可以说清的事要啰唆上三四句，致使单位时间里的信息量大为减少，根本无法满足受众“尽早、尽快、尽多”地获知新闻信息的需求，而且“闲聊”方式也不大适应发布政令、重要会议公报等重大新闻；另一种方法，不做文字改动，只是在播音“腔调”上力图像“说话”，结果“播”不是“播”，“说”不是“说”，拿腔甩调，夸张得像说评书，不伦不类，听来十分别扭。这两种单纯在声音形式上追求“说”的做法，因为与节目宗旨不符，与节目风格不符，与消息语体不符，与受众需求不符，很快就由实践的检验得出了否定的结论，“说新闻”的探索渐渐式微。

笔者以为，此前两度关于“说新闻”的探讨和实践所以没能得到人们的认可（当然也就不可能推广开来），究其原因，除了时代氛围、时机火候、人才条件等因素不够成熟外，一个共同的症结是——虚化了探索“说新闻”的目的，忽略了“说新闻”的根本特色，只在“貌似”“说”的形式上兜圈子。因此，广播电视节目深入改革以后，“说”这种反映人际传播特色的语言样态虽然在服务、综艺、娱乐、少儿节目，乃至除开消息以外的新闻评论类节目中都有程度不同的渗透或完全的采用（如谈话节目），而且对“说”从“简单照搬”，逐渐找到了使之与大众传播语言的规范性、通俗性、艺术性、审美性要求的有机结合，但是，在消息语体的“说”上似乎难有令人耳目一新的突破。

及至1998年春，香港凤凰卫视的《凤凰早班车》主持人鲁豫的消息“口播”方式重又引起人们对“说新闻”的关注、兴趣和思索。鲁豫直接参与消息的选择和编排，她几乎不用提示器，将经过自己“消化、加工”的新闻信息一一道来。鲁豫播报消息的语言样态，在消息类主持人节目中应该说是变革比较大的，从语言样态上看，她有口语化处理但又不同于生活口语，新闻事实的叙述保持了简练紧凑的消息语体风格，听来轻松而不失干练，亲切而不失大方，自然而不失稳重，娓娓道来而不失明快，给人以新鲜的感觉和深刻的印象。

鲁豫的“说新闻”所以行得通并得到认可，最根本的原因，在于媒体环境、新闻理念的特色，如凤凰卫视特殊的政治环境、社会环境和媒体特色；“浏览性”“介绍性”“资讯性”新闻报摘的栏目定位；消息的选择以事件性、社会性新闻占较大比重……这些因素都提供了“说新闻”的客观条件和可能性，而鲁豫较强的新闻素质与视野开阔的积累、可贵的敬业精神，以及很好的语言组织能力、训练有素的记忆力等主观因素则是成功的基础和保障。

究竟应当如何看待“说新闻”呢？

首先，“说新闻”的目的是为了缩短传受双方的距离，通过主持人这个“中介”使受众对新闻信息的接受和理解更加便利，从而优化消息的有效传播。同时，主持人的个性作为“副产品”在传播中得以显现，如若发挥得好，对于优化传播效果有积极的作用。

其次，“说新闻”的表层特点为口语化色彩较浓的“告知”式（“告诉使知道”——引自《现代汉语词典》）的传播，而非“报告”式（把事情或意见正式告诉上级或群众——引自《现代汉语词典》）的传播。显然，后者强调“正式”及面向众人的特色，相比之下前者的色彩和力度都较宽泛，也相对“软化”，“告知”既可以是大众传播也可以是“人际传播”。“说新闻”的“告知式”传播表现在语言形式上，即口语化色彩较浓，句式短、口语词汇多；传播状态较为松弛，给予感和交流感强，语调自然，但仍有别于更为随意的“交谈”状态。

再次，叫“说新闻”也好，称“讲新闻”也罢，其深层特点是对新闻进行解释、说明、补充和稍加分析的信息加工，从而为受众的理解提供引导和服务。只停留在消息文稿的口语化处理上，则难以实现“说新闻”的初衷。“说新闻”给人的亲切感、贴近感不仅仅是声音形式上的亲切，更主要的是这种方式能够为受众接受新闻灵活地提供引导和服务，这才是让人感到亲切的深层原因，《现代汉语词典》关于“说”的释义有“解释”和“言论”的意义，“讲”的释义有“解释、说明”和“论述”的意义，不难看出“说”和“讲”都强调了“解释”与“议论”的内涵，而这才是人们所热望的“说新闻”的根本特色所在！

如1999年5月8日以美国为首的北约轰炸了中国驻南联盟大使馆，9日的《凤凰早班车》鲁豫在介绍香港《东方时报》一篇题为《中美关系正面临历史的转折》的评论时，最后加了自己的“一点说明”，表明了自己的看法和态度：

（转述评论文章的主要观点）“……现在美国正处于一个进退两难的尴尬境地，让中国在国际事务上的影响力和谈判筹码增加了。”这里有一点我必须说明，事情发生之后，中国人民还有中国政府表示强烈愤慨和抗议，并不是为了今后在国际谈判中给自己增加一个筹码，而是为了中国领土主权，这是每一个人、每一个国家都应有的立场。

在后来介绍报上刊登的烈士许杏虎和朱颖的遇难照片时，鲁豫先以沉痛郑重的语气解释说：

电视作为传媒深入人心，不应该播放过于血腥的照片，但在一个特别的时刻，这样一个照片，所有有良知的人都应该看到：我的右下角是朱颖生前……

无疑，这样主动灵活而有序地处置信息，尊重新闻的客观规律又不失传播者应有的原则立场，同时十分注重自身感受与受众心理的沟通，鲜明而到位地增强了消息类主持人在节目中的“驾驭感”和主导作用。在人们屏息观看和聆听的过程中，鲁豫“柔中带刚”的凛然正气及分寸适度的处置能力，其“真诚投入”与观众“同呼吸共命运”的真挚感情，这些与新闻传播目的融合在一起的主持个性，显然有效地强化和优化了传播效果。

最后一点，经过对新闻信息的消化、加工，“说新闻”的语言心理过程已不再是从“书面文字”到有声语言的转化，更不是简单的“背稿”，而是从“内部言语”（新闻的信息要点及必要的补充和议论）起始，经由语言编码（重新组织语句），再以“说新闻”的语言样态向受众传播。

“说新闻”的误区

当前，有一些台的消息类节目主持人开始了“仿效”或对“说新闻”的重新尝试。在这个过程中，当然有做得好的，但也确实存在“随意化”“个人化”“非新闻化”的误区。关于“说新闻”的误区往往源于某些制片、编导认识上的偏差，而又体现在主持人的嘴上。其主要表现为：

一是片面地以“语速快”为“说新闻”的“重要标志”。其实，20 世纪 90 年代的新闻播报速度早已从 60 年代的 180 字/分钟，提高到现在的（广播新闻）250 字/分钟，一些主持人形式的新闻播报则达到 280 字/分钟左右；电视台的新闻播报因有播报人眼神、表情等非语言符号信息传递的辅助作用，更达到 300 字/分钟左右。理论和实践都告诉我们，播报语速的提高，以社会发展（受众文化水准提高，获取新闻渠道增多，生活节奏加快）为基础，以受众的接收需要和心理为前提，以播报者过硬的业务基本功为条件，以受众的接受能力为限度，最终以传播效果为判断标准。语速的提高不是随心所欲“想当然”的事，也并非“越快越好”，对此要尊重客观规律，要有科学态度，而不能把它当作赶时髦的事儿。没有对新闻价值的深刻把握，没有语言表达的“功夫”，只是不管不顾地一味“开快车”，就成了机械地“蹦字”，不仅听着紧张，而且新闻的信息量非但不会增值，反而会大大损耗，影响新闻准确、高效地传播。此外，“播报”有文字依托，其转换速度相对于“重新组织语句”、适当“稀释”了的口语化“说新闻”反而会快一些，这是常识。

二是无限度地夸大“口语化”风格，把随意调侃的所谓“个性化”当作“说新闻”的“真谛”。他们疏于对“说新闻”的目的及效果、条件与基础的思索，只抓“口语化”的皮毛，用日常不经加工的啰唆结巴的原初口语混充新闻口语；加之对主持人“个性化”的模糊认识，甚至把“痞子味”浓重的粗俗口语权当“个性化”语言，错把信口雌黄、不讲品位的“随意调侃”当作贴近受众的法宝。这种倾向脱离了新闻消息类节目的固有特征，不符合受众对新闻的接收习惯。有的主持人莫名其妙地胡诌什么“你要是有美元，你就到拉斯维加斯去赌一把，没钱的话就请收看我们的节目”；有的盛气凌人、自以为是地说：“今天我要骂一个人，我特别想骂一个人。”云云。试问：这样的传播能让人感到亲切吗？这种完全“个人化”的杂质能让受众对媒体的新闻传播有信赖感吗？显然，这类做法严重违背新闻的真实性、客观性及传播的严肃性，实在是对"说新闻"的曲解和误导。"说新闻"不应忘记新闻节目是"无形的意见"的舆论导向作用，不应失却新闻节目"简洁明快"的本色，必须用词准确、严谨，语句简洁、规范，态度认真从容，风格稳健干练。

因此必须强调，在"说新闻"的实践中要特别注意防止"为说而说"的形式主义和庸俗化倾向。"说新闻"的信息加工、语言加工应从以下两个方面入手：

（1）从帮助观众理解、减少"读解"障碍、开阔视野、提示重点、显现贴近、引起兴趣的角度出发，为每一条消息寻找"切入点"，补充有关的背景信息，必要时加入自己的评议，设计出新的导语和串联词。不应离开新闻"真实、客观"的本质特征。

（2）以自己对消息的把握和便于受众接受的方式，重新组织语句，用有书卷体特色的精练而生动的口语"讲述"消息内容。这样做，语言量要比原稿有所增加，要注意控制话语的冗余度，并非处处"掰开揉碎"，而只在必须提供背景、增强贴近性时融入有关的信息，谨防啰唆累赘。

"说新闻"是消息播报多样化其中之一

"说新闻"是新闻播报语言样态"多样化"的种种语言样态当中风格独特的一种，自有其适用的范围和受众群，并非"放之四海而皆准"的最理想的、唯一的语言样态。

随着电视新闻节目改革的深入发展，消息类节目从内容归属到形式风格都已经有了而且还会有更加细化的分工、更加专业的划分，而不同的播出时段、不同的受众群自然会有不同的信息需求与不同的收视心理、收视习惯，加之媒体特色、地域特色、新闻理念的差异，这些对播报产生直接影响的相关因素必然促成播报的多样化发展进程。

播报语言样态的多样化，体现时代精神，顺应受众心理，外化栏目特色，依托消息文字稿件的"播报"因其与新闻特质的渊源仍是消息的主要口播方式，其"多样化"主要从播报状态、语言表达的色彩分量、分寸尺度、速度节奏等方面做出调整和改进。事实上，当前消息类节目的播报已初步呈现出多样化的格局，这是在具有中国特色的播音风格前提下的多样化格局：以中央电视台《新闻联播》这个重点新闻节目为代表的新闻播报，继承和发扬了中国气派的新闻播音风格，以其庄重大气、稳健有力的播报，在重点新闻节目中独占鳌头；对海外播出的《中国新闻》，以新闻主播积极振奋的投入状态，明朗快捷、练达自信的播报，彰显改革开放进程里中国人民的精神风貌及日新月异的变化；《新闻 30 分》《晚间新闻》等，则以平和稳健、清新洒脱、亲切自然、"播与说"结合的"讲述"语态取胜。

可以预见，随着新闻改革的深入，随着新闻台、新闻频道的推出，新闻节目会越来越丰富，越来越"细分化"，将来新闻的内容、形式、播出时间、接收对象，以及消息类节目的主持人形式和非主持人形式，各种风格的播报及"说新闻"，定然是各有特色，各有味道，共同担负起丰富多样的新闻传播的重任。

1999 年 9 月 2 日

注：该文获第七届全国广播电视优秀学术论文一等奖。

附录二

主播是谁·谁来做主播

“主播”称谓使用现状

“主播”这一称谓近年来在内地广播电视新闻节目中十分盛行，广播电台、电视台消息类节目的播报人已有不少从“播音员”改称“主播”。对此，人们存在各种不同的理解，有的认为这不过是一种“时髦”的叫法，有的说是指“主要”的播音员，有的说是“以播为主”之意，有的则以美国的标准来要求……总之，传播者方面和受众方面对这个称谓的具体含义说法不一，莫衷一是。

我们不妨先来看看目前内地称作“主播”的四种情况：

（1）轮班制的播音员，如中央人民广播电台《新闻和报纸摘要》，他们的工作职责与称“播音员”时并没有什么改变，即拿到编辑好的稿件播报新闻。

（2）固定在一个新闻消息类栏目中的一位或一对播音员，一般选择与该栏目风格一致、播报水平上乘、能成为该栏目“品牌形象”的播音员，如中央电视台1999年春推出的《现在播报》由海霞担任主播。他（她）们一般不参与编辑工作。

（3）代表栏目品牌形象的播音员，但是参与编辑工作并承担一定的采访报道工作，如前两年上海卫视《夜间新闻》的主播、现为央视经济频道《第一时间》的主播欧阳夏丹。这样的主播参加编前会，参与导语和串联词的修改或撰写，有的事先并不形成文字，而在直播时直接做一些背景补充，或为服务观众方便接收做一些即兴的发挥，以增加传播中的交流色彩，并起到勾连消息吸引关注的作用。

（4）主编兼主播，即栏目主编不仅在后台全权掌管节目的内容和形式，而且走到前台直接面向观众播报新闻，如北京电视台《晚间新闻报道》的主编兼主播潘全心；早在1996年上海东方电视台《新闻60分》当时的主编姜澜也曾同时兼做主播。

以上种种“主播”称谓的使用虽然都限定在新闻消息类节目之中，然而他们背后的工作机制和业务职责却不尽相同。到底主播的含义是什么？又由什么人来做主播？恐怕不是一个靠行政命令简单规定的事，但又是一个关系到播音员、主持人发展的十分现实的问题，也是节目改革创新必然碰到、必须明确的实际课题。

主播的本质含义

主播，这个译自英文“Anchor”的职业称谓是由美国传到香港、台湾后又传到内地来的，在亚太华人区被译作“主播”。此前，我们一直将“Anchor”译作“主持人”或更确切的“新闻节目主持人”。现在逐渐流行起来的“主播”这一概念则专指新闻消息类节目的主持人，这点，应该是没有异议的。

然而，“主播”这一在广播电视传媒中新出现的职业称谓，并非中文的字面含义，即不是望文生义的偏正结构词义——“主要的播音员”——的缩略词。我们既然引进了并接受了这样一个概念，了解这个词及相关词的原有含义不无裨益，免得犯生吞活剥、食而不化的错误。在美国被称作“Anchor”的人不多，他们在社会上享有很高的社会知名度和威望，在媒体内担任一定的行政职务（如栏目主编）；他们有丰富的新闻从业经验，职业背景大多是资深的著名记者，他们可以将基于新闻报道成就的个人魅力融入节目，重要事件发生时他们常亲临现场做采访报道，在新闻选择、编排及传播中有时加入自己对新闻的解释或议论，以增加有效信息量和权威性。在美国与“Anchor”相关的另一个职业称谓是“Newscaster”，意即“新闻播报人”，“Newscaster”的工作职责相当于我们的“新闻播音员”。在欧洲及澳洲，同样的职业则习惯以“Newsreaders”相称。

结合我国的国情看“主播”，我认为不能简单地以“主播”替换或取代“新闻播音员”的称谓。主播不是随心所欲的称谓变化，它实际上反映了新闻播报人职责、职能上的发展和变化。

内地消息类节目采用“主播”形式，不是什么人的心血来潮，而是消息类节目深入发展和多样化发展的客观需要。“主播”称谓出现起码有如下理由：

一是新闻消息类节目的直播化，以及新闻报道形式日益多样化。一次节目中口播新闻、图片新闻、图像新闻、演播室访谈、与前方记者对话、异地传播等各种报道形式穿插组合，为适应发展的客观趋势，由主播串联起演播室和新闻现场不同时空、不同形式的新闻报道，随时处理“刚刚收到的消息”，以保证消息传播的及时性、内容安排的机动性、形式运用的灵活性、节目传播的整体性，及报道的真切感和权威感。去年伊拉克战争集中报道时期，央视综合频道白岩松、康辉，海外频道鲁健等几位主播在报道中的位置及作用尤为清晰和典型。他们播报最新战况、各方动态、与前方记者连线、解说国外电视媒体的现场图像、采访请到演播室的军事专家、与同声翻译的外语专家交谈，衔接背景资料……总之，主播是直播中直接面对各类信息及各种报道方式的传播者、掌控者。

二是顺应栏目个性化传播的趋势。新闻消息类栏目也有不同的细化的定位，包括内容、形式、播出时间、接收对象及风格的差异定位，主播讲究传播贴近性及服务性的具体做法及各具特色的语言样态，无疑是栏目个性化特点的一个重要方面。如央视经济频道《全球资讯榜》、新闻频道《中国周刊》《国际周刊》《国际时讯》《本周》《媒体广场》等，这些日播、周播新闻消息类或以信息为主的杂志型新闻栏目，它们的定位从报道侧重范围到传播形式都有鲜明的个性特色，而其中的主播与各自栏目的定位及风格十分和谐，同时也成为栏目的品牌形象。

三是从受众角度看，必须满足受众对新闻报道内容及新闻传播方式多样化的需求。即便单就播报语言样态而言，已呈现了规范播报和应运而生的“说新闻”“播说结合”“读报”等多样化并存的生动活泼的局面。观众完全可以根据自己的需要做不同层次的多种选择。再拿节目形态来说，辽宁电视台多年前创办的《今晚直播室》，就突破了日播新闻消息类节目通常惯用的单人或双人播报的形态，由一位主播（或称新闻节目主持人）统领，右手边是来自新闻现场的记者，左手边依次是新闻播音员、气象报告员，节目后半段又有参加专题讨论的嘉宾入座。这种形态显然借鉴了日本的新闻节目（朝日电视台《新闻站》及其主播久米宏）形式，不过移植到我国也颇具新意。

综上关于“主播”出现背景的分析，不难看出，节目的深入改革对新闻播报人的职业素质和能力提出了新的要求。做一个主播，需要如下业务能力：上乘的新闻播报水准（包括多样化风格）；对经过记者编辑之手的新闻成品（文字的、图像的）有敏锐、透彻的理解，对信息的新闻价值有更准确、更深入的把握；谙熟观众接受心理，有方便和吸引观众收视的信息“导航能力”，即为了传播的有效性作背景补充、勾连消息的编辑能力；演播室访谈及议论能力；新闻现场的采访报道能力；直播过程中果断成熟地应对各种突发事件或突发情况的现场处置能力；再加上端庄大方、成熟可信的形象气质，及质朴自然、专注投入的镜头前传播状态，这些共同构成了“主播”这个职业称谓的实质内涵。

主播由哪里产生

由于主播最主要的业务职责是消息的播报，根据我国的现实可以说，主播是新闻播音员工作的拓展和延伸，又由于主播只出现在消息类节目当中，因此我们的主播大多来自播音员，少量的是前文提到的主编兼主播（如北京电视台的潘全心）。后者可能是希望以美国的主播模式为样板，不过“主编兼主播”模式需要“编辑”与“播音”两个专业技术领域中的佼佼者方能胜任，况且主编大多出身于资深的记者，然而由于中国语言的复杂性和特殊性，传统上编辑记者与播音员的分工过于泾渭分明，因此两者结合的复合型人才难觅，且主编兼主播工作负担过重，因此“主编兼主播”在我国注定是少数。除以上两种情况，近年又有语言条件较好、形象气质得到观众认可的编辑记者走上主播台，如江苏电视台《南京零距离》主播孟非、福建电视台《新闻纵横》主播成洋等。

根据我们的国情，我认为，第一，我国的新闻主播，应是以消息播报为主（风格不限）、参与编辑工作、承担一定采访报道的新闻节目主持人，也就是前文指出采用“主播”称谓的第三种情况，这是中国新闻主播的主流构成。第二，没有必要也不应当以“主播”取代“播音员”，播音员的工作十分重要，是新闻报道中不可或缺的传播者，这两个相近岗位的业务职责有联系、有分工、有差异，这也是广播电视节目传播两大形式——主持人节目与非主持人节目各具特色、长期并存的现实需要，是不容置疑的客观实际。第三，作为个体的从业者，播音员与主播之间、记者等新闻从业人员与主播之间，没有不可逾越的鸿沟。是不是走上主播的岗位，能不能做主播，要根据个人素质和工作机遇这两个主客观条件才可能确定。央视新闻频道的康辉，是大家十分喜欢和信任的主播，观众首先是在新闻播音员的位置上认识他，继而发现他有时在大型新闻事件直播中做主持人，如 20 世纪的“日全食直播”、飞机“穿越天门山洞”直播、老山汉墓挖掘现场采访报道等，现在他是新闻频道《今天》和《世界周刊》主播，偶尔也在整点新闻中顶班。至于长于人物专访、专题和杂志型新闻节目的主持人白岩松，由于业务能力的全面，他还经常在重大新闻事件直播中客串主播。

当前，受到业内首肯，观众欢迎的主播既有来自播音员岗位的，也有来自记者或其他新闻工作岗位的。央视经济频道《第一时间》主播欧阳夏丹，是播音走向主播的一种类型，我们姑且称为"夏丹模式"，对于以播音为专业背景的主播最关键和最紧迫的，当推新闻素质的强化。欧阳夏丹毕业于中国传媒大学播音专业，播音"科班"出身，进入一线时恰逢上海卫视创办《夜间新闻》，选中欧阳夏丹做主播，工作伊始就以主播来要求她。欧阳夏丹不只是每晚准时出现在屏幕上为观众播报消息，而且是直播"口插画"一气呵成，即事先不录画面配音，直播时"导语"接图像新闻的"画外解说"、加无新闻图像的"口播新闻"，只有当图像新闻中有同期声时方能喘息片刻，工作量相当大。要完成好这样的任务，欧阳夏丹每天都要参加编前会，还要从服务观众增强传播效果的角度动笔修改导语串联词，以增强传播的亲和力及拉动力。由于播出前她对整个节目播出内容从动脑、动心到动笔，可谓了如指掌，正基于这样的投入，才有直播时观众感受到的入耳、入脑、入心。上海卫视这样要求欧阳夏丹，加之欧阳夏丹个人的努力，她的新闻素质得到迅速提高，与此同时领导还给机会锻炼培养她的记者素质，曾派她到墨西哥采访 APEC 会议，分工负责做会议花絮等软性报道，她的英语口语派上了用场，每天还负责画面传输等工作，不仅积累了新闻工作多方面的经验，合作关系、团队精神也得到发扬。现在来到央视经济频道《第一时间》，每天两个小时的直播，在解读新闻、改变语态、与观众互动的话题讨论、与搭档马斌即兴合作生发议论、外出采访、演播室与嘉宾对话等方式或环节中"游弋"，轻松、平易、简捷、明朗的主播风格初露端倪。

实际上早在 20 世纪 90 年代中期，央视新闻中心就对当时《晚间新闻报道》的年轻播音员贺红梅、康辉、海霞等提出了参与消息稿件口语化，及修改导语、撰写串联词的编辑工作要求。实践证明，这样做对播音员新闻素质的提高及"以观众为本"注重接受效果的传播素质的提高是十分有效的。这些当年的播音员在主播位置上都有上佳的表现，而且在他们身上具有可持续发展的巨大潜力。

做主播的另一个来源——记者出身的主播，其优势更多的是在生活中发现新闻、判断价值、并制成电视节目的职业能力，在语言表现力方面，一般语言内容或话语组织能力较强，但是，在有声语言方面，往往存在普通话不够标准、吐字欠清晰、感染力不足的遗憾，需要在声音形式辅助和保证信息有效到达上做出努力。孟非和成洋在节目中格外看重主播的议论空间，节目中他们或者做三言两语的评点，或者是专题言论，其中的赤子之心可见一斑，个性风格更加鲜明。当然主播言论需要格外用心地在主播人媒体身份与个人身份之间，把握分寸、掌握平衡，需要在面向观众的关系、态度和话语方式上，从理性与感性的结合上，寻求最佳点，避免情绪化或简单化。

主播人才除上述两种途径外，当前急需下决心开辟第三条主播培养途径，换一个思路：即那些具有做主播潜质的年轻人不急于进演播室出镜，而是让他们直接到一线做记者，深入社会，了解国情，发现新闻、采集新闻、制作新闻，在社会和新闻的海洋中学会游泳，届时他们坐在主播台前一定是胸有成竹，胜任愉快，也必将让观众耳目一新，更加信赖。我特别注意到，央视西部频道的首席主播侯丰，他在多年前就以敏锐前瞻的职业眼光和坚定不移的脚步实践了这条路。当初侯丰从北京广播学院新闻主持人双学位毕业来到辽宁电视台成为省联播的播音员，不过他从开始就热衷于同时兼做记者，五年半的时间里，他跑过时政新闻、工业新闻、农业新闻，隐性采访拍舆论监督的片子，辛勤地奔走在辽宁广袤的土地上，经过生活、新闻、政策的锤炼，完成真正属于“新闻人”的淬火，当辽视《新闻直播室》开播时，他理所当然、气定神清地坐上主播台。进入21世纪，出色的成绩让他戴上“金话筒”金奖的桂冠，及至被央视西部频道引进，担当起播报、采访、访谈等新闻主播的全部行当。只不过侯丰的主播成长之路，更多的是他个人的自觉选择，我希望这条路会成为电视媒体培养主播的组织意识和组织行为。

谁来做主播？从泛泛的意义上说，当然是“英雄不问来路”，“不拘一格降人才”；从可操作的意义上说，便要从主播的工作职责、业务能力的角度，即“主播”的实质含义来衡量和要求。愿我们的消息类新闻节目主持人——主播，健康成长，展现出具有现代新闻意识、现代传播意识、现代观众意识的风采。

在2008年汶川大地震中，中央电视台确立了主播制。①

---

① 梁晓涛主编：《震撼——5·12汶川大地震备忘》中的罗明的序二“当电视遭遇灾难”，中国民主法制出版社，2008。

再版后记

去年深冬，出版社资深编辑高子如找到我，希望我把2002年1月出版的《主持人语言表达技巧》一书修改充实出第二版。我当时几乎脱口而出婉拒了，原因是我对退休的思想准备比较充分，一直在做减法，绝不“恋栈”。2008年秋完成复旦大学出版社的《当代广播电视播音主持》第二版之后，我已下决心“不再写书”；2009年带完了最后一届研究生终于归属老干部处管理。因此，生活状态也松散很多：不用每日早起赶6：40的班车了，不用为教学科研紧盯广播电视节目的种种变化了，不用手忙脚乱地用录像机或电视棒录节目了，也不用再麻烦电视台、广播电台的主持人帮我刻光盘了……一句话，没有再做音像、文字等方面的积累了。当然看到主播和主持人的好节目，仍会忍不住发短信称赞，职业的兴趣与敏感未减，不过那已然不是工作状态，而是一种生活状态中的偏好而已。再者，去年我已步入享受免费乘坐公交的老年人行列，真想由着自己过轻松而又快乐的日子。

子如没有急着让我答复，她的诚恳和热情让我回想起自2001年她约我写这本书开始，几乎每年约我做一个选题。这种信任和激励，对我在教学及学术方面及时的总结、深思与升华，起到了非常实在的敦促作用，是“逼”着我向前走的重要助力。有些选题如果没有她的真诚邀约，很可能就放过了。屈指数来，前后经她的手出版了六本书。盛情难却，于是就有了从冬到春几个月的忙碌。

这次再版，思前想后，关于《主持人语言表达技巧》的内容，基本功部分——普通话、用气发声、表达基础等——反映了有声语言表达最基本的规律，是不可能有多少变动的，因此就在原有基础上，理论方面有适当细化和延伸，语料方面除了保留具有典型意义的实例，又替换并增添了一些新的例句或语段。再版集中下力的是主持人语言部分，一是增添了关于主持人语境、主持功能、语用特点等理论研究成果，即第二章；二是自以为有新意的最后三章。我割舍了原来的第六章“主持人语言‘表述’特点”，调整思路，不囿于“有稿主持”和“即兴口语”的划分，而是从综合运用的角度，展开论述了业内常说的主持人要“能说、善问、会议论”，梳理出其中的一些规律，与新增的第二章有一种理论与实践的融合与呼应。原本打算写成一章，没想到要说的东西不少，就有了现在的容量，不过即便如此，挂一漏万也在所难免。其间大量的实例，分别选自于电视或网络的屏幕，一个字、一个字扒下来的，有少量还麻烦不知姓名的年轻的大学生代劳，个别的很幸运在网上找到了文字稿，它们的出处恕我不一一列出了，有兴趣的读者可以在网上点击到视频。所有这些，都要感谢优秀的主持人为我们奉献的好看的节目，感谢给予我帮助的人们，也感谢网络对于搜索资料的贡献。

原书我附上了写于1999年的《我看“说新闻”》，今次，我又附上写于2004年的《主播是谁·谁来做主播》，可以看到十多年间播音员与主持人之间业务上交叉与融合的一些进程。这并非哪个人的主观意志，而是广播电视事业发展的必然。附上这两篇文章，也是为了帮助读者从实践发展中理解“语言表达技巧”是没有止境的。

回到这本书的主旨，技巧，顾名思义指巧妙的技能，可以包含两层意思：一是基本方法，二是巧妙运用。本书原版前言中已表明我一直强调的观点：语言表达技巧不仅仅是其基本功层面的事，一个人的语言能力是其综合素质的集中体现。尤其谈到主持人的语言能力，有主持人职业角色、主持人节目传播特色所派生的固有规律，有其自身的特点和方法或曰“技巧”，但是，这技巧绝不等同于“三招两式”的套路，不是学几招就可以“打遍天下无敌手”。毋庸讳言，有些套路因为符合主持人语言的特点，确实也能管点儿用，但是，如若只是迷恋于窍门、套路，颇有“脚面水平趟”的自得，那么就会远离你传播的初衷，别人感觉不到你的诚意，你的技巧也就很难换来他人的喝彩、节目的精彩。所以，技巧的第二个层面——巧妙运用，应当是主持人更多地考虑节目、考虑嘉宾、考虑受众，领悟节目的相关元素，在此基础上，你的技巧运用因其有诚意，因其灵活而有创意，定会渐入佳境。

吴郁

2011 **年** 4 **月** 7 **日**

第三版后记

2019 年 9 月，中国广播影视出版社开始着手《主持人语言表达技巧（第三版)》的修订工作，当出版社联系吴郁老师时才得知她的身体状况并不太好，但吴老师还是愿意配合出版社对图书进行修订，非常感谢。在与吴老师进行了一系列的沟通后，于 2019 年 10 月 15 日签订图书出版合同，修订工作开始。此次修订主要分为两个部分，第一部分是针对理论阐释的，这部分改动不多，改变了一些句子的表述方式，使论述更加与时俱进，更通顺易懂；第二部分是针对书中列举的例子的，这部分改动较大，几乎将上一版中的例子全部替换成近几年出现在广播电视中的节目，贴合当下实际生活，使读者更容易理解。

在图书修订工作接近尾声时，噩耗传来，2020 年 1 月 13 日上午 9：35，吴郁老师在北京因病逝世。听到这个消息出版社的编辑们都很悲痛，为不打扰吴老师的家人只能简单表示哀悼之意。图书修订工作暂时停止。

2020 年的春节对全体中国人来说都是不同寻常的，新冠肺炎疫情猝然来袭，中华儿女都经受了一场前所未有的考验，这是一个特殊的群体记忆，不容忽视，应该在书中有所体现。经过和吴郁老师家人商量，由吴老师的学生完成图书的收尾工作，让吴老师这本遗作更完整。愿吴老师安息。在此，中国广播影视出版社对吴郁老师以及所有对本书出版付出过辛勤劳动的人表示最衷心的感谢，祝大家健康平安。

中国广播影视出版社

2020 年 7 月